Anton Egner, Hans-Jürgen Friebel,
Günther Misenta, Martin Vöhringer,
Dr. Hans-Jürgen Vollmer

Mensch und Politik

Gemeinschaftskunde für Gymnasien
Klasse 11

Schroedel Schulbuchverlag

Mensch und Politik
Gemeinschaftskunde für Gymnasien
Klasse 11

bearbeitet von Anton Egner
Hans-Jürgen Friebel
Günther Misenta
Martin Vöhringer
Dr. Hans-Jürgen Vollmer

unter Mitarbeit der Verlagsredaktion

Bildquellenverzeichnis

u. = unten; o. = oben; l. = links; r. = rechts

Archiv Gerstenberg, Wietze 25, 26 l., 67 u. l.; argus, Hamburg 75 (M. Schröder); Bundesarchiv, Koblenz 71 l., r.; Bundesbildstelle, Bonn 162 o.; dpa, Frankfurt/M. Titelbild, 23 l., r., 35, 59, 94, 95, 123, 162 u., 185; Jörg Axel Fischer, Hannover 56; Fotoagentur Novum, Hannover 143 (M. Wienhöfer) Frankfurter Allgemeine Zeitung (Tresckow) 63; Jürgens Ost- und Europa-Photo, Köln 68, 130; Kommission der Europäischen Union, Vertretung in der Bundesrepublik Deutschland, Bonn 182; Library of Congress, Washington D. C. 67 M.; Pressefoto Michael Seifert, Hannover 5; Marily Stroux, Hamburg 156; Süddeutscher Verlag, München 26 r., 67 o. l.; Ullstein-Verlag, Berlin 139; Verband der Lebensversicherungs-Unternehmen e. V., Bonn 43.

Gedruckt auf Papier, das nicht mit Chlor gebleicht wurde. Bei der Produktion entstehen keine chlorkohlenwasserstoffhaltigen Abwässer.

ISBN 3-507-10422-9
© 1994 Schroedel Schulbuchverlag GmbH, Hannover

Alle Rechte vorbehalten.
Dieses Werk sowie einzelne Teile desselben sind urheberrechtlich geschützt. Jede Verwertung in anderen als den gesetzlich zugelassenen Fällen ist ohne vorherige schriftliche Zustimmung des Verlages nicht zulässig.

Druck A ^{543} / Jahr 1998 97 96

Alle Drucke der Serie A sind im Unterricht parallel verwendbar. Die letzte Zahl bezeichnet das Jahr des Druckes.

Grafik: Peter Langner, Hannover
Satz: O & S, Hildesheim
Druck: Kleins Druck- und Verlagsanstalt, 49525 Lengerich

Inhaltsverzeichnis

Gesellschaft und Sozialstaat in der Bundesrepublik Deutschland 5

1. **Struktur der Gesellschaft in Deutschland** 6
1.1 Alle sind gleich – manche sind gleicher? 6
1.2 Stände, Klassen oder Schichten? 9
1.3 Soziale Mobilität – Aufstieg für alle? 13
1.4 Jenseits von Schichten und Klassen? 16
1.5 Migration – die neue Form der Mobilität? 20

2. **Gleichheit und Gerechtigkeit** 24
2.1 Von den Ursachen der Ungleichheit 24
2.2 Was ist Gerechtigkeit? 28

3. **Der Sozialstaat in der Bundesrepublik Deutschland** 32
3.1 Armut im Wohlstand? 32
3.2 Die Bundesrepublik – ein Sozialstaat 36
3.3 Der Generationenvertrag und die Überalterung der Gesellschaft 41
3.4 „Pflege" – ein Thema nicht nur für alte Menschen? 46
3.5 Sozialhilfe – letztes Auffangnetz oder die neue Armut? 52
3.6 Integration von Zuwanderern 55
3.7 Die Zukunft des Sozialstaates 60

Wirtschaftsordnung und Wirtschaftspolitik in der Bundesrepublik Deutschland 63

1. **Wirtschaftssysteme und Wirtschaftsordnungen** 64
1.1 Der Sieg der Marktwirtschaft – „das Ende der Geschichte"? ... 64
1.2 Soziale Marktwirtschaft – der dritte Weg 70
1.3 Ohne Wettbewerb keine Marktwirtschaft 76

2. **Die Herausforderung der neunziger Jahre – Kann die Soziale Marktwirtschaft bestehen?** 79

3. **Mehr Markt oder mehr Staat?** 82

4. **Wachstum, Wachstum über alles?** 84
4.1 Was ist Wirtschaftswachstum? 84
4.2 Welches Wachstum ist „angemessen"? 87
4.3 Warum „stetiges" Wirtschaftswachstum? 89

5. **Geht uns die Arbeit aus?** 92
5.1 Geschönte Arbeitslosenzahlen? – Wer ist arbeitslos? 92
5.2 Kontroversen um die richtige Arbeitsmarktpolitik 96

6. **Freihandel oder Protektionismus?** 99

7. **Behält unser Geld seine „Geltung"?** 105
7.1 Was ist „Inflation"? 105
7.2 Strategien zur Inflationsbekämpfung 109

8. **Strukturwandel und Strukturpolitik** 113
8.1 Wirtschaft im Wandel – ein Prozeß schöpferischer Zerstörung 113
8.2 Aufschwung mit Hindernissen 115
8.3 Mit der Treuhand von der Kommando- zur Marktwirtschaft 121
8.4 Die Textilindustrie – eine Branche im Strukturwandel 126

Das Recht und die Rechtsordnung in der Bundesrepublik Deutschland 131

1. **Staatliches Gewaltmonopol und Rechte des einzelnen** 132
1.1 Recht als Grundlage innerstaatlichen Handelns 132
1.2 Rechtsfriede durch staatliche Gewalt? 136
1.3 Rechtssicherheit durch Gewaltenteilung? 140
1.4 Rechtsfriede und Strafgesetz 144

2. **Grundrechte und Rechtsstaat** 147
2.1 Recht und Gesetz 147
2.2 Die Grundrechte als Grundlage unserer Staatsordnung 150

3. **Rechtsordnung im Rechtsstaat** 154
3.1 Unsere Rechtsordnung – ein Labyrinth? 154
3.2 Gesetz und richterliche Auslegung 158
3.3 Das Bundesverfassungsgericht –
    Garant unseres Rechtsstaates 161
3.4 Recht und sozialer Wandel 165

Die Bundesrepublik Deutschland und Europa 169

1. **Europa nach 1945** 170
1.1 Was ist Europa? 170
1.2 Das Europa der EU – „Kern" eines Vereinigten Europas? 175

2. **Von der EG zur Europäischen Union** 178
2.1 Wie funktioniert die EU?
    Herrschaft der „Eurokraten" oder des „Zwölferklubs"? 178
2.2 Der Binnenmarkt '93 – Das grenzenlose Abenteuer? 184
2.3 Ein „regulierter" Markt – Der Gemeinsame Agrarmarkt 188
2.4 Die Europäische Union – ein Meilenstein auf dem Weg zu
    den Vereinigten Staaten von Europa? 192

3. **Die Entwicklung der Europäischen Union bis zum Jahr 2000** . 196
3.1 Die Europäische Wirtschafts- und Währungsunion –
    Kernstück oder Spaltpilz der Europäischen Union? 196
3.2 Die Festung Europa? 200
3.3 Die Zukunft Europas – Vertiefung oder Erweiterung der EU?
    Klein- oder Groß-Europa? 205

Register 208

Gesellschaft und Sozialstaat in der Bundesrepublik Deutschland

1. Struktur der Gesellschaft in Deutschland

1.1 Alle sind gleich – manche sind gleicher?

Rangunterschiede

Überall, wo Menschen zusammenleben, gibt es Rangunterschiede, werden Menschen höher oder niedriger eingeschätzt. Derartige Unterschiede bestehen in einem Betrieb ebenso wie in einer Gemeinde. In einem Großbetrieb gibt es eine Vielzahl an Abstufungen vom Generaldirektor bis hinunter zum Hilfsarbeiter. Auch in einer Gemeinde gibt es deutliche Abstufungen zwischen den „besseren" Kreisen und den „einfachen" Bürgern. Solche Unterschiede zeigen sich z. B. an den Wohnverhältnissen, den Konsumgewohnheiten, dem Freizeitverhalten. Auch unsere Gesellschaft insgesamt wird durch derartige Unterschiede gekennzeichnet. Der Herr Direktor, die Frau „Doktor" gelten mehr, werden zuvorkommender behandelt. Ihr sozialer Status (lat. Rang) beruht in der Regel auf der beruflichen Stellung in der Gesellschaft, aber auch auf Vermögen oder Bildung.

Sozialer Status

In einem kleineren und überschaubaren Kreis ist auch die Persönlichkeit des einzelnen von Bedeutung; für seine Einordnung in die Gesellschaft insgesamt ist jedoch zunächst weniger bedeutsam, „wer" er ist, sondern „was" er ist. Entscheidend sind nach Meinung der Bevölkerung die drei Kriterien Beruf, Einkommen und Bildung. Vor allem ist es der Beruf, denn er ist in der Regel mit einem bestimmten Einkommen und mit einem bestimmten Bildungsstand verbunden. Nimmt man die Rangordnung als das entscheidende Merkmal unserer Gesellschaft, dann läßt sich diese als Schichtengesellschaft bezeichnen. Unter sozialer Schicht versteht man Menschen von gleichem oder ähnlichem sozialen Status. Wie aber läßt sich die Einteilung unserer Gesellschaft in soziale Schichten feststellen? Es gibt hierzu verschiedene Möglichkeiten. Man kann z. B. anhand einer vorgegebenen Skala von Berufsgruppen die Befragten bitten, sich selber in eine bestimmte Schicht einzuordnen, ein Verfahren, das man als soziale Selbsteinschätzung bezeichnet. Man kann aber auch von objektiv gewonnenen statistischen Daten (in der Regel Beruf, Einkommen, Bildungsabschluß) die Bevölkerung in Schichten einteilen.

Soziale Schicht

Soziale Selbsteinschätzung

Bei beiden Verfahren spielen „objektive" und „subjektive" Elemente eine Rolle. Auch die objektiven Kriterien und ihre Gewichtung wurden subjektiv, d. h. durch Befragung der Bevölkerung ermittelt. Und auch die eher subjektive Selbsteinschätzung der Bevölkerung geschah im Rahmen eines objektiv vorgegebenen Rasters. Nach beiden Verfahren tendiert die Mehrheit der Bevölkerung zur Mitte hin. Statusmodelle zeigen lediglich die ungefähre Statusverteilung, lassen aber im Einzelfall keine exakte Einordnung zu.

Verhaltensrelevante Abgrenzungen

Und dennoch sind soziale Schichten keine bloße gedankliche Konstruktion, sondern sie bestehen als verhaltensrelevante Abgrenzungen. Man empfindet – z. B. durch Statussymbole – den Abstand zu denen, die über oder unter einem stehen, man hat vorwiegend Umgang mit Menschen, die einem statusmäßig nahestehen, man heiratet in der Regel auch innerhalb derselben sozialen Schicht.

Auch bestehen unterschiedliche Vorstellungen vom Aufbau unserer Gesellschaft. Das Empfinden, daß unsere Gesellschaft aus unterschiedlichen Schichten besteht, ist vor allem bei der Berufsgruppe der Beamten und Angestellten verbreitet. Dort spielen Rangunterschiede eine große Rolle, gibt es Vorgesetzte und Untergebene, besteht vor allem die Vorstellung, daß man durch eigene Leistung aufsteigen könne. Als Menschen, die in der Mitte stehen, sehen sie die Gesellschaft differenzierter. Angehörige der Unterschicht hingegen sehen die Gesellschaft oft zweigeteilt in „die da oben" und „wir hier unten".

MATERIAL 1 Kleiderordnung in Kiel (1417)

„Keine Frau darf gekrauste Tücher tragen und nicht mehr als zwei Mäntel haben, die mit Pelzwerk gefüttert sind, und darf auch keinerlei Geschmeide mit teurem Gestein und Perlen an allen ihren Kleidern tragen, wenn ihr Mann an die Stadt nicht mindestens 400 Mark Silber zu versteuern hat. Wenn eine Frau dessen überführt wird, so soll das der Stadt mit 10 Mark Silber gebessert werden. Dieselbe Strafe trifft den Übertreter der weiteren Bestimmungen: Wenn der Mann der Stadt für mindestens 200 Mark Steuern zahlt, so darf seine Frau eine Mark Silber an allen ihren Kleidern tragen. Wenn der Mann Steuern zahlt, aber nicht für 100 Mark, so darf seine Frau keinerlei Geschmeide tragen. Insbesondere darf keine Bürgersfrau Pelzwerk oder Seide unten an ihren Kleidern tragen...
Insbesondere wird befohlen, daß keine Dienstmagd Spangen, Scharlachtuch oder irgendwelches vergoldetes Geschmeide trägt, welches mehr als 8 Schillinge wert ist. Wer dagegen verstößt, soll des Geschmeides sofort verlustigt werden und sein Dienstherr oder seine Dienstherrin sollen 3 Mark Silber Strafe zahlen oder den Dienstboten innerhalb von 3 Tagen aus dem Brote jagen ..."

MATERIAL 2 Rangabzeichen im Büro (1963)

„Da sind zum Beispiel die Rangabzeichen in einer Kölner Versicherungszentrale. Herausragendes Kennzeichen der gemeinsam in einem Großraum arbeitenden Angestellten ist der Schreibtisch. Der Sachbearbeiter – niedrigster Rang – sitzt vor einer schmalen Arbeitsplatte, in die nur zur Rechten ein paar Aktenfächer eingehängt sind. Hat er mehr Akten zu verwalten, so darf er rollbare Aktenwägelchen benutzen. Beileibe aber keinen doppelseitigen mit Aktenfächern ausgestatteten Schreibtisch. Der steht nur der zweiten Kaste zu, den Büroleitern. Handlungsbevollmächtigten – dem dritten Rang – wird der gleiche Schreibtisch zugeteilt, jedoch an der Front durch eine hervorstehende rechteckige Tischverlängerung imponierender gestaltet. Auch Prokuristen steht dieser Typ zu, dort wird er nach vorn und auch nach beiden Seiten durch dreieckige herausragende Anbauten repräsentativ vergrößert. Sie verleihen dem Schreibgiganten die Gestalt eines flachen Winkels, zwischen dessen Schenkeln der Prokurist thront. Die Direktoren? Sie diktieren hinter individuellen Tischen."

(beide Texte aus: K. M. Bolte u. a., Soziale Ungleichheit, Westdeutscher Verlag, Opladen 1975, S. 5 und 10)

1. Bestehen Unterschiede zwischen der mittelalterlichen Kleiderordnung und den Rangmerkmalen in einem modernen Büro?
2. Wie läßt sich das Bedürfnis erklären, Rangunterschiede sichtbar zu machen?
3. Erörtern Sie die Frage, ob die Schule, ein Betrieb, eine Gesellschaft ohne Rangunterschiede überhaupt denkbar sind.

Gesellschaft und Sozialstaat in der Bundesrepublik Deutschland

MATERIAL 3 Berufsprestige

Beruf	Bildungsweg, Herkunft
Städt. Angestellter	Hauptschule, Verwaltungslehre, Sachbearbeiter, Vater: Städt. Arbeiter bei der Müllabfuhr
Busfahrer	Hauptschule, Bäckerlehre, jetzt Städt. Verkehrsbetriebe, Vater: Stahlarbeiter
Sekretärin	Realschule, Höhere Handelsschule, Sekretärinnenlehrgang, Fremdsprachenkurse, Sekretärin des Verkaufsleiters einer Maschinenfabrik, Vater: Bahnbeamter
Professor	Gymnasium, Chemiestudium, Promotion, Habilitation, Direktor des Instituts für Umweltforschung, Vater: Studienrat
Taxifahrer	Gymnasium, Studium der Soziologie, während des Studiums Arbeit als Taxifahrer, jetzt Teilhaber an einem Fünfmannbetrieb, Vater: Oberstudienrat
Dipl.-Ingenieur	Hauptschule, Ausbildung zum techn. Zeichner, 2. Bildungsweg, Ingenieur-Fernkurse, Abteilungsleiter in einer Maschinenfabrik, Vater: Schlossermeister
Unternehmer	Hauptschule, Kellner, Gastwirt, Aufbau einer Restaurant-Kette, Millionär, Vater: Landarbeiter
Gastwirt	Hauptschule, Fleischerlehre, jetzt Pächter eines Vorstadtlokals, Vater: Friseur
Gastwirt	Gymnasium, Studium der Romanistik und Geographie, Referendariat, Assessor des Lehramts, arbeitslos, jetzt Pächter einer Studentenkneipe, Vater: Professor
Staatssekretärin	Gymnasium, Jurastudium, Ministerialrätin, Parteimitglied, jetzt an leitender Stelle im Innenministerium, Vater: Realschullehrer
Textilkauffrau	Realschule, kaufm. Lehre, Inhaberin eines Textilgeschäfts mit fünf Angestellten, Vater: Berufsoffizier
Malergeselle	Hauptschule, Malerlehre, tätig in einem Dreimannbetrieb, Vater: städt. Gärtner
Briefträger	Hauptschule, Lehre bei der Bundespost, Vater: Arbeiter
Kfz-Meister	Hauptschule, Schlosserlehre, Meisterkurs, Abteilungsleiter in einer großen Reparaturwerkstatt, Vater: Bauschlosser
Hilfsarbeiter	Elementarschule, Landarbeiter, seit zwei Jahren als Straßenbauarbeiter in der Bundesrepublik Deutschland, Vater: Landarbeiter in Sizilien
Grundschulrektorin	Gymnasium; Pädagogische Hochschule, Mitarbeit bei der Lehrerausbildung, Vater: Angestellter der AOK
Kinderärztin	Gymnasium, Medizinstudium, eigene Praxis, Vater: Arzt
Kassiererin	Realschule, Ausbildung zur Sekretärin, Heirat, drei Kinder, Hausfrau, Ehescheidung, jetzt Teilzeitarbeit in einem Supermarkt, Vater: Lehrer

1. Stellen Sie in Gruppenarbeit eine Rangfolge der genannten Personen auf. Aufgrund welcher Merkmale könnte man eine derartige Rangfolge erstellen? Vergleichen und diskutieren Sie Ihre Ergebnisse.
2. Lassen sich aus den hier genannten Personen Gruppen oder Schichten bilden? Berücksichtigen Sie dabei, wer von ihnen mit wem gesellschaftlichen Umgang haben bzw. wer im gleichen Stadtviertel wohnen könnte.

1.2 Stände, Klassen oder Schichten?

Die Frage nach der Struktur unserer Gesellschaft ist deswegen von Bedeutung, weil sie kontrovers beantwortet wird. Je nachdem von welchem Bild unserer Gesellschaft man ausgeht, leiten sich daraus unterschiedliche Zielvorstellungen ab, nämlich Erhaltung oder Umgestaltung unserer Gesellschaftsordnung.

Ein aus dem vergangenen Jahrhundert stammender Erklärungsversuch ist das marxistische Gesellschaftsmodell. Es macht den Besitz oder Nichtbesitz an Produktionsmitteln zum entscheidenden Maßstab und bezeichnet unsere Gesellschaft als Klassengesellschaft, welche von einem zunehmenden Gegensatz zwischen Kapitalisten (Bourgeoisie) und Arbeitern (Proletariat) gekennzeichnet ist. Dem gegenüber wird eingewandt, daß in der heutigen Gesellschaft ein breiter Mittelstand bestehe. Neben dem alten Mittelstand von Kleinunternehmern und Landwirten sei ein neuer Mittelstand von unselbständigen Arbeitnehmern entstanden, da Verwaltungs- und Dienstleistungsberufe immer mehr an Bedeutung gewonnen hätten wie Lehrer und Verwaltungsbeamte, Computerexperten und Ingenieure. Nicht zuletzt reiche der Besitz an Produktionsmitteln als das entscheidende Kriterium nicht mehr aus, da die großen Unternehmen oft Zehntausenden von Aktionären gehörten und nicht mehr einzelnen Kapitalisten.

Klassengesellschaft

Alter Mittelstand
Neuer Mittelstand

Eine völlig andere Deutung ist die Darstellung unserer Gesellschaft als eine nivellierte Mittelstandsgesellschaft. Diese sei durch eine breite Mitte gekennzeichnet, soziale Unterschiede seien weitgehend aufgehoben, die Arbeitnehmer hätten völlige Rechtsgleichheit, sozialer Aufstieg und Wohlstand seien für jeden möglich, lediglich die Leistung des einzelnen entscheide. Gegen diese Darstellung wird eingewandt, daß sie weder eine Antwort auf die Frage nach der ungleichen Verteilung von wirtschaftlicher und politischer Macht gebe noch die ungleiche Verteilung der von der gesamten Gesellschaft erzeugten Güter erkläre. Neuere Erklärungsversuche betonen stärker die soziale Ungleichheit, die ungleiche Verteilung von Einkommen und Vermögen, von Aufstiegschancen und politischer Macht. Die von ihnen beschriebene Ordnung kann man als hierarchisch geschichtete Gesellschaft bezeichnen. Hierarchie (griech. heilige Ordnung) bedeutet eine Rangordnung. So verfügen z. B. Manager über Unternehmen oder Banken, die zahlreichen einflußlosen Aktionären gehören.

Nivellierte Mittelstandsgesellschaft

Soziale Ungleichheit

Hierarchisch geschichtete Gesellschaft

Nicht nur soziale Schichten kennzeichnen unsere Gesellschaftsordnung, sondern auch Berufsstände wie Beamte, Selbstständige oder Arbeiter, soziale Gruppen mit verschiedenen Arbeitsbedingungen und unterschiedlichen Systemen der Altersversorgung. Beamte haben z. B. das Privileg der lebenslangen Anstellung, dürfen aber nicht streiken. Selbständige und Freiberufliche wie Handwerker oder Ärzte mit eigener Praxis haben keinen Arbeitgeber und sind in der Regel nicht sozialversichert, sondern auf andere Formen der Alterssicherung angewiesen wie privates Vermögen und Lebensversicherung. Zur Durchsetzung ihrer Interessen haben manche dieser Berufsstände ihre Standesorganisationen und Standesgerichtsbarkeit, ihre Innungen und Handwerkskammern. Angestellte unterschieden sich früher von Arbeitern durch bessere Schulbildung und übergeordnete Tätigkeiten, doch haben sich die Arbeitsbedingungen der Arbeiter und der meisten Angestellten weitgehend einander angeglichen. Nur eine

Berufsstände

Gruppe von leitenden Angestellten – zu denen auch die Manager gehören – unterscheidet sich durch ihre Weisungsbefugnis von den übrigen Arbeitnehmern. Zwei Versuche, diese vielfältigen Erklärungsansätze graphisch darzustellen, sind die „Bolte-Zwiebel" und das „Dahrendorfer-Haus", die sich als harmonische, zugleich aber auch als disharmonische Darstellung von Gesellschaft interpretieren lassen.

MATERIAL 4 Modell zur Schichtung der Bevölkerung in der Bundesrepublik Deutschland

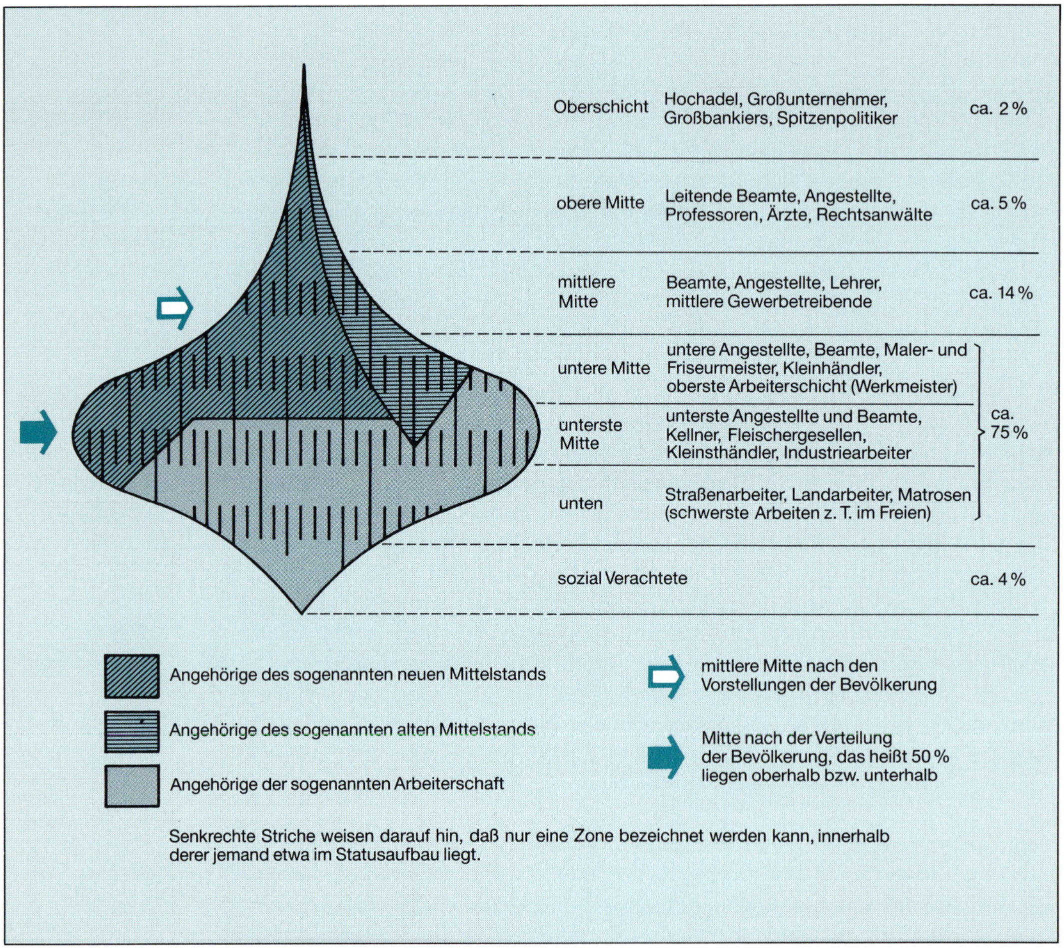

(nach: K. M. Bolte, u. a. Soziale Ungleichheit, Westdeutscher Verlag, Opladen 1975, S. 98)

1. Aufgrund welcher Merkmale wurden die im Schaubild genannten Berufe betimmten Schichten zugeordnet?
2. Nennen Sie Beispiele dafür, daß Angehörige einer Berufsgruppe (z.B. Arbeiter, Beamte) verschiedenen Schichten angehören können.
3. Warum läßt sich der Status des einzelnen nach diesem Modell nicht genau bestimmen?

Struktur der Gesellschaft in Deutschland

MATERIAL 5 Modell zur Darstellung der Gesellschaft der Bundesrepublik Deutschland

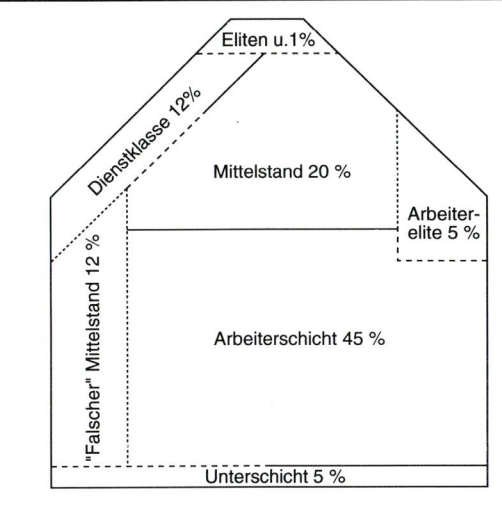

Eliten: Führungskräfte in den verschiedenen gesellschaftlichen Bereichen
Dienstklasse: z. B. nicht-technische Beamte und Verwaltungsangestellte
Mittelstand: z. B. Selbständige als alter Mittelstand, ferner Teile des neuen Mittelstands wie Wissenschaftler, Ingenieure
falscher Mittelstand: z. B. Arbeitnehmer im Dienstleistungsbereich wie Kellner, Verkäufer
Arbeiterelite: z. B. Facharbeiter mit besonderen Kenntnissen
Arbeiterschicht: in sich vielfach gegliederte Schicht von Arbeitern im Produktionsbereich, auch Landarbeiter
Unterschicht: „Bodensatz" der Gesellschaft, sozial Verachtete

(aus: Ralf Dahrendorf, Gesellschaft und Demokratie in Deutschland, Piper, München 1965, S. 105ff.)

1. Untersuchen Sie das auf – so Dahrendorf – „informierter Willkür" beruhende Dahrendorf-Haus. Welche Gruppen nennt er, wie bezeichnet er sie, wie ordnet er sie einander zu, welche Übergänge läßt er offen? Welche Aussage beabsichtigt er mit seinem Bild?
2. Vergleichen Sie das Dahrendorf-Haus mit der Bolte-Zwiebel. Von welchen unterschiedlichen Fragestellungen gehen beide Autoren aus? (Handelt es sich eher um harmonische oder eher um disharmonische Gebilde?)
3. Erörtern Sie, welches der beiden in den 60er Jahren entworfenen Modelle die heutige Wirklichkeit eher trifft. Vermissen Sie Gesichtspunkte, die zur Kennzeichnung der heutigen Gesellschaft wichtig sind?

MATERIAL 6 Nivellierte Mittelstandsgesellschaft?

In der modernen industriellen Massengesellschaft sind alle Standesgrenzen gefallen (offene Gesellschaft). Seitdem gleiche Rechte und Pflichten für alle selbstverständlich, Berufe und Schulen allen gleich zugänglich sind, gibt es auch keine Klassengegensätze mehr, denn durch soziale Sicherungen, Arbeitszeitverkürzungen, Lohnerhöhungen, betriebliche Mitbestimmung und politische Rechte ist die Arbeiterschaft prinzipiell gleichgestellt.
Der überwiegende Teil der Menschen gehört heute zur Gruppe der Arbeitnehmer, einer breiten Mittelschicht (sog. Mittelstandsgesellschaft) mit ähnlichen Einkünften, Verbrauchs- und Lebensgewohnheiten. Häufiger Wechsel des Arbeitsplatzes und der Beschäftigungsart (sog. horizontale Mobilität) und leichtere Veränderung der sozialen Lage durch berufliche Verbesserung und sozialen Aufstieg (vertikale Mobilität) sind dadurch ermöglicht, daß allein die individuelle Leistung für die soziale Stellung des einzelnen maßgeblich ist, daß die Leistung für die soziale Stellung des Einzelnen eine immer größere Rolle spielt. Bei großer Güterfülle, Vollbeschäftigung und der Möglichkeit für alle, Sachbesitz (Häuser, Grundstücke, Wertpapiere, Eigenheime durch Bausparen oder sozialen Wohnungsbau) oder hochwertige Verbrauchsgüter (Auto, Fernsehgeräte, Kühlschrank, modische Kleidung, Ferienreise) durch Teilzahlungsverträge zu erwerben, gilt ein hoher Lebensstandard als äußerlich sichtbarer Ausdruck der individuellen

Gesellschaft und Sozialstaat in der Bundesrepublik Deutschland

Leistung und des gesellschaftlichen Ansehens (sog. Wohlstandsgesellschaft).
Andererseits verlangt die moderne Arbeitsorganisation vom einzelnen in zunehmendem Maße Anpassung an den reibungslosen Ablauf des Wirtschaftsprozesses ... . Durch die fortgesetzte betriebliche Rationalisierung und Automation geht der Anteil der handarbeitenden Produzierenden zugunsten der kontrollierenden, verwaltenden, verteilenden Arbeitskräfte ständig zurück. Dabei kommt der Schule als Verteilerin sozialer Aufstiegschancen und der Weiterbildung der Erwachsenen zur Wahrung des Lebensstandards besondere Bedeutung zu (sog. Bildungsgesellschaft).

(aus: E. Bayer/H.-O. Schmid, Wörterbuch zur Gemeinschaftskunde, Hirschgraben, Frankfurt/M. 4. Auflage 1970, S. 65, gekürzt)

MATERIAL 7 Schichten und Klassen

Unter allen gesellschaftlichen Bedingungen gibt es wohl zwei Formen der sozialen Ungleichheit. Die eine ist gewissermaßen produktiv; sie ist der Keim der gesellschaftlichen Konflikte und mit ihnen der Wandlungen einer Gesellschaft; sie produziert nicht zuletzt auch die andere Ungleichheit. Diese produktive Ungleichheit ist verknüpft mit den aus der ungleichen Verteilung von Herrschaft hervorwachsenden Klassen und ihrem Kämpfen. Die andere Ungleichheit ist distributiv. Sie bezieht sich auf die ungleiche Verteilung jener Güter, mit denen Gesellschaften ihre Bürger zu belohnen vermögen: Einkommen, Prestige, unter gewissen Aspekten auch Bildung und Herrschaft, wenngleich die letzteren an den beiden Seiten des Schlagbaums zwischen produktiver und distributiver Ungleichheit stehen. Das gesellschaftliche System der distributiven Ungleichheit nennen wir soziale Schichtung.
Aber ist nicht auch die soziale Schichtung heute, in der Gesellschaft im Überfluß, ein überholter Gedanke? War sie es nicht im Grunde sogar schon vor dreißig, vierzig Jahren? Und vor allem: Wie verträgt sich der Fortbestand einer sozialen Schichtung mit der Gleichheit der Bürgerrechte? ... Der eine Punkt bezieht sich auf die Spitzenstellungen des sozialen Status. Es gibt der Möglichkeit nach Positionen, die so sehr aus dem Normalen herausragen, daß ihr Zubehör ihre Träger in die Lage versetzt, anderen ihre Bürgerrechte streitig zu machen. Das gilt für Reichtum wie für Ansehen dort, wo diese sich in gesellschaftliche Macht umsetzen lassen, also für monopolitistisches Eigentum und für Charisma. Der andere Punkt, an dem Bürgerrechte und Statusunterschiede in Konflikt treten können, liegt am Fuße der Schichtungsskala. Es gibt ein Maß an Unterprivilegierung im Sinne der Schichtung, an Armut also und sozialer Verachtung, das gleiche staatsbürgerliche Teilnahme ausschließt. Deshalb verlangt die Durchsetzung der Bürgerrechte ein gewisses Maß dessen, was gerne Nivellierung genannt wird, nämlich einen verläßlichen „Fußboden" und eine schützende „Decke" für das Gehäuse sozialer Schichtung.

(aus: Ralf Dahrendorf, Gesellschaft und Demokratie in Deutschland, Piper, München 1965, S. 95f.)

1. Mit welchen Argumenten wird in Material 6 das Bestehen einer nivellierten Mittelstandsgesellschaft begründet? Halten Sie die Begründung unter den heutigen Verhältnissen für berechtigt?
2. Erarbeiten Sie aufgrund Ihrer Vorkenntnisse die Begriffe „Klasse" und „Schicht". Ergaben sich bei der Erarbeitung Meinungsverschiedenheiten?
3. Vergleichen Sie die Ergebnisse Ihrer Erarbeitung mit Material 7. Wie definiert Dahrendorf die beiden Begriffe? Wie rechtfertigt er soziale Ungleichheit? Welcher politischen Partei läßt er sich zuordnen?

1.3 Soziale Mobilität – Aufstieg für alle?

Wichtiges Merkmal der modernen Industriegesellschaft ist die ständige Veränderung der sozialen Struktur. Als in der ersten Hälfte des 19. Jahrhunderts in Deutschland die industrielle Revolution einsetzte, arbeiteten etwa 80% aller Erwerbstätigen in der Land- und Forstwirtschaft. Ihr Anteil ist im Verlaufe der Industrialisierung ständig gesunken und beträgt in der Bundesrepublik Deutschland weniger als 4%. Die Erwerbstätigen werden im allgemeinen drei Wirtschaftssektoren zugeteilt:
- Primärer Sektor, dem alle in Land- und Forstwirtschaft sowie in der Fischerei Beschäftigten angehören;
- Sekundärer Sektor, der die Erwerbstätigen des Bergbaus, der Energiewirtschaft, des Bau- und des verarbeitenden Gewerbes umfaßt;
- Tertiärer Sektor, zu dem alle Beschäftigten aus Handel, Banken, Verkehrswesen, Versicherungen und dem staatlichen Bereich gerechnet werden. Man bezeichnet diesen Sektor auch als Dienstleistungsbereich.

Veränderungen und Verschiebungen, die sich zwischen diesen Sektoren und innerhalb der Sektoren ergeben, werden als Strukturwandel bezeichnet: aus der mittelalterlichen, weitgehend agrarischen Feudalgesellschaft entstand unsere moderne Industriegesellschaft, die sich ihrerseits in eine postindustrielle Gesellschaft umwandelt, in der der tertiäre Sektor vorherrscht.

Diese ständige Veränderung der Sozialstruktur hat ein hohes Ausmaß an sozialer Mobilität zur Folge. Darunter versteht man Bewegungen von Personen und Gruppen aus einer sozialen Position in eine andere. Dabei ist zwischen der horizontalen und der vertikalen Mobilität zu unterscheiden. Unter horizontaler Mobilität versteht man Veränderungen, die durch einen Orts- oder Berufswechsel bedingt sind. Viele Landwirte etwa haben ihren Beruf aufgegeben und fanden in anderen Bereichen einen Arbeitsplatz, ohne deswegen sozial aufzusteigen. Unter vertikaler Mobilität versteht man den sozialen Auf- und Abstieg. Ein Kellner, der sich zum Inhaber eines großen Gastronomiebetriebs emporgearbeitet hat, ist sozial aufgestiegen. Derartige Bewegungen können sich im Verlaufe eines Lebens vollziehen, oft aber erstrecken sie sich über mehrere Generationen. So läßt sich im Verlaufe dreier Generationen eine horizontale und eine vertikale Mobilität feststellen, wenn der Großvater Landwirt in Schlesien war, der Sohn nach der Vertreibung Facharbeiter in Stuttgart wurde und der Enkel es bis zum Oberregierungsrat in Mannheim brachte.

Diese ständige soziale Mobilität ist für unsere Gesellschaft von großer Bedeutung. Denn keine Gesellschaft, die auf die bestmögliche Mobilisierung der in ihr vorhandenen Begabungen angewiesen ist, kann darauf verzichten, den jeweils am besten Geeigneten auf die ihm zukommende Stelle zu setzen. Jeder muß also ungeachtet seiner sozialen Herkunft aufgrund seiner persönlichen Fähigkeiten den ihm zukommenden Platz in der Gesellschaft einnehmen können. Bis in die 70er Jahre wurde das Problem der Chancengerechtigkeit diskutiert, sprach man von Mobilitätsbarrieren, die den sozialen Aufstieg behindern. Die Kritik konzentrierte sich vor allem auf die Schule, welche die Arbeiterkinder benachteilige. Dabei wurde oft übersehen, daß es auch andere Steuerungsinstanzen sozialer Mobilität gibt, etwa Parteien, Gewerkschaften, Bundeswehr.

Veränderung der sozialen Struktur

Drei Wirtschaftssektoren

Strukturwandel

Soziale Mobilität

Horizontale Mobilität

Vertikale Mobilität

Chancengerechtigkeit Steuerungsinstanzen sozialer Mobilität

Gesellschaft und Sozialstaat in der Bundesrepublik Deutschland

MATERIAL 8 Entwicklung der Arbeitsplätze nach Wirtschaftssektoren

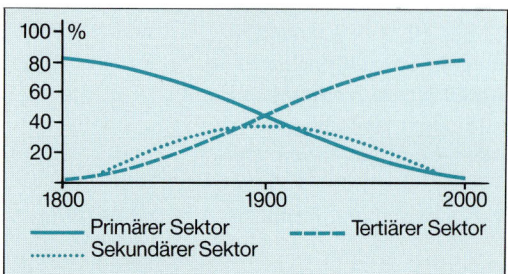

MATERIAL 9 Arbeitsplätze in den Wirtschaftssektoren der BRD (in %)

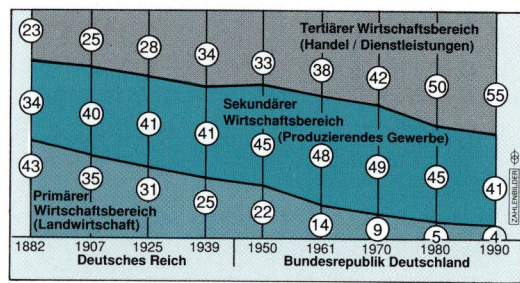

(aus: Friedrich-Wilhelm Henning, Die Industrialisierung in Deutschland 1800-1914, Paderborn 1973, S. 21)

MATERIAL 10 Erwerbstätige nach Wirtschaftsbereichen (in Tausend)

Wirtschaftsbereiche	früheres Bundesgebiet					Ehem. DDR
	1950	1960	1970	1980	1990	1990
Primärer Sektor	5 089	3 541	2 370	1 437	1 070	625
Sekundärer Sektor	9 381	12 722	12 797	12 174	11 903	3 413
Tertiärer Sektor	7 337	10 238	11 285	13 263	16 361	3 575
insgesamt	21 807	26 501	26 452	26 874	29 334	7 613

(aus: Datenreport 1992, hrsg. von der Bundeszentrale für politische Bildung, Bonn 1992, S. 97)

MATERIAL 11 Jeder ist seines Glückes Schmied

Frage: Zwei Männer unterhalten sich über das Leben. Der eine sagt: „Jeder ist seines Glückes Schmied. Wer sich heute wirklich anstrengt, der kann es auch zu etwas bringen." Der andere sagt: „Tatsächlich ist es so, daß die einen oben sind, und die anderen sind unten und kommen bei den heutigen Verhältnissen auch nicht hoch, so sehr sie sich auch anstrengen."
Was würden Sie persönlich sagen – wer von den beiden hat eher recht – der erste oder der zweite?

Ergebnis im Mai 1980 in %	der erste	der zweite	unent- schieden
Bevölkerung insgesamt	61	23	16
Männer	61	24	15
Frauen	60	23	17
Altersgruppen			
16–29	53	29	18
30–44	60	23	17
45–59	62	24	14
60 und älter	67	18	15
Volksschule	59	26	15
Höhere Schule	64	18	18

(aus: Allensbacher Jahrbuch VIII [1983])

1. Untersuchen Sie die bisherige und die prognostizierte Veränderung der Arbeitsplätze. Auf welche Ursachen läßt sie sich zurückführen (Mat. 8–10)?
2. Erörtern Sie die Fragestellung in Material 11. Welcher These würden Sie zustimmen?
3. Interpretieren Sie das Umfangsergebnis. Wie lassen sich die Unterschiede erklären?

Struktur der Gesellschaft in Deutschland

MATERIAL 12 **Zwei Karrieren**

Fall 1: X, 1937 geboren, stammt aus kleinen Verhältnissen, macht die mittlere Reife, dann eine dreijährige Verwaltungslehre, vorwiegend in den Rathäusern kleinerer Gemeinden. Anschließend besuchte er eine Verwaltungsschule, wo er streng praxisbezogen zum gehobenen Verwaltungsbeamten geschult wurde.
1961 wurde er Finanzbürgermeister einer Kreisstadt und erhielt nebenbei die Geschäftsführung einer städtischen Wohnungsbaugesellschaft. Die gewerkschaftseigene Baugesellschaft ‚Neue Heimat' wurde auf ihn aufmerksam. 1970 wurde er Geschäftsführer, 1973 rückte er in der Zentrale zum Vorstandsmitglied auf.
Erst 1967 war er in die CDU eingetreten. 1968 eroberte er auf Anhieb einen Wahlkreis, schon 1972, ganze 34 Jahre alt, wurde er Fraktionsvorsitzender im Landtag. Mit 41 Jahren war er Innenminister, ein halbes Jahr später Ministerpräsident.
Er hat es aus eigener Kraft geschafft. Zugleich ist er davon überzeugt, daß andere es genauso schaffen können wie er, wenn sie nur wollen.

Nina Grunenberg

Fall 2: Y war Klassenbester und Liebling seines Lehrers, der ihn für das Gymnasium vorschlug. Nun wurde für ihn alles anders. Er merkte zum ersten Mal, daß es Unterschiede zwischen ihm und den Kindern der Mittelschicht gab. Er schämte sich zu sagen, daß seine Mutter in einer Marzipanfabrik arbeitete, er schämte sich seiner Kleidung, seiner Sprache. Noch schlechter ging es ihm in seinem Wohnblock. Seine Bande hatte ihn ‚herausgeprügelt', ihn offiziell verstoßen. Er war unglücklich, seine Noten verschlechterten sich. Er ging freiwillig ab und zurück in seine alte Schule, und dann in die Lehre bei einer Versicherung. Aber alles ödete ihn an.
Eines Tages kam der Bruch. Während einer Lehrlingsfreizeit sprach der Pastor über Fragen des Lebens, Gott und die Welt. Nun ging Y in Leihbibliotheken, las Oscar Wilde. Er sog alles richtig in sich auf, Geld und große Autos verloren an Wert.
Dann kam die Bundeswehr und ein Leutnant, der ihn mochte. Der fragte ihn, ob er Offizier werden wolle. So kam er in die Offiziersschule, zusammen mit Anwärtern, die alle ihr Abitur hatten. Er mußte sich viel mehr anstrengen als die anderen. Er lernte auch die gesellschaftlichen Spielregeln, die er von zu Hause nicht kannte.
Auf einem Ball lernte er eine junge Pastorentochter kennen. Der Pastor sagte ‚Herr Leutnant' zu ihm, denn er war nur Gefreiter gewesen. Er ging mit der Pastorentochter in Konzerte, war häufig bei ihr zu Hause, genoß den guten Stil, die Musik, die Gespräche, kurzum eine fremde Welt. Er studierte nach der Bundeswehr Sozialpädagogik, bestand das Examen mit ‚sehr gut' und heiratete die Pastorentochter. Nach der Heirat kam ein kleines Haus, ein kleines eigenes Boot, eine politische Karriere im Stadtparlament, ein weiteres Studium: Pädagogik, Psychologie, Sozialwissenschaften. Ihre neuen Bekannten, die Lehrerkollegen seiner Frau, kamen ihm alle so anders vor. Seine Frau nahm Musikunterricht und spielte später fast jeden Abend. Dies nahm er ihr übel. Sie lebten in verschiedenen Welten. Sie verstanden sich immer weniger, bis es zur Scheidung kam.

Marion Rollin

(Fall 1 nach: Die Zeit vom 7. 3. 1980; Fall 2 nach: Die Zeit vom 11. 1. 1980)

1. Untersuchen Sie im ersten Fall die Stationen vom „Rathauslehrling" bis zum Ministerpräsidenten. Was hat den Aufstieg ermöglicht? Kennen Sie ähnliche Karrieren?
2. Auch Y hat einen Aufstieg vollzogen. Was unterscheidet seinen Aufstieg von dem des X? Mit welchen Schwierigkeiten hatte er zu kämpfen?

1.4 Jenseits von Schichten und Klassen?

Vertikale Ungleichheit

Bis in die 70er Jahre stand die vertikale Ungleichheit von Schichten und Klassen im Vordergrund des Interesses, wurde um die Frage gestritten, ob es sich bei unserer Gesellschaft um eine Klassengesellschaft im marxistischen Sinne handele oder um eine Schichtengesellschaft, in welcher jeder seinen Platz entsprechend seiner beruflichen Stellung in unserer arbeitsteiligen Gesellschaft einnehme. Dabei wurden die Begriffe recht unterschiedlich verwendet. Bei Verfechtern des Klassenmodells war nicht nur von Bourgeoisie und Arbeiterschaft die Rede, sondern auch von anderen Klassen und Schichten. Und den Vertretern von Schichtenmodellen ging es nicht nur um das Berufsprestige und schichtenspezifische Mentalität, sondern auch um die ungleiche Verteilung von Macht in Staat und Gesellschaft. Diese Auseinandersetzung hat inzwischen an Bedeutung verloren. Dazu trug einmal die Mehrung des allgemeinen Wohlstands bei, welcher die Gesellschaft insgesamt – einem „Fahrstuhleffekt" vergleichbar – auf eine höhere Etage hob, was jedoch nicht ausschließt, daß zunehmend Minderheiten wie Sozialhilfeempfänger und Dauerarbeitslose (Schlagworte: neue Armut, Zwei-Drittel-Gesellschaft) nach unten ausgeschlossen werden.

„Fahrstuhleffekt"

Horizontale Ungleichheit

Zum anderen traten neue Ungleichheiten in den Mittelpunkt des Interesses. Bewußt wurden zunächst die horizontalen Ungleichheiten, z. B. Kinderzahl, Geschlecht, Geburtenjahrgang, Nationalität, die gleichsam quer zur vertikalen Ungleichheit liegen, welche aber für die Zuteilung von Vor- und Nachteilen ebenso große Bedeutung haben. Denn es bestehen z. B. Unterschiede zwischen einem Lehrer, der sein Gehalt mit einer nicht berufstätigen Frau und vier Kindern teilen muß, und seinem Kollegen, der es mit dem einer kinderlosen Ärztin zusammenlegen kann. Diese Unterschiede betreffen nicht nur den Lebensstandard, die Wohnungsausstattung und die Freizeitgestaltung, sondern auch die Kreise (z. B. Golfclub), innerhalb derer sie sich bewegen. Schon seit den 60er Jahren wurde die Benachteiligung der Frau zum Thema. Nicht nur, daß Frauen in vielen Bereichen für vergleichbare Tätigkeiten weniger Lohn als Männer erhalten. Auch wenn Frauen gleich bezahlt werden, sind sie benachteiligt, wenn sie sich ihrer Kinder wegen mit Teilzeitarbeit begnügen, sich beurlauben lassen oder gar für einige Jahre voll aus dem Beruf ausscheiden. Denn sie verlieren nicht nur Rentenansprüche, sondern auch berufliche Erfahrung und sind daher bei einer Wiedereinstellung oder gar bei einer Beförderung im Nachteil. Der Geburtenjahrgang war von Bedeutung bei der Chancenzuteilung für geburtenstarke und geburtenschwache Jahrgänge, sei es bei der Kindergartenplatzvergabe, bei Lehrstellen oder Studienplätzen. Er wird in Zukunft von Bedeutung sein für die Probleme, die der „Generationenvertrag" aufwirft, nämlich die Finanzierung der Renten für immer mehr Rentner durch immer weniger Beitragszahler. Das Problem wurde zunächst deshalb nicht bewußt, weil Gastarbeiter Beiträge in die Sozialversicherungen einzahlten. Doch die Gastarbeiter richteten sich oft auf Dauer ein, holten ihre Familien nach Deutschland, und so entstand u. a. das Ausländerproblem als weitere Form der sozialen Ungleichheit.

Benachteiligung der Frau

Geburtenjahrgang

Ausländerproblem

Neben der vertikalen und der horizontalen Ungleichheit bestehen – sozusagen als dritte Dimension – unterschiedliche soziale Bewegungen (z. B. Frauenbewegung), Glaubensgemeinschaften (z. B. Kirchen), Lebensstile und Wertorientierungen, die einerseits Menschen über Schichten hinweg verbinden, andrerseits Menschen derselben sozialen Schicht voneinander trennen. Einen für Markt- und Wahlforschung sehr hilfreichen Versuch stellt das Modell des SINUS-Instituts dar, welches die unterschiedlichen Lebensstile und Wertorientierungen der Bevölkerung zu acht verschiedenen „sozialen Milieus" zusammenfaßt und diese den verschiedenen sozialen Schichten zuordnet. Entscheidend für die Gruppierung war die Einstellung der Menschen etwa zu Arbeit und Freizeit, zu Zukunftserwartungen und politischen Fragen – eine breite Spanne von konservativen, traditionsverbundenen Wertorientierungen bis hin zu hedonistischen (griech. hedoné = Lust) Einstellungen und zugleich ein Hinweis, daß Lebensstile und Einstellungen sich von äußeren Gegebenheiten abkoppeln und die Wahl- und Gestaltungsfreiheit jenseits der Schicht und Klasse zunimmt. Die überkommenen Modelle lösen sich auf zugunsten einer zunehmenden Individualisierung, die Gesellschaft wandelt sich nach Bolte um zu einer „pluraldifferenzierten Wohlstandsgesellschaft" – einer Art Mittelstandsgesellschaft, in welcher Unterschiede jedoch nicht nivelliert, sondern weiter entfaltet werden, an deren Wohlstand eine wachsende neue Unterschicht sozial ausgegrenzter Gruppen jedoch nur in eingeschränktem Maße teilnimmt.

„soziale Milieus"

„pluraldifferenzierte Wohlstandsgesellschaft"

MATERIAL 13 Jenseits von Klasse und Schicht

Wer heute die Gretchenfrage nach der Realität von Klassen und Schichten in der Bundesrepublik und anderen fortgeschrittenen Gesellschaften stellt, sieht sich mit einem scheinbar widersprüchlichen Sachverhalt konfrontiert: Auf der einen Seite weist die Struktur sozialer Ungleichheit in den entwickelten Ländern alle Attribute einer überraschenden Stabilität auf. Die Ergebnisse der einschlägigen Forschungen lehren uns, daß durch alle technischen und wirtschaftlichen Umwälzungen, durch alle Reformbemühungen der letzten drei Jahrzehnte hindurch die Ungleichheitsrelationen zwischen den großen Gruppen unserer Gesellschaft sich nicht wesentlich verändert haben.

Auf der anderen Seite haben sich in demselben Zeitraum Ungleichheitsfragen sozial entschärft. Selbst angesichts noch vor wenigen Jahren als traumatisch geltender Arbeitslosenzahlen weit über der Zwei-Millionen-Grenze ist der Protest bislang ausgeblieben. Ungleichheitsfragen haben zwar in den letzten Jahren wieder eine erhöhte Bedeutung gewonnen (Diskussion um „Neue Armut") und tauchen in anderen Zusammenhängen und provokativen Varianten auf (Kampf um Frauenrechte, Bürgerinitiativen gegen Atomkraftwerke, Ungleichheit zwischen Generationen, regionale und religiöse Konflikte). Aber wenn man die öffentliche und politische Diskussion zum wesentlichen Gradmesser für die reale Entwicklung nimmt, dann drängt sich die Schlußfolgerung auf:

Wir leben trotz fortbestehender und neu entstehender Ungleichheit heute in der Bundesrepublik bereits in Verhältnissen jenseits der Klassengesellschaft, in denen das Bild der Klassengesellschaft nur noch mangels einer besseren Alternative erhalten wird. Auslösbar wird dieser Gegensatz, wenn man der Frage nachgeht, inwieweit sich in den vergangenen drei Jahrzehnten unterhalb der Aufmerksamkeitsschwelle der Ungleichheitsforschung die soziale Bedeutung von Ungleichheiten gewandelt hat. Dies ist meine These: Auf der einen Seite sind die Relationen sozialer Ungleichheit in der Nachkriegsentwicklung der Bundesrepublik weitgehend konstant geblieben. Auf der anderen Seite haben sich die Lebensbedingungen der Bevölkerung radikal verändert. Die Besonderheit der soziokulturellen Entwicklung in der Bundesrepublik ist der „Fahrstuhl-Effekt": die „Klassengesellschaft" wird insgesamt eine Etage höher gefahren. Es gibt – bei allen sich neu einpendelnden oder durchgehaltenen Ungleichheiten – ein kollektives Mehr an Einkommen, Bildung, Mobilität, Recht, Wissenschaft, Massenkonsum. In der Konsequenz werden subkulturelle Klassenidentitäten und -bindungen ausgedünnt oder aufgelöst. Gleichzeitig wird ein Prozeß der Individualisierung und Diversifizierung von Lebenslagen und Lebensstilen in Gang gesetzt, der das Hierarchiemodell sozialer Klassen und Schichten unterläuft und in seinem Wirklichkeitsgehalt in Frage stellt.

Gesellschaft und Sozialstaat in der Bundesrepublik Deutschland

Wesentliche Fundamente eines Denkens in Klassen- und Schichtungskategorien bleiben durch die Entwicklung der Bundesrepublik hindurch intakt. Die Abstände zwischen (unterstellten) Großgruppen werden in wesentlichen Dimensionen nicht abgebaut, und die Herkunft als Bestimmungsfaktor für die Zuweisung sozial ungleicher Chancen bleibt in Geltung. Für die öffentliche und wissenschaftliche Diskussion der sozialkulturellen Entwicklung in der Bundesrepublik ist dieses Hin und Her zwischen Konstanz der Relationen sozialer Ungleichheit und Verschiebung im Niveau kennzeichnend. Dies hat bereits in den sechziger Jahren zu den Kontroversen um die „Verbürgerlichung der Arbeiterklasse" geführt oder auch zu Auseinandersetzungen um die „Nivellierte Mittelstandsgesellschaft". In Abgrenzung gegen diese Konzeptionen und Debatten läßt sich die These der Individualisierung sozialer Ungleichheit weiter präzisieren.

(aus: Ulrich Beck, Risikogesellschaft – Auf dem Weg in eine andere Moderne, Suhrkamp, Frankfurt 1986, S. 121f. und 141f.)

MATERIAL 14 „Soziale Milieus" in der Bundesrepublik 1985

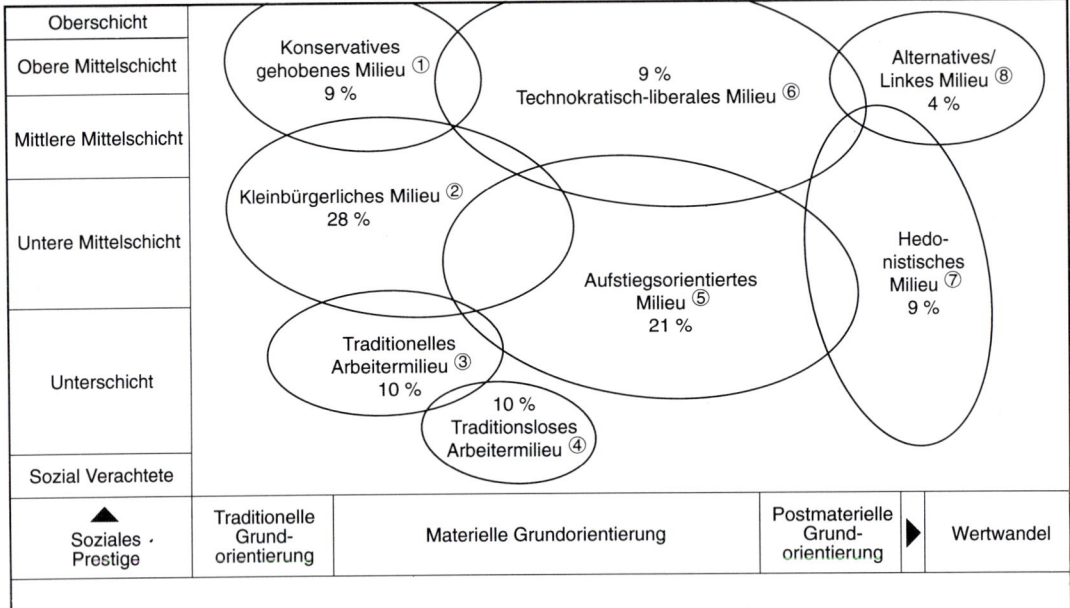

Beispiele zur Erläuterung:
1. Ablehnung von Sittenverfall und zuviel Sozialstaat
2. Sicherheit wichtiger als Karriere
6. Streben nach Selbstverwirklichung
7. „alternative" Lebensformen, Lebensgenuß

(aus: Rainer Geißler, Die Sozialstruktur Deutschlands, Westdeutscher Verlag, Opladen 1992, S. 72)

1. Erarbeiten Sie die Merkmale des in Material 13 neu gezeichneten Bildes unserer Gesellschaft.
2. Stellen Sie ausgehend von den Beispielen Charakteristika zu den in Material 14 dargestellten Milieus 3, 4, 5 und 8 zusammen. Ergänzen Sie die vorgegebenen Beispiele 1, 2, 6 und 7.
3. Erörtern Sie, welches Interesse Wahlforschung und Werbung an derartigen Modellen haben.
4. Nehmen Sie Stellung zu den Thesen in Material 13.

MATERIAL 15 Zwei Interviews

Martine Dornier-Tiefenthaler (Juristin, Unternehmerin)

Warum sind Frauen den Männern überlegen?
Weil sie schöner, intelligenter und überhaupt die bessere Hälfte der Menschheit sind. Aber einmal von dieser wichtigen Erkenntnis abgesehen: Wenn wir uns überlegen, welchen Tätigkeiten die Männer und welchen Tätigkeiten die Frauen nachgehen, dann steht den Frauen heute jeder Weg offen. Sie sind diejenigen, die durch die Kindererziehung eine direkt lebensbezogene Aufgabe haben, während die Männer mehrheitlich in einer Kunstwelt leben. Die direkte Umsetzung von Befriedigung existenznotwendiger Bedürfnisse in Arbeit und damit der Zugang zu dem, was Leben an sich ausmacht, fehlt: Sie gehen heute nicht mehr zur Jagd, sondern hocken in ihren Büros.

Was würden Sie den Frauen empfehlen?
Ich muß ihnen nichts empfehlen. Die Frauen haben die Macht. Sie haben nur kein Bewußtsein davon, welche Macht sie in Händen halten, weil keiner darüber redet. Sie lassen sich einreden, sie seien kleine graue Mäuse, die zu Hause hinter ihren Küchenschürzen das Leben verpassen. Oft passen sie sich dann diesem Bild an. Ist denn das Leben eines Vorstandsvorsitzenden soviel aufregender? Was tut er denn? Er verbringt mit einem Haufen von Leuten des eigenen Geschlechts lange Zeit in Räumen ohne Tageslicht mit schlechter Luft, trinkt dabei viel Kaffee und unterhält sich über eine Menge nutzloser Dinge. Bewundernswert ist allerdings, wie es den Männern gelingt, sich das Image von Vorstandsvorsitzenden zu verschaffen.

Angela Merkel (Chemikerin, Bundesministerin)

Zweieinhalb Millionen Alleinerziehende gibt es in Deutschland, fünfundachtzig Prozent davon Frauen. Gilt nicht für Kinder nach wie vor, daß eine vollständige Familie die beste Lebensversicherung ist?
Deshalb bin ich auch unabweislich dafür, daß Ehe und Familie unter den besonderen Schutz des Grundgesetzes gestellt werden, auch in Zeiten, da die klassische Familie nicht mehr selbstverständlich ist und in der Gesellschaft über ihre Rolle diskutiert wird. Zwar ist Alleinerziehung heute einfacher geworden, angesichts größerer materieller Unabhängigkeit der Frauen und einer besseren sozialen Sicherung. Dennoch gibt es nach wie vor viele Gründe, die jenseits von materiellen Fragen liegen und dafür sprechen, daß die Familie die beste Grundlage für das Aufwachsen der nachfolgenden Generation ist.

Familien mit nur einem Elternteil zu unterstützen nannten Sie eine „sozialpolitische Herausforderung ersten Ranges". Was ist die Herausforderung, und wie wollen Sie mit ihr fertigwerden?
Heute herrscht das Prinzip der weitestgehenden Persönlichkeitsentfaltung, und das konkurriert mit dem Sinn fürs Gemeinwohl auch in der Familie. Diese Konkurrenz müssen wir wieder neu lernen. Lange Zeit waren die Stimmen am lautesten, die sagten: zuerst kommt die eigene Persönlichkeitsentwicklung. Niemand aber kommt um die Frage herum: Was bedeutet das für die nachfolgende Generation? Wir sollten als Staat alles tun, um das Leben in Familien zu fördern. Als Gesellschaft haben wir dies nicht immer als vorrangiges Ziel angesehen. ... Trotzdem aber sollten wir die – unverschuldet oder gewollt – Alleinerziehenden nicht diskreditieren.

(aus: FAZ-Magazin, Heft 701/1993, Heft 702/1993)

1. Ordnen Sie die beiden Interviewten den in Material 14 dargestellten Milieus zu, und begründen Sie Ihre Zuordnung. Welche Einflüsse könnten ihre Einstellung geprägt haben?
2. Nehmen Sie Stellung zu den in den beiden Interviews vorgetragenen Thesen.

Gesellschaft und Sozialstaat in der Bundesrepublik Deutschland

1.5 Migration – die neue Form der Mobilität?

Migration

Ebenso wie die vertikale Ungleichheit war in den 60er und 70er Jahren die vertikale Mobilität das vorrangige Thema, wurde über die ungleich verteilten Chancen des sozialen Aufstiegs gesprochen, insbesondere darüber, daß es Arbeiterkinder ungleich schwieriger hätten und daß letztlich die meisten Menschen in der Schicht blieben, in die sie hineingeboren seien. Der Ausbau des Schulwesens und seine Ergänzung durch zweite und dritte Bildungswege, insbesondere die Öffnung der Gymnasien für immer mehr Schüler haben diese Frage in den Hintergrund treten lassen. Stattdessen richtet sich die Aufmerksamkeit – zusätzlich angeheizt durch die Asyldiskussion – auf die Migration, die zwischenstaatliche Wanderungsbewegung als eine neue Form der Mobilität.

industrielle Entwicklung

Dabei ist diese horizontale Mobilität nicht neu, denn sie war von Anfang an Teil der industriellen Entwicklung Deutschlands. Aus den unterentwickelten ländlichen Gebieten wanderten im vergangenen Jahrhundert viele Menschen in überseeische Länder – vorwiegend in die USA – aus, andere strömten in die neu entstehenden städtischen Zentren, um dort Arbeit zu finden. Aus den Ostgebieten des Deutschen Reiches zogen hunderttausende polnischsprachiger Arbeitskräfte in die neuen Industriezentren, vor allem in das Ruhrgebiet. An ihre Herkunft erinnert nur noch der Name. Aus dem Osten kamen auch die Vertriebenen, insgesamt 12 Millionen Menschen vor allem aus Schlesien, dem Sudetenland und Ostpreußen, die nach dem zweiten Weltkrieg in das verbliebene Deutschland umgesiedelt wurden und zum wirtschaftlichen Wiederaufbau maßgeblich beitrugen. Ihnen folgten im Laufe der Jahre ca. 2,5 Millionen Aussiedler, nämlich Volksdeutsche vor allem aus Polen, Rumänien und der UdSSR, die in ihrer alten Heimat keine Zukunftsperspektiven sahen und unter Berufung auf Art. 116 GG in eine neue Heimat zurückkehrten, die ihre Vorfahren vor Jahrhunderten verlassen hatten. Zu ihnen gesellten sich ca. 2,5 Millionen Flüchtlinge, die die DDR verließen, bis 1961 die Grenze für „Republikflüchtige" endgültig geschlossen wurde.

Vertriebene

Aussiedler

Flüchtlinge

„Gastarbeiter"

Nach der Schließung der deutsch-deutschen Grenze wurden zunehmend Arbeitskräfte aus südeuropäischen Staaten angeworben, wobei man davon ausging, daß diese „Gastarbeiter" nur kurzfristig in Deutschland verweilen und dann wieder in ihre Heimatländer zurückkehren. Im großen und ganzen hielten sich die ausländischen Arbeitnehmer zunächst an dieses „Rotationsprinzip", denn zwischen 1961 und 1987 zogen 15 Millionen in die Bundesrepublik und kehrten 11 Millionen wieder in ihre Heimat zurück. Doch entsprach die Rotation im Laufe der Jahre immer weniger den Interessen sowohl der Ausländer als auch der Betriebe, die qualifizierte Kräfte halten wollten. So wurden aus kurzfristigen Gastarbeitern immer mehr langfristige Arbeitnehmer, die ihre Familien nachkommen ließen. Daran änderte auch der 1973 verfügte Anwerbestopp nichts: zwar sank kurzfristig der Anteil der ausländischen Beschäftigten, doch führte der Nachzug von Ehefrauen und Kindern zu einem weiteren Wachstum der ausländischen Wohnbevölkerung, die sich inzwischen bei knapp 5 Millionen Menschen in den alten Bundesländern stabilisiert hat. So wurden die ursprünglichen Gastarbeiter zunehmend zu „Einwanderern", deren Nachkommen die Bindung an das Ursprungsland zunehmend verlieren oder gar schon verloren haben.

Anwerbestopp

„Einwanderer"

Struktur der Gesellschaft in Deutschland

Von vielen Deutschen werden die Ausländer als eine Randgruppe empfunden, der man Tätigkeiten mit hoher Belastung und ungünstigen Arbeitszeiten überläßt, die in schlechteren Wohngebieten lebt und deren Kinder in den Schulen benachteiligt sind. Doch sollte man sich bewußt machen, daß Ausländer für unsere Gesellschaft unentbehrlich geworden sind. Und nicht zuletzt ist die menschliche Dimension zu berücksichtigen, die Max Frisch in den Satz faßte: „Man hat Arbeitskräfte gerufen, und es kommen Menschen."

Randgruppen

MATERIAL 16 Ausländer unter uns – eine Bestandsaufnahme

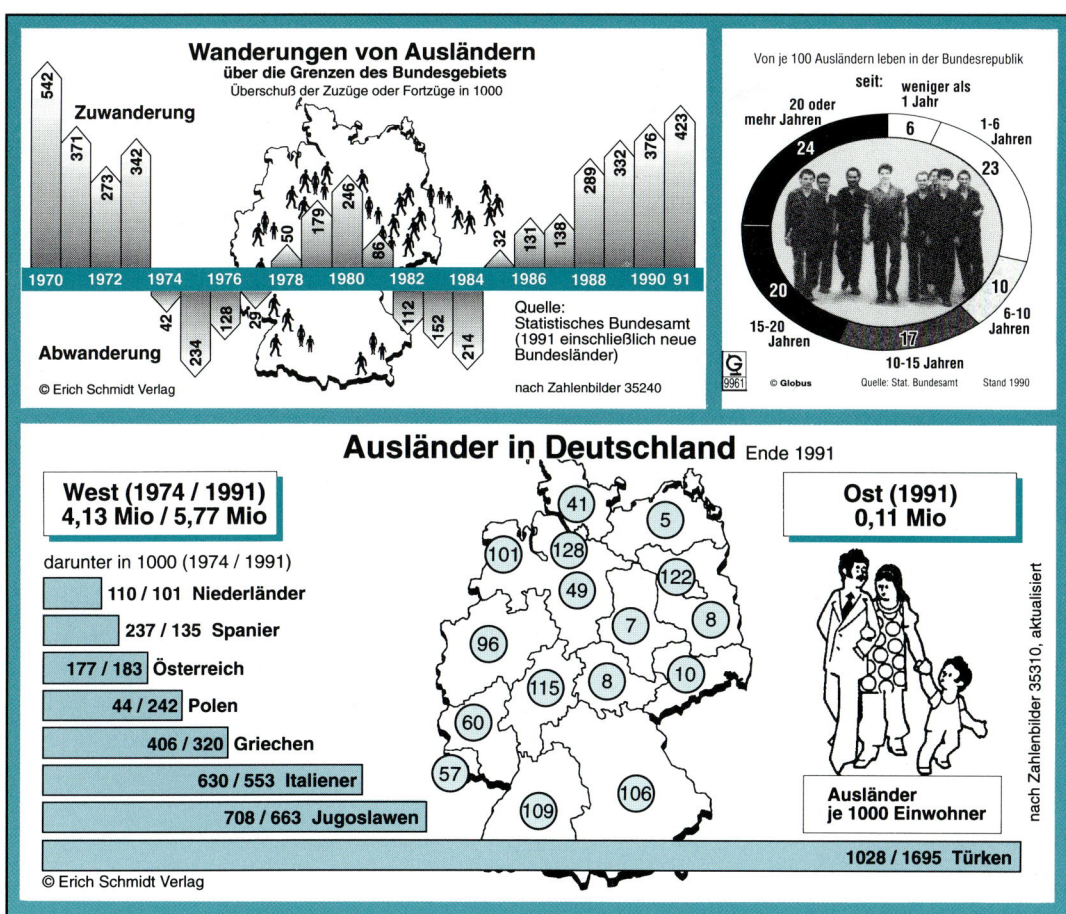

1. Vergleichen Sie die in Material 16 dargestellten Wanderungsbewegungen mit der Grafik zur wirtschaftlichen Entwicklung in der Bundesrepublik Deutschland (S. 85 unten). Wie ist angesichts der zyklischen Wanderungsbewegung die oben ersichtliche Verweildauer zu erklären?
2. Untersuchen Sie anhand von Material 16 die Änderung der Zusammensetzung der Ausländer in Deutschland, und suchen Sie nach einer Erklärung. Erörtern Sie, welche Nationalitäten eher als Ausländer empfunden werden.

Gesellschaft und Sozialstaat in der Bundesrepublik Deutschland

MATERIAL 17 Ein Pressebericht

FREIBURG. „Ausländer nehmen Deutschen die Arbeitsplätze weg", „durch die vielen Ausländer wird unser Wohlstandsstaat kaputtgemacht": Solch platte Stammtischparolen tauchen in der meist hitzig und unsachlich geführten Diskussion um das Ausländer*problem* in der Bundesrepublik immer wieder auf. ... Das Argument, daß die Arbeitslosigkeit gar nicht so hoch wäre, wenn nicht so viele Arbeitsplätze von ausländischen Arbeitnehmern besetzt wären, ist schlicht falsch. Denn „wer meint, man könnte bei hoher Arbeitslosigkeit die Ausländer durch deutsche Arbeitslose ersetzen, verkennt die Struktur des Arbeitsmarktes", warnte bereits 1986 die damalige Ausländerbeauftragte der Bundesregierung, Liselotte Funcke, in ihrem „Bericht zur Ausländerbeschäftigung". Dies gilt auch heute noch: Die sogenannten Gastarbeiter verdienen ihren Lebensunterhalt überwiegend in den Branchen, die schwere körperliche Arbeit fordern und häufig mit Nacht- und Schichtarbeit verbunden sind. Von den arbeitssuchenden Deutschen aber sind rund die Hälfte Frauen, für die diese Stellen gar nicht in Frage kämen. Fast ein Viertel der Arbeitslosen hat gesundheitliche Einschränkungen, viele suchen auch nur Teilzeitarbeit.

„Ausländer raus": Was wäre, wenn diese Parole Wirklichkeit würde, was wären, einmal abgesehen vom Verlust der kulturellen Vielfalt in der Gesellschaft, die wirtschaftlichen Folgen? Das Sozialdezernat der Stadt Düsseldorf hat dieses Szenario genau untersucht und kam zu folgenden Ergebnissen: Am härtesten wären von einem „Auszug" der Ausländer die Wirtschaft und der Dienstleistungssektor betroffen. Arbeitsstellen – zum Beispiel bei Metallschleifern, Köchen, Schweißern, Maurern, Busfahrern, in Krankenhäusern und Reinigungsbetrieben – blieben reihenweise unbesetzt. Millionenbeträge an Lohnsteuern und Rentenversicherung fehlten in den Kassen. Die fehlenden Konsumenten würden sich in Umsatzrückgängen der heimischen Industrie bemerkbar machen. „In einigen Bereichen in dieser Stadt gingen", lautet das Fazit des Sozialdezernenten Paul Saatkamp, „buchstäblich die Lichter aus." Was für die Stadt Düsseldorf gilt, läßt sich auch auf die ganze Bundesrepublik übertragen. Die derzeit 1,8 Millionen versicherungspflichtigen Ausländer zahlen Milliardenbeträge an Steuern und Sozialabgaben; allein an Lohn- und Einkommensteuer kassiert der Staat von ihnen jährlich rund zehn Milliarden Mark. Seit 1961 haben ausländische Arbeitskräfte 140 Milliarden Mark in die deutsche Rentenversicherungskasse gezahlt. Umsatz- und Gewerbesteuer zahlt der türkische Gemüsehändler ebenso wie der Besitzer des Großkonzerns – etwa 140 000 Ausländer in der Bundesrepublik sind selbständig. Jahr für Jahr machen diese ausländischen Unternehmen nach Schätzungen des Statistischen Bundesamtes 613 Milliarden Mark Umsatz. Ausländische Unternehmen schaffen auch Arbeitsplätze für Deutsche; allein die rund 40 000 türkischen Unternehmer beschäftigen 170 000 deutsche Mitarbeiter. Kein Wunder also, daß angesichts solcher Zahlen das Rheinisch-Westfälische Institut für Wirtschaftsforschung in Essen feststellt: „Beim Sozialprodukt wie bei den Sozialkassen, in der Industrie wie in der Infrastruktur haben die Zuwanderer der letzten Jahre die Volkswirtschaft befruchtet und belebt."

(aus: Badische Zeitung vom 29. 2. 1992, Autorin: Monika Frühe)

1. Untersuchen Sie die in Material 17 enthaltenen Aussagen über die Bedeutung der Ausländer für unsere Wirtschaft und Gesellschaft.
2. Recherchieren Sie in Ihrer Gemeinde (z. B. Telefonbuch, Branchenverzeichnis, Einwohnermeldeamt) den ungefähren Anteil der ausländischen Wohnbevölkerung, Arbeitnehmer und Betriebe. Welche Konsequenzen hätte der Wegzug der Ausländer für Ihre Gemeinde?
3. Erörtern Sie die These, unsere Wirtschaft könne auch ohne die Ausländer funktionieren.

Struktur der Gesellschaft in Deutschland

MATERIAL 18 Volkes Stimme?

MATERIAL 19

Eine Initiative der deutschen Städtereklame 1993

MATERIAL 20 Ein Interview mit der Referentin der Ausländerbeauftragten der Bundesregierung

In Deutschland brennen Wohnungen und Häuser, Ausländer sterben in den Flammen – und viele Politiker tun so erstaunt, als sei das alles aus heiterem Himmel gekommen.
Dr. Beate Winkler: Dieser Ausbruch von Gewalt war zumindest für jeden abzusehen, der sich seit langer Zeit mit der Integration von Ausländern professionell beschäftigt. Diese Mordanschläge sind das vorläufige Ergebnis einer sehr langen Entwicklung. Eine ganz tiefe Verunsicherung ist in der deutschen Bevölkerung aufgebrochen.
Was waren für Sie Indizien dieser Verunsicherung?
Die ersten Wahlerfolge der Republikaner. Schlaue Kommissionen bekamen den Auftrag herauszufinden, warum sich so viele Wähler für diese Gruppierung entscheiden. Und da gibt es ganz klare Ergebnisse: Es sind Menschen, die Angst vor dem sozialen Abstieg haben. Vor allem aber sind es Menschen, denen die Welt zu unübersichtlich und zu kompliziert geworden ist. Und wir wissen aus langjährigen Studien, daß die Angst vor der Zukunft das zentrale Problem der Jugendlichen ist. ...
Was müßte die Regierung tun?
Orientierung geben. Und zwar ein ganz klares Ja zum Zusammenleben mit der ausländischen Bevölkerung, mit den Minderheiten hier. Ja, sie sind ein Teil unserer Gesellschaft! Und wir geben ihnen die gleichen Chancen, und sie gehören zu uns. Und wir werden weiterhin mit Ausländern leben. Und dafür brauchen wir Rahmenbedingungen. Dafür braucht eine Gesellschaft Spielregeln und ein allgemein akzeptiertes Wertesystem. Und das müssen wir ganz neu überdenken.
Warum wissen wir eigentlich so wenig darüber, wie dringend wir die Fremden in unserem Land brauchen?
Das ist ein weiteres entscheidendes Defizit unserer Politik. Darüber wird einfach zu wenig gesprochen und geschrieben. Wir sind ein Volk, das immer älter wird. Und unsere Alten werden auch immer mehr. Und deshalb brauchen wir Zuwanderung. Der Verband der deutschen Rentenversicherer hat ausgerechnet, daß im Jahre 2030 oder 2040 jeder Erwerbstätige einen Rentner ernähren muß – ohne Zuwanderung.

(aus: Brigitte 18/1993, S. 139ff.)

1. Erarbeiten Sie – ausgehend von Material 18 und 20 – Gründe für die Ausländerfeindlichkeit.
2. Besprechen Sie in der Klasse Ihre eigene Einstellung zum Ausländerproblem. Welche Erfahrungen mit Ausländern haben Sie selbst gesammelt?
3. Erörtern Sie, ob und wie die Bundesrepublik das Einwanderungsproblem lösen soll. Bedenken Sie dabei das freie Niederlassungsrecht für EU-Bürger.

2. Gleichheit und Gerechtigkeit

2.1 Von den Ursachen der Ungleichheit

Soziale Ungleichheit

Soziale Ungleichheit ist ein Grundphänomen menschlicher Existenz. Stets sind Menschen verschieden an Alter und Erfahrung, an körperlicher Kraft und Intelligenz, und immer waren sie ungleich an Reichtum, Ansehen und Macht. Diese Ungleichheit wird nicht in Frage gestellt, solange sie den Tüchtigen belohnt und ihm einen höheren Rang zugesteht; sie wird aber zum Problem, wenn sie als ungerecht empfunden wird – so wie bei dem französischen Schriftsteller Beaumarchais, der 1781 am Vorabend der Französischen Revolution in seinem Theaterstück „Die Hochzeit des Figaro" diesen die Worte sprechen läßt: „Weil Ihr ein großer Herr seid, Herr Graf, haltet Ihr Euch für einen großen Geist! Adel, Rang, Vermögen, das alles macht Euch stolz. Was habt Ihr eigentlich getan, sie zu verdienen? Ihr gabt Euch nur die Mühe, geboren zu werden, weiter nichts!"

Geschichtlich gewordene Ungleichheit

Mit diesen Worten wird die geschichtlich gewordene Ungleichheit angeprangert. Wie aber ist diese entstanden?

Natürliche Ungleichheit

Politische Ungleichheit

Diese Frage untersuchte der französische Philosoph und Pädagoge Jean-Jacques Rousseau 1755 in seiner Abhandlung „Über den Ursprung der Ungleichheit unter den Menschen". Er unterscheidet zwischen der natürlichen Ungleichheit, die durch Unterschiede an Alter, Körperkraft und geistigen Fähigkeiten bedingt ist, und der moralischen oder politischen Ungleichheit, die durch Zustimmung der Menschen begründet oder zumindest hingenommen wird. Aus natürlicher kann politische Ungleichheit werden, wenn einer z. B. sich Eigentum anmaßt und andere es ihm zugestehen. Rousseaus Frage nach den Ursachen der Ungleichheit griff Ralf Dahrendorf 1961 wieder auf und beantwortete sie mit einer Vielzahl von Erklärungsversuchen, die seit Rousseau von den Sozialwissenschaften gefunden wurden: etwa aus dem ungleich verteilten Privateigentum, aus der Arbeitsteilung unter den Menschen oder aus einer funktionalen Notwendigkeit heraus, weil Gesellschaften im eigenen Interesse die Tüchtigen belohnen und so alle zu einem Mehr an Leistung anspornen.

Klassenlose Gesellschaft

Daß die als ungerecht empfundene soziale Ungleichheit sich nicht lediglich durch die Zerschlagung der alten Ordnung beseitigen läßt, hat bereits die Französische Revolution von 1789 gezeigt. Und daß die Aufhebung des Privateigentums an Produktionsmitteln nicht zu einer gerechten klassenlosen Gesellschaft führte, bewies das gescheiterte sozialistische Experiment, das neue Hierarchien und eine neue Klasse von Funktionären schuf. Ist angesichts dieses Scheiterns die Frage erlaubt, ob nicht jenseits der bisherigen Erklärungsansätze auch die Anthropologie (griech.: Lehre vom Menschen) herangezogen werden muß? Sind nicht Sicherheitsstreben, Habgier, Neid und Geltungssucht dem Menschen angeboren, so daß Menschen stets nach Reichtum, Anerkennung, Statussymbolen und politischer Macht streben? Und mußten angesichts der Hab- und Machtgier der meisten Menschen nicht zwangsläufig alle Versuche scheitern, gewaltsam eine neue Ordnung zu schaffen?

Gleichheit und Gerechtigkeit

MATERIAL 21 Freiheit und Unfreiheit

> Der Mensch wird frei geboren, und überall ist er in Ketten. Mancher hält sich für den Herrn seiner Mitmenschen und ist trotzdem mehr Sklave als sie. Wie hat sich diese Umwandlung zugetragen? Diese Frage glaube ich beantworten zu können.

(aus: Jean-Jacques Rousseau, Contrat Social, I, zitiert aus: Klassiker der Staatsphilosophie, Band I, herausgegeben von Arnold Bergstraesser und Dieter Oberndörfer, Stuttgart, Koehler, 1975, S. 250)

MATERIAL 22 Ursachen der Ungleichheit

> Der erste, der ein Stück Land eingezäunt hatte und dreist sagte: „Das ist mein" und so einfältige Leute fand, die das glaubten, wurde zum wahren Gründer der bürgerlichen Gesellschaft. Wieviele Verbrechen, Kriege, Morde, Leiden und Schrecken würde einer dem Menschengeschlecht erspart haben, hätte er die Pfähle herausgerissen oder den Graben zugeschüttet und seinesgleichen zugerufen: „Hört ja nicht auf diesen Betrüger. Ihr seid verloren, wenn ihr vergeßt, daß die Früchte allen gehören und die Erde keinem!" ...
>
> Solange sich die Menschen mit ihren ländlichen Hütten begnügten, solange sie sich darauf beschränkten, ihre Kleider aus Häuten mit Dornen oder Gräten zu nähen, sich mit Federn und Muscheln zu schmücken, mit scharfen Steinen einige Fischerkähne oder einige grobe Musikinstrumente zu zimmern, kurzum: solange sie nur Werke herstellten, die einer allein machen konnte, und Künste pflegten, die nicht die Zusammenarbeit mehrerer Hände erforderten, lebten sie so frei, gesund, gut und glücklich als ihre Natur zuließ ... Aber seit dem Augenblick, da der Mensch die Hilfe des anderen nötig hatte, seit man merkte, daß es einem Einzelnen nützlich war, Vorräte für zwei zu haben, verschwand die Gleichheit. Das Eigentum war eingeführt, die Arbeit wurde nötig, und die weiten Wälder verwandelten sich in lachende Felder, die mit dem Schweiß des Menschen begossen werden mußten. Die Sklaverei und des Elend entsprossen bald auf ihnen und wuchsen mit den Ernten.

(aus: Jean-Jacques Rousseau, Schriften zur Kulturkritik. Über den Ursprung der Ungleichheit unter den Menschen [1755], eingeleitet, übersetzt und herausgegeben von Kurt Weigand, Hamburg, F. Meiner, 1971, S. 191 f. und 213)

MATERIAL 23 Flugblatt von 1789

In der Mitte ist König Ludwig XVI. gezeichnet.

1. Wo sieht Rousseau die Ursachen für die Ungleichheit? Erörtern Sie mögliche Ursachen für die auf dem Flugblatt dargestellte Situation.
2. Diskutieren Sie die These, daß „mancher, der sich für den Herrn seiner Mitmenschen hält, mehr Sklave sei als diese."
3. Untersuchen Sie die Einschätzung des Eigentums und der Arbeitsteilung bei Rousseau.
4. Erörtern Sie, ob Eigentum für die Freiheit des Menschen notwendig ist. Unter welchen Voraussetzungen kann Eigentum die menschliche Freiheit gefährden?

MATERIAL 24 Ökonomischer Sündenfall und Kommunismus

Diese ursprüngliche Akkumulation spielt in der politischen Ökonomie ungefähr dieselbe Rolle wie der Sündenfall in der Theologie. Adam biß in den Apfel, und damit kam über das Menschengeschlecht die Sünde. Ihr Ursprung wird erklärt, indem er als Anekdote der Vergangenheit erzählt wird. In einer längst verflossenen Zeit gab es auf der einen Seite eine fleißige, intelligente und vor allem sparsame Elite und auf der anderen faulenzende, ihr alles, und mehr, verjubelnde Lumpen. Die Legende vom theologischen Sündenfall erzählt uns allerdings, wie der Mensch dazu verdammt worden sei, sein Brot im Schweiß seines Angesichts zu essen; die Historie vom Ökonomischen Sündenfall aber enthüllt uns, wieso es Leute gibt, die das keineswegs nötig haben. Einerlei. So kam es, daß die ersten Reichtum akkumulierten und die letzteren schließlich nichts zu verkaufen hatten als ihre eigene Haut. Und von diesem Sündenfall datiert die Armut der großen Masse, die immer noch, aller Arbeit zum Trotz, nichts zu verkaufen hat als sich selbst, und der Reichtum der wenigen, der fortwährend wächst, obgleich sie längst aufgehört haben zu arbeiten ... In der wirklichen Geschichte spielen bekanntlich Eroberung, Unterjochung, Raubmord, kurz: Gewalt, die große Rolle. In der sanften politischen Ökonomie herrscht von jeher die Idylle. Recht und „Arbeit" waren von jeher die einzigen Bereicherungsmittel ...

Aber das moderne bürgerliche Privateigentum ist der letzte und vollendetste Ausdruck der Erzeugung und Aneignung der Produkte, die auf Klassengegensätzen, auf der Ausbeutung der einen durch die andern beruht. In diesem Sinne können die Kommunisten ihre Theorie in dem einen Ausdruck: Aufhebung des Privateigentums, zusammenfassen ...

Sind im Laufe der Entwicklung die Klassenunterschiede verschwunden und ist alle Produktion in den Händen der assoziierten Individuen konzentriert, so verliert die öffentliche Gewalt den politischen Charakter. Die politischen Gewalt im eigentlichen Sinne ist die organisierte Gewalt einer Klasse zur Unterdrückung einer anderen ... An die Stelle der alten bürgerlichen Gesellschaft mit ihren Klassen und Klassengegensätzen tritt eine Assoziation, worin die freie Entwicklung eines jeden die Bedingung für die freie Entwicklung aller ist.

(„Der ökonomische Sündfall" aus: Karl Marx, Das Kapital, Bd. 1, zitiert nach: Das Kapital, Auswahl von Franz Borkenau, Fischer-Taschenbuch Nr. 6130, Frankfurt, 1977, S. 121 f. „Der Kommunismus" aus: Karl Marx und Friedrich Engels, Manifest der kommunistischen Partei [1848], zitiert nach: Borkenau, a. a. O., S. 110 und 116)

MATERIAL 25 Vorher und nachher

Kinderarbeit im frühen 19. Jahrhundert

Elend als Folge der Zwangskollektivierung in der UdSSR

1. Vergleichen Sie die Darstellung des Sündenfalls bei Rousseau und Marx. Erörtern Sie, ob das Böse ausschließlich durch den ökonomischen Sündenfall zu erklären ist.
2. Welchen Lösungsvorschlag bietet Marx an? Vergleichen Sie die beiden Bilder, und erörtern Sie, wie sich die hier dargestellten Situationen erklären lassen.

Gleichheit und Gerechtigkeit

MATERIAL 26 Das Ende einer Utopie

In der sowjetischen Literatur werden häufig Lenins pathetische Worte zitiert: „Wir können mit Recht stolz darauf sein und sind stolz darauf, daß uns das Glück zuteil geworden ist, den Aufbau des Sowjetstaates zu beginnen und damit eine neue Epoche der Weltgeschichte einzuleiten, die Epoche der Herrschaft der neuen Klasse." ...

„Die neue Klasse" – so nannte der jugoslawische Politiker, Gelehrte und Schriftsteller Milovan Djilas sein Buch. Persönliche Lebenserfahrungen, ein unersetzbarer Schatz, gab ihm dafür eine einmalige Voraussetzung. Djilas stand als Mitglied des Politbüros des Zentralkomitees, dem Allerheiligsten jeder Kommunistischen Partei, selbst an ihrer Spitze. „Ich habe den ganzen Weg zurückgelegt, der einem Kommunisten offensteht", schreibt er, „von der untersten bis zur höchsten Stufe der Rangordnung, von lokalen und nationalen bis zu internationalen Funktionen und von der Gestaltung der wahren kommunistischen Partei, wie sie in der Revolution bestand, bis zur Errichtung der sogenannten sozialistischen Gesellschaft." Die von Djilas aufgestellte Theorie besteht im folgenden: Nach dem Sieg der sozialistischen Revolution verwandelt sich der Apparat der kommunistischen Partei in eine neue herrschende Klasse. Diese Klasse der Parteibürokratie monopolisiert die Macht im Staat. Bei der Durchführung der Nationalisierung eignet sie sich den gesamten Staatsbesitz an. Als Resultat der Beherrschung der Produktionsmittel wird die neue Klasse zu einer Ausbeuterklasse, sie tritt alle Normen menschlicher Moral mit Füßen und hält ihre Diktatur mit den Methoden des Terrors und der totalen ideologischen Kontrolle aufrecht. Eine Degeneration tritt ein: diejenigen, die am selbstlosesten für die Ideologie der Revolution gekämpft haben, verwandeln sich, sobald sie die Macht in der Hand haben, in die finstersten Reaktionäre und Unterdrücker der Freiheit. Als positives Element bei der Tätigkeit der neuen Klasse in wirtschaftlich schwach entwickelten Ländern erweist sich die von ihr durchgeführte Industrialisierung und im Zusammenhang damit ein gewisses Anheben des kulturellen Niveaus im Lande; ihr Wirtschaften zeichnet sich jedoch durch eine ungeheure Verschwendung aus ...

In den Jahren 1943–1944 zeichnete der englische Schriftsteller George Orwell in seiner Erzählung „Die Farm der Tiere" in einer verallgemeinerten Form den Prozeß der Entstehung der realsozialistischen Gesellschaft – nicht als rosarote Utopie, sondern als Geschichte der Herausbildung einer neuen Herrenklasse. Orwells Allegorie erzählt, wie die Tiere einer landwirtschaftlichen Farm eine Revolution gegen die herrschenden Menschen durchführten (die übrigens in der Erzählung durchaus nicht idealisiert werden) und selbst die Farm bewirtschafteten. Aber die Republik der befreiten Tiere geriet bald unter die Herrschaft der Schweine und ihrer grausamen Wachhunde. Die übrigen Tiere waren bald gezwungen, die niedrigsten Arbeiten zu leisten, um den von den Schweinen aufgestellten Plan zu erfüllen. Die Schweine redeten den Tieren ein, daß sie ja nun nicht mehr für die Menschen arbeiteten, sondern für sich selbst. Inzwischen machten sich die Schweine zu Eigentümern der Farm, wobei, wie die Menschen voll Neid konstatierten, „die kleinen Tiere auf der Farm mehr arbeiteten und weniger zu essen erhielten als andere Tiere der Grafschaft".

(aus: Michael Voslensky, Nomenklatura – Die herrschende Klasse der Sowjetunion in Geschichte und Gegenwart, Berlin, Ullstein, 1987, S. 32 ff.)

1. Untersuchen Sie anhand der Kritik der von Voslensky zitierten Schriftsteller Milovan Djilas und George Orwell, warum das sozialistische Experiment Lenins gescheitert ist. Welche von Karl Marx in Material 24 genannte Voraussetzung hatte Lenin nicht beachtet?
2. Erarbeiten Sie, welche institutionellen Voraussetzungen beachtet werden müssen, damit eine gerechtere Gesellschaftsordnung verwirklicht werden kann. Welche bei Voslensky genannten Fehler müssen vermieden werden?
3. Erörtern Sie den Begriff „soziale Gerechtigkeit". Wann ist eine Gesellschaftsordnung gerecht?

2.2 Was ist Gerechtigkeit?

Grundsätze der Gerechtigkeit

Das Scheitern aller bisherigen Revolutionen wirft nicht nur die Frage nach den Ursachen des jeweiligen Scheiterns auf, sondern auch, ob eine gerechte Ordnung sich durch Gewalt erzwingen läßt oder ob sie auf Übereinkunft beruhen muß, auf der Übereinstimmung aller Menschen über die Grundsätze der Gerechtigkeit. Dies aber erfordert die Frage zu überdenken, ob Gleichheit stets gerecht, Ungleichheit immer ungerecht ist.

Leistungsgerechtigkeit

Bedürftigkeit

Verhältnismäßigkeit

„Ungleiches Teil macht scheele Augen" – dieses Sprichwort gilt nicht nur für Erbengemeinschaften, sondern auch sonst im Leben. Andrerseits handelt der biblische Weinbergbesitzer in den Augen einiger seiner Arbeiter ungerecht, weil er trotz ungleicher Arbeitsbelastung allen den gleichen Lohn zukommen läßt. Ein Theologe wird dieses Gleichnis so deuten, daß Gott aus der Fülle seiner Gnade allen Gläubigen das Himmelreich zuteil werden läßt als Ausdruck einer überirdischen Gerechtigkeit. Ein Ökonom hingegen wird einwenden, daß hier auf Erden andere Maßstäbe gelten müssen, daß angesichts der Knappheit irdischer Güter jedem nach seiner Leistung entgolten werden muß, denn nur eine leistungsgerechte Entlohnung sporne alle zu einem höheren Beitrag zum allgemeinen Wohl an, während eine leistungsunabhängige Gleichverteilung zum Stillstand führe. Ein Sozialpolitiker wird ergänzen, daß auch die aufgrund unverschuldeter Notlage entstandene Bedürftigkeit berücksichtigt werden müsse. Diese unterschiedlichen Sichtweisen von Gerechtigkeit brachte man schon in der Antike auf die allgemeine Formel „Jedem das Seine": Gleiches muß gleich, doch Ungleiches ungleich behandelt werden, wobei der Grundsatz der Verhältnismäßigkeit zu gelten hat, bei einer leistungerechten Entlohnung ebenso wie bei einer bedürfnisgerechten Versorgung. Denn eine unverhältnismäßige Ungleichverteilung muß eine Gesellschaft destabilisieren und mindert zugleich den allgemeinen Wohlstand, da immer mehr Mittel zur Aufrechterhaltung der öffentlichen Sicherheit oder gar zur Unterdrückung aufgewendet werden müssen.

Idee der Fairneß

Gesellschaftsvertrag

Einen Versuch, diese vielfältigen Ansätze in einer Theorie zu vereinen, unternahm der amerikanische Philosoph John Rawls (geb. 1921). Für ihn stehen die Menschenrechte im Mittelpunkt, und nicht der gesellschaftliche Nutzen. Für ihn ist der Mensch ein Wesen, das zur Befriedigung seiner Bedürfnisse die Übereinstimmung mit allen anderen braucht und daher die anderen Menschen als gleichberechtigt anerkennt. Wichtige Grundlage seiner Theorie ist die Idee der Fairneß im Sinne einer Verfahrensgerechtigkeit. Die Menschen müssen dieselben Gerechtigkeitsgrundsätze anerkennen und für alle gleich gültige Maßstäbe setzen und Regeln vereinbaren – also gleichsam einen Gesellschaftsvertrag schließen. Ähnlich wie die Philosophen der Aufklärung versetzt er dabei die Menschen in einen fingierten Urzustand und umhüllt sie mit einem „Schleier des Nichtwissens": Die Menschen dürfen bei dieser Vereinbarung weder von ihrem sozialen Status, ihrer Gruppenzugehörigkeit, ihren besonderen Fähigkeiten und Neigungen wissen noch von den besonderen Verhältnissen ihrer Gesellschaft und ihrer Kultur. Sie müssen gleichsam als Träger eines allgemeinen Willens ganz nach den Grundsätzen einer durch Vernunft geprägten Gerechtigkeit entscheiden, wobei allerdings eine allgemeine Kenntnis von Gesetzmäßigkeiten und Regeln aus Politik und Wirtschaft, Gesellschaft und Psychologie vorausgesetzt wird – also nicht ein Zustand der Unkenntnis, sondern eines durch Fairneß bestimmten Entscheidens. Da niemand seinen Platz in der Gesellschaft kennt, wird jeder so entscheiden, daß auch dem am schlechtesten gestellten Mitglied der Gesellschaft ein möglichst hohes Mindestmaß an Gütern zuteil wird, so daß seine Menschenrechte und die Würde seiner Person gewährleistet sind. Dies also wäre der ideale Zustand einer sozialen Gerechtigkeit.

MATERIAL 27 Das Gleichnis von den Arbeitern im Weinberg

Denn das Reich der Himmel ist gleich einem Hausherrn, der am Morgen früh ausging, um Arbeiter in seinem Weinberg zu dingen. Nachdem er aber mit den Arbeitern um einen Denar für den Tag übereingekommen war, sandte er sie in seinen Weinberg. Und als er um die dritte Stunde ausging, sah er andere müßig auf dem Markte stehen und sagte zu diesen: Gehet auch ihr in den Weinberg, und was recht ist, will ich euch geben. Sie aber gingen hin. Wiederum ging er um die sechste und um die neunte Stunde aus und tat ebenso. Als er aber um die elfte Stunde ausging, fand er andere dastehen und sagte zu ihnen: Warum steht ihr hier den ganzen Tag müßig? Sie antworteten ihm: Weil uns niemand gedungen hat. Er sagte zu ihnen: Gehet auch ihr in den Weinberg!
Als es aber Abend geworden war, sagte der Herr des Weinbergs zu seinem Verwalter: Rufe die Arbeiter und zahle den Lohn aus, indem du bei den Letzten anfängst, bis zu den Ersten! Da kamen die von der elften Stunde und empfingen jeder einen Denar. Und als die Ersten kamen, meinten sie, sie würden mehr empfangen; und auch sie empfingen einen Denar. Als sie ihn aber empfangen hatten, murrten sie wider den Hausherrn und sagten: Diese Letzten haben eine Stunde gearbeitet, und du hast sie uns gleich gemacht, die wir die Last und Hitze des Tages ertragen haben. Er jedoch antwortete und sprach zu einem unter ihnen: Freund, ich tue dir nicht Unrecht. Bist du nicht um einen Denar mit mir übereingekommen? Nimm das Deine und geh hin! Ich will aber diesem Letzten so viel geben wie dir. Oder steht es mir nicht frei, mit dem Meinigen zu tun, was ich will?

(Matthäus 20, 1–15 aus: Die Heilige Schrift, Verlag der Zürcher Bibel, Zürich)

MATERIAL 28 Wie soll verteilt werden?

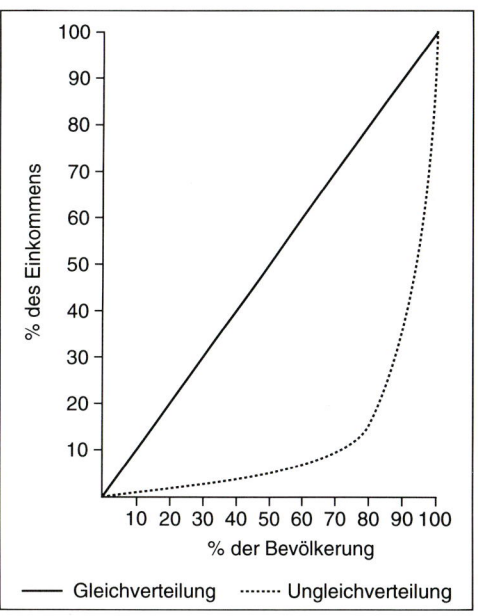

—— Gleichverteilung   .... Ungleichverteilung

1. Diskutieren Sie über die Aussage des Gleichnisses. Erarbeiten Sie das hier ersichtlich werdende unterschiedliche Verständnis von Gerechtigkeit.
2. Erarbeiten Sie, welche Auswirkungen es für Gesellschaft und Wirtschaft hätte, wenn allgemein nach dem Vorbild des Gleichnisses verfahren würde.
In welchen Gemeinschaftsformen und unter welchen Voraussetzungen funktioniert diese Gleichverteilung?
3. Untersuchen Sie anhand des Schaubildes, was extreme Ungleichheit bedeutet und wie diese sich für eine Gesellschaft auswirken kann. Kennen Sie derartige Beispiele aus Vergangenheit und Gegenwart?
4. Erörtern Sie, welches Ausmaß an Gleich- bzw. Ungleichverteilung gerecht ist. Erarbeiten Sie eine Definition von Gerechtigkeit.

MATERIAL 29   Die Rolle der Gerechtigkeit

Die Gerechtigkeit ist die erste Tugend sozialer Institutionen, so wie die Wahrheit bei Gedankensystemen. Eine noch so elegante und mit sparsamen Mitteln arbeitende Theorie muß fallengelassen oder abgeändert werden, wenn sie nicht wahr ist; ebenso müssen noch so gut funktionierende und wohlabgestimmte Gesetze und Institutionen abgeändert oder abgeschafft werden, wenn sie ungerecht sind. Jeder Mensch besitzt eine aus der Gerechtigkeit entspringende Unverletzlichkeit, die auch im Namen des Wohles der ganzen Gesellschaft nicht aufgehoben werden kann. Daher läßt es die Gerechtigkeit nicht zu, daß der Verlust der Freiheit bei einigen durch ein größeres Wohl für andere wettgemacht wird. Sie gestattet nicht, daß Opfer, die einigen wenigen auferlegt werden, durch den größten Vorteil vieler anderer aufgewogen werden. Daher gelten in einer gerechten Gesellschaft gleiche Bürgerrechte für alle als ausgemacht; die auf Gerechtigkeit beruhenden Rechte sind kein Gegenstand politischer Verhandlungen oder sozialer Interessenabwägungen ...

Nehmen wir, um etwas Bestimmtes vor Augen zu haben, an, eine Gesellschaft sei eine mehr oder weniger in sich geschlossene Vereinigung von Menschen, die für ihre gegenseitigen Beziehungen gewisse Verhaltensregeln als bindend anerkennen und sich meist auch nach ihnen richten. Nehmen wir weiter an, diese Regeln beschrieben ein System der Zusammenarbeit, das dem Wohl seiner Teilnehmer dienen soll. Dann ist zwar die Gesellschaft ein Unternehmen zur Förderung des gegenseitigen Vorteils, aber charakteristischerweise nicht nur von Interessenharmonie, sondern auch von Konflikt geprägt. Eine Interessenharmonie ergibt sich daraus, daß die gesellschaftliche Zusammenarbeit allen ein besseres Leben ermöglicht, als wenn sie nur auf ihre eigenen Anstrengungen angewiesen wären. Ein Interessenkonflikt ergibt sich daraus, daß es den Menschen nicht gleichgültig ist, wie die durch ihre Zusammenarbeit erzeugten Güter verteilt werden, denn jeder möchte lieber mehr als weniger haben. Es sind Grundsätze nötig, um zwischen verschiedenen gesellschaftlichen Regelungen der Güterverteilung zu entscheiden und eine Einigung darüber zu erzielen. Das sind die Grundsätze der sozialen Gerechtigkeit: sie ermöglichen die Zuweisung von Rechten und Pflichten in den grundlegenden Institutionen der Gesellschaft, und sie legen die richtige Verteilung der Früchte und Lasten der gesellschaftlichen Zusammenarbeit fest ...

Eine gewisse Übereinstimmung der Gerichtigkeitsvorstellungen ist nun nicht die einzige Voraussetzung für eine funktionsfähige menschliche Gesellschaft. Es gibt weitere soziale Grundprobleme, besonders die der Koordination, der Effizienz und der Stabilität. Die Vorhaben der einzelnen Menschen müssen so aufeinander abgestimmt werden, daß ihre Tätigkeiten zusammenpassen und alle zusammen ausgeführt werden können, ohne daß irgend jemandes berechtigte Erwartungen wesentlich enttäuscht werden. Darüber hinaus soll die Ausführung dieser Vorhaben zur Erreichung gesellschaftlicher Ziele führen, und zwar mit hohem Wirkungsgrad und auf gerechte Weise. Schließlich muß das Schema der gesellschaftlichen Zusammenarbeit stabil sein: es muß mehr oder weniger stetig befolgt werden, und seine Grundsätze müssen bereitwillig eingehalten werden; bei Verstößen muß es stabilisierende Kräfte geben, die weiteren Verstößen entgegenwirken und die Ordnung wiederherzustellen suchen. Offensichtlich hängen nun diese drei Probleme mit dem der Gerechtigkeit zusammen ...

(aus: John Rawls, Eine Theorie der Gerechtigkeit, Frankfurt, Suhrkamp, 1979, S. 19 ff.)

1. Von welchen Grundvoraussetzungen geht John Rawls aus? Inwiefern bedeuten sie zugleich eine Absage an sozialistische Ordnungsvorstellungen?
2. Erläutern Sie die bei Rawls genannten sozialen Grundprobleme der Koordination, der Effizienz und der Stabilität. Welche Zusammenhänge bestehen zwischen ihnen und der Gerechtigkeit?
3. Welche Konsequenzen für die politische Ordnung ergeben sich aus Rawls' Theorie? Warum wird seine Gesellschaft auch von Konflikten geprägt?
4. Vergleichen Sie Rawls' Modell mit den Konsequenzen der aus Material 26 ersichtlichen leninistischen Ordnungsvorstellungen. Erarbeiten Sie die grundlegenden Unterschiede.

Gleichheit und Gerechtigkeit

MATERIAL 30 Der Gegenstand der Gerechtigkeit

Für uns ist der erste Gegenstand der Gerechtigkeit die Grundstruktur der Gesellschaft, genauer: die Art, wie die wichtigsten gesellschaftlichen Institutionen Grundrechte und -pflichten und die Früchte der gesellschaftlichen Zusammenarbeit verteilen. Unter den wichtigsten Institutionen verstehe ich die Verfassung und die wichtigsten wirtschaftlichen und sozialen Verhältnisse. Beispiele sind etwa die gesetzlichen Sicherungen der Gedanken- und Gewissensfreiheit, Märkte mit Konkurrenz, das Privateigentum an den Produktionsmitteln und die monogame Familie. Zusammengenommen legen die wichtigsten Institutionen die Rechte und Pflichten der Menschen fest und beeinflussen ihre Lebenschancen, was sie werden können und wie gut es ihnen gehen wird. Die Grundstruktur ist der Hauptgegenstand der Gerechtigkeit, weil ihre Wirkungen so tiefgreifend und von Anfang an vorhanden sind. Intuitiv stellt man sich vor, daß sie verschiedene soziale Positionen enthält, und daß die Menschen, die in sie hineingeboren werden, verschiedene Lebenschancen haben, die teilweise vom politischen System und von den wirtschaftlichen und sozialen Verhältnissen abhängen. Die gesellschaftlichen Institutionen begünstigen also gewisse Ausgangspositionen. Dies sind besonders tiefgreifende Ungleichheiten. Nicht nur wirken sie sich überall aus, sie beeinflussen auch die anfänglichen Lebenschancen jedes Menschen; sie lassen sich aber keinesfalls aufgrund von Verdiensten rechtfertigen ...

(aus: John Rawls, a. a. O., S. 23)

MATERIAL 31 Die beiden Grundsätze der Gerechtigkeit

Ich werde jetzt in einer vorläufigen Form die beiden Gerechtigkeitsgrundsätze angeben, auf die man sich nach meiner Auffassung im Urzustand einigen würde ... Die erste Formulierung der beiden Grundsätze lautet folgendermaßen:
1. Jedermann soll gleiches Recht auf das umfangreichste System gleicher Grundfreiheiten haben, das mit dem gleichen System für alle anderen verträglich ist.
2. Soziale und wirtschaftliche Ungleichheiten sind so zu gestalten, daß a) vernünftigerweise zu erwarten ist, daß sie zu jedermanns Vorteil dienen, und b) sie mit Positionen und Ämtern verbunden sind, die jedem offenstehen. ...

Der zweite Grundsatz bezieht sich in erster Näherung auf die Verteilung von Einkommen und Vermögen und die Beschaffenheit von Organisationen, in denen es unterschiedliche Macht und Verantwortung gibt. Die Verteilung des Einkommens und Vermögens muß nicht gleichmäßig sein, aber zu jedermanns Vorteil, und gleichzeitig müssen mit Macht und Verantwortung ausgestattete Positionen jedermann zugänglich sein. Der zweite Grundsatz kommt dadurch zum Tragen, daß die Positionen offen gehalten werden und dann unter dieser Einschränkung die sozialen und wirtschaftlichen Ungleichheiten zu jedermanns Nutzen gestaltet werden.

(aus: John Rawls, a. a. O., S. 81f.)

---

1. Stellen Sie die von Rawls (in Material 30) genannten wichtigsten Institutionen zusammen, und prüfen Sie, ob sie in den Art. 1–20 GG enthalten sind. Untersuchen Sie, warum Rawls gerade auf diese Institutionen besonderen Wert legt.
2. Erläutern Sie anhand von Beispielen das von Rawls (in Material 30) skizzierte Problem der ungleichen Ausgangsbedingungen. Erarbeiten Sie die Schwierigkeiten, die der Schaffung einer Chancengerechtigkeit entgegenstehen. Lesen Sie auch Art. 11 der Landesverfassung Baden-Württembergs.
3. Untersuchen Sie (anhand von Material 31) folgende Fragen:
   – In welcher Beziehung soll unbedingt Gleichheit herrschen?
   – Unter welchen Voraussetzungen soll Ungleichheit gelten? Ist Ungleichheit unverzichtbar? Ziehen Sie außer Art. 1–20 GG auch die Art. 33 und 38 heran.
4. Erörtern Sie, ob unser Grundgesetz mit Rawls' Gerechtigkeitsvorstellungen übereinstimmt.

3. Der Sozialstaat in der Bundesrepublik Deutschland

3.1 Armut im Wohlstand?

*E*in Mensch, den andre nicht gern mögen,
Den von des Lebens Futtertrögen
Die Glücklicheren, die Starken, Großen
Schon mehr als einmal fortgestoßen,
Steht wieder mal, ein armes Schwein,
Im Kampf ums Dasein ganz allein.
Daß er uns leid tut, das ist klar.
Sofern es unser Trog nicht war ...
(Eugen Roth, Ein Mensch)

Wohltätigkeit

In der deutschen Öffentlichkeit denkt man bei Armut oft nur an das Elend in der Dritten Welt. Armut in diesem Ausmaß gibt es in der Bundesrepublik nicht. Das Thema Armut ist ein Tabu; selbst die davon Betroffenen fühlen sich durch das Wort „arm" diskriminiert. Das hängt mit dem geschichtlichen Bedeutungswandel des Begriffes zusammen. Arme gehörten bis ins späte Mittelalter hinein zur Gesellschaft. Sie waren für die Wohltätigkeit der Frommen von Bedeutung. Der Arme als Almosenempfänger an der Kirchentür war ein Prüfstein für die Gläubigkeit der Wohlhabenden.

Calvinismus
Protestantische Wertethik

Die Einschätzung von Armut änderte sich durch die später einsetzende Verarmung der Landbevölkerung und die Land-Stadt-Wanderung. Der dadurch ausgelösten „Bettelplage" versuchte man durch Bettelordnungen, Verfolgung der ortsfremden Bettler, durch Arbeits- und Zuchthäuser Herr zu werden. Auch trugen der Calvinismus und die durch ihn geprägte protestantische Wertethik zu einer Ächtung der Armut bei. Erfolg und Reichtum wurden als göttlicher Segen und Belohnung des Tüchtigen verstanden. Der Leistungsgedanke des Calvinismus wurde zum Allgemeingut der modernen Industriegesellschaft.

Absolute Armut

Relative Armut

Das Wort Armut kommt in dem Sozialhilfebericht der Bundesregierung nicht vor. Einkommensarmut wird wissenschaftlich nur an Sozialhilfesätzen und an der Zahl der ständig wachsenden Sozialhilfeempfänger meßbar. Absolute Armut beschreibt die lebensbedrohenden Situationen in der Dritten Welt und ist hierzulande selten. Mit dem Anstieg des allgemeinen Lebensstandards hat Armut in den modernen westlichen Industriegesellschaften als physisches Überlebensproblem weitgehend an Bedeutung verloren. Sie wird jedoch als relative Armut sichtbar. Zwar erscheint sie hier in aller Regel nicht als äußeres Elend, aber sie wird von den Betroffenen nicht weniger einschneidend erlebt: In einer reichen Umwelt ist es sehr viel bitterer arm zu sein; daher ist die psychische Dimension des Armseins für viele genauso unerträglich wie die materielle.

MATERIAL 32 — Zuwenig Geld, vor allem aber gedemütigt

Der Mann ist verzweifelt und verbittert ... „Ich werde mit jedem x-beliebigen Penner auf eine Stufe gestellt. Ich habe doch in meinem Leben nicht gefaulenzt, ich habe gearbeitet", empört sich der 59jährige. Erwin F. verlor 1984 ohne eigenes Verschulden seine Arbeit. Eine Krankheit verhinderte den sofortigen Wiedereinstieg ins Berufsleben. Als er endlich wieder vermittlungsfähig gilt, findet der Bauzeichner aufgrund seines Alters keinen Job.
F. bezieht seit mehr als zwei Jahren Arbeitslosenhilfe. Er gehört zum immer größer werdenden Heer der Langzeitarbeitslosen in Deutschland. Vor wenigen Tagen hielt das Arbeitsamt eine unliebsame Überraschung für ihn parat. Von Beginn des nächsten Jahres an müsse er sich darauf einstellen, statt Arbeitslosenhilfe nur noch Sozialhilfe zu erhalten. Erwin F. rechnet: bisher erhält er pro Woche als ehemals leidlich gutverdienender Angestellter rund 2400 DM Arbeitslosenhilfe im Monat. Das reicht F. und seiner Frau bislang gerade so für Miete, Essen, Auto, Versicherung und Kleidung. „Etwas übrig blieb dabei nie", sagt F. Erhält er demnächst Sozialhilfe, sieht die Rechnung aber ganz anders aus: 1436 DM würde F. erhalten. Dazu kommen noch Kleiderpauschale, eine Brennstoff- sowie Weihnachtsbeihilfe. Am Ende bliebe den F.s ein Loch in der Haushaltskasse von monatlich 700 bis 800 DM.
Die Reserven sind durch lange Arbeitslosigkeit längst aufgebraucht. Für eine private Vorsorge fehlte dem Vater dreier Kinder das Geld, der vorgezogene Ruhestand ist auch keine Lösung, weil die Rente noch zu gering ist. ... „Wir werden unsere Wohnung nicht bezahlen und das Auto nicht mehr finanzieren können. Der soziale Abstieg ist vorprogrammiert", verzweifelt der grauhaarige Mann. Im gleichen Atemzug stellt er sich der drohenden Demütigung in hilflosem Trotz entgegen: „Freiwillig werden wir jedenfalls unsere Wohnung nicht verlassen. Es kann doch nicht sein, daß die Generation, die beim Wiederaufbau der Bundesrepublik geholfen, teilweise ihre Gesundheit dafür geopfert hat, daß die jetzt im Alter in den Dreck gestoßen und mit dem sozialen Abstieg bestraft wird", sagt er bitter. ...

(aus: Badische Zeitung vom 28. 7. 1993, Autor: Jürgen Rees)

MATERIAL 33 — „Beim Abzocken bin ich der Kleinste"

Peter ist 32. Tagsüber „arbeitet" er: spielt Gitarre, hört Musik. Aber auch stundenlanges „Psychogespräch" fallen unter seine Vorstellung von Arbeit. Sinnvolle Tätigkeit, das ist nicht Lohnarbeit, sondern eine „Sache, die mir was bringt". Die Schule zum Beispiel brachte nichts. Peter hat sie immer gehaßt. Das einzig Interessante war die Konfrontation mit den Lehrern. Später nehmen diese Funktion die Chefs der Firmen ein, für die er sich als ungelernter Arbeiter verdingt. Dabei ist ihm Arbeitslosigkeit keine Lebensphilosophie. Aber was er ablehnt, ist Arbeit, die kaputtmacht. „Ich bin nicht grundsätzlich faul", sagt Peter, „aber ich hab' auch keine gute Arbeitsmoral." Immer fleißig sein, nie krank, dem Chef „in den Arsch kriechen" – er beneidet die Leute mit einem festen Job nicht. Peter hat Schulden, 25000 Mark bei Vater Staat. Für zehn Semester Studium an einer Universität hat er Bafög kassiert. Die Zwischenprüfung in Politik und Soziologie hat er gemacht und nach fünf Jahren die Ausbildung abgebrochen. Eine feste Anstellung würde ihn verpflichten, mit einem monatlichen Pauschalbetrag den Schuldenberg abzutragen. „Der Versuch, das zu umgehen, ist bestimmt Betrug." Doch einfach „so" will im Anschluß an die zehn Semester dann auch das Sozialamt nicht zahlen: Für die rund 13 Mark pro Tag verlangen die Beamten gemeinnützige Arbeit: Holz hacken, Waldwege anlegen. Eine Woche lang hat sich Peter den „Disziplinarmaßnahmen" unterworfen. Dann brachte er ein ärztliches Attest: Sehnenscheidenentzündung. Peter verzieht keine Miene, als er das erzählt. Er hält sich nicht für einen Sonderfall: „Ich sage, was alle denken. Und beim Abzocken bin ich noch ein kleiner Fisch. Je höher jemand steht, desto eher wird das doch auch noch als Erfolg gewertet."
Jetzt soll die Sozialhilfe noch gekürzt werden. Keine rosigen Zeiten. Wo in seinem Haushalt gespart werden soll, weiß er noch nicht genau. „Wenn es nicht anders geht, dann muß man eben klauen – das ist auch Arbeit", sagt Peter und schaut zum ersten Mal ein wenig unsicher: „Steht jetzt in der Zeitung, der klaut und ruht sich ansonsten in der Hängematte aus?"

(aus: Badische Zeitung, Magazin vom 18./19. 9. 1993, Autoren: Martin Spiewak und Frauke Wolter)

---

1. Stellen Sie die Gründe zusammen, die Erwin F. und Peter zu Sozialhilfeempfängern machen.
2. Wie erklärt sich ihre unterschiedliche Einstellung zu ihrer Situation?
3. Welche Konsequenzen haben die geringeren Einkünfte für die Betroffenen?

Gesellschaft und Sozialstaat in der Bundesrepublik Deutschland

MATERIAL 34 Monatliche Ausgaben für den Privaten Verbrauch 1990 im früheren Bundesgebiet

Ausgabenposten	Haushaltstyp 1		Haushaltstyp 2		Haushaltstyp 3		
	DM	%	DM	%	DM	%	Typ 1: 1500 bis 2100 DM (Bruttoeinkommen aus laufenden Übertragungen des Staates oder des Arbeitgebers)
Privater Verbrauch insgesamt	1786	100	3452	100	5182	100	
davon:							
Nahrungsmittel, Getränke und Tabakwaren	491	27,5	831	24,1	1037	20,0	Typ 2: 3200 bis 4700 DM (Bruttoeinkommen der Bezugsperson aus hauptberuflicher nicht-selbständiger Arbeit)
Wohnungsmieten	481	26,9	744	21,6	1009	19,5	
Energie (ohne Kraftstoffe)	139	7,8	183	5,3	233	4,5	
Kleidung, Schuhe	102	5,7	281	8,1	444	8,5	
		67,9		59,1		52,5	Typ 3: 5500 bis 7500 DM (Bruttoeinkommen der Bezugsperson aus hauptberuflicher nicht-selbständiger Arbeit)
Verkehr, Nachrichtenübermittlung	209	11,7	550	15,9	816	15,8	
Bildung, Unterhaltung, Freizeit	119	6,7	366	10,6	612	11,8	
Übrige Güter und Dienstleistungen für den privaten Verbrauch	246	13,8	497	14,4	1031	19,9	

(aus: Datenreport 1992, hrsg. von der Bundeszentrale für politische Bildung, Bonn 1992, S. 122)

MATERIAL 35 Annäherung an etwas, das es offiziell nicht gibt: Armut

Zunächst blieb man unter sich, gut gekleidet, sprachlich geschult und intellektuell auf der Höhe der Zeit. Angeleitet von Richard Hauser, Sozialwissenschaftler an der Universität Frankfurt und mit der vom Deutschen Caritasverband in Auftrag gegebenen Armutsuntersuchung befaßt, wurde Armut operationabel, also handhabbar gemacht. Eine nüchterne Bestandsaufnahme der Armut in Deutschland, die es offiziell nicht gibt, die, eingegrenzt auf die Einkommensarmut, wissenschaftlich nur meßbar wird an Sozialhilfesätzen, an der Zahl der Sozialhilfeempfänger, an der analytischen Aufgliederung in besonders betroffene Bevölkerungsgruppen.

Was Hauser für Deutschland herausfand, bestätigte Sozialbürgermeister Hansjörg Seeh für Freiburg. Die „Infantilisierung" der Armut etwa: Jedes zwölfte minderjährige Kind in Freiburg lebt mittlerweile von der Sozialhilfe, also unter Armutsbedingungen. Eine Folge der zunehmenden Zahl von Alleinerziehenden, von denen in Freiburg 95,7 Prozent Frauen sind. Sie machen ein Drittel der seit 1984 rasant von 10 000 auf 16 000 angestiegenen Zahl der Sozialhilfeempfänger aus, gefolgt von Arbeitslosen, Ausländern, Alten ... Menschenleben, zu statistischen Fällen reduziert, auf Distanz gehalten von denen, die äußerlich reich sind. Aber „Armut ist kein Begriff, sondern ein Erlebnis", machte der Freiburger Pfarrer und Psychoanalytiker Gert Sauer auf die Lebenswirklichkeit des Armseins aufmerksam. Denn Armsein heißt auch: die Tristesse bröckelnden Putzes an heruntergekommenen Hausfassaden, die Trostlosigkeit beengter Wohnverhältnisse (auch zur Freiburger Wirklichkeit gehören 40 Quadratmeter Wohnfläche für alleinerziehende Mütter mit zwei Kindern), die demütigende Befragung durch Sachbearbeiter in den Behörden, das Betteln um eine finanzielle Beihilfe für das Kommunionkleid der Tochter.

Ist, wer arm ist, selber schuld? Wer das behauptet, gab Georges Enderle vom Institut für Wirtschaftsethik an der Hochschule St. Gallen zu bedenken, „setzt voraus, daß sie sich aus ihrer Lage befreien könnten, wenn sie nur wollten. Dies trifft aber in den meisten Fällen nicht zu, weil die Verstrickung in die Armut viel komplexer ist".

„Lange unter Armutsbedingungen zu leben", so die Erfahrungen von Felicitas Brednich vom Allgemeinen Sozialdienst der Stadt Freiburg, „führt zu gravierenden Verhaltensstörungen": Gleichgültigkeit, Flucht in Drogen, Isolation, Gewalt gegen sich selbst oder andere. Für den Tiefenpsychologen sind das „Darstellungen dessen, was die Menschen unbewußt in sich haben, weil sie es selbst erlebt haben". Mut- und Hoffnungslosigkeit im Elternhaus übertragen sich auf die Kinder, die sich selbst als Versager in einer erfolgs- und leistungsorientierten Gesellschaft zu erleben lernen. So werden die „Grundsteine für neue Armutskarrieren" (Brednich) gelegt.

Vor der Gefahr einer zunehmenden Verfestigung der Armut über Generationen hinweg, vor ihrer Abdrängung in Armutsghettos mit von dumpfer Trostlosigkeit geprägten Armutsmilieus warnte denn auch Richard Hauser. Denen, die dort leben, fehlen nach einer von Enderle zitierten Definition von Armut „Geld, Beziehungen, Einfluß, Macht, Wissen, ... ehrenhafte Geburt und intellektuelle Fähigkeiten. Sie leben von einem Tag auf den anderen und haben keinerlei Chance, sich ohne die Hilfe anderer aus ihrer Lage zu befreien."

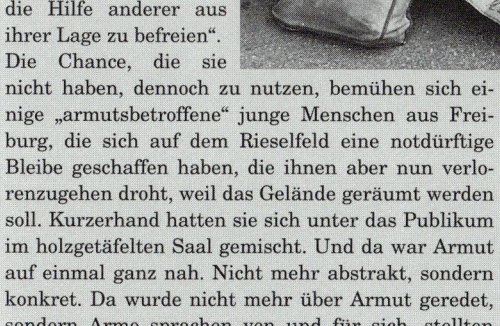

Die Chance, die sie nicht haben, dennoch zu nutzen, bemühen sich einige „armutsbetroffene" junge Menschen aus Freiburg, die sich auf dem Rieselfeld eine notdürftige Bleibe geschaffen haben, die ihnen aber nun verlorenzugehen droht, weil das Gelände geräumt werden soll. Kurzerhand hatten sie sich unter das Publikum im holzgetäfelten Saal gemischt. Und da war Armut auf einmal ganz nah. Nicht mehr abstrakt, sondern konkret. Da wurde nicht mehr über Armut geredet, sondern Arme sprachen von und für sich, stellten Forderungen auf, erregten Anstoß.

Mit „Notschlafstellen in Massenunterkünften, so wie man Hühner hält" wollen sie sich nicht länger abspeisen lassen. „Das hat mit Leben nichts mehr zu tun." Die Freiheit eigener Handlungs- und Gestaltungsmöglichkeiten klagen sie statt dessen ein.

Ein Verhalten, das, wie Enderle analysiert hatte, für die Besitzenden schwer zu verkraften ist. Mitleid und Almosen ja, weil es die eigene Überlegenheit nicht antastet. Schließlich hatte sich der Schweizer Schriftsteller Jeremias Gotthelf schon im vergangenen Jahrhundert über die „aufmüpfigen" Armen empört, die die Errungenschaften der Französischen Revolution auch für sich in Anspruch zu nehmen sich erdreistet hatten. Fragen nach der Machtverteilung und den Interessen in einer Gesellschaft, die trotz eines privaten Barvermögens von 213 Milliarden Mark immer mehr Menschen in die Armut abdrängt, wurden nur am Rande gestellt.

Ihnen näherte sich allenfalls der Tiefenpsychologe, der anhand des Lazarus-Syndroms verdeutlichte, daß Reichtum die „Integration des Schattens" verhindert. Wer reich ist, setzt alles daran, die dunkle Seite des Lebens nicht sehen zu müssen, kapselt sich ab hinter Mauern, Leibwächtern, Gesetzen, wissenschaftlichen Gutachten – und wird arm dabei.

Ganz zu werden würde bedeuten, „Lazarus an den Tisch zu holen". Alles hat freilich seine Zeit, auch die Heilung der Reichen, warnte Gert Sauer vor einem endgültigen Zu-spät-Kommen.

(aus: Badische Zeitung von 4. 6. 1992, Autorin: Anita Rüffer, gekürzt)

1. Vergleichen Sie die Zusammensetzung des privaten Verbrauchs bei den unterschiedlichen Haushaltstypen (Mat. 34). Welche Auswirkungen haben Preissteigerungen auf die einzelnen Haushalte? Berücksichtigen Sie dabei auch Material 32 und 33.
2. Erarbeiten Sie mit Hilfe von Material 35 einen Begriff von „Armut".
3. Erörtern Sie, warum das Thema „Armut" in der Wohlstandsgesellschaft ein verdrängtes, tabuisiertes Thema ist.
4. Informieren Sie sich bei der Gemeindeverwaltung über ähnliche Probleme in Ihrer Gemeinde. Bereiten Sie einen Fragekatalog zum Thema „Armut in ..." für eine Expertenbefragung vor.

3.2 Die Bundesrepublik – ein Sozialstaat

Soziale Frage

Mit der Industrialisierung verloren die bisher tragenden sozialen Sicherungsgemeinschaften wie Zünfte, Großfamilien und Dorfgemeinschaften ihren Zusammenhalt. Entwurzelung und Verelendung waren die Folge. Es entstand die „soziale Frage", die für den monarchischen Obrigkeitsstaat zur ernsten Bedrohung wurde. Nur durch soziale Reform von oben, meinte Bismarck, könne Revolution von unten verhindert werden. Sozialpolitik wurde Regierungsprogramm des Kaiserreiches. Am 17. November 1881 wurde mit einer Botschaft Kaiser Wilhelms I. die erste Phase staatlicher Sozialgesetzgebung eingeleitet, in deren Verlauf die Krankenversicherung (1883), die Unfallversicherung (1884) und die Invaliditäts- und Altersrentenversicherung (1889) als Elemente eines

Versorgungsstaatliche Daseinssicherung

Systems versorgungsstaatlicher Daseinssicherung geschaffen wurden. Im Jahre 1911 wurde die Krankenversicherung auf alle abhängig Beschäftigten ausgedehnt, die Hinterbliebenenfürsorge eingeführt und ein großer Teil der Angestellten in das System der Sozialversicherung einbezogen.

In der Weimarer Republik trat die Entwicklung des Arbeitsrechts stärker in den Vordergrund. Mit dem Gesetz über Arbeitsvermittlung und Arbeitslosenversicherung von 1927 wurde dem System der sozialen Sicherung ein weiteres Element hinzugefügt. Bedeutende Stationen der Weiterentwicklung der Sozialversicherungen nach 1945 waren die Einführung der an die allgemeine Lohnentwicklung gekoppelten „dynamischen Rente" (1957), die Lohnfortzahlung im Krankheitsfall (1957 und 1970), die flexible Altersgrenze (1972) und die rentenrechtliche Anerkennung von Kindererziehungszeiten („Babyrente", 1986). Ein weiterer Ausbau des Sozialstaates erfolgt durch die Einrichtung einer Pflegeversicherung.

Sozialstaatspostulat
Soziale Grundwerte

In der Bundesrepublik ist der Sozialstaatsgedanke ein Verfassungsgebot. Ausdrücklich gefordert wird der Sozialstaat im Grundgesetz in zwei Artikeln (Art. 20 und 28), welche den demokratischen und sozialen Bundes- bzw. Rechtsstaat fordern. Man bezeichnet die Formulierung in beiden Artikeln als Sozialstaatspostulat. Es ist inhaltlich zunächst unbestimmt, wird aber ergänzt durch eine Reihe von Verfassungsnormen, die den Staat auf bestimmte soziale Grundwerte verpflichten. Zu diesen gehört vor allem der Schutz der Menschenwürde (Art. 1); das Gleichheitsgebot (Art. 3); der besondere Schutz von Ehe, Familie, Mutter und nichtehelichen Kindern (Art. 6); das Recht für jedermann, „zur Wahrung und Förderung der Arbeits- und Wirtschaftsbedingungen Vereinigungen zu bilden" (Art. 9) und die Sozialpflichtigkeit des Eigentums (Art. 14).

Die Diskussion um die weitere Ausgestaltung des Sozialstaats kreist heute um folgende Problembereiche bzw. Zielbestimmungen:
1. Hilfe gegen Not und Armut zu leisten und ein Existenzminimum zu sichern, das für ein menschenwürdiges Dasein nötig ist;
2. Sicherheit gegenüber den Wechselfällen des täglichen Lebens zu gewährleisten (z. B. Kurzarbeitergeld);
3. den Wohlstand zu mehren und für dessen gerechte Verteilung zu sorgen (soziale Gerechtigkeit).

Das bestehende Netz der sozialen Sicherung beruht auf drei Gestaltungsprinzipien: dem Versicherungs-, dem Versorgungs- und dem Fürsorgeprinzip. Das Versicherungsprinzip ist Grundlage der Sozialversicherung. In seinem Mittelpunkt stehen die solidarische Selbsthilfe der Versicherten „Einer für alle, alle für einen" und der Grundsatz der Verhältnismäßigkeit, nämlich nach Dauer der Versicherung und Höhe der Beiträge. Das Versorgungsprinzip greift dann, wenn Sonderleistungen vorliegen, etwa bei den Kriegsversehrten. Das Fürsorgeprinzip kommt vor allem dort zur Geltung, wo die genannten Sicherungen des sozialen Netzes vor individueller Notsituation versagen.

Versicherungsprinzip

Versorgungsprinzip

Fürsorgeprinzip

Aufgrund der enorm gewachsenen Belastung des Sozialstaates gewinnt ein weiteres Prinzip, das Subsidiaritätsprinzip, heute wieder größere Bedeutung: es soll die Eigenverantwortung der Bürger fördern und stützen. Die Absicherung sozialer Risiken soll in erster Linie durch kleinere Gemeinschaften (Familien, Selbsthilfegruppen, Vereine) geschehen und nicht z. B. pauschal auf den Staat übertragen werden. Als größtes Sozialgebilde soll der Staat vielmehr die kleineren Gemeinschaften so unterstützen, daß ihre Funktionsfähigkeit sichergestellt ist. Niemals aber soll das, was kleinere Gemeinschaften leisten können, durch die Tätigkeit größerer Einrichtungen behindert oder zerschlagen werden.

Subsidiaritätsprinzip

Grundprinzipien sozialer Sicherung			
	Versicherungsprinzip	Versorgungsprinzip	Fürsorgeprinzip
Sicherungsvoraussetzung	Mitgliedschaft in Versicherung	speziell eingeräumter Rechtsanspruch	individuelle Notlage
Leistungsanspruch	bei Eintritt Versicherungsfall	bei Vorliegen gesetzlich bestimmter Merkmale	bei Bedürftigkeit
Gegenleistung	ja, Versicherungsbeiträge	ja, nichtfinanzielle Sonderopfer (-leistungen) für Gemeinschaft	nein
Bedürftigkeitsprüfung	nein	nein	ja
Gliederung wichtiger Sicherungszweige nach dem überwiegenden Grundprinzip	Sozialversicherung – gesetzliche Rentenversicherung – gesetzliche Krankenversicherung – gesetzliche Unfallversicherung – Arbeitslosenversicherung (Arbeitslosengeld)	– Kriegsopferversorgung – soziale Entschädigung bei Impfschäden – Beamtenversorgung – Kindergeld (ohne Einkommensgrenzen)*	– Sozialhilfe – Jugendhilfe – Resozialisierung – Wohngeld – Kindergeld (bei Einkommensgrenzen)*

*) nur mit Einschränkungen klassifizierbar

(aus: Informationen zur politischen Bildung, Der Sozialstaat, Neudruck 1990, hrsg. von der Bundeszentrale für politische Bildung, Bonn 1990, S. 27)

MATERIAL 36 Gespräch zwischen Vater und Sohn über den Wohlfahrtsstaat

Sohn: Was ist denn ein Wohlfahrtsstaat?
Vater: Wie soll ich dir das erklären? Also, einen Wohlfahrtsstaat haben wir dann, wenn den Leuten, also den Bürgern dieses Staates, für alle erdenklichen Notlagen gesetzlich „soziale Sicherheit" gewährt wird. Mit anderen Worten, jeder hat einen Anspruch darauf, daß ihm der Staat hilft, wenn's ihm schlecht geht, verstehst du?
Sohn: Und das ist schlecht?
Vater: Nicht an und für sich. Aber wenn der einzelne ohne Rücksicht auf sein Einkommen und ohne besonderen Nachweis seiner Bedürftigkeit mit bestimmten Mindestleistungen versorgt wird, dann ist eben etwas faul in diesem Staat, weil die Eigeninitiative untergraben wird.
Sohn: Und warum graben die Faulen im Staate die Eigeninitiative um? Was ist das denn, eine Eigeninitiative?
Vater: Eigeninitiative, ja siehst du, das ist, wenn jemand aus eigener Entschlußkraft was tut, dann ist das Eigeninitiative, klar? Und die wird natürlich nicht umgegraben, sondern untergraben, das heißt langsam zerstört. Zum Schluß will sich keiner mehr anstrengen, will sich nur noch vom Staat versorgen lassen, sich auf Kosten der Allgemeinheit bereichern. Ist ja auch bequemer.
Sohn: Du, Papa, gehören Sozialwohnungen auch dazu?
Vater: Wozu?
Sohn: Zum Wohlfahrtsstaat?
Vater: Ja, die gehören auch dazu.
Sohn: Warum gibt es die eigentlich, die Sozialwohnungen?
Vater: Die gibt es, damit auch Leute mit einem geringeren Einkommen in einer anständigen Wohnung wohnen können.
Sohn: Sind Leute mit geringerem Einkommen arme Leute?
Vater: Arm, arm, man kann da nicht direkt von arm reden. Es handelt sich hier um den finanziell schwächeren Teil der Bevölkerung, und für diesen Kreis werden Wohnungen bereitgestellt, die mit öffentlichen Mitteln gebaut werden, und für die billige Mieten gezahlt werden.
Sohn: Und da dürfen nur Arme drin wohnen?
Vater: Wie oft soll ich dir das noch sagen, das sind keine Armen, die da drin wohnen, sondern Leute, die eben nicht mehr als soundsoviel verdienen.
Sohn: Und wenn die mal mehr verdienen als soundsoviel?
Vater: Na ja, dann verdienen sie halt mehr, reich werden sie davon ja auch nicht.
Sohn: Weil sie arm sind?
Vater: Nein, Halt so ...
Sohn: Du, Papa, wir haben doch auch eine Sozialwohnung, hat Mama neulich gesagt.
Vater: Ja.
Sohn: Gehören wir dann auch zum finanziell schwächeren Teil der Bevölkerung?
Vater: Ach was!
Sohn: Warum ziehen wir dann nicht in eine andere Wohnung?
Vater: Wir sitzen im Augenblick ganz gut.
Sohn: Und die Leute, die weniger verdienen und die keine billige Wohnung finden, was machen die?
Vater: Die müssen eben warten.
Sohn: Bis wann?
Vater: Bis wir ausziehen.
Sohn: Und warum ziehen wir nicht aus? Du hast doch gesagt, daß wir mehr verdienen als soundsoviel?
Vater: Weil wir schön dumm wären, wenn wir eine so billige Wohnung so ohne weiteres aufgeben würden. Andere tun das auch nicht.
Sohn: Du, Papa, bereichern wir uns dann auch auf Kosten der Allgemeinheit?

(E. Helmle, „Papa. Charly hat gesagt ...", Bd. 1. rororo, Hamburg 1987, S. 60–62, gekürzt)

---

1. Lesen Sie das „Gespräch zwischen Vater und Sohn" mit verteilten Rollen. Versuchen Sie dabei die jeweilige Tonlage (kritisch-naiv – überlegen-listig) zu treffen. Führen Sie das Gespräch – frei improvisierend – fort.
2. Setzen Sie die Darstellungsabsicht der Karikatur zu Material 36 in Beziehung. Welche Problematik wird in beiden Materialien angesprochen?

Der Sozialstaat in der Bundesrepublik Deutschland

MATERIAL 37 Bausteine der sozialen Sicherung

Bausteine der sozialen Sicherung

Sozialleistungen 1991:
766,1 Milliarden DM

Quelle: Sozialbudget (für das alte Bundesgebiet)
© Erich Schmidt Verlag
ZAHLENBILDER 141 131

- Jugendhilfe 16,6
- Sozialhilfe 37,3
- Soziale Steuervergünstigungen 52,9
- Kindergeld 20,6
- Beamtenversorgung 67,3
- Arbeitsförderung 49,0
- Rentenversicherung 228,9
- Altershilfe für Landwirte 7,1
- Kriegsopferversorgung u.a. 17,2
- Vermögensbildung 11,1
- Unfallversicherung 14,3
- Krankenversicherung 159,4
- Wohngeld usw. 10,1
- Lohnfortzahlung, Betriebsrenten 75,6

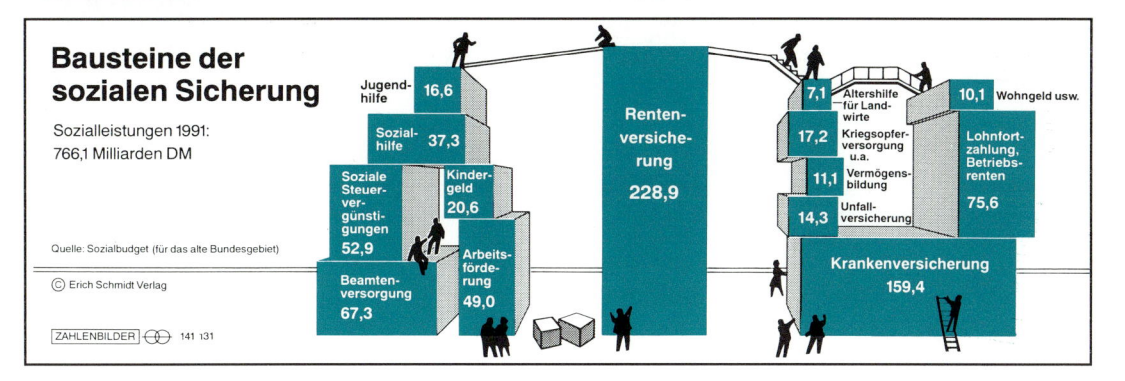

MATERIAL 38 Sozialbudget (in Mio. DM)

	1960	%	1990	%
Ehe und Familie	14148	20,5	90202	12,8
Kinder	6903	10,0	56441	8,0
Ehegatten	6500	9,4	30008	4,3
Mutterschaft	744	1,1	3753	0,5
Gesundheit	18561	26,9	232797	33,1
Vorbeugung	1479	2,1	16055	2,3
Krankheit	12026	17,4	164272	23,4
Unfall	1674	2,4	16248	2,3
Invalidität	3381	4,9	36222	5,2
Beschäftigung	1822	2,6	59264	8,4
Berufliche Bildung	505	0,7	13449	1,9
Mobilität	247	0,4	12510	1,8
Arbeitslosigkeit	1070	1,6	33305	4,7
Alter, Hinterbliebene	28411	41,2	284168	40,4
Alter	26938	39,1	271680	38,6
Hinterbliebene	1473	2,1	12489	1,8
Folgen pol. Ereignisse	3082	4,5	4645	0,7
Wohnen	716	1,0	12758	1,8
Sparförderung	1133	1,6	16130	2,3
Allg. Lebenshilfen	1071	1,6	3093	0,4
Sozialbudget insges.	68943	100	703058	100

(Zahlen nach Erich Schmidt Verlag, Grafik 141129)

MATERIAL 39 Lohnsteuer, Sozialbeiträge und Nettolohn eines Durchschnittsgehalts (in %)

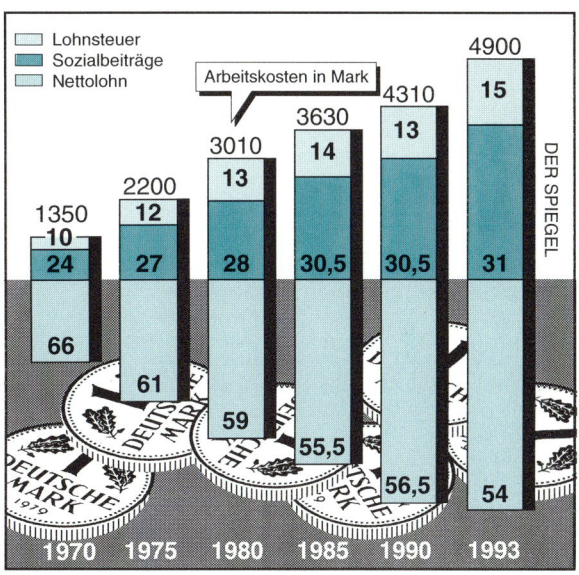

Legende: Lohnsteuer, Sozialbeiträge, Nettolohn

Arbeitskosten in Mark:
- 1970: 1350 — 10 / 24 / 66
- 1975: 2200 — 12 / 27 / 61
- 1980: 3010 — 13 / 28 / 59
- 1985: 3630 — 14 / 30,5 / 55,5
- 1990: 4310 — 13 / 30,5 / 56,5
- 1993: 4900 — 15 / 31 / 54

(aus: Der Spiegel Nr. 36/1993, S. 36)

---

1. Welche sozialen und persönlichen Risiken werden durch die soziale Sicherung abgesichert (Mat. 37)? Begründen Sie die unterschiedlichen geldlichen Leistungen. Erörtern Sie, ob alle Bausteine den Gestaltungsprinzipien der sozialen Sicherung zuzuordnen sind.
2. Diskutieren Sie mit Hilfe des Materials 38 die Veränderungen der sozialen Leistungen in der Bundesrepublik Deutschland zwischen 1960 und 1990.
3. Kommentieren Sie die Veränderungen der Einkommenstruktur zwischen 1970 und 1993 (Mat. 39) und diskutieren Sie die Probleme, die sich für die Einkommen und die Wirtschaft aus der steigenden Belastung durch Sozialbeiträge ergeben.

MATERIAL 40 Wie gut erfüllt der Sozialstaat seine Ziele?

Der Sozialstaat weist in Zielrichtung und Ausgestaltung eine Reihe von Schwächen auf:
- *Die grundsätzliche Zielrichtung:*
– Sozialpolitik ist immer noch ganz überwiegend auf Arbeitnehmer zugeschnitten, obwohl diese im allgemeinen schon vergleichsweise gut gesichert sind. Andere Gruppen erfahren weniger Aufmerksamkeit, weil sie weniger oder gar nicht organisiert sind; dazu gehören kinderreiche Familien, nicht erwerbstätige Mütter, körperlich oder geistig Behinderte und andere mehr. Hier ist teilweise eine neue „Soziale Frage" entstanden.
– Soziale Sicherung besteht heute ganz überwiegend darin, daß Unterstützungseinkommen gezahlt oder, wie in der Krankenversicherung, Kosten übernommen werden; es dominieren unpersönliche finanzielle Hilfen. Eine „Rehumanisierung" der Sozialpolitik, insbesondere bei der Versorgung alter und kranker Menschen, ein stärkeres Angebot an persönlichen Beratungs- und Betreuungshilfen könnte die Qualität des Sozialstaates spürbar verbessern.
– Das Vorhaben, das Sozialleistungssystem zu vereinfachen und damit auch für die betroffenen Bürger überschaubarer zu machen, ist mittlerweile noch dringlicher geworden.
Wegen dieser und anderer Schwächen wird häufig eine Gewichtsverlagerung in der Sozialpolitik in Richtung auf eine stärkere Betonung des Subsidiaritätsprinzips gefordert. Der einzelne Bürger und seine persönliche Bedarfssituation sollen stärker ins Blickfeld gerückt werden.
- *Mängel beim sozialen Ausgleich:*
Die Effizienz sozialer Ausgleichsmaßnahmen kann man daran messen, in welchem Ausmaß das System der sozialen Sicherung einen Existenzschutz gewährt. Die Idee nach der soll der staatliche Schutz so weit gehen, wie der einzelne nicht selbst für sich vorsorgen kann. Teilweise ist der Sicherungsumfang recht großzügig (z. B. für Teile der gesetzlichen Alterssicherung), teilweise zu gering (z. B. bei der Sozialhilfe).
- *Die anhaltend hohe Arbeitslosigkeit:*
Wegen der anhaltend schlechten Arbeitsmarktlage hat sich die Sicherung eines großen Teils der Arbeitslosen deutlich verschlechtert, weil sie kein Arbeitslosengeld mehr bekommen. Die maximale Bezugsdauer des Arbeitslosengeldes ist normalerweise ein Jahr. Um so lange Arbeitslosengeld zu erhalten, muß man vor der Arbeitslosigkeit eine bestimmte Mindestzeit versicherungpflichtig beschäftigt gewesen sein. Um die (niedrigere) Arbeitslosenhilfe zu bekommen, muß man neuerdings ebenfalls eine bestimmte – geringere – Mindestzeit gearbeitet haben und außerdem bedürftig sein. Wegen der anhaltend schlechten Beschäftigungslage lassen sich diese Voraussetzungen immer schwerer erfüllen, und immer mehr Arbeitslose sind auch länger als ein Jahr arbeitslos.
- *Die Finanzierbarkeit des Sozialstaates:*
Der Arbeitnehmer muß heute doppelt so viel von seinem Bruttoverdienst an die Sozialversicherung abgeben wie in den Anfangsjahren der Bundesrepublik. Da zahlreiche sozialstaatliche Maßnahmen nicht über Sozialbeiträge, sondern aus dem allgemeinen Steuertopf finanziert werden, ist der Zugriff auf die verdienten Einkommen tatsächlich noch deutlich schärfer.
- *Die „Anspruchsspirale":*
Sie wird darin gesehen, daß wegen der Konstruktion des Sicherungssystems der einzelne für sich vor allem den Nutzen höherer Leistung sieht, aber die Kosten wenig beachtet, weil diese gleichsam anonym auf alle Beitrags- und Steuerzahler umgelegt werden.
– Wenn der einzelne weiß, daß ihn das Nehmen von Leistungen unmittelbar nichts kostet, verhält er sich sorgloser, er will mehr von diesen Leistungen haben, als er verlangt hätte, wenn er unmittelbar dafür hätte bezahlen müssen. Privatversicherungen schützen sich gegen diese „moralische Versuchung", indem sie Selbstbeteiligungen, Schadenfreiheitsrabatte und anderes mehr einführen; auf diese Weise soll der Versicherte finanziell daran interessiert werden, die Sicherung nur in wirklichen Notfällen zu beanspruchen.
– Wenn die Anbieter von Gesundheitsleistungen wissen, daß der Patient hundertprozentig gesichert ist, werden sie ihn in aller Regel reichlicher mit Leistungen versorgen, als sie es sonst getan hätten, zumal sie ja daran verdienen. Auch im Arbeitsleben gibt es viele Beispiele dafür, daß man sich auf Kosten der Arbeitslosenversicherung leichter zu Kurzarbeit, Entlassungen oder vorzeitigem Wechsel in den Ruhestand entschließt.
Aus diesem Phänomen ergibt sich, daß das System der sozialen Sicherung selbst einer Sicherung gegen übermäßige Beanspruchung bedarf.

(aus: Informationen zur politischen Bildung, Der Sozialstaat, Neudruck 1990, hrsg. von der Bundeszentrale für politische Bildung, Bonn 1990, S. 32ff, gekürzt)

1. Erarbeiten Sie die Ziele und Probleme des Sozialataates. Berücksichtigen Sie dabei auch Material 36.
2. Welche Lösungsmöglichkeiten für die Probleme des Sozialstaates werden in Material 40 genannt? Wodurch scheitert ihre Durchsetzung?

3.3 Der Generationenvertrag und die Überalterung der Gesellschaft

Vor 80 Jahren sah es in Deutschland kaum anders aus als heute in Entwicklungsländern: großer Kinderreichtum. Auf je fünf Ältere (65 Jahre und darüber) kamen 34 Kinder unter 15. Heute ist das Verhältnis zwischen alt und jung ausgeglichen. In 40 Jahren aber werden die Deutschen im Rentenalter doppelt so zahlreich sein wie die Kinder. Dies geht aus Bevölkerungvorausschätzungen des Statistischen Bundesamtes hervor. Und in diesen Vorausschätzungen ist der Zustrom von Ausländern und Aussiedlern schon berücksichtigt; die Überalterung der Einwohner Deutschlands wird durch die Zuwanderung von außen nur gebremst, nicht aber verhindert. Was der bevorstehende Altersschub bedeuten wird – für den Wohlstand und die sozialen Errungenschaften –, läßt sich noch kaum abschätzen.

Überalterung

Aufgrund der demographischen Entwicklung in der Bundesrepublik Deutschland nimmt die Zahl der älteren Menschen – und damit auch ihr Anteil an der Gesamtbevölkerung – immer mehr zu. Gründe sind in der Steigerung der allgemeinen Lebenserwartung, im medizinischen Fortschritt, in kürzeren Arbeitszeiten und in generell besseren Arbeitsbedingungen zu sehen. Gleichzeitig werden – aufgrund eines veränderten generativen Verhaltens – weniger Kinder geboren, weswegen der Anteil der Alten in der Gesamtbevölkerung steigt. Die geringe Kinderzahl führt langfristig zu einem Rückgang der Gesamtbevölkerung. Die gravierendste Folge dieser Entwicklung für die Sozialpolitik besteht in der Schwierigkeit, den Generationenvertrag weiterhin aufrechtzuerhalten. Dieser besagt, daß die in Arbeit stehende Bevölkerung über ihre Beiträge an die Sozialversicherungen auch die Kosten abdeckt, die durch die Versorgung der nicht mehr arbeitenden Bevölkerung entstehen. Die jungen Generationen sorgen für eine gesicherte Existenz der alten Generation, wobei jene hoffen, daß auch sie im Alter von den Jüngeren unterstützt werden.

Demographische Entwicklung

Generatives Verhalten

Generationenvertrag

Wie kam es zu dieser demographischen Entwicklung? Die Geburtenrate ist in diesem Jahrhundert tendenziell gesunken. Gleichzeitig nahm allein in den letzten drei Jahrzehnten die durchschnittliche Lebenserwartung um 6,6 auf 79 Jahre bei Frauen bzw. um 5,9 auf 72,6 Jahre bei Männern zu. Als Bismarck die Altersrente einführte, erreichte kaum jemand die Altersgrenze von siebzig Jahren. Erreichte er sie dennoch, war die Rente sehr niedrig, nämlich 37 Reichsmark im Monat. Dies war nicht mehr als ein „Alterstaschengeld" und sollte – wie es Bismarck formulierte – „die Schwiegertochter davon abhalten, den Alten aus dem Haus zu ekeln".

Geburtenrate

Das Rentensystem erfuhr zwar im Laufe der Jahre eine Ausweitung des Personenkreises, der erfaßten Risiken und Bedarfslagen sowie der Leistungen, blieb aber in den Grundzügen bis zu der Einführung der „dynamischen Rente" im Jahre 1957 erhalten. Erst dann änderte sich das Bild schlagartig, da die Renten nun lohnersetzende und lebensstandardsichernde Höhen erreichten. Mit einem Schlag stieg das sog. „Rentenniveau" auf rund zwei Drittel des durchschnittlichen Lohnniveaus an.

Dynamische Rente

MATERIAL 41 Ein Planet ergraut

„Wenn ein alter Mensch stirbt, ist das so, als ob eine Bibliothek verbrennt." Dieses afrikanische Sprichwort wird in Deutschland wohl nicht populär. Hier fragt selten einer nach dem reichen Schatz an Wissen, nach dem Potential an Lebenserfahrung der Großelterngeneration. Alt ist negativ besetzt. Bis in die Umgangssprache hinein wollen wir mit Alter und Altern nicht umgehen: Unsere Altenheime sind Seniorenwohnparks, den Preisnachlaß für Ruheständler gibt es mit dem Seniorenpaß. Rüstige Handwerksmeister und Fabrikdirektoren, Architekten und Ingenieure vermitteln ihr Können als Senioren-Experten-Service in Entwicklungshilfeprojekten der Dritten Welt. Wortkosmetik soll Gesinnung tarnen: Wer so fit ist, in den Tropen Fabriken aufzubauen, ist nicht alt. Wer wollte es auch sein? „Unsere Gesellschaft", schreibt die Gerontologin Ursula Lehr, „sieht den älteren Menschen von Leistungsabbau, von Verlust der Fähigkeiten und Fertigkeiten gekennzeichnet, nahezu ausschließlich in der Rolle des Passiven, zu Betreuenden, Bedürftigen, des Nehmenden, des Rente und Hilfe Empfangenden – kurz des Kostenfaktors. Dieses Altersbild ist völlig falsch. Es trifft zumindest für unter Achtzigjährige höchst selten zu." Sie beklagt, daß alte Menschen fast ausschließlich in ihrer Ballastexistenz gesehen werden, als Problemgruppe, die zur Erhöhung der Soziallasten und zu einem enormen Anstieg der Pflegekosten bis ins neunte und zehnte Lebensjahrzehnt hinein beiträgt. Wahr ist, daß der blaue Planet einen Graustich bekommt. Überall auf der Erde nimmt der Anteil alter Menschen zu. Die Vereinten Nationen haben errechnet, daß es im Jahr 2025 auf der Welt 1,2 Milliarden Menschen geben wird, die 60 Jahre und älter sind. 1950 waren es gerade mal 200 Millionen. „Während die Weltbevölkerung derzeit um einen Faktor drei wächst, nimmt der Anteil der über 60jährigen um einen Faktor sechs zu", beschreiben Mathis Brauchbar und Heinz Heer in ihrem Buch „Zukunft Alter" diese Explosion. Eine Umfrage unter 1500 Menschen zwischen 55 und 70, der Kategorie der Jungalten also, macht für diese Zukunft vier unterschiedliche Lebenstile aus:

☐ die pflichtbewußten häuslichen Alten, die Haus und Garten, Bescheidenheit und Sparsamkeit, Kaffeekränzchen und Enkelbesuch mögen;

☐ die aktiven neuen Alten mit hohem Bildungsstand, die Selbstverwirklichung und Kreativität schätzen und für Neues aufgeschlossen sind;

☐ die sicherheits- und gemeinschaftsorientierten Alten, die nach einem harten Arbeitsleben Ruhe, Rückzug, Hobbypflege, Nachbarschaft und Fernsehen wollen;

☐ schließlich die resignierten Alten, die krank, einsam und sehr betagt sind, die in der Religion oder in Erinnerungen Trost suchen, Ohnmacht und Angst vor dem Abgeschobenwerden verspüren. Diese materiell und sozial benachteiligte Gruppe weist die höchste Frauenquote aus.

Jüngst, auf einer Tagung der Evangelischen Akademie Hofgeismar, entdeckte der Darmstädter Fachhochschulprofessor Wolf-Eckart

„Den trägst du ... wenn du groß bist!"

Der Sozialstaat in der Bundesrepublik Deutschland

Failing die Kategorie der „häßlichen Alten". Alte Menschen im Gefängnis, alte Ausländer oder alte Menschen an der Armutsgrenze stellten eine diakonische Herausforderung für die Kirche dar, derentwegen Bildungsangebote und stationäre Betreuung radikal zurückgefahren werden müßten.

Die Gesellschaft überaltert. Noch 1946 kamen in Deutschland auf einen 80 Jahre alten Menschen zehn Kinder unter sechs Jahren, 1987 betrug dieses Verhältnis eins zu zwei. Inzwischen hat sich in Westeuropa das zahlenmäßige Verhältnis der jungen und der alten Generation umgekehrt. Es gibt mehr Alte als Kinder. Auf 50 Millionen unter 15jährige kommen 70 Millionen über 60jährige, haben Brauchbar und Heer erhoben. Solche Zahlen erschrecken auch Politiker. Nur so ist zu erklären, weshalb derart unsensibel, manchmal brutal um die Pflegeversicherung gestritten wird, warum eine Aufkündigung des Generationenvertrags denkbar wird, weshalb von Rentenberg und Rentenlast gesprochen und geschrieben wird, als könnten alte Leute weder hören noch lesen. ...

In Zukunft werden immer weniger Söhne und Töchter die Alten pflegen. Frauen sind oft selbst berufstätig. Und manche trauen sich eine schwere Pflege nicht zu. Der Verbund der Großfamilie, in dem sich die Last auf viele Schultern verteilte, ist Geschichte. Trotz Volkszählung ist die Bundesrepublik auf den rasanten Zuwachs der Alten nicht vorbereitet. Es gibt noch kaum Wohnmodelle mit Alten und Jungen unter einem Dach, erst recht keine Wohnungen für Alte nach skandinavischem Vorbild – ebenerdig, eingebettet in eine gute Nachbarschaft mit jungen Familien, auf Wunsch durch einen Service-Center betreut und ärztlich versorgt.

(aus: Deutsche Allgemeines Sonntagsblatt vom 24. 9. 1993, S. 1, Autorin: Barbara Kamprad, gekürzt)

1. Untersuchen Sie anhand des Zeitungsartikels in Material 41:
   – warum der Anteil der alten Menschen überall zunimmt,
   – wie sich das Bild der alten Menschen dabei verändert und
   – welche Herausforderungen auf die Gesellschaft durch die Überalterung zukommen.
2. Beschreiben Sie die Karikatur (S. 42). Wie aktuell ist die dort beschriebene Problematik für Sie selbst?
3. Mit welchen Absichten und Mitteln werben die privaten Versicherer in ihrer Anzeige um Kunden (S. 43)?

MATERIAL 42 Kinder als Alterssicherung

Der Gedanke, daß Kinder ihren Eltern ebenso Fürsorge schulden wie Eltern ihren Kindern, ist weltweit verbreitet. In Ostafrika sagen die Massai, wer Kinder habe, brauche im Alter nicht unter einem Busch zu schlafen. In China, so der Anthropologe Lee Cronk von der New Yorker Akademie der Wissenschaften, habe die Pflicht zur gegenseitigen Fürsorge von Eltern und Kindern Verfassungsrang.
In agrarischen Gesellschaften ist das nichts Besonderes: Zog ein Bauer sich einst aufs Altenteil zurück, gab er zwar die Leitung des Hofes ab, aber er behielt das Wohnrecht, wurde versorgt und arbeitete weiter mit. In Industriegesellschaften geht das kaum. Hier muß eine Rentenversicherung eingreifen. Damit wird jedoch die Notwendigkeit gegenseitiger Fürsorge aufgehoben. Weithin gilt als ausgemacht, daß die Einführung von Sozialversicherungssystemen die Geburtenquote senkt und damit das Bevölkerungswachstum bremst. Viele Gelehrte befürchten deshalb, daß sich an den hohen Geburtenquoten der Entwicklungsländer bis zur Einführung solcher Systeme nichts Wesentliches ändern wird.
Kinder zur Altervorsorge, so Cronk, mögen als Motiv einleuchten. Neuere Untersuchungen deuten eher darauf hin, daß in traditionell geprägten Kulturen Eltern ihren Kindern nur selten wirtschaftlich zur Last fallen. In unterentwickelten Gesellschaften werden die Menschen selten so alt, daß sie unfähig zu körperlicher Arbeit sind. Selbst dann machen sie sich noch bei Kinderpflege und -erziehung nützlich. Es hat also eher den Anschein, daß Alterssicherung eine Frage des Gebens und Nehmens zwischen den Generationen ist. ...

Für Kinderreichtum zur Altersvorsorge sprechen laut Cronk drei Klassen von Belegen. Die erste und schwächste fußt auf Erhebungen, wie oft Eltern mit selbständigen Kindern zusammenwohnen. In Indien, einem Staat mit hoher Geburtenquote, ist das fast normal; in Industriestaaten mit niedrigen Geburtenquoten kommt es seltener vor. Allerdings sagt das wenig darüber aus, wer wen unterstützt. Ältere Land- und Hauseigentümer lassen ihre Kinder gern mietfrei in ihrer Nähe wohnen.

Die zweite Klasse liefern Studien, in denen versucht wird, Geburtenquoten in direkten Zusammenhang zu den jeweiligen Renten zu stellen. Fassen Menschen ihre Kinder tatsächlich als Altersvorsorge auf, steht zu vermuten, daß die Kinderzahl desto stärker abnimmt, je besser eine Sozialversicherung Sicherheit im Alter bietet. Just das ergab 1972 das Projekt „value of children" (Wert von Kindern) der Universität von Hawaii, in dessen Verlauf über 20 000 Menschen in neun Staaten befragt wurden. Fast hundert Prozent der befragten Indonesier gaben an, Sicherheit im Alter sei ein Grund für den Wunsch nach Kindern.

Die dritte Klasse, so Cronk, braucht keine Belege. Sie ist der Meinung, daß Kinderreichtum Altersvorsorge sei. Sie erklärt, daß Antworten in Interviews oder tatsächliche Entwicklungen übersehen werden, die nicht zur vorgefaßten Meinung passen. So ist in Thailand, das keine Sozialversicherung hat, die Geburtenquote seit 1960 um fast zwei Drittel zurückgegangen.

(aus: Sonntag aktuell, vom 7. 7. 1991, Autor: Walter Baier)

MATERIAL 43 Der deutsche Lebensbaum krankt

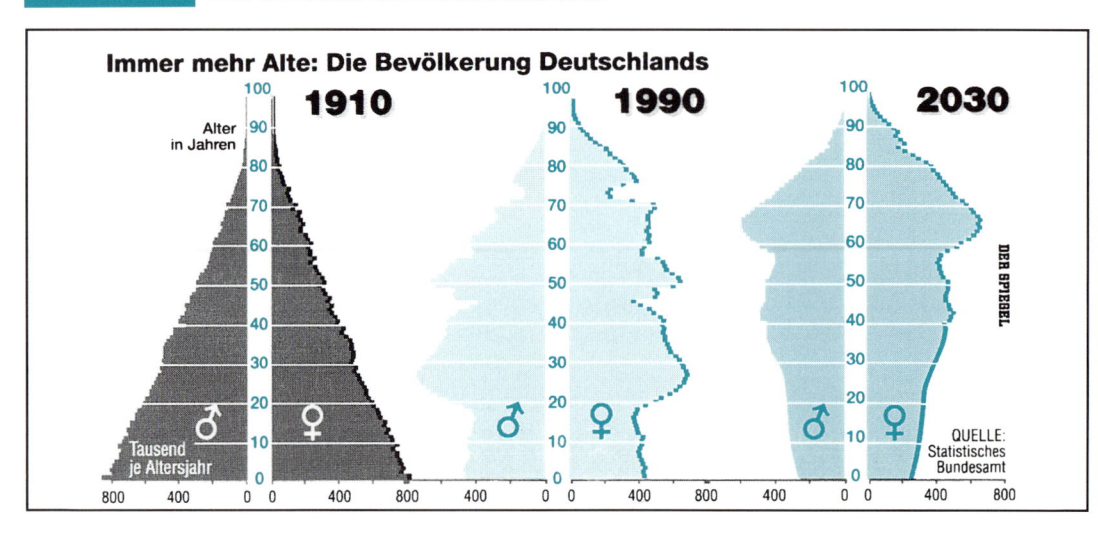

Immer mehr Alte: Die Bevölkerung Deutschlands — 1910, 1990, 2030. Alter in Jahren. Tausend je Altersjahr. QUELLE: Statistisches Bundesamt. DER SPIEGEL

MATERIAL 44 Interview mit dem Sozialrechtler und Rentenexperten Jürgen Borchert

STERN: Herr Borchert, hat die heutige Rentenversicherung eine Chance, alt zu werden?
BORCHERT: Nein. Und sie ist nur eines unter mehreren Sozialsystemen, bei denen sich das Problem der Überalterung der Gesellschaft stellt. Dasselbe gilt für die Krankenversicherung, die Beamtenversorgung und die Sozialhilfe.
STERN: Wie lange wird der Generationenvertrag noch halten?
BORCHERT: In den kommenden 17 Jahren werden die Beitragszahler einerseits erleben, daß sie immer mehr in die Rentenkasse einzahlen müssen, und andererseits werden bereits ab dem Jahr 2001 immer weniger Leistungen herauskommen. Ab 2010 werden die Probleme dramatisch.
STERN: Ist der Generationenvertrag denn eine Fehlkonstruktion?
BORCHERT: Es kann nur dann ein langfristig stabiles System der Altersversicherung geben, wenn wir auf der anderen Seite auch die Last der Kindererziehung sozialisieren. Sonst kippt das System unweigerlich, weil den Leuten, die Kinder großziehen, eine Zusatzlast aufgebürdet wird zugunsten der Kinderlosen. Es ist selbstzerstörerisch, die Familien auszubeuten.
STERN: Kindererziehungszeiten werden aber doch bei der Rente honoriert.
Borchert: Viel zuwenig. Bei Geburten bis 1991 müßte eine Mutter 35 Kinder geboren haben, um auf eine Rente in Sozialhilfehöhe zu kommen. Und die drei Babyjahre, die es seit 1992 gibt, werden erst fällig, wenn das System ohnehin nicht mehr finanzierbar ist. Bezahlen müßten diese Renten zudem die Kinder der Mütter und nicht die Kinderlosen. Zu dieser Ausbeutung der Familien kommt die Ausbeutung der Jungen zugunsten der Alten. Denn durch die Überalterung der Gesellschaft ist aus dem Generationenvertrag ein betrügerisches Kettenbriefspiel geworden, bei dem die jeweils letzten die Dummen sind. Im Durchschnitt stehen die Alten ja heute schon mit an der Spitze der Einkommens- und Vermögensverteilung, finanziert von den Jungen, die nicht wissen, ob sie später überhaupt noch etwas bekommen. Allerdings gibt es auch heute schon viele alte Menschen, denen es sehr schlecht geht, und das sind beispielsweise vor allem Mütter, die ihr Leben lang für Kinder gearbeitet haben. Was sie bekommen, ist nicht „Lohn für Lebensleistung", wie Blüm mal sagt, sondern Hohn für Lebensleistung.
STERN: Alte Menschen sind ein zunehmend wichtiges Wählerpotential. Kommt es zu einer Diktatur der Alten?
BORCHERT: Das ergibt sich nahezu zwangsläufig aus der kommenden Altersstruktur. An diesem Punkt werden ja heute schon Defizite unserer pluralistischen Demokratie offensichtlich. Die Politik traut sich an Besitzstände nicht heran, weil sie sich mit den alten Wählern nicht anlegen will.
STERN: Brauchen wir zusätzliche Stimmrechte für Kinder, die durch deren Eltern ausgeübt werden?
BORCHERT: Im Prinzip ist der Gedanke goldrichtig. Das wäre sehr wünschenswert, damit die Interessen der nachwachsenden Generationen vertreten werden. Es würde das politische Gewicht von Familien deutlich erhöhen.
STERN: Wie müßte eine Reform des Rentensystems aussehen?
BORCHERT: Mit einer Änderung des Rentensystems ist es nicht getan. Wir brauchen eine familienpolitische Strukturreform des gesamten Sozialstaats. Letztlich kann eine Gesellschaft nur durch Solidarität stabil werden und bleiben. Heute wird die Last der Alten von der ganzen Gesellschaft getragen und die Last der Jungen ausschließlich von deren Eltern.
STERN: Was können denn die heute Erwerbstätigen tun, um ihre Nachfahren zu entlasten?
BORCHERT: Aufhören, auf deren Kosten zu leben. Wenn wir die heute möglichen Reparaturen im Umweltbereich trotz einer gigantischen Arbeitslosigkeit unterlassen und die Staatsverschuldung nicht abbauen, verschieben wir jährlich dreistellige Milliardenbeträge in die Zukunft und verlangen gleichzeitig noch, daß unsere Kinder uns später im Alter finanzieren. Das ist ein Verbrechen gegen die nachwachsenden Generationen.

(aus: Stern Nr. 36/1993, S. 30f., gekürzt)

1. Worin bestand und besteht die Alterssicherung traditioneller, weitgehend vorindustrieller Gesellschaften? Erklären Sie an diesem Modell den Generationenvertrag (Mat. 42).
2. Diskutieren Sie die Gedanken von Borchert. Teilen Sie seine pessimistische Auffassung vom Ende des Generationenvertrages? Berücksichtigen Sie dabei auch Material 43.

3.4 „Pflege" – ein Thema nicht nur für alte Menschen?

Pflegebedürftigkeit

Pflegebedürftig sind Personen, die wegen Krankheit oder einer Behinderung für die Verrichtungen des täglichen Lebens auf Dauer in erheblichem Maße Hilfe brauchen. Pflegebedürftigkeit ist nicht ausschließlich eine altersbedingte Erscheinung; jüngere Menschen können beispielsweise durch Auto- oder Sportunfälle an den Rollstuhl gefesselt werden. Aber durch den zunehmenden Anteil älterer Menschen und durch die steigende Lebenserwartung nimmt die Wahrscheinlichkeit, auf Pflege angewiesen zu sein, im Alter ständig zu. Das Thema Pflege betrifft vor allem die Pflegebedürftigen und ihre Angehörigen, aber auch Zivildienstleistende und Jugendliche im freiwilligen sozialen Jahr.

Grad der Bedürftigkeit

Pflegeheim

Heute leben etwa 1,6 Millionen pflegebedürftige Menschen in der Bundesrepublik. Rund 450 000 von ihnen sind in Pflegeheimen untergebracht. Jeder fünfte Mensch über 80 in Deutschland ist pflegebedürftig; jeder zehnte zwischen 70 und 80 braucht pflegerische Betreuung. Der Grad der Bedürftigkeit ist dabei unterschiedlich; manche Menschen brauchen Betreuung rund um die Uhr, anderen reicht schon eine Hilfestellung beim Waschen, Anziehen oder Essen. Wer nicht auf Hilfe in der Familie zählen kann, weil sie mit großen Opfern an Zeit und Kraft für die pflegenden Familienangehörigen verbunden ist, sondern auf einen Platz im Pflegeheim angewiesen ist, muß dabei mit erheblichen Kosten rechnen. Im Durchschnitt betragen sie 3200 DM pro Monat. Für einen „normalen" Rentner ist das ein Betrag, der ihn zum Sozialfall macht. Diejenigen, die nicht in der Lage sind, die Spitzenpreise von 6000 DM und mehr pro Monat für ein personell und technisch gut ausgestattetes Pflegeheim zu bezahlen, müssen mit einer weniger guten Lösung vorlieb nehmen. Die Situation in den Heimen ist häufig gekennzeichnet durch überbelegte Zimmer und überstrapaziertes Personal. Die Pflege in Heimen und zu Hause kostete die Sozialhilfe, die von den Ländern und Gemeinden getragen wird, in Westdeutschland 1991 rund 11 Milliarden DM. Dazu kommen die Ausgaben der Krankenkassen im Zusammenhang mit der Pflege. Diese beliefen sich 1992 auf 2,8 Milliarden DM.

Pflegeversicherung

Umlageverfahren

Kapitaldeckungsverfahren

Über die Notwendigkeit einer Pflegeversicherung zur finanziellen Absicherung des zunehmenden Pflegerisikos bestand seit langem Übereinstimmung bei den Parteien. Strittig war und ist ihre Ausgestaltung. Inzwischen haben sich alle Parteien auf die Einrichtung einer Pflegeversicherung in Form einer Sozialversicherung geeinigt. Weite Teile der FDP und die Arbeitgeberverbände setzten sich für eine privatwirtschaftlich organisierte Pflegeversicherung ein. Der Hauptunterschied liegt in der Art der Beschaffung des zur Sicherstellung der Pflegeleistung erforderlichen Kapitals sowie in der Leistung. Eine Sozialversicherung finanziert sich in der Regel nach dem Umlageverfahren: Bei diesem werden die Beiträge der derzeitigen Beitragszahler zur Finanzierung der Ausgaben für die gegenwärtigen Leistungsempfänger nach dem Generationenvertrag eingesetzt. Beim privatwirtschaftlichen Kapitaldeckungsverfahren dagegen sparen die Versicherten eine bestimmte Versicherungssumme an, die bei Eintreten des Versicherungsfalles fällig wird. Eine Pflegeversicherung nach dem Kapitaldeckungsverfahren hat den Vorteil, daß der einzelne seinen Versicherungsbedarf selbst einschätzen kann und die Beiträge zur Deckung diese

Bedarfs nach versicherungsmathematischen Verfahren festgelegt werden. Dieses Prinzip funktioniert in verschiedenen Bereichen des täglichen Lebens hervorragend, z. B. bei Lebens- oder Unfallversicherungen. Außerdem wird es voll dem Subsidiaritätsprinzip gerecht, d. h., daß jeder zunächst einmal selbst für seine Bedürfnisse aufkommt, solange er dazu in der Lage ist. Allerdings setzt das Kapitaldeckungsverfahren eine gewissen Ansparzeit voraus, bevor es Leistungen erbringen kann. Bereits pflegebedürftige und ältere Menschen, denen es nicht mehr möglich ist, noch genügend Versicherungsansprüche bei einer privaten Pflegeversicherung anzusparen, bleiben auf die Hilfe des Staates angewiesen. Doch auch das Umlageverfahren ist nicht ohne Probleme, zumal in vielen Fällen die Versicherung nicht ausreichen wird, die tatsächlichen Pflegekosten zu decken. Aus diesem Grund und wegen der demographischen Entwicklung – weniger Beitragszahler und mehr Rentner – fürchten die Kritiker des Umlageverfahrens für die Zukunft steigende Beiträge und steigende Ausgaben für alle.

Schließlich einigte man sich darauf, die Pflegeversicherung als einen eigenständigen Sozialversicherungszweig – sozusagen als „Fünfte Säule" neben den vier anderen Sozialversicherungen – einzurichten und sie organisatorisch der Krankenversicherung anzugliedern. Die Beiträge zu dieser Pflichtversicherung zahlen Arbeitgeber und Arbeitnehmer je zur Hälfte, wobei die Finanzierung des Arbeitgeberanteils noch strittig ist. Die Beitragsbemessungsgrenze, d. h. der Anteil der Bruttoeinkommens, bis zu dessen Höhe Pflegeversicherungsbeiträge zu entrichten sind, ist dieselbe, wie in der gesetzlichen Krankenversicherung.

Die Pflegeversicherung

Die wichtigsten Punkte des Pflege-Kompromisses

Betroffene:
Mitglieder (auch freiwillige) der Gesetzlichen Krankenversicherung (GKV), ihre nichtberufstätigen Ehepartner und Kinder in der **sozialen Pflegeversicherung.** Privatversicherte und Beamte in einer **privaten Pflegeversicherung.**

Finanzierung:
Beitragssatz ab 1.1.1995: 1 %
(ab 1.7.1996: 1,7 %) des monatlichen Bruttoeinkommens höchstens bis zur Beitragsbemessungsgrenze der GKV. Arbeitnehmer und Arbeitgeber zahlen je die Hälfte. Finanzielle Entlastung der Arbeitgeber: Streichung eines Feiertages durch die Länder.
Streicht ein Land keinen Feiertag, müssen die Arbeitnehmer den Beitrag voll übernehmen.

Leistungen je nach Pflegebedürftigkeit:
Bei häuslicher Pflege: Monatliches Pflegegeld von 400 DM bis 1 300 DM
oder
Monatliche Sachleistungen im Wert von bis zu 2 800 DM (für besondere Härtefälle bis zu 3 750 DM).

Häusliche Pflegekräfte sind in die Renten- und Unfallversicherung einbezogen.

Bei stationärer Pflege:
Erstattung der Pflegekosten von durchschnittlich 2 500 DM im Monat (maximal 2 800 DM; für besondere Härtefälle bis zu 3 300 DM).
Kosten für Unterkunft und Verpflegung trägt der Versicherte.

MATERIAL 45 Pflegefall: Unterbringung in München zu teuer

Maria L., in Olching geboren und seit fast 60 Jahren in München zu Hause, war seit ihrem Gehirnschlag in August 1991 von ihrer alleinstehenden Tochter, einer Taxifahrerin, betreut worden. „Die Pflege war nur durch diesen Beruf möglich, weil ich mir meine Zeit den Erfordernissen entsprechend einteilen kann." Am 12. Juni 1992 stürzte Maria L. in ihrer Wohnung. Die Ärzte und der Sozialdienst der Klinik, in der Frau L. behandelt wurde, machten der Tochter klar, daß sie die nötige Pflege künftig nicht mehr bewältigen könne.

Und weil in München kurzfristig kein Platz in einem Pflegeheim zu bekommen war, vermittelte der Sozialdienst ein Heim auf dem Land. Zuvor aber wurde noch der Aufnahmeantrag für das städtische Heim Heilig-Geist am Dom-Pedro-Platz gestellt. Dorthin sollte die Mutter kommen, sobald ein Platz frei wäre. Damals ahnte die Tochter noch nicht, daß sich da der Bezirk querlegen und Kostenübernahme für ein Münchner Heim ablehnen würde.

„Ich war so froh, meine Mutter versorgt zu wissen, aber die Trennung hat mir sehr weh getan", schrieb daraufhin die Tochter in einem Brief an den Bezirk Oberbayern. „Erst hatte ich sie Tag und Nacht bei mir, und plötzlich war sie so weit weg, daß ich nur noch einmal pro Woche bei ihr sein konnte." Mehr sei bei einer Entfernung von 84 Kilometern, zudem noch Landstraße, nicht möglich, da sie rund 70 Stunden pro Woche Taxi fahren müsse, „um nicht selbst zum Sozialfall zu werden". Hin- und Rückfahrt dauerten allein schon knapp drei Stunden.

Verschlimmert habe sich die Situation ihrer Mutter dadurch, daß sie schon bald nicht mehr aufstehen konnte. „Wenn sie wieder in München wäre, könnte ich sie täglich besuchen, ihr das Essen geben, wofür das Personal natürlich nicht die Zeit hat – denn bei mir ißt sie. Ich könnte mir ihr reden, sie geistig fördern, lieb zu ihr sein, man merkt genau, wie gut ihr das tut." In München seien Verwandte, Bekannte und Nachbarn, die Maria L. gerne besuchen würden. „Aber natürlich sind das alles ältere Leute, die in das Heim auf dem Land nicht kommen können."

Doch die Sozialverwaltung des Bezirks blieb eisern und beschied: „Auch nach nochmaliger Prüfung der Angelegenheit kann Ihrem Antrag auf Verlegung Ihrer Mutter in das städt. AH Heilig Geist München leider nicht entsprochen werden." Zur Begründung wurden die Mehrkosten angeführt. Zwar richte sich die Sozialhilfe nach der „Besonderheit des Einzelfalles", aber es werde „von einer Obergrenze der Mehrkosten von 20 Prozent ausgegangen". Das Heim auf dem Land koste 3446,50 Mark, demgegenüber seien es in der Münchner Einrichtung 5340,55 Mark. Somit entstünden monatlich für Maria L. Mehrkosten von 1894,05 Mark, was nach Berechnung der Sachbearbeiterin 54,96 Prozent entspräche. „Trotz Ihrer im o. a. Schreiben aufgeführten Argumente müssen diese unvertretbaren Mehrkosten berücksichtigt werden, da es sich hier um öffentliche Gelder handelt. Wir bedauern, Ihnen keine günstigere Mitteilung geben zu können."

Kostenschub bei Pflegeplätzen

Monatliche Kosten eines Platzes im Pflegeheim am Beispiel Baden-Württembergs in DM

Jahr	Kosten Pflegeheim	Monatliche Eckrente*
1980	1 900	1 230
1985	2 300	1 450
1990	3 200	1 640
1993	4 500	1 830

*Rente eines Durchschnittsverdieners nach 45 Versicherungsjahren

(aus: Süddeutsche Zeitung vom 7. 7. 1993, Autor: Sven Loerzer, gekürzt)

MATERIAL 46 Weil der Dienstplan es so will ...

Schon morgens um sechs rattern die Maschinen in den Fabrikhallen, in den Backstuben duftet es bereits nach frischem Brot, und die Nachtschwester übergibt die Station an ihre Kollegin. Auch für Alois T. ist bereits das Frühstück bereitet, so will es der Dienstplan. Und nur des heißen Kaffees wegen steht er auch auf. Denn ganz freiwillig würde Alois T. um diese Zeit sein Bett nicht verlassen. Schließlich lebt er seit über zehn Jahren im sogenannten „Ruhestand".

Bis zu seinem 65. Lebensjahr arbeitete Alois T. als Angestellter in einem Unternehmen und freute sich auf sein Rentnerdasein. Gemeinsam mit seiner Frau schmiedete er Pläne für den neuen Lebensabschnitt. Doch seine Partnerin überlebte die Folgen eines Gehirnschlages nicht. Alles mögliche hatten sie gemeinsam durchgesprochen, organisiert und geplant: nur mit dem Tod hatten sie beide nicht gerechnet. In den nächsten Jahren lernte Alois T. viel: wie man Bratkartoffeln zubereitet, die Waschmaschine bedient und Oberhemden bügelt: kurz all das, was bis zu diesem Zeitpunkt seine Frau getan hatte, um den Haushalt auf dem laufenden zu halten. Doch sein Alltag wurde von einem Sturz beim Treppensteigen jäh unterbrochen: ein Oberschenkelhalsbruch hatte für ihn einschneidende Folgen. Er kann seitdem nicht mehr ohne Hilfe aufstehen, schon die wenigen Schritte zur Toilette sind für ihn eine Qual. An ein Leben alleine war nicht mehr zu denken. Weil er ständige Pflege benötigte, kam auch ein Zimmer in einem Altenheim nicht in Betracht. Da blieb ihm nur das Bett in einem Pflegeheim, in dem er seitdem sein Leben verbringt. Und so beginnt für ihn der Tag schon um sechs Uhr, weil der Tagesplan des Pflegeheimes es so will.

Wie Alois T. leben fast eine halbe Million alte und pflegebedürftige Menschen in den rund 7000 Heimen der Bundesrepublik. Ein Blick in die Statistik zeigt, daß diese Zahl in der Zukunft noch steigen wird. Sie alle müssen sich den meist strengen Ablauf- und Dienstplänen unterwerfen. In den meisten Heimen gibt es zu wenig Pflegepersonal, deshalb muß die knappe Zeit möglichst effizient genutzt werden, um ein Minimum an Sauberkeit und Ordnung zu sichern. Eine Betreuung, die über die pflegerische Hilfe hinausgeht, fehlt meist völlig. Psychologen und Gerontologen warnen vor den Auswirkungen dieser Verwahrung: viele Pflegebedürftige leiden an Resignation, Apathie (Antriebsschwäche) und Orientierungslosigkeit, und dies beschleunigt häufig den körperlichen und geistigen Verfall.

Alois T. versucht, sich an seine Situation zu gewöhnen. Eine andere Perspektive ist für ihn nicht in Sicht. Er sieht die überlasteten, gehetzten Pflegekräfte, deren Aufmerksamkeit er mit den anderen Bewohnern und Bewohnerinnen teilen muß. All das wäre für ihn leichter zu ertragen, wenn er nicht zusätzlich noch Geldsorgen hätte. Sein Erspartes wird in kurzer Zeit von den hohen Heimkosten aufgefressen sein, seine Rente deckt gerade ein Drittel des Kostensatzes. In einem Jahr wird er ein Sozialhilfeempfänger sein. Sein zugeteiltes Taschengeld reicht dann gerade noch für die Tageszeitung und die abendliche Zigarre.

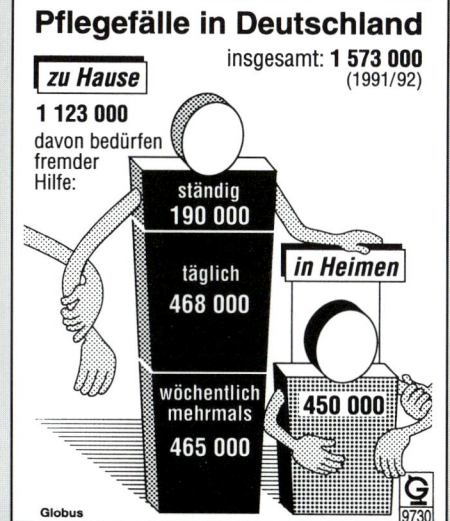

Pflegefälle in Deutschland
insgesamt: **1 573 000** (1991/92)

zu Hause **1 123 000**
davon bedürfen fremder Hilfe:
- ständig **190 000**
- täglich **468 000**
- wöchentlich mehrmals **465 000**

in Heimen **450 000**

Globus 9730

(aus: RAAbits Sozialkunde/Politik, Mai 1993, Autorin: Heike Wiest)

1. Warum kann von einem „Pflegenotstand" gesprochen werden? Worin besteht er? Erörtern Sie die Probleme, die sich aus der Pflege Pflegebedürftiger zu Hause und in Heimen ergeben (Mat. 45 und 46).
2. Inwieweit ist das Pflegeproblem nicht nur ein individuelles, sondern auch ein gesamtgesellschaftliches Problem?

MATERIAL 47 Pflegeversicherung – Hilfe oder Bürde?

Wer geistig oder körperlich behindert ist, der hat im reichen Deutschland nichts zu lachen. In kaum einem anderen westeuropäischen Land sind pflegebedürftige Menschen derart unzureichend versorgt. Es fehlt an finanzieller Unterstützung, an Pflegehilfe und an medizinischer Betreuung. Jetzt endlich, nach zwanzig Jahren Diskussion und zehn gescheiterten Gesetzesvorlagen, ist auch hierzulande in greifbare Nähe gerückt, was anderswo selbstverständlich ist. Voraussetzung ist allerdings, daß die Pflegeversicherung verabschiedet wird, auf die sich die Koalition im vergangen Jahr geeinigt hat. Hardliner aus der FDP und dem Arbeitgeberlager wollen das für das soziale Klima so wichtige Projekt offenbar in letzter Minute kippen. Dabei verweisen sie fälschlicherweise auf die gegenwärtige Talfahrt der Konjunktur. In dieser Situation seien höhere Lohnnebenkosten ökonomisch unverantwortbar.

Die geplante Versicherung tritt schließlich erst in drei Jahren in Kraft. Bis dahin wird die Krise hoffentlich überwunden sein. Überdies ist die zusätzliche Belastung – je 0,85 Prozentpunkte für Arbeitnehmer wie Arbeitgeber – zu gering, als daß daran die Volkswirtschaft zugrunde geht. Außerdem sind die Arbeitgeber durch die Gesundheitsreform und durch die Novellierung des Arbeitsförderungsgesetzes bereits entlastet worden.

Wirklichen Grund zum Jammern haben hingegen die Pflegebedürftigen und ihre Angehörigen. Sie müssen bisher selbst für die Pflegekosten aufkommen. Wenn ihr Geld nicht reicht, bleibt ihnen nur noch die Armenkasse. Acht von zehn Bewohnern in Altenpflegeheimen hängen am Tropf der Sozialhilfe. Sie haben sich für den Aufbau der Wohlstandsgesellschaft kaputtgeschuftet und erhalten jetzt als Dank dafür den Bettelstab. Sie ... sind Opfer einer Sozialpolitik, die sich viel zu eng an den Erfordernissen des Arbeitsmarktes orientiert. So ist die Gesundheitsversorgung vor allem auf die Erhaltung und Erneuerung der menschlichen Arbeitskraft ausgerichtet. Nur so konnte es zu der geradezu unmenschlichen Unterscheidung zwischen Kranken und Pflegefällen kommen. Pflegefall heißt: für die Arbeit auf Dauer nicht mehr zu gebrauchen – also gibt es kein Geld von der Krankenkasse. Dies soll sich nun ändern. Durch die Pflegeversicherung wird die allgemeine Gesundheitsversorgung endlich auch auf den Pflegebereich ausgedehnt. Vor wenigen Jahren wurden die Krankenkassen von Bonn bereits dazu verpflichtet, wenigstens für die allerschwersten Pflegepatienten zu zahlen. Doch nach wie vor fehlt es an den nötigsten Grundlagen einer humanen und effektiven Pflegeversorgung. Die Hauptlast tragen die Angehörigen, vor allem die Frauen, die oft auf Berufstätigkeit, Freizeit und Urlaub verzichten, um Eltern, Ehepartner oder ein behindertes Kind zu pflegen. Das führt in den betroffenen Familien zu erheblichen Spannungen und finanziellen Belastungen. Nicht selten werden Pflegebedürftige deshalb früher in teure Heime eingeliefert, als dies bei ausreichender Hilfe nötig wäre. Die geplante Versicherung wird gebraucht, damit die pflegenden Angehörigen künftig finanziell unterstützt und qualifiziert beraten werden können – mit Hilfe von Sozialstationen und neuen Tagespflegeeinrichtungen. Ein wichtiger Schwerpunkt der Pflegeversicherung werden auch die Rehabilitation und die Vorsorge sein. Viel zu oft landen heute ältere Menschen in der Endstation Heim, obwohl ihr Zustand durch eine medizinische Behandlung erheblich gebessert werden könnte. Aber die nötigen Therapien können sich bisher nur diejenigen leisten, die nicht auf eine Krankenkasse angewiesen sind. Dabei ist eine Rehabilitation, beispielsweise nach einem Schlaganfall, manchmal billiger als die Unterbringung im Heim. Die Pflegeversicherung hilft deshalb nicht nur bedürftigen Menschen, sie hilft auch unnötige Ausgaben zu vermeiden: durch bessere ambulante Versorgung, durch Rehabilitation und durch Prävention. Das sollte auch im Interesse der Arbeitgeber sein, die über Gewerbe- und andere Steuern derzeit ein höchst uneffektives Pflegesystem mitfinanzieren.

(aus: Die Zeit vom 30. 4. 1993, Autor: Udo Perina)

MATERIAL 48   Falsches System

Brauchen wir wirklich eine Pflegeversicherung? Allein die Frage zu stellen bricht ein Tabu und gilt in dem großen Kreis derer, die zur Pflege hilfsbedürftiger Menschen eine zusätzliche Säule im Sozialsystem einführen wollen, als Beweis für „soziale Kälte". So wird seit Jahren von den Politikern nicht mehr um das Ob gestritten, sondern nur noch um das Wie – vor allem um die Finanzierung. Doch ist allein die große Zahl von Pflegebedürftigen – in den alten Bundesländern sind es rund zwei Millionen, und die Tendenz ist wegen der Bevölkerungsentwicklung steigend – eine hinreichende Begründung?

Die Lebenssituation der „Hilflosesten in der Gesellschaft" (CDU-Sozialpolitiker Heiner Geißler) wird nicht dadurch verbessert, daß künftig Pflegeleistung aus einem neuen anonymen Topf bezahlt werden, den die Krankenkassen (gegen eine Gebühr, versteht sich) verwalten und den die Arbeitnehmer und Arbeitgeber durch einen zusätzlichen Versicherungsbeitrag füllen. Auch heute werden die durch Alter, Krankheit oder Unfall Gebrechlichen gepflegt, und dafür kommen viele auf: die Krankenkassen, die Kriegsopferfürsorge, der Staat mit der Beihilfe für seine Beamten, die Gemeinden mit der Sozialhilfekasse, nicht zuletzt die Familienangehörigen und, so weit sie es sich leisten können, selbstverständlich die Betroffenen selbst. ...

Den Armen unter den Pflegebedürftigen wird auch künftig der Zuschuß aus der Pflegeversicherung nicht wirklich helfen. Da die Leistungen begrenzt werden sollen, wird auch die Kombination von Rente und Höchstzuschuß nicht ausreichen, um für Schwer- und Schwerstpflegebedürftige den Platz im Heim zu bezahlen, der schon heute 5000 Mark und mehr im Monat kosten kann. Die Konsequenz: Die meisten werden weiterhin, nur in geringerem Maße, die Hilfe des Sozialamts in Anspruch nehmen müssen. Das hilft zwar den Gemeinden, deren Kasse entlastet wird, aber dem Pflegebedürftigen selbst bleibt auch künftig nur ein Taschengeld. ...

Der gravierendste Fehler ist aber das geplante System. Denn auf der einen Seite wird es die Zwangsbeiträge der Versicherten (denen hohe Geldbußen angedroht werden, wenn sie sich der Pflichtmitgliedschaft entziehen) geben, auf der anderen Seite werden die Anbieter von Pflegeleistungen im marktwirtschaftlichen Wettbewerb darum wetteifern, den Versicherungstopf zu leeren. Der muß dann wieder durch höhere Beiträge aufgefüllt werden. Verdienen werden daran die Besitzer von Pflegeheimen, die Betreiber von „Essen auf Rädern" und ambulanter Pflegedienste oder auch aus der Pflegeversicherug mitfinanzierte Familienmitglieder – die Hilfebedürftigen werden deshalb noch lange nicht besser versorgt werden als bisher. Daß zusätzliches Angebot zusätzliche Nachfrage schafft, hat die Kostenexplosion im Gesundheitswesen gezeigt: Die Krankenversicherten mußten immer höhere Prämien zahlen, während Ärzte, Krankenhäuser und Pharmaindustrie profitierten. Die Niederlande, die schon seit 1968 das Pflegerisiko absichern, haben es in der Pflegeversicherung schon vorgemacht. Dort hat sich der Beitragssatz seither vervielfacht.

Es ist zu bedauern, aber nicht zu vermeiden: Je anonymer eine Geldquelle ist, desto niedriger wird die Hemmschwelle, sie auszubeuten. Die Mitnahmeeffekte werden gewaltig und durch noch so ausgeklügelte Vorschriften nicht auszuschließen sein, die Kosten werden explodieren. ... Gut gemeint ist auch in diesem Fall das Gegenteil von gut. Die Pflegeversicherung ist der falsche Weg.

(aus: Die Zeit vom 30. 4. 1993, Autor: Wilfried Herz, gekürzt)

1. Bilden Sie zwei Gruppen, und diskutieren Sie mit Hilfe der Materialien 47 und 48 das Für und Wider einer Pflegeversicherung.
2. Warum spielte bei der Diskussion und Verabschiedung des Pflegeversicherungsgesetzes die Finanzierung eine so dominante Rolle?
3. Warum ist die Frage einer Pflegeversicherung auch für Sie von großer Wichtigkeit?

3.5 Sozialhilfe – letztes Auffangnetz oder die neue Armut?

Sozialhilfe

Was man heute umgangssprachlich noch immer als „Fürsorge" bezeichnet, heißt im Amtsdeutsch „Sozialhilfe". Die staatliche Pflicht zur Gewährung dieser Sozialhilfe ist durch das Bundessozialhilfegesetz (1962) geregelt. Zweck des Gesetzes ist es, in Not geratenen Menschen zu helfen, ein menschenwürdiges Leben zu führen. Die Sozialhilfe soll dazu beitragen, den Empfänger der Hilfe wieder unabhängig von ihr zu machen. Jeder, der in Not ist, hat Anspruch auf Sozialhilfe, wenn er diese Notlage aus eigenen Kräften und Mitteln oder durch Hilfe anderer (z. B. Kinder oder Eltern) nicht überwinden kann. Auf alle Leistungen der Sozialhilfe besteht ein einklagbarer Rechtsanspruch.

Instrument für Notfälle – letztes Auffangnetz

Die staatliche Sozialhilfe ist lediglich als ein Instrument für Notfälle gedacht, wenn andere Hilfe nicht greift. Tatsächlich nehmen die Notfälle zu, und die Sozialhilfe wird für viele das letzte Auffangnetz der sozialen Sicherung. Vor allem infolge der Dauer- und Massenarbeitslosigkeit seit Mitte der siebziger Jahre haben sich die materiellen Existenzrisiken zusehends verschärft. Immer größere Teile der Gesellschaft werden vom allgemeinen Wohlstand ausgegrenzt und in gesellschaftliche Randlagen gedrängt.

An den vom Statistischen Bundesamt jährlich veröffentlichten Daten der Sozialstatistik läßt sich das Ausmaß der Armut annäherungsweise ablesen. Sie zeigen, daß die Zahl der Sozialhilfeempfänger im alten Bundesgebiet seit Anfang der achtziger Jahre stark zunimmt. Besonders häufig auf Sozialhilfe angewiesen sind Frauen und ältere Menschen. Im Laufe des Jahres 1993 nahmen in der Bundesrepublik nahezu 4,9 Millionen Menschen – etwa 6 % der Bevölkerung – Sozialhilfe in Anspruch. Fast 2,8 Millionen Haushalte waren nicht in der Lage, ihren täglichen Lebensbedarf zu sichern, d. h. sich ausreichend mit Nahrung, Kleidung, Unterkunft, Hausrat usw. zu versorgen, und erhielten deshalb Hilfe zum Lebensunterhalt. Diese Form der Hilfe wird allgemein als Sozialhilfe im engeren Sinne verstanden. Bei den Sozialhilfeempfängern handelt es sich überwiegend um „Einpersonenhaushalte" alleinlebender Frauen oder Männer. Auf der anderen Seite waren in jedem dritten Haushalt Kinder unter 15 Jahren zu versorgen. Der Anteil der Ausländerhaushalte unter den Sozialhilfeempfängern lag Ende 1990 bei 23 %.

Ursachen für die Abhängigkeit von Sozialhilfe

Unter den Ursachen für die Abhängigkeit von Sozialhilfe steht die Arbeitslosigkeit an erster Stelle: 30,8 % (1990) aller sozialhilfebedürftigen Haushalte waren davon betroffen; vor allem bei Ehepaaren mit Kindern (49,9 %) und bei alleinlebenden Männern (45,4 %) wirkt sie sich gravierend aus. Bei den alleinlebenden Frauen waren neben der Arbeitslosigkeit der Ausfall des Ernährers (11,5 %) und unzureichende Versicherungs- oder Versorgungsansprüche, z. B. bei Scheidung (28,8 %) die Hauptursache für den Bezug von Sozialhilfe. Häufig muß auch wegen Krankheit oder wegen eines zu niedrigen Einkommens Sozialhilfe beantragt werden. Selbstverschuldetes unwirtschaftliches Verhalten ist dagegen nur selten – bei 0,5 % der Haushalte – als Hauptgrund für die Sozialhilfebedürftigkeit auszumachen.

MATERIAL 49 Mensch, du bist doch auf Sozialhilfe

Ich bin 56, wohne in Duisburg und lebe seit 1978 von Sozialhilfe. Vier Jahre nach der Scheidung hatte ich auf Unterhaltsansprüche gegenüber meinem Exmann verzichtet. Schön blöd war ich da. Arbeiten konnte ich nicht wegen der Kinder. Einen Jungen und ein Mädchen habe ich.

Für die Kinder ist es am schlimmsten. Sie sind mit Sozialhilfe aufgewachsen. Einmal hatte ich mich an unseren Tisch gesetzt und aufgeschrieben, was ich demnächst beim Sozialamt so beantragen muß: einen Schlüpfer, einen BH und so weiter. Die Claudia hat das gesehen und da hat sie gesagt: „Mama, das kannst du doch nicht machen, das ist ja wie betteln." Vierzehn war sie da. Ich habe ihr dann gesagt, daß wir für alles betteln müssen.

Und der Manfred, der wollte auf einmal Jeans. Schicke Jeans, die hatten alle. Da habe ich ihm welche genäht, weil das sonst zu teuer gewesen wäre. Die aus dem Laden haben ihm ja besser gefallen. Der Manfred war da immer empfindlich. Als er auf Klassenfahrt nach Frankreich gehen sollte, brauchte ich vom Lehrer eine Bescheinigung für das Sozialamt. Da wollte der Manfred gar nicht mehr mitfahren, weil dann der Lehrer erfahren hätte, daß wir auf Sozialhilfe sind. Schließlich ist er aber doch mitgefahren.

Auf dem Sozialamt sind sie mal so und mal so. Die Tenhagen ist eine kleine Schikanöse. Die ist dermaßen selbstherrlich. Aber der Krüger ist in Ordnung. Mir fällt es ja immer noch schwer, da hinzugehen. Ich fordere immer, was mir zusteht, und hinterher kriege ich Gewissensbisse, weil ich denke, daß ich vielleicht unverschämt war. Einmal hat mir der Krüger etwas Größeres bewilligt, da bin ich zum Laden gegangen und habe eine Flasche Sekt gekauft. Dann habe ich gewartet, bis die im Sozialamt Pause hatten, und dann habe ich dem Krüger die Flasche auf den Tisch gestellt. Beim nächsten Mal hat er gesagt, daß der Sekt lecker war.

Das Geld reicht gerade so, um nicht zu verhungern. Manchmal hat mir meine Mutter noch etwas zugesteckt. Hin und wieder habe ich auch gearbeitet, schwarz natürlich, sonst kriege ich ja weniger Sozialhilfe.

Als ich einen Freund hatte, haben die Nachbarn beim Sozialamt angerufen. Damit der für mich bezahlen muß. Ich weiß nicht, warum die so etwas machen. Die haben auch gesagt, ich sei luxuriös eingerichtet und würde immer Pelze tragen. Totaler Quatsch, aber ich mußte dann zum Sozialamt und alles erklären. Leider haben die mir nicht gesagt, wer da angerufen hat. Aber ich kann es mir denken.

Sozialhilfe ist wie ein Kloß im Hals, und der ist immer da. Das heißt, manchmal, wenn ich so unter Leuten bin und alles schön ist, dann vergesse ich das richtig.

Aber dann fällt es mir wieder ein, das ist wie Aufwachen, und ich sage mir: Mensch, du bist doch auf Sozialhilfe.

Wachsende Bedürftigkeit

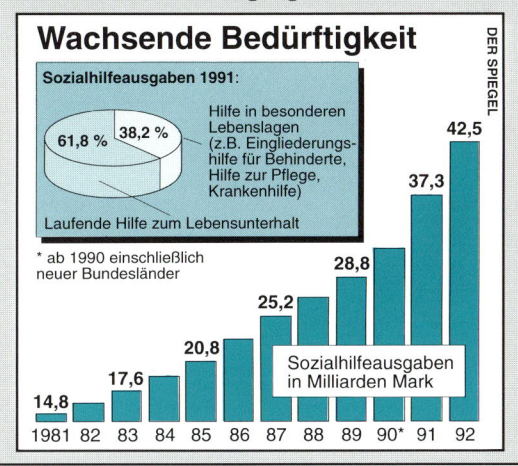

Sozialhilfeausgaben 1991:
- 61,8 % Laufende Hilfe zum Lebensunterhalt
- 38,2 % Hilfe in besonderen Lebenslagen (z.B. Eingliederungshilfe für Behinderte, Hilfe zur Pflege, Krankenhilfe)

Sozialhilfeausgaben in Milliarden Mark:
- 1981: 14,8
- 82: 17,6
- 83: 20,8
- 84: 25,2
- 85: 28,8
- 86: —
- 87: —
- 88: —
- 89: —
- 90*: 37,3
- 91: 42,5
- 92: —

* ab 1990 einschließlich neuer Bundesländer

(DER SPIEGEL)

(aus: Die Zeit, 24. 4. 1992, gekürzt)

---

1. Was bedeutet es für Marianne B., „auf Sozialhilfe zu sein"? Ziehen Sie zur Beantwortung dieser Frage auch die Gefühle des Erwin F. aus Material 32 heran.
2. Was steht Marianne B. als Sicherung des Existenzminimums zu? Diskutieren Sie darüber.

Gesellschaft und Sozialstaat in der Bundesrepublik Deutschland

MATERIAL 50 Aus dem amtlichen Wochenwarenkorb eines Sozialhilfeempfängers

600 g Brot	4 m³ Gas
240 g Gebäck	1/4 Grundpreis Gas
160 g Mehl	4 kw/h Strom
10 g Gries	1/4 Grundpreis Strom
40 g Nudeln	1/50 Glühlampe (1 Std. pro Tag)
40 g Reis	
10 g Haferflocken	6 Blatt Briefpapier
25 g Kartoffelmehl	1 Stück 50-Pf.-Briefmarke
15 g Puddingpulver	1 Stück Tageszeitung
25 g Linsen	1 1/2 Straßenbahnfahrkarten
40 g Erbsen	1/8 Kinokarte
1625 g Kartoffeln	1 Bundesbahnfahrkarte für 7,5 km
200 g Kohlgemüse	1/8 Vereinsbeitrag
180 g Salat	1/4 Taschenbuch (Geschenk)
160 g Lauch	75 g Röstkaffee
100 g Zwiebeln	1/4 Päckchen Tabak
40 g Bohnen	1 Büchse Bier
90 g Tomaten	
70 g Salatgurke	1/8 Seife (15 g)
250 g Gemüsekonserven	1/8 Rasierseife (7,5 g)
400 g Äpfel	2/3 Rasierklinge
250 g Pflaumen (Obst)	1/8 Tube Zahncreme
150 g Apfelsinen	1/15 Dose Hautcreme
150 g Bananen	1/4 Haarschneiden
75 g Apfelmus in Dose	1/4 Rolle Klopapier
10 g Erdnüsse	1/8 Tube Haarshampoo
300 g Zucker	1/4 Flasche Geschirrspülmittel
50 g Marmelade	1/20 Roßhaarbesen
40 g Schokolade	6 g Schuhcreme

Der amtliche Warenkorb basiert auf dem theoretisch festgelegten Bedarf an lebensnotwendigen Waren. Er berücksichtigt nicht die verschiedenen individuellen und sozialen Lebenslagen der Sozialhilfeempfänger. Ein Vergleich mit den Lebensansprüchen und dem Verbraucherverhalten der Schülerinnen kann aufzeigen, daß längst nicht alle Bedürfnisse ausreichend gedeckt sind. Dabei sollte allerding berücksichtigt werden, daß es sich um einen *Auszug* aus dem amtlichen Wochenwarenkorb handelt. Seit 1990 liegen dem Regelsatz für Sozialhilfeempfänger Verbraucherbefragungen des Statistischen Bundesamtes zugrunde. Sozialhilfeempfänger erhalten den Betrag, den jemand aus der Einkommensgruppe 800 bis 999 Mark tatsächlich für den Lebensunterhalt ausgibt. Aber auch in diesem Fall werden unterschiedliche Lebenslagen nicht berücksichtigt.

(aus: RAAbits Sozialkunde/Politik Januar 1993, S. 24)

MATERIAL 51 Ursachen der Hilfegewährung bei Haushalten von Empfängern laufender Hilfe zum Lebensunterhalt in der Bundesrepublik

Hauptursache der Hilfegewährung	Haushalte			
	1980	1985	1989	1991
Krankheit	9,3	6,3	5,8	5,6
Tod des Ernährers	1,2	0,9	0,7	0,6
Ausfall des Ernährers	13,2	12,4	10,5	9,7
Unwirtschaftliches Verhalten	1,6	1,0	0,5	0,5
Arbeitslosigkeit	9,8	24,9	32,6	28,7
Unzureichende Versicherungs- oder Versorgungsansprüche	25,8	17,9	12,3	11,9
Unzureichendes Erwerbseinkommen	6,8	7,0	5,5	6,0
Sonstige Ursachen	32,4	29,6	32,1	37,0
Insgesamt	100	100	100	100
Zahl der Haushalte mit laufender Hilfe zum Lebensunterhalt (absolute Zahlen)	823.951	1.239.838	1.594.411	1.816.000

(aus: Datenreport 1992, hrsg. von der Bundeszentrale für politische Bildung, Bonn 1992, S. 234)

1. Unterziehen Sie den Warenkorb einer kritischen Prüfung, vor allem auch vor dem Hintergrund der Ansprüche, die Sie an Ihr eigenes Leben stellen.
2. Erörtern Sie die Ursachen für die Abhängigkeit von Sozialhilfe. Welche Konsequenzen ergeben sich daraus?

3.6 Integration von Zuwanderern

„Man hat Arbeitskräfte gerufen, und es kamen Menschen" – dieser Ausspruch von Max Frisch weist auf einen Teil des sogenannten Ausländerproblems hin. Ursprünglich als Gastarbeiter angeworben, zogen Millionen von Südeuropäern nach Deutschland und trugen maßgeblich zum Wirtschaftswunder bei. Viele von ihnen blieben, ließen ihre Familienangehörigen nachkommen und wurden seßhaft, andere gründeten als Gastwirte oder Änderungsschneider eigene Betriebe. Dachten manche von ihnen ursprünglich noch an eine Rückkehr in ihr Heimatland, so haben ihre Kinder oder gar schon ihre Enkel ganz andere Lebensentwürfe. Für die Kinder, die die Heimat ihrer Eltern nur von gelegentlichen Ferienaufenthalten und Familienfesten kennen, sind beispielsweise Portugal und die Türkei fremde Länder, deren Sprache sie oft nicht richtig sprechen und wo sie nicht mehr als Landsleute akzeptiert werden. Sie leben oft mit zwei nationalen Identitäten, gleichsam als Wanderer zwischen zwei Welten als deutsche Türken oder türkische Deutsche. Soll man sie einbürgern? Wollen sie sich einbürgern lassen?

Seit Beginn der europäischen Integration handelt es sich eigentlich nicht mehr lediglich um ein Einwanderungsproblem (außer für Türken und Osteuropäer), denn alle EU-Bewohner, ob Iren oder Sizilianer, haben das Recht auf Freizügigkeit, können Arbeitsverhältnisse eingehen oder sich als Unternehmer niederlassen. Nicht um Einwanderung geht es, sondern um Integration von europäischen Mitbürgern, zu denen eines Tages vielleicht auch die Türken und die Osteuropäer zählen werden.

Bereits bestehende und mögliche rechtliche Grundlagen für Integration:
- Einführung eines kommunalen Ausländerwahlrechtes: Dieses gilt bereits aufgrund des Vertrages von Maastricht ab November 1993 für alle Ausländer aus EU-Ländern; von diesem betroffen sind allerdings nur etwa 1,5 Millionen von insgesamt 6,5 Millionen Ausländern. Die Frage bleibt, ob es auch den EU-Ausländern (z. B. Schweizern oder Türken) unter der nicht-deutschen Bevölkerung gewährt werden kann. *Kommunales Ausländerwahlrecht*

- Einbürgerung: Es ist nicht gerade leicht für einen Ausländer, nach geltendem bundesdeutschem Einbürgerungsrecht die deutsche Staatsangehörigkeit zu erwerben. Bis heute bildet das Reichs- und Staatsangehörigkeitsrecht aus dem Jahre 1913 die Grundlage der deutschen Staatsangehörigkeit. Sie ist nach diesem Gesetz eine Frage der Abstammung. Das regelnde Prinzip ist das sogenannte „ius sanguinis", das Recht des Blutes. Als Deutscher gilt nicht nur, wer ein deutsches Elternteil hat, nach Art. 116 GG haben z. B. auch die sogenannten Volksdeutschen das Recht auf Einbürgerung. *Einbürgerung* *ius sanguinis*

Um die Einbürgerung auch von Ausländern nicht-deutscher Abstammung zu erleichtern, könnte neben dieses Recht das Prinzip des „ius soli", das Recht des Bodens, treten, so wie es beispielsweise in Großbritannien und Frankreich seit Jahren der Fall ist. Danach würde Deutscher, wer in Deutschland geboren ist und eine gewisse Zahl von Jahren hier lebt. *ius soli*

Gesellschaft und Sozialstaat in der Bundesrepublik Deutschland

MATERIAL 52 Metin – Martin

Ich bin nicht hier geboren, aber ich bin als kleines Kind hierhergekommen. Ich kann mich noch dunkel an die lange Zugfahrt von Uschak nach München erinnern. Ich weinte die ganze Zeit, weil ich mich von den Großeltern nicht trennen wollte. Meine Eltern hatten hier schon Wohnung und Arbeit und holten mich jetzt nach Deutschland.

Ich bin in der Türkei nicht in die Schule gegangen. Ich bin hier in die Schule gekommen. Zuerst in eine deutsche Klasse. Es war eine schöne und traurige Zeit. Nur wenige türkische Kinder waren in der Klasse. Wir haben Lesen und Schreiben gelernt. Und deutsche Kinderlieder gesungen. Es tanzt ein Bibabutzemann und so. Das Lied habe ich besonders gemocht.

In der deutschen Klasse haben wir auch Rechnen gelernt. Ich war gut im Rechnen, aber Deutsch war mein Alptraum. Und deutsche Mitschüler haben immer über meine Fehler gelacht, und auch über meinen langen Familiennamen. „Wie kann man Uzunoglu heißen", hat Gerhard immer gesagt, und Klaus wollte sich vor Lachen ausschütten. Aber die Lehrerin war nett. Sie hat mich immer verteidigt.

Später bin ich in eine türkische Klasse gekommen. Da haben wir alle Fächer auf türkisch gehabt, Deutsch nur dreimal in der Woche. Dann habe ich mein Deutsch etwas verlernt. In der türkischen Klasse habe ich meine deutschen Klassenkameraden sogar vermißt, obwohl sie mich immer gehänselt haben.

Nach der Hauptschule hoffte ich, aufs Gymnasium zu gehen. Ich wußte, daß meine Eltern das nicht so sehr wünschten. Denn Vater sagt immer: „Metin, du mußt Arbeiter werden wie dein Vater. Das ist ein ehrlicher Beruf. Und du mußt so schnell wie möglich Geld verdienen und uns beim Sparen helfen für das Haus in Eschme." (Eschme ist unser Dorf bei Uschak.)

Aber ich kann so gut Deutsch sprechen, daß die anderen nicht merken, daß ich Türke bin. Ich habe mich auch umgetauft. Eigentlich heiße ich Metin, aber ich lasse mich nun Martin nennen. Und alle fallen drauf rein, wenn ich sage, ich heiße Martin. Sogar deutsche Mädchen. Wenn mir aber eine besonders gut gefällt, sage ich ihr die Wahrheit. Meistens ziehen sich die Mädchen dann sofort zurück. Sie wollen von mir nichts mehr wissen, wenn sie erfahren, daß ich nicht Martin bin, sondern Metin heiße. Nur einige bleiben dann weiter als Freundin, aber auch nicht mehr lange. Ich hatte mal eine Claudia kennengelernt, im Freizeitheim beim türkischen Volkstanz. Wir waren dann so gut befreundet, daß sie mich bei ihrem Vater vorstellen wollte. Aber als ihr Vater erfahren hatte, daß ich Türke bin, wollte er mich nicht mehr kennenlernen und hat Claudia verboten, mich zu sehen. Natürlich könnte ich, wie manche türkische Jungs, lügen und sagen, ich sei zwar Ausländer, aber kein Türke, sondern Italiener. Italiener kommen bei deutschen Mädchen besser an. Aber ich halte nicht viel vom Lügen.

Der Sozialstaat in der Bundesrepublik Deutschland

Die Wahrheit kommt irgendwann doch ans Licht, und ich möchte mich nicht blamieren.

Na ja. Als es mit dem Gymnasium nicht geklappt hatte, hab ich mir eine Lehrstelle gesucht. Ich fand aber keine. Nun lerne ich Fernsehmechaniker bei einer Berufsschule für Jungarbeiter. Wir haben auch jeden Tag Deutschunterricht, worüber ich sehr froh bin. Ich will auch in der Schrift gut Deutsch können.
„Fernsehmechaniker, ein guter Beruf", meint mein Vater, „bringt viel Geld. Hier und auch später in der Türkei." Später in der Türkei ... Das ist ja so ein Problem. Eltern wollen zurück, wenn sie genug Geld gespart haben. Ich will aber nicht zurück. Was soll ich dort? Ich kann nicht einmal gescheit Türkisch.
Als wir letztes Jahr dort im Urlaub waren, habe ich beim Türkischreden richtig Schwierigkeiten gehabt. Und ich kenne wenige Leute dort, und die Leute kennen mich nicht. Wenn ich in unserem Dorf spazierengehe, höre ich die anderen fragen: Wer ist dieser fremde Junge? Mein Onkel, der die ganze Zeit im Dorfcafe sitzt und seine Wasserpfeife raucht, antwortet stolz: Kennt ihr den nicht? Das ist mein Neffe, der Sohn meines Bruders, Durans Sohn. Duran heißt mein Vater. Und da ich nicht so gut Türkisch kann, lachen die Leute über mich im Dorf und machen meinem Vater Vorwürfe: Duran, wie hast du denn deinen Sohn erzogen? Dann wird Vater böse. Nicht auf die Leute im Dorf, sondern auf mich. Überhaupt verstehen wir uns schlecht, Vater und ich. Er kritisiert alles, was ich mache, was ich anziehe. Er schimpft, wenn ich zum Spielsalon gehe, wenn ich deutsche Schlager höre ... Er ist eben ein Ausländer.

Ich fühle mich nicht wie ein Ausländer, solange ich Martin bin, draußen auf der Straße, früher in der Schule, jetzt in der Berufsschule. Aber zu Hause bei meinen Eltern bin ich Metin, da ist eine ganz andere Welt, und ich muß mich ständig anpassen an die Welt draußen und an die Welt meiner Eltern. Ich muß zwei Gesichter tragen: Metin und Martin.

Das hab ich inzwischen gut gelernt, aber allmählich geht mir meine Doppelrolle auf den Wecker. Ich will endlich ich sein und mein eigenes Leben führen. Umziehen vielleicht und allein wohnen wie meine deutschen Kameraden, wie Hansi zum Beispiel, oder wie Karl. Das finde ich dufte. Aber im Moment ist es leider nicht möglich.

(Metin und Martin. Aufsatz eines türkischen Schülers. In: Norbert Ney (Hrsg.), Sie haben mich zu einem Ausländer gemacht ... ich bin einer geworden, Rowohlt, Reinbek 1992, S. 47f.)

1. Versuchen Sie sich in die Situation von Metin-Martin zu versetzen. Welche Schwierigkeiten mit der Integration würden sich für Sie stellen (Material 52)?
2. Diskutieren Sie über die Problematik, in Deutschland in zwei verschiedenen Welten/Kulturen zu leben.

MATERIAL 53 Die Leerformel „Integration"

Den Endpunkt der Integration von Ausländern in Deutschland soll, nach herrschender Lesart, die Einbürgerung darstellen. Auf dem Weg dahin aber bleibt der Erfolg weiterhin dem Zufall überlassen, erinnert das Projekt Integration oft geradezu an ein Hindernisrennen mit eingebauten Schikanen. Eine in sich schlüssige, nicht auf halbem Weg stehenbleibende Integrationspolitik ist noch nicht gefunden.

Daß wir gleichwohl bis zum heutigen Tag darauf verzichtet haben, liegt zum einen daran, daß eine Integration der „Gastarbeiter" anfangs gar nicht vorgesehen war und daß die gedankliche Loslösung von der pauschalen – und damit falschen – Rückkehrannahme bis zum heutigen Tag schwieriger zu sein scheint, als man annehmen sollte. Zum anderen liegt das Fehlen einer geplanten Integrationspolitik aber auch darin begründet, daß sich kaum zwei „Experten" darüber einig sind, was Integration jenseits aller theoretischen Idealkonstruktionen eigentlich sein soll und was nicht. Es kursieren die unterschiedlichsten Vorstellungen, die nicht selten im diametralen Gegensatz zueinander stehen. Erwarten die einen, daß „der" integrierte Ausländer am Ende höchstens noch durch seinen Namen und sein Aussehen von einem „echten Deutschen" zu unterscheiden ist, bestehen die überzeugten Gegner dieses Integrationskonzeptes darauf, daß Integration keinesfalls auch nur annähernd in den Verdacht geraten dürfe, Assimilation, bedingungslose Anpassung, zu sein, und nehmen dem – in ihren Augen – assimilierten Ausländer ebendas persönlich übel.

Dabei zeigt die Geschichte aller Einwanderungsländer und ihrer Einwanderer, daß Integration bis zu einem gewissen, individuell jeweils unterschiedlichen Grad sehr wohl Anpassung und Assimilation an die Mehrheitsgesellschaft bedeutet hat und letztlich auch nur bedeuten kann. Die Gratwanderung zwischen einer solchen Angleichung und der Bewahrung einer anderen Kultur – „eigene" Kultur ist in diesem Zusammenhang eben nicht das treffende Wort – macht die „Integration" in vielen Fällen zur theoretischen Größe, zu kaum mehr als einer Leerformel.

Zu oft wird, wenn von Integration die Rede ist oder diese eingefordert wird, vergessen, daß Integration immer nur ein sich allmählich entwickelnder Prozeß sein kann, für den es keine allgemeingültige Definition und auch keinen vorherbestimmten verbindlichen Ablauf gibt.

Falsche Erwartungen auf zu vielen Seiten sind der eine Grund für die Schwierigkeiten mit dem, was wir „Integration" nennen. Der andere Grund ist struktureller Natur – und beide gemeinsam verstärken die negativen Effekte nachhaltig. Ohne daß dem auf seiten der Nicht-Deutschen überwiegend vorhandenen Integrationswillen eine ebenso große Akzeptanzbereitschaft der Deutschen gegenübertritt, kann ein vernünftiges Miteinander nicht stattfinden. Doch diese wichtige Akzeptanzbereitschaft ist auch heute noch weitgehend vom guten Willen aller Beteiligten abhängig. Und genau darin liegt – soweit dieser gute Wille auch verbreitet sein mag – die große strukturelle Unzulänglichkeit dieses Zustandes.

Denn – ob bewußt oder unbewußt – guter Wille wird erwartet und verlangt als „Belohnung" Dankbarkeit in der einen oder anderen Form. Dieses Gefühl der Dankbarkeit der aufnehmenden Gesellschaft gegenüber, das bei Ausländern der sogenannten ersten Generation noch die Einstellung zu Deutschland und den Deutschen mitbestimmt (hat), findet sich bei den Angehörigen der zweiten und dritten Generation konsequenterweise immer seltener. Warum auch? Schließlich empfinden sie die deutsche Gesellschaft, in die sie bereits hineingeboren wurden, nicht mehr als „Gastgeber", sondern als Heimat. Wo aber die erwartete Dankbarkeit dem großzügigen „Wohltäter" gegenüber fehlt, da kann dessen guter Wille einmal ins Gegenteil umschlagen.

Damit keine Mißverständnisse entstehen: guter Wille auf beiden Seiten ist unbedingt notwendig, wenn das Projekt der gegenseitigen Integration – gegenseitig, weil Integration nur als Zweibahnstraße denkbar ist – gelingen soll. Guter Wille als die einzige Basis für Integration – das ist jedoch entschieden zu wenig. Aufgabe einer verantwortungsvollen und vorausschauenden Politik sollte es, gerade um den guten Willen der an der Integration Beteiligten nicht zu gefährden, deshalb sein, dieses anspruchsvolle, für Rückschläge empfindliche zwischenmenschliche Projekt auf eine tragfähige politische und rechtliche Basis zu stellen.

Solange Integration durch institutionelle Beschränkungen – Gesetze, Verordnungen und manches andere – immer wieder erschwert wird, ist dieses Vorhaben ständig gefährdet. Und dann kann es um so leichter und schneller durch ausländerfeindliche Gewalt gänzlich an den Rand des Scheiterns gebracht werden. Auch eine längst multi-ethnische Gesellschaft wie die Bundesrepublik Deutschland kann dieses Scheitern des „Projektes Integration" vielleicht am Ende nicht verhindern; ihm aber von vornherein kaum eine reelle Chance zu geben, kann und darf sie sich nicht erlauben.

Wir sollten uns dabei immer wieder einmal vor Augen halten, wie lange die meisten Ausländer – sind sie es also wirklich noch? – schon in der Bundesrepublik leben. Die Statistik gibt eine eindeutige Antwort: fast 60 Prozent aller Auländer in Deutschland sind schon länger als 10 Jahre in Deutschland, über 40 Proznet länger als 15 Jahre, über 25 Prozent länger als 20 Jahre. Über 75 Prozent der ausländischen Jugendlichen sind bereits in Deutschland geboren und unterscheiden sich von ihren Altersgenossen vor allem durch die Erfahrung der Diskriminierung. Das sind Fakten, vor denen wir nicht ständig aufs neue ausweichen dürfen. Noch einmal: Von der rechtlichen Integration sollten wir uns keine Wunder erwarten. Wer seine Fremdenfeindlichkeit und seinen Rassismus auf die eine oder andere Art „ausleben" will, der wird das auch weiterhin tun, Gleichberechtigung hin oder her. Wer auf seiten „der" Ausländer aus den unterschiedlichsten Motiven ein eher unterentwickeltes Interesse an tatsächlicher Integration in die deutsche Gesellschaft mitbringt – auch das gibt es ja in manchen Fällen –, der wird sich auch durch eine Aufwertung seiner rechtlichen Stellung nicht zwingend aus seiner selbstgewählten Distanz herauslösen. Die Gleichstellung aber ist die unverzichtbare Basis, damit sich deutsche und nichtdeutsche Bevölkerung als Gleiche unter Gleichen wahr- und annehmen können. Sie bildet die entscheidende Grundlage, auf der erst ein Prozeß wirklicher und beiderseitig ernst gemeinter Integration kommen kann. Ohne den erforderlichen rechtlichen Rahmen bleibt Integration andernfalls – trotz aller denkbaren Fortschritte in Richtung auf eine „multikulturelle" zwischenmenschliche Verständigung –, das, was sie schon lange genug gewesen ist: Stückwerk.

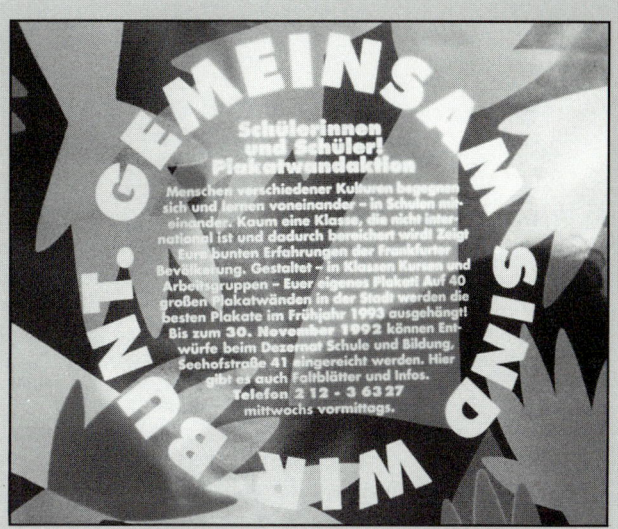

(aus: Cornelia Schmalz-Jacobson u. a.: Einwanderung – und dann?, Knaur, München 1993, S. 41–46, gekürzt)

1. Diskutieren Sie die (rechtlichen) Möglichkeiten und Schwierigkeiten von Integration anhand von Material 53. Berücksichtigen Sie dabei auch den Autorentext S. 55.
2. Warum kann das „Projekt Integration" auch scheitern?

3.7 Die Zukunft des Sozialstaates

Wohlstands-steigerung

Finanzier-barkeit der sozialen Sicherung

Der Sozialstaat hat für einen Großteil der Bürger nicht nur die rechtliche, sondern weitgehend auch die tatsächliche Chance geschaffen, unter menschenwürdigen Bedingungen am gesellschaftlichen Leben teilzunehmen und ein Leben relativ frei von materieller Not zu führen. Eine der entscheidenden Voraussetzungen dafür war freilich die bis in die achtziger Jahre kontinuierliche Wohlstandssteigerung, die der Sozialpolitik ein tragfähiges Fundament für immer umfangreichere Aufgaben bot. Auch die künftige sozialstaatliche Entwicklung wird von der wirtschaftlichen Leistungsfähigkeit der sozialen Marktwirtschaft abhängen, wobei die Finanzierbarkeit der sozialen Sicherung im bisherigen Maßstab eines der großen Probleme ist. Auch hat der Sozialstaat das Entstehen einer neuen Armut nicht verhindern können.

Individuali-sierung

Verstaat-lichung der Nächstenliebe

Der Sozialstaat stößt immer mehr an die Grenze seiner Leistungsfähigkeit. Viel ist dabei vom Abbau oder Umbau des Sozialstaats die Rede. Wie konnte es zu dieser Krise kommen? Zum einen sind die Grundgedanken des Sozialstaates – Solidarität und Subsidiarität – langfristig geschwächt worden, und zwar zum einen durch die ständig wachsende Zentralisierung und Bürokratisierung; zum anderen durch die zunehmende Individualisierung der Gesellschaft. Diese hat teilweise dazu geführt, daß der innere Zusammenhalt der kleinen Lebenskreise sich verringerte und damit ihre Fähigkeit abnahm, eigenständige soziale Aufgaben zu erfüllen. Beides führte zu dem, was man die „Verstaatlichung der Nächstenliebe" genannt hat.

Wie kann die eigene Verantwortung, mehr Vorsorge für Lebensrisiken zu übernehmen, wie Solidarität und Subsidiarität wieder mehr gestärkt werden? Die Beantwortung dieser Frage wird über die Zukunft des Sozialstaates mitentscheiden. Zunächst muß festgestellt werden, daß immer mehr Bürger Bereitschaft zur Lösung der Probleme durch die direkt Betroffenen zeigen, teils aus der Erkenntnis, daß der Staat nicht alle Probleme lösen kann, teils aus der Einsicht, daß eigenverantwortliche Bewältigung gesellschaftlicher und sozialer Probleme eine größere Nähe mit sich bringt und einer zentralen bürokratischen Planung überlegen ist. Die Lösungen der Betroffenen selbst entsprechen in vielen Fällen sehr viel mehr den Bedürfnissen als staatliche Eingriffe. Ohnehin sind staatliche Stellen zumindest dann überfordert, wenn es vor allem auf eine persönliche Betreuung und Zuwendung ankommt. So haben sich eine Fülle von Selbsthilfegruppen entwickelt; z. B. im Bereich der Erziehung, der Umwelt, der Nachbarschaft und der Stadtteile. Aber auch in den gesellschaftlichen Randbereichen gibt es Initiativen z. B. von Straffälligen, Obdachlosen und Homosexuellen. Die Zahl der Selbsthilfegruppen wird zwischen 20 000 bis 40 000 und die darin aktiven Personen auf 400 000 bis 600 000 geschätzt.

Sozialer Dienst für alle

Die Nachfrage nach sozialen Diensten wird gewaltig steigen; die neuen sozialen Fragen sind nicht mehr nur mit hauptamtlichem Personal zu bewältigen. Deswegen ist ein sozialer Dienst für alle in der Diskussion. Eine Gesellschaft, in der sich alle durch Steuern und Beiträge von jeder Solidarität freikaufen, tendiert zwangsläufig zu Egoismus.

MATERIAL 54 Umbau des Sozialstaates – oder: Die Phantasie an die Macht

Die Krise des Sozialstaates ist so alt wie er selber, seine Grenzen sind für die, die ihn ablehnen, schon lange erreicht. Doch jetzt ist eine Zäsur eingetreten. Jene, die den Sozialstaat als Herzstück ihrer Politik propagierten, die SPD etwa und die Gewerkschaften, wissen es genau, und sie sagen es leise: Der quantitative Ausbau, ein stumpfes „Weiter so!", immer mehr Geld für immer neue Gruppen ist nicht länger möglich. Und die andere Seite, die den Sozialstaat an seinen Grenzen sieht, geißelt jetzt laut soziale Fortschritte als antiökonomische Verirrungen, baut falsche Alternativen auf (wirtschaftliche Dynamik *oder* soziale Sicherheit), interpretiert sozialen Schutz als Einladung zur Faulheit. Just in dem historischen Moment, da ein neuer Konsens nötig und möglich wäre, kündigen manche den Gesellschaftsvertrag auf, mit dem die Deutschen seit über hundert Jahren ganz gut gefahren sind, wirtschaftlich, sozial, gesellschaftlich. „Soziale Marktwirtschaft" statt „Kapitalismus", das war ja mehr als ein semantischer Trick, das war das Erfolgsgeheimnis des Modells Deutschland. ...
Politik und Öffentlichkeit haben verlernt, was uns für das Gemeinwesen wichtig und wertvoll ist, im doppelten Sinne des Wortes. Es geht heute nicht nur um die Sanierung der Staatsfinanzen durch einen Umbau des Sozialstaates. Es geht um die Wiedergewinnung, um die Rekonstruktion des Sozialen in der Gesellschaft.
Es sind vor allem drei große Probleme, die dem Sozialstaat zu schaffen machen: Die Signale sind oft falsch gestellt. Seine Fundamente, Arbeit und Familie, tragen nicht mehr. Und die halbierte Solidarität läßt die sozialen Ressourcen in der Gesellschaft weitgehend brachliegen.
Der Sozialstaat sendet die falschen Signale, führt so zu einer Fehlsteuerung des menschlichen Verhaltens mit dem Ergebnis, daß die Kosten steigen und die Qualität sinkt. Die ökonomische Theorie hat diesen Mechanismus als *Rationalitätenfalle* beschrieben. Sie ist aus jedem Betriebsausflug bekannt, der im Umlageverfahren finanziert wird. Da Preis oder Beitrag feststeht, wird ökonomisch rationales Verhalten darauf zielen, möglichst viel dafür zu bekommen. Wer schon seine Belastung nicht senken kann, kann doch immerhin seinen Nutzen mehren. Jeder verhält sich also „vernünftig" und trägt doch zur kollektiven Selbstschädigung aller bei. Keiner will es; jeder tut es. Während in kleinen Gruppen die soziale Kontrolle noch die schlimmsten Auswüchse verhindern mag, können sich diese in großen, anonymen Systemen ungehindert entfalten. ...
Familie und Arbeit waren die Fundamente, auf denen der Sozialstaat in der Vergangenheit aufbauen konnte. Familie nicht nur als Ort sozialer Intimität, sondern auch als eine in sozialer Hinsicht sehr produktive Institution. Dreiviertel der Pflegedienste etwa werden in der Familie erbracht. Noch heute ist die Familie eines der zuverlässigsten sozialen Netze, wenn Menschen Menschen brauchen. Familienarbeit gibt anderen soziale Sicherheit und Geborgenheit, ist aber selbst keine Grundlage mehr für die eigene soziale Sicherheit. Während es früher rational war, durch eigene Kinder für Krankheit und Alter vorzusorgen, treten heute individuelle und gemeinsame Vernunft auseinander. Was gut ist für die Gesellschaft, fällt für die Familie als Belastung an. Ihre Kosten werden privatisiert, ihr Nutzen sozialisiert. Die Folgen sind dramatisch, nicht nur für die Rentenmathematik, auch für die soziale Kultur im Lande. Arbeit, „Arbeit für alle", Vollbeschäftigung war das andere Fundament, das den Sozialstaat trug. Die Arbeit gab dem Leben der Menschen Sinn und Perspektiven. Sie integrierte die Menschen in Welt und Gesellschaft. Vor allem aber: Der Sozialstaat in Deutschland ist um die Erwerbsarbeit herum organisiert.
Beide Fundamente, die Familie und die Arbeit, werden den Sozialstaat in Zukunft nicht mehr in der gewohnten Weise tragen können. Nach einer Schätzung der Prognos AG in Basel wird in wenigen Jahren jeder sechste Arbeitswillige in Deutschland ohne Arbeit sein. Die Familien werden kleiner und instabiler und teilweise abgelöst durch weniger dauerhafte und belastbare Beziehungs- und Lebensformen. Diese vermutlich irreversible Erosion von Normalarbeit und Normalfamilie hat weitreichende Folgen für die soziale Sicherung.
Es kann nicht um eine Restauration der traditionellen Familie und der Arbeitswelt in ihren auch nur etwa 150 Jahre währenden Formen gehen, es kommt vielmehr auf deren *Rekonstruktion* an, sollen die alten Werte in eine veränderte Welt gerettet werden. Dabei rücken zwei Fragen in den Mittelpunkt:
Wie müßten eine Arbeitsgesellschaft und eine dazu passende Sozial-, Tarif- und Arbeitsmarktpolitik aussehen, die nicht einfach Millionen von Menschen abschreibt, sondern möglichst viele

von ihnen möglichst sinnvoll beschäftigt und allen eine soziale Sicherheit gibt, auch wenn diese nicht länger zentral an der Erwerbsarbeit festgemacht werden kann? Wichtige Elemente einer solchen Politik wären wohl eine Bürgersteuer, eine Arbeitsmarktabgabe für Beamte und Selbständige, die Steuerfinanzierung der gesamten Aus-, Um- und Fortbildung, die Verkürzung der Arbeitszeit, der Rechtsanspruch auf Teilzeitarbeit, die Entlastung der Arbeitskosten.

Wie müßte sich die Gesellschaft verändern, damit auch unter den Bedingungen der Modernität jene Werte und Wünsche eine Chance haben, für die Familie einst stand und trotz allem für viele immer noch steht? Was müßte also geschehen, damit „Familie" auch in Zukunft möglich bleibt? Unter welchen Bedingungen ist es wahrscheinlich, daß auch in Zukunft Frauen und Männer *time for care* haben? An dieser Frage wird sich erweisen, ob Politik und Gesellschaft noch die Kraft haben, der gefräßigen Logik der Industriegesellschaft, ihrer Spaltung in produktiven Reichtum und reproduktive Armut noch etwas entgegenzusetzen. Eine Politik, die hier Akzente setzen will, müßte endlich die vom Bundesverfassungsgericht geforderte Strukturreform des Sozialstaates zugunsten der Kinder in Angriff nehmen, eine Reform, die Erwerbsarbeit und Erziehungsarbeit, monetäre Beiträge zur Sozialversicherung und Kindererziehung als gleichwertig für die Renten anerkennt.

Zu den notwendigen Reformen gehört auch eine kinder- und familienfreundliche Infrastruktur und Arbeitswelt (etwa die Förderung von familien- und pflegebedingter Unterbrechung der Erwerbsarbeit) sowie der Abschied von einer auf die Ehe fixierten Sozial- und Familienpolitik, die Kinder ohne Ehe diskriminiert und Ehen ohne Kinder privilegiert. Ob eine alternde individualistische Gesellschaft noch die Kraft zu solchen Reformen hat?

Wer die Fundamente erneuern will, braucht gewiß den Sozialstaat, aber er braucht auch, ebenso gewiß, einen anderen Sozialstaat. Der traditionelle Sozialstaat ist ein Unternehmen mit beschränkten Möglichkeiten. Er kennt im wesentlichen nur Geld und Recht als Heilmittel für soziale Probleme. Für neue soziale Fragen aber, für seelischen Armut in reichen Gesellschaften, sind dies erbärmliche Antworten. Und der Sozialstaat ist teuer. Wozu denn noch Nächstenliebe oder praktizierte Solidarität, wenn man eh schon so viele Steuern und Abgaben bezahlt? „Der Sozialstaat ist dabei, das Soziale zu enteignen", sagt der Sozialwissenschaftler Bernd Guggenberger. Er macht immer auch das Angebot, sich von konkreter Solidarität freizukaufen und diese, wie andere Güter und Waren auch, von Experten arbeitsteilig produzieren zu lassen. Das aber heißt: Der Sozialstaat verschärft die Logik der kapitalistischen Industriegesellschaft, die er doch gerade brechen wollte. Auch er trägt auf seine Weise dazu bei, die sozialen Ressourcen der Gesellschaft auszutrocknen.

In einem Satz: Der Sozialstaat, so wie er geworden ist, kennt und legitimiert nur die halbierte, die verwaltete Solidarität.

Wege aus dieser Krise führen nicht über mehr oder weniger Sozialstaat, diese falschen Alternativen einer phantasielosen Politik, sie führen nur über ein anders Leitbild gesellschaftlicher Solidarität und sozialer Politik. Einige Beispiele von sozialen Innovationen in den Städten und Krähwinkeln der Republik mögen die neue Perspektive andeuten: Statt Kindergärten nur zu schließen, wie das Diktat der leeren Kassen es geboten hätte, hat der Landkreis Wolgast auf der Insel Usedom ein neues Netz von Elterninitiativen und flexiblen Gruppen zur Tagesbetreuung aufgebaut. Erzieherinnen und Mütter aus der Nachbarschaft arbeiten auf neue Weise zusammen. Es entstehen lebendige Orte für Kinder und gleichzeitig auch sozial lebendige Nachbarschaften.

(aus: Die Zeit vom 29. 10. 1993, Autor: Warnfried Dettling, gekürzt)

1. Diskutieren Sie über die „drei großen Probleme des Sozialstaates", die Warnfried Dettling in seinem Artikel (Mat. 54) anspricht. Berücksichtigen Sie in diesem Zusammenhang auch Material 40.
2. Welche Wege aus der „Krise des Sozialstaates" schlägt W. Dettling vor?
3. Erkunden Sie, ob es in Ihrer (politischen und/oder kirchlichen) Gemeinde soziale Dienste gibt. Informieren Sie sich über deren Tätigkeitsschwerpunkte und aktuellen Probleme.
4. Erörtern Sie die Notwendigkeit eines „sozialen Dienstjahres für alle".

Wirtschaftsordnung und Wirtschaftspolitik in der Bundesrepublik Deutschland

1. Wirtschaftssysteme und Wirtschaftsordnungen

1.1 Der Sieg der Marktwirtschaft – „das Ende der Geschichte"?

Als 74 Jahre nach der russischen Oktoberrevolution das kommunistische System in der Sowjetunion und in Osteuropa zusammenbrach, sprach der frühere amerikanische Präsident Ronald Reagan von einem anbrechenden „goldenen Zeitalter des Kapitalismus, sein Nachfolger George Bush sogar von einer „neuen Weltordnung". Tatsächlich hat sich der von dem schottischen Nationalökonomen Adam Smith 1776 in seinem Buch „Wohlstand der Nationen" propagierte Kapitalismus nun weltweit durchgesetzt. Gab es nach dem Ende des Zweiten Weltkrieges nur zwei Gebiete auf der Welt, die im klassischen Sinne kapitalistisch oder marktwirtschaftlich waren – Nordamerika und die Schweiz –, so leben heute 75 Prozent der Weltbevölkerung in einer marktwirtschaftlichen Ordnung.

Im Wettstreit um die Antwort auf die alten Fragen nach der richtigen Gesellschaftsordnung, nach dem Lenkungs- und Steuerungsmechanismus der Wirtschaft, nach der Eigentumsordnung – kurzum nach dem richtigen Wirtschaftssystem, haben die Sowjetunion und Osteuropa den Beweis erbracht, daß die Marktwirtschaft die materiellen Bedürfnisse der Menschheit besser befriedigen kann als die sozialistische Planwirtschaft. Ist damit „Das Ende der Geschichte" erreicht, wie der Titel des von dem Amerikaner Francis Fukuyama 1989/90 veröffentlichten Buches lautet? Stellt sich die Frage nach dem richtigen System künftig nicht mehr?

Die in Ost und West bisher vorkommenden Wirtschaftsordnungen konnten bisher auf zwei gegensätzliche Grundtypen zurückgeführt werden: auf die Marktwirtschaft und auf die Zentralverwaltungswirtschaft. Während die Wirtschaftsordnung der bisher sozialistischen Staaten nach den Grundsätzen der Zentralverwaltungswirtschaft organisiert war, ist die Wirtschaft der westlichen Demokratien vorwiegend marktwirtschaftlich aufgebaut.

Zentralverwaltungswirtschaft

Beiden Wirtschaftssystemen liegen bestimmte ideologische Prinzipien zu Grunde. Mit der Zentralverwaltungswirtschaft sollte das Ideal der Gleichheit verwirklicht werden. Da Eigentum und privates Gewinnstreben die Verwirklichung dieses Grundsatzes behindere, ja unmöglich mache, durfte es kein Privateigentum an Unternehmen geben; sie waren entweder im Staats- oder Genossenschaftseigentum. Die damit verbundene Einschränkung menschlicher Freiheit wurde bewußt in Kauf genommen. Die Führung der kommunistischen Partei entschied mit Hilfe einer zentralen Planungskommission, was und wie produziert wurde. Von ihren Plänen hing es ab, ob die Versorgung mit Konsumgütern oder allgemeine Ziele wie die Entwicklung der sozialistischen Gemeinschaft oder das Militär Vorrang hatten. Die Preise wurden von der Planungsbehörde festgesetzt, die auch die Löhne nach Arbeitsleistung und Bedürftigkeit festlegte. Nach diesem Modell konnte es keine Arbeitslosigkeit geben, da die Arbeitskräfte entsprechend den Produktionsvorgaben zugewiesen wurden. Die Marktwirtschaft findet dagegen ihre philosophische Rechtfertigung im Individualprinzip, das als Ideal die Freiheit und die unbegrenzte Entfaltungsmöglichkeit des Individuums betont. In der Marktwirtschaft ist der gewinnorientierte Einsatz von Boden, Kapital und menschlicher Arbeitskraft das herausragende Merkmal. Die Produktionsanlagen sind größtenteils in Privateigentum. Da im Idealfall alle Produzenten zueinander in harter Konkurrenz stehen und alle ihre Waren absetzen wollen, ist jeder gezwungen, so zu produzieren, daß er mit geringstem Aufwand einen möglichst hohen Gewinn erzielt. Die unendlich vielen Einzelentscheidungen von Produzenten und Konsumenten werden durch den Preismechanismus an den Märkten aufeinander abgestimmt. Steigende Preise bestimmter Güter bei gleichbleibenden Produktionskosten signalisieren zunehmende Knappheit und veranlassen den Anbieter, die Produktion auszuweiten. Fallende Preise führen zur Produktionsverminderung. Lassen sich durch gesteigerte Nachfrage, durch kostengünstigere Produktionsverfahren oder mit neuen Produkten höhere Gewinne erzielen, bewirkt der Wettbewerb, daß bald Nachahmer am Mark auftreten und die Gewinne sinken. Der Staat enthält sich im Idealfall jeglicher Eingriffe in das Wirtschaftsgeschehen.

Marktwirtschaft

MATERIAL 1 „Hast du schon mal unter die Motorhaube geguckt, Genosse?"

MATERIAL 2 Die Jahre 1989–1991 in Geschichtsbüchern von 2050

„Zwischen 1989 und 1991 brach das kommunistische Weltsystem zusammen. Marktwirtschaft mit parlamentarischer Demokratie, bürgerlichen Freiheitsrechten und sozialer Sicherung war dem bürokratisierten Staatskapitalismus turmhoch überlegen. Seither stellt sich eine Systemfrage nicht mehr."

„Seit den frühen siebziger Jahren des 20. Jahrhunderts war erkennbar geworden, daß weder das östliche noch das westliche Industriesystem ohne schmerzhafte Veränderungen in der Lage war, der Zerstörung menschlicher Lebensgrundlagen Einhalt zu gebieten und die ärmeren zwei Drittel der Menschheit aus dem Unheilszirkel von Elend, Bevölkerungswachstum und Naturzerstörung herauszuführen. Dabei war es nicht überraschend, daß das weitaus schwächere System eines bürokratisierten Staatskapitalismus um Jahrzehnte früher zusammenbrach."

(aus: Der Spiegel Nr. 6/1993, S. 128, Autor: Erhard Eppler)

1. Beschreiben und deuten Sie die Karikatur.
2. Vergleichen Sie die beiden Versionen eines Geschichtsbuchs aus dem Jahre 2050.
3. Entwerfen Sie eine dritte Version.

MATERIAL 3 Adam Smith – Wohlstand der Nationen

Das Modell der Marktwirtschaft wurde in der Zeit des klassischen Liberalismus (zweite Hälfte des 18. und erste Hälfte des 19. Jahrhunderts) entwickelt. Seine Hauptvertreter sind Adam Smith (1723–1790), David Ricardo (1772–1823) und John Stuart Mill (1806–1873).

Fast jedes Tier ist völlig unabhängig und selbständig, sobald es ausgewachsen ist, und braucht in seiner Umgebung nicht mehr die Unterstützung anderer. Dagegen ist der Mensch fast immer auf Hilfe angewiesen, wobei er jedoch kaum erwarten kann, daß er sie allein durch das Wohlwollen der Mitmenschen erhalten wird. Er wird sein Ziel wahrscheinlich viel eher erreichen, wenn er deren Eigenliebe zu seinen Gunsten zu nutzen versteht, indem er ihnen zeigt, daß es in ihrem eigenen Interesse liegt, das für ihn zu tun, was er von ihnen wünscht... Nicht vom Wohlwollen des Metzgers, Brauers und Bäckers erwarten wir das, was wir zum Essen brauchen, sondern davon, daß sie ihre eigenen Interessen wahrnehmen. Wir wenden uns nicht an ihre Menschen-, sondern an ihre Eigenliebe, und wir erwähnen nicht die eigenen Bedürfnisse, sondern sprechen von ihrem Vorteil ... (S. 16f.) Der einzelne ist stets darauf bedacht, herauszufinden, wo er sein Kapital, über das er verfügen kann, so vorteilhaft wie nur möglich einsetzen kann. Und tatsächlich hat er dabei den eigenen Vorteil im Auge und nicht etwa den der Volkswirtschaft. Aber gerade das Streben nach seinem eigenen Vorteil ist es, das ihn ganz von selbst oder vielmehr notwendigerweise dazu führt, sein Kapital dort einzusetzen, wo es auch dem ganzen Land den größten Nutzen bringt ... (S. 369)

Wenn daher jeder einzelne soviel wie nur möglich danach trachtet, sein Kapital zur Unterstützung der einheimischen Erwerbstätigkeit einzusetzen und dadurch diese so lenkt, daß ihr Ertrag den höchsten Wertzuwachs erwarten läßt, dann bemüht sich auch jeder einzelne ganz zwangsläufig, daß das Volkseinkommen im Jahr so groß wie möglich werden wird. Tatsächlich fördert er in der Regel nicht bewußt das Allgemeinwohl, noch weiß er, wie hoch der eigene Beitrag ist. Wenn er es vorzieht, die nationale Wirtschaft anstatt die ausländische zu unterstützen, denkt er eigentlich nur an die eigene Sicherheit und wenn er dadurch die Erwerbstätigkeit so fördert, daß ihr Ertrag den höchsten Wert erzielen kann, strebt er lediglich nach eigenem Gewinn. Und er wird in diesem wie auch in vielen anderen Fällen von einer unsichtbaren Hand geleitet, um einen Zweck zu fördern, den zu erfüllen er in keiner Weise beabsichtigt hat. Auch für das Land selbst ist es keineswegs immer das schlechteste, daß der einzelne ein solches Ziel nicht bewußt selbst anstrebt, ja, gerade dadurch, daß er das eigene Interesse verfolgt, fördert er häufig das der Gesellschaft nachhaltiger, als wenn er wirklich beabsichtigt, es zu tun ... (S. 370f.)

Gibt man ... alle Systeme der Begünstigung und Beschränkung auf, so stellt sich ganz von selbst das einsichtige und einfache System der natürlichen Freiheit her. Solange der einzelne nicht die Gesetze verletzt, läßt man ihm völlige Freiheit, damit er das eigene Interesse auf seine Weise verfolgen kann ... Der Herrscher wird dadurch vollständig von seiner Pflicht entbunden ... nämlich der Pflicht oder Aufgabe, den Erwerb privater Leute zu überwachen und ihn in Wirtschaftszweige zu lenken, die für das Land am nützlichsten sind. Im System der natürlichen Freiheit hat der Souverän lediglich drei Aufgaben zu erfüllen, die sicherlich von höchster Wichtigkeit sind ...: Erstens die Pflicht, das Land gegen Gewalttätigkeit und Angriff anderer unabhängiger Staaten zu schützen, zweitens die Aufgabe, jedes Mitglied der Gesellschaft soweit wie möglich vor Ungerechtigkeit oder Unterdrückung durch einen Mitbürger in Schutz zu nehmen oder ein zuverlässiges Justizwesen einzurichten, und drittens die Pflicht, bestimmte öffentliche Anstalten und Einrichtungen zu gründen und zu unterhalten, die ein einzelner oder eine Gruppe aus eigenem Interesse nicht betreiben kann, weil der Gewinn ihre Kosten niemals decken könnte ... (S. 582)

(aus: Adam Smith, Der Wohlstand der Nationen, 5. Auflage 1789, übersetzt von H. C. Recktenwald, München, C. H. Beck, 1988)

MATERIAL 4 Ideal und Wirklichkeit der freien Marktwirtschaft

Wohlstand für wenige
Bruttosozialprodukt pro Kopf der Bevölkerung 1991; in Dollar

- USA: 22 560
- Deutschland: 23 650
- Singapur: 12 890
- Japan: 26 920
- Rußland: 3220
- Polen: 1830
- Ungarn: 2690
- China: 370
- Sudan: 400
- Nigeria: 290
- Brasilien: 2920

Schlange von Arbeitslosen, die Weihnachten 1931 in New York nach einer warmen Mahlzeit anstehen

„By diligence, a quick witted young fellow can rise from rags to riches."

Durch Fleiß kann ein pfiffiger junger Kerl aus der Armut zu Reichtum aufsteigen

Kinder in einer Buntpapierfabrik in Aschaffenburg, 1858. Der Fabrikbesitzer hob es als Verdienst hervor, daß er den armen Kindern Arbeit verschaffe. Ihre Arbeitszeit betrug damals rund zwölf Stunden täglich

Das große Fressen

1. Erläutern Sie ausgehend vom Menschenbild das Verhältnis von Eigeninteresse und Allgemeinwohl bei Adam Smith (Mat. 3).
2. Beurteilen Sie die Rolle des Staates bei A. Smith auf Grund der ihm zugewiesenen Aufgaben.
3. Auf welche Auswirkungen der freien Marktwirtschaft weisen die Abbildungen in Material 4 hin?
4. Welche Folgerungen wurden daraus gezogen bzw. sind noch zu ziehen?

Wirtschaftsordnung und Wirtschaftspolitik in der Bundesrepublik Deutschland

MATERIAL 5 Der Sozialismus – die Perspektive einer glücklichen Zukunft

Geführt von der Sozialistischen Einheitspartei Deutschlands, zerbrachen die Arbeiterklasse und die werktätige Bauernschaft der Deutschen Demokratischen Republik für immer die Herrschaft der deutschen Großbourgeoisie und des Junkertums, die in unserem Jahrhundert zwei Weltkriege entfesselten. Auf der Basis der revolutionären Einheit der Arbeiterklasse wurde das Bündnis aller demokratischen Kräfte geschlossen. In einem einheitlichen revolutionären Prozeß, in erbitterter Auseinandersetzung mit der imperialistischen Reaktion und ihren Helfershelfern wurde die antifaschistisch-demokratische Umwälzung verwirklicht und die sozialistische Revolution zum Siege geführt.

Unter Führung der Sozialistischen Einheitspartei Deutschlands vollzog sich in der Deutschen Demokratischen Republik eine grundlegende Wende in der Geschichte des deutschen Volkes, die Wende zum Sozialismus. In Gestalt der Deutschen Demokratischen Republik errichtete und festigte die Arbeiterklasse im Bündnis mit den Bauern und den anderen Werktätigen ihre politische Herrschaft. Sie schuf den sozialistischen Staat der Arbeiter und Bauern als eine Form der Diktatur des Proletariats. Gestützt auf die Lehre des Marxismus-Leninismus, wurde die revolutionäre Umgestaltung der Eigentumsverhältnisse an den entscheidenden Produktionsmitteln vollzogen und eine feste politische und ökonomische Basis für die Lösung der sozialen, kulturellen und ideologischen Aufgaben der sozialistischen Gesellschaft geschaffen. Soziale Sicherheit und stetige Erhöhung des Lebensniveaus für alle Werktätigen und die Herausbildung eines neuen Bewußtseins sind grundlegende Ergebnisse des sozialen Aufbaus. Mit der sozialistischen Umgestaltung begann sich in der Deutschen Demokratischen Republik die sozialistische Nation herauszubilden.

Propaganda der SED

Im Sozialismus wird die politische Macht von der Arbeiterklasse ausgeübt. Unter Führung ihrer marxistisch-leninistischen Partei verwirklicht die Arbeiterklasse im Bündnis mit der Klasse der Genossenschaftsbauern, mit der Intelligenz und den anderen Werktätigen die Interessen des Volkes. Der Sozialismus beruht auf dem gesellschaftlichen Eigentum an den Produktionsmitteln in seinen beiden Formen, dem gesamtgesellschaftlichen Volkseigentum und dem genossenschaftlichen Gemeineigentum. In der sozialistischen Planwirtschaft dienen die Produktionsmittel der steten Mehrung des gesellschaftlichen Reichtums im Interesse der Arbeiterklasse und aller anderen Werktätigen. Wissenschaft und Technik werden zum Nutzen der Gesellschaft entwickelt und eingesetzt. Im Sozialismus sind die Produktionsverhältnisse, alle gesellschaftlichen Beziehungen durch bewußtes Zusammenwirken, kameradschaftliche Zusammenarbeit und gegenseitige Hilfe charakterisiert. Dadurch sind die Grundlagen geschaffen für die politisch-moralische Einheit des Volkes, für die breite Entwicklung der Initiative und Aktivität aller Werktätigen von Ausbeutung und Unterdrückung. Für alle Mitglieder der Gesellschaft eröffnet er die Möglichkeit, ihre schöpferischen Fähigkeiten zu entfalten, eine hohe Bildung zu erwerben, ihre demokratischen Rechte und Freiheiten aktiv zur Vorwärtsentwicklung der sozialistischen Gesellschaft zu nutzen, ihre Persönlichkeit allseitig zu entwickeln. Der Sozialismus befriedigt immer besser die Lebensbedürfnisse der Werktätigen. „Jeder nach seinen Fähigkeiten, jedem nach seiner Leistung" ist ein grundlegendes Prinzip der sozialistischen Gesellschaft. Der Sozialismus gibt allen Menschen die Perspektive eines erfüllten Lebens, einer glücklichen Zukunft.

(aus: Parteiprogramm der SED vom 4. 1. 1976)

MATERIAL 6 Berichte aus der Zentralverwaltungswirtschaft

Plaste für Kühe und Schweine
Der Leiter einer landwirtschaftlichen Produktionsgenossenschaft (LPG) berichtet bei einem Gespräch mit niedersächsischen Bauern auf einem Hof am Rande der Lüneburger Heide von einer Kuh, die sie kürzlich notschlachten mußten, weil sie nicht mehr fressen wollte: „Der Tierarzt hat verknäulte Plastikschnüre von mehr als einem Zentner Gewicht in ihren Mägen und im Darm gefunden – Bindegarn vom Heu und Stroh." Wieso denn das, wollen die Bauern wissen, das werde doch nicht mit dem Futter eingeschüttet. „Bei euch nicht", sagt der Mann, „aber sagt das mal den Arbeitskräften." Die Schnur zu beseitigen sei doch nur lästige Zusatzarbeit. „Ich bin ohnehin froh, wenn jeweils zwei von fünf Mann einer Schicht kommen. Die anderen haben keine Lust, bummeln oder trinken lieber. Entlassen? Geht nicht. Nach einer Abmahnung muß ich sie wieder nehmen. Und alle bekommen denselben Lohn. Da vergeht auch den Arbeitswilligen der Antrieb." Der Besucher berichtet auch von dem hohen Prozentsatz euterkranker Kühe; sie jeweils beim Melken aus dem Melkkarussell wieder auszusondern und herauszuholen, bedeute lästigen Aufenthalt. Bei zwanzig Karusselldurchgängen summiere sich die Zeit. Also lasse der Melkertrupp sie eben dazwischen und liefere die Milch aus den kranken Eutern mit ab. „Was soll ich dagegen machen?" ... Das sei eben auch der Nachteil der Schichtarbeit auf der LPG, daß sich keiner verantwortlich fühle und keiner für Mängel und Schlamperei belangt werden könne.

Es wird Schrott produziert
Eines der Hauptübel von Planwirtschaften ist die Tonnen- und Stückideologie. Die Behörde schreibt minutiös vor, wieviel Kühlschränke oder Bügeleisen zu produzieren sind. Allein an diesem Soll mißt sich der Verdienst der Werktätigen ...
Abel Aganbegjan, Wirtschaftswissenschaftler, schildert das System am Beispiel des Traktors. Das Tscheljabinsker Traktorenwerk stellt Bulldozer her. Um die Stückzahl zu steigern und mit dem „Banner der Arbeit" ausgezeichnet zu werden, senkte es die PS-Zahl und hängte dem Schlepper einen Schrapper (ein Zusatzgerät) an, um eine höhere Maschinenstärke zu suggerieren. Daraufhin fielen die Bulldozer in Sibirien massenhaft aus. Dies wiederum zwang die Betriebe im Norden, umfangreiche Ersatzteillager für die ständig kaputten Traktoren einzurichten. Die zentrale Materialbestellung schwillt an. Unnützes Kapital wird gebunden. Das führt zu der paradoxen Situation, daß der neue Traktor nur drei bis vier Prozent kostet, während 96 Prozent für Wartung und Reparaturen aufgewendet werden müssen.
Am Ende steht ein lächerlicher Rekord: Die UdSSR produziert 4,8mal mehr Traktoren als die USA, obgleich sie viel weniger braucht. Weil der Produzent einer Ware nur das Plansoll beachtet, aber keinen Gedanken an seinen Käufer und Anwender verschwendet, rostet ein riesiger Maschinenpark vor sich hin.

(aus: FAZ vom 13. 3. 1990 und PZ, Europa im August '89, hrsg. von der Bundeszentrale für Politische Bildung, S. 18ff.)

1. Vergleichen Sie die Aussagen des SED-Programms mit den Aussagen Adam Smiths in Material 3 unter folgenden Gesichtspunkten: politische Ordnung, Eigentumsordnung, Interessen und Ziele, Werte und Lenkung der Wirtschaft.
2. Was steckte hinter der Meldung, die UdSSR produziere 4,8mal mehr Traktoren als die USA?
3. Erörtern Sie die Licht- und Schattenseiten landwirtschaftlicher Produktionsgenossenschaften.
4. Nehmen Sie zu den beiden Wirtschafts- und Gesellschaftsmodellen Stellung.

1.2 Soziale Marktwirtschaft – der dritte Weg

Nachkriegsnot

In den drei Jahren zwischen dem Ende des 2. Weltkrieges und der Währungsreform 1948 herrschte in Deutschland eine für uns heute unvorstellbare Not. Da die Lebensmittelzuteilungen nicht ausreichten, ging z. B. jeder fünfte Stuttgarter ohne Frühstück zur Arbeit. Zeitungen im Ruhrgebiet klagten noch im Frühjahr 1948 über den schleppenden Brückenbau, weil die Arbeiter wegen ihres Ernährungszustandes von Schwindelanfällen heimgesucht wurden und ständig in Gefahr waren, in den Strom zu stürzen. Die Stadtverwaltung Essen kürzte die Arbeitszeit der öffentlichen Bediensteten von 48 auf 41 Stunden, weil ihr Ernährungszustand eine längere Arbeitszeit nicht zuließ. Aber es fehlte nicht nur am Essen. Jede fünfte Wohnung war ausgebombt, jeder fünfte Betrieb war zerstört. Angesichts der um die Hälfte zurückgegangenen Produktionskapazität errechneten Statistiker erschreckende Zahlen: Die Produktion reiche gerade noch aus, um jedem Deutschen alle fünf Jahre einen Teller, alle zwölf Jahre ein Paar Schuhe und alle fünfzig Jahre einen Anzug zuzuteilen. Folglich war die Vorstellung weitverbreitet, daß die Wirtschaft nur mit einer verstaatlichten Schlüsselindustrie und einer systematischen Planung aller notwendigen Bedarfsgüter in Gang kommen könne. Der „sozialistische Zeitgeist" herrschte damals nicht nur bei der SPD vor, sondern schlug sich auch im Ahlener Programm der CDU von 1947 nieder.

Sozialistischer Zeitgeist

Ordoliberalismus

Soziale Marktwirtschaft

Im Gegensatz dazu war eine kleine Gruppe um Ludwig Erhard, den Direktor des Wirtschaftsrates der drei westlichen Besatzungszonen, fest davon überzeugt, daß nur der Sprung ins kalte Wasser – die Steuerung der Wirtschaft über den Wettbewerb und den Markt – der richtige Weg sei. Statt einer Zentralverwaltungswirtschaft müsse eine Soziale Marktwirtschaft eingeführt werden. 1949, zwei Jahre nach der Verabschiedung des Ahlener Programms, übernahm die CDU in ihren Düsseldorfer Leitsätzen den Begriff der Sozialen Marktwirtschaft. Ohne sich auf ein bestimmtes Wirtschaftssystem festzulegen, hat das am 23. 5. 1949 verabschiedete Grundgesetz den verfassungsrechtlichen Rahmen dafür geschaffen. In liberaler Tradition stehend, schützt es einerseits in seinen Grundrechten (Artikel 1–19) den Bürger vor staatlichen Eingriffen und garantiert die freie Entfaltung der Persönlichkeit, ist aber andererseits dem Sozialstaatsgedanken verpflichtet, indem es die Freiheit des einzelnen begrenzt und den sozialstaatlichen Eingriff zuläßt. Das von Erhard mit Hilfe der FDP politisch umgesetzte neue Wirtschaftssystem beruht auf den wirtschaftspolitischen Vorstellungen des Ordoliberalismus (lat. ordo = Ordnung), einer von Juristen und Nationalökonomen der Freiburger Universität in der Zeit des Nationalsozialismus entwickelten wirtschafts- und sozialpolitischen Alternative zu Kapitalismus und Sozialismus. Seine wichtigsten Vertreter waren Walter Eucken, Franz Böhm und Leonhard Miksch. Es ist aber auch von den Gedanken der christlichen Soziallehre und des demokratischen Sozialismus beeinflußt, wie es in dem von Alfred Müller-Armack geprägten Begriff „Soziale Marktwirtschaft" zum Ausdruck kommt. Nach ihm habe die Soziale Marktwirtschaft das Ziel, den Grundsatz der Freiheit auf dem Markt mit dem Gedanken der sozialen Sicherung des Individuums zu verbinden. Zu diesem Zweck ist ein starker Staat nötig. Er hat die Aufgabe, den Rahmen für einen beweglichen, sich dynamisch entwickelnden Markt zu schaffen und über den Staatshaushalt und die staatlichen Versicherungen die aus dem

Marktprozeß resultierenden Einkommensströme umzuleiten und soziale Leistungen wie Kindergeld, Mietbeihilfen, Renten, Pensionen usw. zu ermöglichen. Da Müller-Armack sein Wirtschaftssystem als offenes, ausgestaltungsfähiges und ausgestaltungsbedürftiges Modell konzipierte, das gegebenenfalls immer weiter zu entwickeln sei, hat es im Laufe seiner Geschichte bei Wechseln der politischen Mehrheiten unterschiedliche Akzentuierungen erfahren.

Soziale Leistungen

Bis in die Mitte der 60er Jahre war die Soziale Marktwirtschaft von der ordoliberalen Freiburger Schule geprägt. Sie legt den Schwerpunkt auf eine konsequente Wettbewerbspolitik. Der Markt sei für alle offenzuhalten, denn nur bei freiem Marktzutritt könne die Bildung von Monopolen verhindert werden. In der Wettbewerbspolitik sehen sie die beste Voraussetzung für einen störungsfreien Wirtschaftsablauf, nicht aber in der Konjunktur-, Wachstums- und Strukturpolitik. Eine staatliche Vollbeschäftigungspolitik wird strikt abgelehnt, dafür seien vor allem die Tarifparteien zuständig. In der Zeit von 1966 bis 1982, in der die SPD Regierungsverantwortung trug, griff der Staat stärker lenkend als früher in das Wirtschaftsgeschehen ein. Mit der Wende 1982, als die FDP mitten in der Legislaturperiode ihre Koalition mit der SPD aufkündigte und eine neue mit der CDU/CSU bildete, schlug das Pendel wieder in Richtung Markt und Wettbewerb zurück, das Maß staatlicher Einflußnahme verringerte sich.

Wettbewerbspolitik

MATERIAL 7 Wahlplakate der CDU zur Bundestagswahl 1953 und der SPD zur Landtagswahl von 1954

MATERIAL 8   Otto Schlecht, „Ein Modell macht Karriere"

„... Alle Versuche, den Sozialismus zu reformieren, sind zum Scheitern verurteilt. Die Soziale Marktwirtschaft ist der dritte Weg zwischen Kapitalismus und Sozialismus. Dies bedarf einer Begründung ..."

▶ *1. Die sozialistische Planwirtschaft krankt am falschen Menschenbild.*

Das auf Karl Marx zurückgehende sozialistische Konzept geht vom „guten" oder „neuen" Menschen aus, der dem sozialistischen Gemeinwohl dient. Wenn der real existierende Mensch sich nicht so verhält, sondern für sich, seine Familie und die kleine Gruppe eigennützig handelt, muß er dazu gezwungen werden. Darum wird ... aus der Utopie der klassenlosen Gesellschaft mit wenig oder gar keinem Staat der bürokratische Leviathan, die staatliche Kommandowirtschaft, ein Wirtschafts- und Gesellschaftssystem, das – wie Ludwig Erhard schon vor drei Jahrzehnten sagte – „alle Menschen in das entwürdigende Joch einer alles Leben überwuchernden Bürokratie zwingt, die jedes Verantwortungsgefühl, aber auch jeden Leistungswillen abtötet". Ohne die Kontroll- und Entmachtungsmechanismen des Wettbewerbs auf wirtschaftlichem Gebiet und die rechtsstaatliche Demokratie im politischen Bereich werden auch die Machthaber korrumpiert. Auch sie sind keine neuen sozialistischen Menschen. Amts- und Vertrauensmißbrauch, gigantisches Überwachungs- und Bespitzelungssystem, kurz: allmächtige Herrschaft der Staatsbürokraten über die Individuen sind die zwangsläufigen Konsequenzen des irrealen Menschenbildes...

▶ *2. Eine Mischung zwischen sozialistischer Planwirtschaft und Marktwirtschaft ist die Kombination von Feuer und Wasser.*

...Wenn Unternehmer sich an den Signalen des Marktes, also an preislichen Knappheitsindikatoren orientieren sollen, aber gleichzeitig auch staatlich vorgegebene Warenmengen zu staatlich fixierten Preisen anbieten sollen, so entsteht ein unauflösbarer Widerspruch mit der Folge volkswirtschaftlicher Ineffizienz. Hinzu kommt noch, daß zur Eigenverantwortlichkeit der Unternehmen in wettbewerblichen Märkten unauflöslich die Dominanz einer privaten Eigentumsordnung gehört... Wenn Unternehmensleiter und Arbeitnehmer ihre Risiken auf den Eigentümer Staat abwälzen und/oder von ihm bei Versagen Sonderregulierungen erwarten können, entsteht eine wirtschaftlich-politische Gemengelage, die Leistung und Eigenverantwortung ignoriert und ... weitere dirigistische Planung nach sich zieht. Kurzum: auch diese Form des „dritten Wegs" führt auf den Holzweg der staatlichen Kommandowirtschaft, zumindest in die Sackgasse eines ineffizienten Durchwurstelns.

▶ *3. Die Koordination über den Markt muß klaren Vorrang haben.*

Die Marktwirtschaft geht vom realen Menschen mit all seinen Fehlern, Schwächen und Stärken aus. Sie akzeptiert, daß das Individuum seinen eigenen Vorteil im Auge hat, koordiniert die Wünsche über den Markt und nutzt das Eigennutzstreben über die Anonymität des Wettbewerbs für den „Wohlstand der Nation". Die Sanktion für Fehler besteht nicht in der Furcht vor staatlicher Bestrafung, sondern vor wirtschaftlichen Verlusten. Die Verbraucher versuchen, ihre individuellen Bedürfnisse möglichst günstig zu befriedigen. Die Unternehmen werden über die Preissignale des Marktes und das Rentabilitätsstreben dazu angehalten, die vorhandenen Produktivkräfte so zu kombinieren und einzusetzen, daß eine möglichst große Menge nachgefragter Produkte und Leistungen erzeugt wird. Über das Zusammentreffen von Angebot und Nachfrage auf den Märkten wirkt so tagtäglich ein Koordinationsmechanismus zugunsten einer wirksamen und verbrauchergerechten Verwendung der Produktionsfaktoren. Diese inzwischen augenfälligen Effizienzvorteile sind bereits ein Teil des „Sozialen" in der Marktwirtschaft. Sie bedeuten steigende Realeinkommen der Erwerbstätigen, sind Voraussetzung für ein funktionierendes soziales Sicherungssystem und wirksamen Umweltschutz in einer industrialisierten Massengesellschaft ...

▶ **4. Die reine Marktwirtschaft bedarf der staatlichen Rahmengestaltung, damit sie human und sozial wird.**
Die reine Marktwirtschaft, das „kapitalistische System", ist instabil und führt zu wirtschaftlichen und sozialen Fehlentwicklungen ... Die Idee der Sozialen Marktwirtschaft ist nicht identisch mit dem Laissez-faire-Kapitalismus. Sie ist der Begrenzung wirtschaftlicher Macht, dem Sozialen und der individuellen Freiheit verpflichtet. Sie will „eine funktionsfähige und zugleich menschenwürdige Ordnung" (Walter Eucken). Durch staatliche Gestaltung des Ordnungsrahmens wird der Marktwirtschaft das Humane und Soziale eingeimpft ... Die wichtigsten Felder sind: stabiles Geldwesen, Privateigentum und Vertragsfreiheit, Wettbewerbsordnung, sozial-, arbeits- und mitbestimmungsrechtliche Ergänzung, öffentliche Infrastruktur, Regelwerk zum Schutz der Umwelt.

▶ **5. Der Leistungswettbewerb muß staatlich gesichert werden.**
Der Markt besitzt kein immanentes Immunsystem, das wirksamen Leistungswettbewerb sichert. Im Gegenteil: marktwirtschaftlicher Wettbewerb ist ein hartes Geschäft, und der im Wettbewerb Stehende unterliegt der Versuchung, durch Kartelle und marktbeherrschende Konzentration Konkurrenz auszuschließen. Deshalb ist es eine der wichtigsten Aufgaben staatlicher Rahmengestaltung, den dynamischen Leistungswettbewerb zu sichern (Wettbewerbsgesetze, Offenhalten der Märkte durch Abbau von Zutrittsschranken – national, europäisch und weltweit).

▶ **6. Soziale Sicherung und sozialer Konsens sind ein integraler Bestandteil der sozialen Marktwirtschaft.**
Die beiden sozialen Aspekte – Machtbegrenzung und gute Güterversorgung – werden im Konzept der Sozialen Marktwirtschaft ergänzt um den Gedanken einer staatlichen Einflußnahme auf die Verteilungsergebnisse des Marktprozesses ... Das führte in der Bundesrepublik zum Aufbau eines umfassenden sozialen Netzes zum Schutz der Schwachen. Sozial sind die Mechanismen der Umverteilung von Einkommen im Rahmen der Alters-, Kranken-, und Arbeitslosenversicherung, aber auch zahlreiche Einzelmaßnahmen zugunsten wirtschaftlich in Not Geratener... Etwa ein Fünftel des Bruttosozialprodukts wird in der Bundesrepublik Deutschland für soziale Leistungen aller Art verwendet ...

(aus: Frankfurter Allgemeine Zeitung vom 3. 3. 1990. Otto Schlecht war von 1973 bis 1991 Staatssekretär im Bundeswirtschaftsministerium und ist Vorsitzender der Ludwig-Erhard-Stiftung.)

1. Warum führt nach Otto Schlecht ein falsches Menschenbild zu einem „bürokratischen Leviathan"?
2. Welches Menschenbild liegt dem Modell der Sozialen Marktwirtschaft zugrunde?
3. Worauf beruht die Überlegenheit des Marktes gegenüber staatlicher Planung?
4. Wodurch unterscheidet sich die Rolle des Staates in der Sozialen Marktwirtschaft von der des „Laissez-faire-Kapitalismus"?
5. Wie muß eine politische Ordnung gestaltet sein, damit das Modell der Sozialen Marktwirtschaft funktionieren kann?

MATERIAL 9　Wirtschaftsordnungen

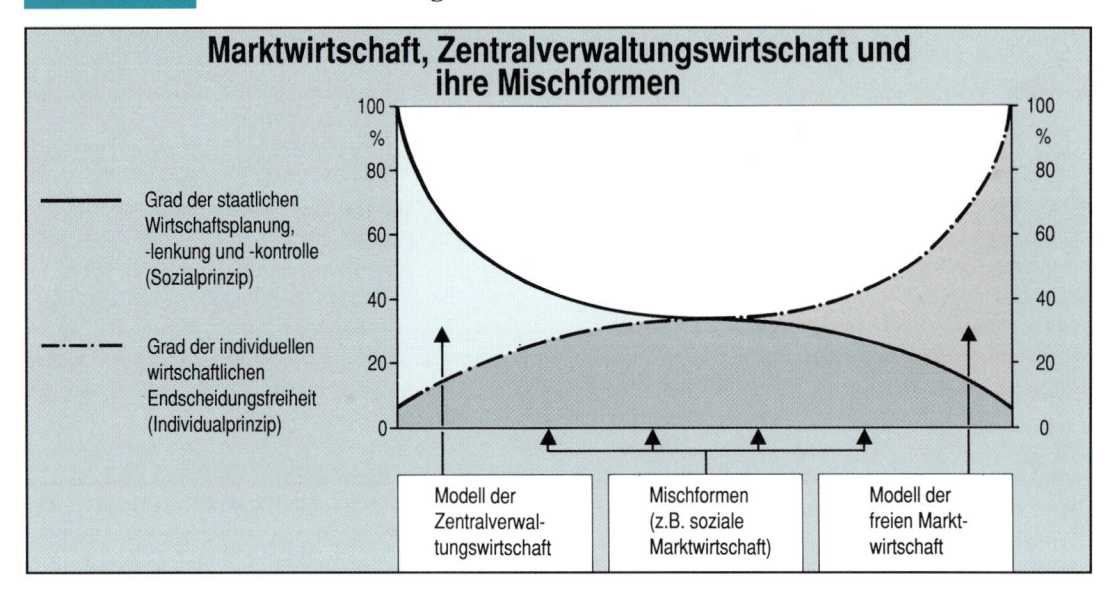

Marktwirtschaft, Zentralverwaltungswirtschaft und ihre Mischformen

— Grad der staatlichen Wirtschaftsplanung, -lenkung und -kontrolle (Sozialprinzip)

–·–·– Grad der individuellen wirtschaftlichen Endscheidungsfreiheit (Individualprinzip)

- Modell der Zentralverwaltungswirtschaft
- Mischformen (z.B. soziale Marktwirtschaft)
- Modell der freien Marktwirtschaft

Welche der folgenden Sätze enthalten Merkmale der **Zentralverwaltungswirtschaft**, der **Sozialen Marktwirtschaft** und der **Marktwirtschaft**?

a Regierungssprecher kündigt allgemeine Mietpreiserhöhungen zum 1. August an.

b Der Käufer erhält nur festgesetzte Warenmengen.

c Jeder kann den Beruf seiner Wahl ergreifen.

d Unternehmer der Baustoffindustrie wegen Preisabsprache verurteilt.

e Die Unternehmen stellen Erzeugnisse entsprechend ihren Absatzerwartungen her.

f Wirtschaftsminister erhöht Produktionsziffern in der Stahlindustrie.

g Kabinett beschließt Privatisierung der Fluggesellschaft.

h Beiträge zur Arbeitslosenversicherung werden erhöht.

i Minister verspricht höhere Löhne im Bergbau.

j Kartellamt verbietet Fusion zweier Großverlage.

k Kabinett erhöht Mineralölsteuer für bleihaltiges Benzin.

l Gewerkschaften lenken die Besetzung der Arbeitsplätze.

m Parteisekretär verspricht bessere Versorgung mit Grundnahrungsmitteln.

n Supermarktkette kündigt 24stündige Ladenöffnung an.

o Wirtschaftsminister gegen Festsetzung eines Mindestlohnes.

p Teppichherstellung ohne Kinderarbeit undenkbar.

Ordnen Sie die jeweiligen Aussagen dem Modell der drei Wirtschaftsordnungen zu.

MATERIAL 10 Zu laut gefeiert

Das war es also, der Endsieg des Kapitalismus? Selbst jene, die den östlichen Planwirtschaftlern seit jeher die Aussicht auf Erfolg bestritten haben, sind perplex über das Desaster, das sie heute jenseits der alten ostwestlichen Demarkationslinie besichtigen ... Nie zuvor wurden die Segnungen der marktwirtschaftlichen Ordnung so hymnisch besungen wie derzeit ... Unbestreitbar war und ist, daß der ökonomische Liberalismus wie kein anderes System die Möglichkeiten von Naturwissenschaft und Technik ausschöpft; daß die marktwirtschaftliche Organisation zumindest einem Teil der Menschheit einen phantastischen Wohlstand beschert hat. Ein schier unheimlicher Drang zum Immer-Mehr wohnt dieser Wirtschaftsverfassung inne. ... Markt und Stillstand sind nicht miteinander zu vereinbaren. Wie auch: Wettbewerb ist nur möglich, wenn zwei oder mehr Produzenten gegeneinander antreten. Jeder versucht, der erste zu sein; jeder müht sich, den Konkurrenten klein zu kriegen. ... Laisser-faire, laisser-aller – Laufenlassen ist nach dem Crash der Zentralverwaltungswirtschaften mehr denn je die Maxime. Weniger noch als vor der Wende im Osten haben jetzt jene eine Chance, die das Tempo der alles plattdrückenden Industriewalze verlangsamen, die der Plünderung des Planeten und der Selbstvernichtung der Menschen Einhalt gebieten wollen ... Der marktwirtschaftliche Mechanismus, auf immerwährendes Wachstum angelegt, steht heute konkurrenzlos da. Es zeichnet sich keine Wirtschaftsverfassung ab, die dem Einhalt der natürlichen Lebensgrundlagen Vorrang verschafft, die Ökologie und Ökonomie miteinander verbindet. Doch allem Siegesgeheul zum Trotz: keine politische oder ökonomische Ordnung ward je für die Ewigkeit gezimmert.

Die Menschheit wird sich, will sie nicht an ihrem Wachstumswahn zugrunde gehen, zur Selbstbeschränkung durchringen müssen. Das erfordert eine gesellschaftliche Übereinkunft: das bringt nicht weniger, sondern mehr Staat. Noch immer gilt die Mahnung des Philosophen Heinz Jonas, der darauf aufmerksam machte, „die Katastrophengefahr" des bestehenden technisch-wissenschaftlichen Systems liege „in der Größe seines Erfolgs".

Pestizid-Einsatz in der Landwirtschaft: Alljährlich 20 neue Schädlingskiller

(aus: Der Spiegel, Nr. 11, 1990, S. 143, Autor: Wolfgang Kaden)

1. Stellen Sie die Gemeinsamkeiten und Unterschiede in den Artikeln von Schlecht (Material 8) und Kaden zusammen.
2. Nehmen Sie Stellung zu der Auffassung des Philosophen Heinz Jonas, wonach „die Katastrophengefahr des bestehenden Systems in der Größe seines Erfolgs" liege.

1.3 Ohne Wettbewerb keine Marktwirtschaft

Wettbewerb

Wettbewerb ist das Salz der Marktwirtschaft. Er begrenzt die Macht von Anbietern und Nachfragern und führt zu einem vernünftigen Umgang mit knappen Rohstoffen. Anbieter, die überhöhte Preise verlangen oder die Möglichkeit zur Kostensenkung nicht nutzen, laufen Gefahr, durch billigere Konkurrenten vom Markt verdrängt zu werden. Wettbewerb führt auch zu Innovationen. Die Ölpreiserhöhungen des OPEC-Kartells in den 70er Jahren haben z. B. dazu geführt, daß neue Erdölquellen erschlossen wurden und durch Forschung und Investitionen Energie eingespart wird. Da dies zu einem Überangebot an Erdöl auf dem Weltmarkt führte, konnte die Macht des OPEC-Kartells gebrochen werden. Wettbewerb kann aber nur herrschen, wenn der Markt für alle offen steht. Importverbote seitens des Staates oder Preisabsprachen zwischen Unternehmen sind mit einer Marktwirtschaft unvereinbar. Auch der Verbraucher sollte sich wettbewerbsgerecht verhalten. Vergleicht er vor dem Kauf Qualität und Preise, beeinflußt er auf diese Weise das Angebot und die Preisgestaltung von Produzenten und Handel. Verbraucherverbände bieten hierzu Hilfen an.

Kartelle

Die Wirtschaft selbst sucht sich dem beschwerlichen Wettbewerb zu entziehen. Durch Absprachen-Kartelle über Mindestpreise, Aufteilung von Absatzgebieten, gleichzeitige Preiserhöhungen und durch marktbeherrschende Unternehmenszusammenschlüsse versucht sie immer wieder, den Wettbewerb einzuschränken oder ganz auszuschalten. Der Staat muß deshalb den Wettbewerb gewährleisten.

Kartellgesetz

Nach erbittertem Ringen gelang es Ludwig Erhard 1957, das Gesetz gegen Wettbewerbsbeschränkungen, kurz Kartellgesetz genannt, durchzusetzen. Es wurde durch das Gesetz über Fusionskontrolle von 1973 noch erweitert. Das Bundeskartellamt in Berlin und Landeskartellämter wachen über die Einhaltung der darin festgelegten Wettbewerbsregeln. Das Gesetz verbietet grundsätzlich wettbewerbswidrige Absprachen zum Beispiel über Marktaufteilung, über Preise oder Rabatte. Unternehmenszusammenschlüsse durch Beteiligung eines Unternehmens an einem anderen – Konzernbildung – oder durch Verschmelzung von Unternehmen – Fusion – sind dem Kartellamt vorab anzuzeigen und können untersagt werden, wenn sie zu einer marktbeherrschenden Position führen. Bei der Prüfung von Marktbeherrschung müssen die Kartellbehörden jedoch auch den möglichen Wettbewerb aus dem Ausland berücksichtigen, der bei der internationalen Verflechtung die wirtschaftliche Macht eines Anbieters im Inland mindern kann. In besonderen Fällen, wenn z. B. ein überragendes nationales Interesse am Zusammenschluß besteht, kann der Bundeswirtschaftsminister eine Ausnahmegenehmigung erteilen.

Fusion

Fusionskontrolle

Das Bundeskartellamt hat in den vergangenen 20 Jahren 16780 Fusionsvorhaben geprüft, davon wurden 102 Zusammenschlüsse untersagt. Vor zwanzig Jahren war die Bundesrepublik das einzige Land in der Europäischen Union, das über eine wirksame Fusionskontrolle verfügte. Inzwischen haben die meisten EU-Mitgliedstaaten entsprechende Vorschriften geschaffen. Seit 1990 gilt für Zusammenschlußvorhaben mit europäischer Bedeutung von einer bestimmten Größenordnung an (weltweiter Umsatz von mindestens 10 Milliarden DM) die Fusionskontrolle durch die EU-Kommission.

MATERIAL 11 Karikatur

... und weiter so ...

MATERIAL 12

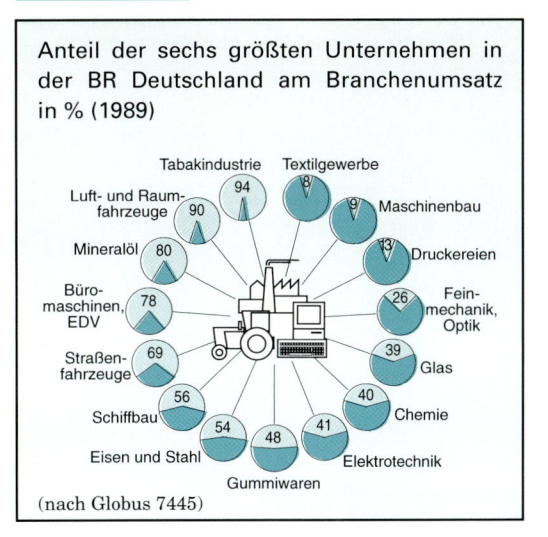

Anteil der sechs größten Unternehmen in der BR Deutschland am Branchenumsatz in % (1989)

- Tabakindustrie: 94
- Textilgewerbe: 8
- Luft- und Raumfahrzeuge: 90
- Maschinenbau: 9
- Mineralöl: 80
- Druckereien: 13
- Büromaschinen, EDV: 78
- Feinmechanik, Optik: 26
- Straßenfahrzeuge: 69
- Glas: 39
- Schiffbau: 56
- Chemie: 40
- Eisen und Stahl: 54
- Elektrotechnik: 41
- Gummiwaren: 48

(nach Globus 7445)

MATERIAL 13 Gnadenlose Auslese

Wer kauft ständig Aktien des hannoverschen Reifenunternehmens Continental? Ein Italiener namens Leopoldo Pirelli, der den Deutschen die Zusammenlegung der Reifensparten beider Konzerne unter dem Dach der Conti anbietet. Auf diese Weise könnten Pirelli, der fünftgrößte Reifenhersteller, und Conti, die Nummer vier, ihre Position auf dem Weltmarkt beträchtlich verbessern. Pirelli möchte den Bestand seiner Firma sichern. Er führt, ebenso wie Conti, einen fast schon verzweifelten Kampf ums Überleben. Das Reifengeschäft in den USA, Europa und Asien werden schon bald drei, allenfalls vier Konzerne unter sich aufteilen. Obwohl die fünf größten Konzerne zusammen bereits mehr als 70 Prozent des Weltmarktes beherrschen, müssen fast alle drastische Gewinneinbrüche hinnehmen und harte Sparprogramme durchziehen. Das scheinbar merkwürdige Phänomen, daß bei zunehmender Konzentration der Wettbewerb zwischen den Firmen nicht schwächer, sondern härter wird, hat vor allem eine Ursache: Die großen Reifenkäufer, die Automobilkonzerne, haben viel mehr Einfluß auf den Preis der Ware als die Hersteller. Als der Audi-Chef mit Conti darüber verhandelte, ob der neue Audi 100 mit Conti-Reifen ausgerüstet wird, setzte er einen Preis von 42 Mark pro Reifen durch. Die Produktionskosten liegen rund 20 DM höher. Die Conti-Manager schlugen ein, weil sie, wie ihre Konkurrenten, darauf angewiesen sind, daß möglichst viele Automobile als Erstausstattung ab Werk mit ihren Reifen ausgeliefert werden. Viele Autofahrer bleiben beim Reifenwechsel der Marke treu, die der Hersteller auf die Felge zog. Jahrelang konnte Conti seine Produkte ungefähr zum Selbstkostenpreis an Autofirmen verkaufen. Für Gewinne mußte das Ersatzgeschäft sorgen, der Verkauf an den Autofahrer. Seit die Automobilkonzerne weltweit mit Macht ihre Kosten senken, können die Reifenfirmen an ihre Großabnehmer fast nur noch mit Verlust verkaufen. Wenn einer nicht mitspielt, findet sich stets ein Konkurrent, der die Verluste hinnimmt, um seinen Marktanteil zu erhöhen und den Wettbewerber aus dem Markt zu drängen.
Conti behauptete sich in diesem mörderischen Spiel lange Zeit recht erfolgreich. Die Hanno-

veraner schluckten die europäischen Fabriken von Uniroyal, den österreichischen Konkurrenten Semperit und den US-Hersteller General Tire. Das Firmenfressen ist notwendig fürs eigene Überleben, es ist zuweilen aber auch riskant. Die Übernahme von General Tire wird Conti neben dem Kaufpreis noch mindestens eine Milliarde Mark kosten. Die US-Firma war viel schlimmer heruntergewirtschaftet, als die Deutschen beim Kauf ahnten. Conti und Pirelli sind auf Dauer wohl zu klein, um allein gegen Michelin, Good-year und Bridgestone bestehen zu können, und beide passen auch recht gut zueinander. Pirelli ist in Südeuropa und in Südamerika stark. Conti mehr in Mittel- und Nordeuropa und in den USA. Einige Manager in der Automobilindustrie macht der Poker um Conti indes nachdenklich. Noch können sie den Verdrängungskampf der Reifenfirmen nutzen, um die Pneus zu Schleuderpreisen einzukaufen. Wenn die Konzentration jedoch im Tempo der vergangenen Jahre weitergeht, haben die Autofirmen es bald nur noch mit zwei oder drei Reifen-Multis zu tun. Dann, so fürchtet der Vorstand eines deutschen Autokonzerns, „können sie uns die Preise diktieren".

(aus: Der Spiegel Nr. 39/1990, Pirelli hat den Versuch, Conti zu übernehmen, inzwischen aufgegeben)

MATERIAL 14 Präsident des Kartellamtes: „Wirtschaft nicht kartellwütig"

Die größten Sünder gegen den Wettbewerb seien nicht die privaten Unternehmen, sondern die Regierungen. Sie versuchten mit vielerlei Hilfen, zum Beispiel in Ostdeutschland, nicht wettbewerbsfähige Unternehmen über Wasser zu halten oder Branchen wie den Steinkohlebergbau mit Milliardensummen zu stützen. In der EG gebe es zudem eine starke Tendenz, sich nach außen abzuschotten. Bundes- und Landesregierungen darf das Kartellamt aber nicht auf die Finger schauen. Es soll in der privaten Wirtschaft für Wettbewerb sorgen. Und da war der Zeitraum 1991/92 durch die Privatisierung der ostdeutschen Wirtschaft gekennzeichnet. 1300 der insgesamt 3750 Firmenzusammenschlüsse, die das Kartellamt überprüfte, beruhten auf Käufen ostdeutscher Firmen. Von dieser Sonderentwicklung abgesehen, hat sich, so Wolf, „die Konzentration der deutschen Wirtschaft auf dem hohen Niveau der achtziger Jahre fortgesetzt". Bedrohlich ist das aus Wolfs Sicht im großen und ganzen nicht. „Wir haben es nicht mit einer kartellwütigen Wirtschaft zu tun." In 40 Prozent der Fälle seien inzwischen ausländische Firmen an den Zusammenschlüssen beteiligt, das deute auf eine Internationalisierung hin. Die ist Wolf hochwillkommen. Erfreut beobachtet der Kartellamtschef, daß der EG-Binnenmarkt in einigen Branchen für mehr Wettbewerb sorgt. Sorgen macht dem Kartellamt neuerdings die Entsorgungswirtschaft. Mit 140 Zusammenschlüssen im Zeitraum 1991/92 hat sich die Zahl gegenüber 1989/90 mehr als verdoppelt. Zunehmend dringen branchenfremde Großunternehmen, vor allem Tochtergesellschaften von Stromversorgern, in diesen Wachstumsmarkt ein. Daß sich solche Unternehmen in diesem Wachstumsmarkt mit 20, 30, ja mitunter 40 Prozent Wachstum pro Jahr engagieren, ist aus Wolfs Sicht verständlich, trotzdem macht ihm das Sorge.

(aus: Badische Zeitung vom 29. Juni 1993)

1. Nennen Sie die Gründe für das – inzwischen zurückgezogene – Übernahmeangebot Pirellis.
2. Warum wird für die Reifenunternehmen bei zunehmender Konzentration der Wettbewerb härter (Mat. 13)? Welche Folgen sind bei zunehmender Konzentration zu erwarten (Mat. 13)?
3. Wie beurteilt der Kartellamtspräsident die Konzentrationstendenzen (Mat. 13/14)?

2. Die Herausforderung der neunziger Jahre – kann die soziale Marktwirtschaft bestehen?

Erwartungen auf bessere wirtschaftliche Verhältnisse hatten 1989/90 in hohem Maße den deutschen Einigungsprozeß begleitet, ja bestimmt. Das im Westen Deutschlands so erfolgreiche Modell der Sozialen Marktwirtschaft verhieß auch den Menschen in der zusammenbrechenden DDR den lange entbehrten Wohlstand. Die beim Übergang von der Plan- zur Marktwirtschaft zu erwartenden Verwerfungen wurden in der Euphorie jener Monate der deutschen Einigung weithin verdrängt oder auch gar nicht gesehen.

Nur drei Jahre später ist diese Euphorie verflogen. Der Präsident eines angesehenen Berliner Wirtschaftsforschungsinstituts, der für sich in Anspruch nehmen kann, realistischer als manch anderer Wirtschaftswissenschaftler und insbesondere als viele Politiker die ökonomischen Konsequenzen der deutschen Einigung analysiert zu haben, befürchtet gar ein grundsätzlich anderes „Modell Bundesrepublik" als das bisher gewohnte. Hohe Arbeitslosigkeit, Verteilungskämpfe bei schwächerem Wachstum, geringere Investitionsneigungen und außenwirtschaftliche Defizite könnten die deutsche Wirtschaft in den neunziger Jahren charakterisieren. Das Modell der Sozialen Marktwirtschaft wird zu Beginn der neunziger Jahre gleich mehrfach herausgefordert: *Herausforderungen der 90er Jahre*

- Ein Vorsprung an Technologie, Qualität und Service sicherte bisher vielen Unternehmen einen guten Platz auf den Weltmärkten. Die alte Bundesrepublik wetteiferte mit den USA und vor Japan um den ersten Platz unter den Exporteuren. Jeder vierte Arbeitsplatz hängt hierzulande vom Export ab. Nun aber fordern Wettbewerber aus Mittel- und Osteuropa sowie aus Asien die Deutschen zunehmend mit vergleichbarer, oftmals sogar besserer Qualität bei günstigeren Preisen heraus. Insbesondere erwächst mit dem Verschwinden des „Eisernen Vorhangs" der deutschen Wirtschaft in den osteuropäischen Ländern direkt vor der eigenen Haustüre eine neue Billigkonkurrenz. Ungarn, Tschechen, Slowaken und Polen produzieren zu Löhnen, die weniger als ein Zehntel der westdeutschen Einkommen betragen. Der Import von westlicher Technik und westlichem Know how trägt zur Erhöhung ihrer Wettbewerbsfähigkeit bei. Unter verschärftem Wettbewerbsdruck aber werden hierzulande die Produktionskosten immer mehr zu einem Problem. *Strukturelle Probleme*

- Diese strukturellen Probleme werden noch durch eine weltweite Konjunkturkrise verschärft, die 1993 auch den Westen Deutschlands erfaßte und vor allem solche Branchen traf, die bisher die Zugpferde des Exports waren, z. B. den KFZ-Bau und den Maschinenbau. *Konjunkturkrise*

- In einer solchen Situation wäre in der Sozialen Marktwirtschaft auch der Staat gefordert. Durch struktur-, konjunktur- und sozialpolitische Maßnahmen sowie durch Initiativen auf dem Gebiet der Arbeitsmarktpolitik könnte er in diesen Prozeß steuernd eingreifen. Angesichts der einigungsbedingten Finanznot der öffentlichen Hände hat die Politik in dieser Krise jedoch nur enge Spielräume. *Staatsverschuldung*

MATERIAL 15   Der Riese schwankt

Es mag ein kurioser Zufall sein, daß die OECD-Welt der freien Marktwirtschaft just in dem Augenblick in eine tiefe Rezession stürzte, da in der kommunistischen Welt die Planwirtschaft unterging. ...
Die Bundesrepublik stellt keine Ausnahme dar. Eine Sonderstellung nimmt sie nur in einer Hinsicht ein: Das wiedervereinigte Deutschland ist der einzige Staat auf Erden, der zur gleichen Zeit die Probleme des Westens *und* des Ostens hat. Wir müssen simultan die Martwirtschaft der alten Bundesrepublik reformieren und die untergegangene Planwirtschaft der alten DDR transformieren, müssen Systemanpassung treiben und zugleich Systemüberwindung.
Die Wiedervereinigung hat die wirtschaftliche Position Deutschlands von Grund auf verändert. ... Die Lasten der Wiedervereinigung werden uns bis ins nächste Jahrhundert hinein weit mehr behindern als jede konjunkturelle Unbill, weit stärker auch als tatsächliche oder eingebildete Standortnachteile.
Die alte Bundesrepublik Deutschland zeichnete sich durch einen hohen Leistungsbilanzüberschuß und eine mäßige Staatsverschuldung aus. Darauf beruhte unsere Weltgeltung. Aber dies alles ist vorbei. ...
So gut wie alle privaten Ersparnisse im Lande werden von den öffentlichen Händen beansprucht werden; für die Wohnungsbaufinanzierung, für Investitionskredite und Konsumentenkredite sind wir auf Gelder aus dem Ausland angewiesen. Das macht die D-Mark verletzlich.
Die Gesamtschulden (der öffentlichen Hände) sind von 1039 Milliarden im Jahr vor der Einheit auf 1850 Milliarden im Jahr 1993 gestiegen. Die Zinsendienstlast dafür wird sich bis 1995 auf jährlich 170 Milliarden hochschrauben. Hier liegen die Wurzeln der Misere. Wir leben auf Pump, finanzieren die Einheit zu Lasten der kommenden Generationen. ... Niemand vermag genau zu sagen, wieviel die Einheit uns am Ende kosten wird. Für die Schaffung neuer Arbeitsplätze veranschlagt eine plausible Kalkulation 1000 Milliarden Mark; weitere 1000 Milliarden für die Modernisierung der öffentlichen Infrastruktur; und bis zu 1500 Milliarden für den Wohnungsbau. ...
Der Einheit ist es auch zuzuschreiben, daß jenes soziale Netz, das wir uns in den vergangenen vier Jahrzehnten geknüpft haben, heute bis zum Zerreißen gespannt ist. Zu Recht bestreitet Bundesarbeitminister Blüm, daß die Sozialabgaben vor allem durch überhöhte Leistungen in die Höhe getrieben worden sind: Die Rentenbeiträge liegen so niedrig wie seit 1972 nicht mehr; 1993 müssen neunzehn Milliarden Mark aus der Westversicherung nach Osten transferiert werden, was einem Prozentpunkt des Beitragssatzes entspricht; von den 6,5 Prozent Beitragssatz zur Arbeitslosenversicherung werden drei Prozentpunkte für

die Ausgaben benötigt, die die Arbeitslosigkeit in den neuen Ländern verursacht.
All dies wird uns noch ganz schön ins Schwitzen bringen. Die Westdeutschen werden ... arbeiten müssen wie 1950 – aber nicht für den eigenen Wohlstand, nicht für den Sozialstaat, auch nicht für die Ökologie, sondern wegen der Wiedervereinigung und für die Ostdeutschen. Für sie werden die Westdeutschen noch auf einige Zeit jährlich bis zu 200 Milliarden aufwenden müssen ... Man sollte meinen, wir trügen schwer genug an den Bleigewichten, die wir seit der Wiedervereinigung mit uns herumschleppen. Wie es sich fügt, stehen wir jedoch in einer dreifachen Krise. Die Turbulenzerscheinungen, die sich aus dem Vollzug der deutschen Einheit ergeben, haben die größte Wucht. Aber sie werden in ihrer Wirkung noch potenziert durch die schwerste Konjunkturkrise seit 1945 und durch eine Strukturkrise, die rings um den Globus die Grundfesten des westlichen Produktions- und Sozialsystems erschüttert. Die Konjunkturkrise – die vierte nach dem Krieg – hat Deutschland dank des einigungsbedingten Booms der Jahre 1990/91 erst spät heimgesucht, aber nun trifft sie uns um so härter ...
Dreieinviertel Millionen Menschen sind arbeitslos – um sieben Prozent im Westen, um fünfzehn Prozent im Osten; nächstes Jahr könnten vier bis fünf Millionen ohne Beschäftigung sein. Die Realeinkommen sinken, die Ausfuhr fällt, die Einfuhren gehen zurück. In dieser Lage sind viele schrille Töne über den Wirtschaftsstandort Deutschland zu vernehmen: Wir arbeiten zuwenig und feiern zuviel; wir leisten uns zuviel Urlaub; unbezahlbare soziale Vergünstigungen, die höchsten Steuersätze, die längsten Genehmigungsverfahren, die strengsten Umweltauflagen, die höchsten Lohnnebenkosten. Die Unkenrufe sind nicht zu überhören: Dem Industriestandort Deutschland droht der Niedergang, unserem Sozialsystem der Zerfall.
Nun gehört Klagen genauso zum Handwerk wie Klappern. Aber man kann das Lamentieren auch übertreiben. Wer durch die Welt reist, hört überall ganz ähnliche Lamentos. Desgleichen liegt auf der Hand, daß unser hoher Sozialstandard uns Jahrzehnte einen sozialen Frieden beschert hat, um den uns noch heute alle beneiden. Kappen der Auswüchse – gewiß; Verhinderung von Mißbrauch – natürlich; mehr Bescheidenheit bei der Beanspruchung der Solidargemeinschaft und mehr Eigenfürsorge bei den Bessergestellten – selbstverständlich. Aber der Konjunktureinbruch darf nicht zum Anlaß genommen werden, in Deutschland den Thatcherismus auf den Schild zu heben. (Die Unternehmer aber) müssen sich abgewöhnen, so gierig nach staatlichen Subventionsbrocken zu schnappen. Und sie müssen sich eingestehen, daß ein Teil unserer Misere auch einem in manchen Branchen reichlich verschnarchten Unternehmertum zuzuschreiben ist.
Hinter den momentanen Verwerfungen der Konjunktur leuchtet überdies allerdings eine strukturelle Problematik auf ...: die Möglichkeit, daß die demokratischen Industriestaaten nach dem Ende der gegenwärtigen Konjunkturschwäche dauerhaft auf einem sehr hohen Sockel hartnäckiger Arbeitslosigkeit sitzen bleiben.
Es wäre eine boshafte Ironie der Geschichte, wenn der Kapitalismus seinen Triumph über den real existierenden Sozialismus nur eine karg bemessene Zeitspanne überleben sollte ... Könnte uns die bezahlbare Arbeit ausgehen? Aber wer redet schon darüber?

(aus: Die Zeit Nr. 29 vom 16. 7. 1993, S. 3, Autor: Theo Sommer)

---

1. Deuten Sie die Karikaturen und vergleichen Sie deren Aussagen mit den Einschätzungen des Autors in Material 15.
2. „Dem Industriestandort Deutschland droht der Niedergang, unserem Sozialsystem der Zerfall." Womit werden solche, wie der Autor von Material 15 schreibt, „Unkenrufe" begründet?
3. Führen Sie die Debatte auf der Grundlage neueren statistischen Materials fort.

3. Mehr Markt oder mehr Staat?

Die Soziale Marktwirtschaft hatte in der alten Bundesrepublik drei Wirtschaftskrisen zu bewältigen: 1967, 1975 und 1982. Angesichts dieser Herausforderungen entstanden immer wieder Kontroversen um die wirtschaftpolitische Rolle des Staates. Sollte der Staat aktiv in den Wirtschaftsprozeß eingreifen, um krisenhaften Entwicklungen entgegenzusteuern?

Auf die Vorboten der Krise von 1967 hatte Bundeskanzler Ludwig Erhard lediglich mit Maßhalteappellen reagiert; weitergehende Forderungen nach einem staatlichen Krisenmanagement wies er zurück; sie stellten für ihn eine ordnungspolitisch unzulässige Ausweitung der Staatsaufgaben dar. Die Mehrheit des Bundestages beschritt jedoch einen anderen Weg. Nach der Ablösung der Regierung Erhard durch eine Große Koalition verabschiedete der Bundestag 1967 unter dem maßgeblichen Einfluß des neuen Wirtschaftsministers Prof. Karl Schiller (SPD) das „Gesetz zur Förderung der Stabilität und des Wachstums der Wirtschaft". Mit diesem Stabilitätsgesetz schuf der Bundestag die Voraussetzungen für eine aktive Wirtschaftspolitik. Das Parlament stellte der Regierung haushalts- und steuerpolitische Instrumente zur Verfügung, die sie in die Lage versetzen sollten, die wirtschaftliche Entwicklung im Rahmen der marktwirtschaftlichen Ordnung zu steuern. Das Gesetz schrieb fest, daß die Wirtschaftspolitik an den Erfordernissen des gesamtwirtschaftlichen Gleichgewichts ausgerichtet werden soll, d. h. sie soll gleichzeitig ein stabiles Preisniveau, einen hohen Beschäftigungsstand und außenwirtschaftliches Gleichgewicht bei stetigem und angemessenen Wirtschaftswachstum anstreben.

Stabilitätsgesetz

Der Glaube, die Politik könne die Wirtschaftsentwicklung im Sinne eines gesamtwirtschaftlichen Gleichgewichts zuverlässig steuern, war groß, obwohl man sich bewußt war, daß die gleichzeitge Verwirklichung der vier stabilitätspolitischen Ziele geradezu „magische Kräfte" erfordern würde. Ende der siebziger Jahre wuchsen Zweifel an der Beherrschbarkeit ökonomischer Prozesse. Angesichts steigender Preise, wachsender Arbeitslosigkeit und einer hohen Staatsverschuldung zerbrach die seit 1969 bestehende sozialliberale Koalition.

Magisches Viereck

Die 1982 unter Helmut Kohl neu gebildete Bundesregierung aus CDU/CSU und FDP verzichtete weitgehend auf die Anwendung des stabilitätspolitischen Instrumentariums. Sie konzentrierte sich vielmehr in ihrer angebotsorientierten Politik darauf, die Spielräume für unternehmerische Privatinitiative zu erweitern und die Bedingungen für unternehmerisches Handeln zu verbessern. Trotz günstiger Rahmenbedingungen – wie etwa dem Verfall der Preise für Erdöl und zahlreiche andere Rohstoffe sowie rückläufiger Zinsen – und trotz eines beachtlichen Wirtschaftswachstums, einem nur mäßigen Preisanstieg und hohen Überschüssen im Außenhandel gelang es jedoch auch während der achtziger Jahre nicht, Vollbeschäftigung herzustellen. Mit der Zielsetzung „Sicherung des Wirtschaftsstandorts Deutschland" setzte die Regierung Kohl ihre angebotsorientierte Politik faktisch auch zu Beginn der neunziger Jahre fort.

Angebotsorientierte Politik

Mehr Markt oder mehr Staat?

MATERIAL 16 Wirtschaftpolitische Ziele und wirtschaftliche Entwicklung in der Bundesrepublik

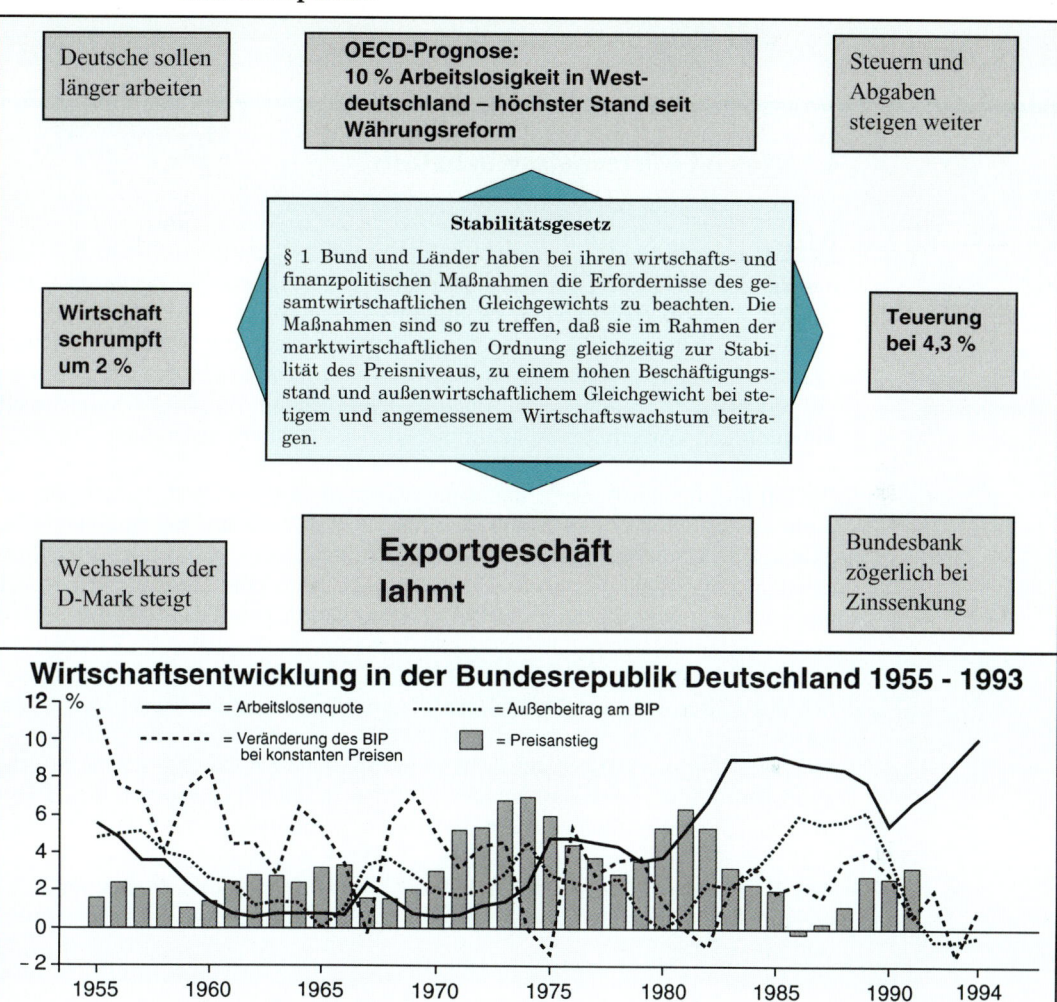

- Deutsche sollen länger arbeiten
- OECD-Prognose: 10 % Arbeitslosigkeit in Westdeutschland – höchster Stand seit Währungsreform
- Steuern und Abgaben steigen weiter
- Wirtschaft schrumpft um 2 %
- Teuerung bei 4,3 %
- Wechselkurs der D-Mark steigt
- Exportgeschäft lahmt
- Bundesbank zögerlich bei Zinssenkung

Stabilitätsgesetz

§ 1 Bund und Länder haben bei ihren wirtschafts- und finanzpolitischen Maßnahmen die Erfordernisse des gesamtwirtschaftlichen Gleichgewichts zu beachten. Die Maßnahmen sind so zu treffen, daß sie im Rahmen der marktwirtschaftlichen Ordnung gleichzeitig zur Stabilität des Preisniveaus, zu einem hohen Beschäftigungsstand und außenwirtschaftlichem Gleichgewicht bei stetigem und angemessenem Wirtschaftswachstum beitragen.

Wirtschaftsentwicklung in der Bundesrepublik Deutschland 1955 - 1993

(Grafik: Arbeitslosenquote, Außenbeitrag am BIP, Veränderung des BIP bei konstanten Preisen, Preisanstieg; Zeitraum 1955–1994, Werte von -2 bis 12 %)

1. Die Schlagzeilen berichten über die Wirtschaftsentwicklung in den alten Bundesländern im Jahre 1993. Ihre Auswertung kann unter folgenden Fragestellungen erfolgen:
   – Um welche Ziele geht es in der Wirtschaftspolitik?
   – Welche der in den Schlagzeilen genannten Forderungen und Maßnahmen sind mit dem Stabilitätsgesetz in Einklang zu bringen, welche nicht?
   – Zeichnen sich Zielkonflikte ab?
2. Aktualisieren Sie diese Schlagzeilen und beurteilen Sie aufgrund deren Aussagen die Wirtschaftslage unter stabilitätspolitischen Gesichtspunkten.
3. Schreiben Sie die Grafik „Wirtschaftsentwicklung in der Bundesrepublik" fort, und untersuchen Sie Zusammenhänge in der Entwicklung der Wachstumsrate, der Arbeitslosenquote und der Inflationsrate.

4. Wachstum, Wachstum über alles?

4.1 Was ist Wirtschaftswachstum?

Mit Beginn der Industrialisierung im 18. und 19. Jahrhundert setzte in den meisten europäischen Ländern, in Nordamerika und Japan ein bis heute anhaltender Prozeß wirtschaftlichen Wachstums ein; er hat zu einer radikalen Veränderung der Lebensverhältnisse geführt. Auch in absehbarer Zeit dürfte sich das Wirtschaftswachstum fortsetzen. Zwar wird immer häufiger auf die „Grenzen des Wachstums" hingewiesen, doch in Wissenschaft und Politik herrscht die Meinung vor, Wirtschaftswachstum sei auch weiterhin erforderlich.

Grenzen des Wachstums

Die Gründe für die Ansicht, daß eine Wirtschaft wachsen soll, hat bereits vor mehr als 200 Jahren Adam Smith in seinem Buch „Wohlstand der Nationen" dargelegt. Dort wird erstens auf den Wunsch der Menschen nach Verbesserung ihres Lebensstandards hingewiesen. Dieser Wunsch nach mehr Wohlstand ist auch heute ungebrochen. Zweitens könne, so Adam Smith, eine Gesellschaft viele Probleme leichter bewältigen, wenn die Wirtschaft nicht stagniere. Als Beispiele für solche durch Wirtschaftswachstum leichter zu lösenden Aufgaben könnte man heute anführen: das Beschäftigungsproblem, die Versorgung der immer größer werdenden Zahl von Rentnern oder den sozialen Ausgleich zwischen Armen und Reichen. Über das Wirtschaftswachstum sollte auch ein Großteil der Kosten der deutschen Einheit finanziert werden. Um den großen Finanzbedarf zu decken, mußten aber auch Steuern erhöht und Kredite aufgenommen werden.

Wie aber entsteht Wirtschaftswachstum? Was ist überhaupt „Wachstum"? Auf welche Weise kann man feststellen, ob eine Volkswirtschaft wächst, stagniert oder gar schrumpft?

Produktivität Produktionspotential

Die Wirtschaft kann wachsen, wenn die Produktionsfaktoren Boden, Kapital und Arbeit vermehrt oder – aufgrund des technischen Fortschritts – effizienter eingesetzt werden. In den modernen Industriegesellschaften ist Wirtschaftswachstum vor allem auf technischen Fortschritt zurückzuführen, da insbesondere der Faktor „Arbeit" nicht beliebig vermehr werden kann. Neue leistungsfähigere Maschinen oder verbesserte Fertigungsverfahren bewirken eine Steigerung der Produktivität und damit – bei konstantem Einsatz des Faktors Arbeit – eine Erweiterung der Produktionskapazitäten, des Produktionspotentials. Ob der Produktivitätsfortschritt jedoch zu einer Ausweitung der Produktion genutzt wird, hängt von den Gewinnerwartungen der Unternehmen ab. Nur wenn diese aufgrund von Marktanalysen davon überzeugt sind, daß eine höhere Produktion auch wirklich zu einem von ihnen gewünschten Preis abgesetzt werden kann, werden sie die Produktion ausweiten; andernfalls werden sie die Produktivitätsfortschritte zum Abbau von Arbeitskräften nutzen. In diesem Fall hätte der effizientere Einsatz der Produktionsfaktoren nicht zu einer Ausweitung des Produktionspotentials geführt, die Wirtschaft könnte nicht wachsen.

Wachstum, Wachstum über alles?

Ein anderer Indikator für wirtschaftliches Wachstum ist das Bruttosozialprodukt (BSP) bzw., seit 1992, das Bruttoinlandsprodukt (BIP). Letzteres drückt den Wert aller Güter und Dienstleistungen aus, die im Inland während eines Jahres geschaffen oder erbracht werden; das BSP hingegen hob auf die Wirtschaftsleistung der Inländer ab, d. h. es berücksichtigte etwa die von deutschen Unternehmen im Ausland erbrachten Leistungen und vernachlässigte umgekehrt die der in Deutschland ansässigen ausländischen Unternehmen. Der Vergleich des BIP von Jahr zu Jahr zeigt, ob es gewachsen, gleichgeblieben oder zurückgegangen ist. Da sein Wert in den jeweiligen Marktpreisen ausgedrückt wird, kann es wegen zwischenzeitlich eingetretener Preissteigerungen zu Ungenauigkeiten kommen. Um die wirkliche, die reale Entwicklung des Inlandsprodukts erfassen zu können, müssen die zwischenzeitlich eingetretenen Preisänderungen herausgerechnet werden. Hierzu wird das BIP mehrerer Jahre jeweils mit den Marktpreisen eines einzigen Jahres bewertet; dem „Basisjahr". Dieses preisbereinigte BIP wird als reales Inlandsprodukt bezeichnet – im Gegensatz zum nominalen Inlandsprodukt, das die „jeweiligen" Marktpreise widerspiegelt. Die jährlichen prozentualen Veränderungen des realen Bruttoinlandsprodukts zeigen die Wachstumsraten einer Volkswirtschaft an.

Bruttosozial-, Bruttoinlandsprodukt

reales/nominales BIP Wachstumsraten

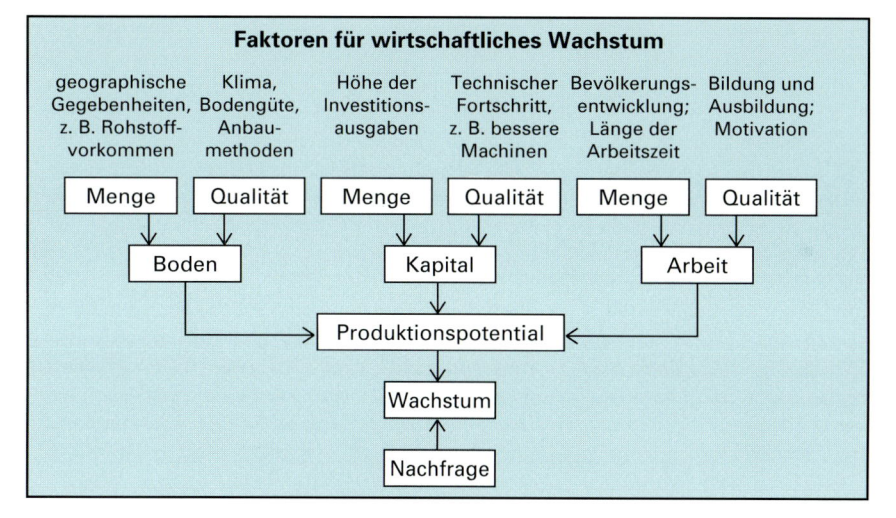

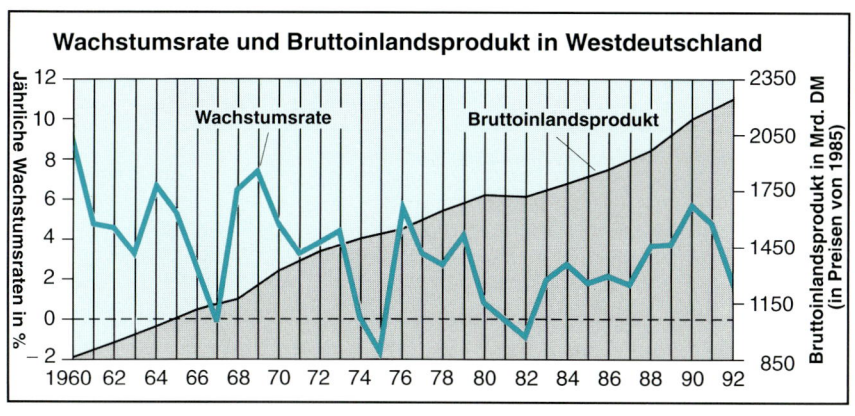

Faktoren für wirtschaftliches Wachstum

geographische Gegebenheiten, z. B. Rohstoffvorkommen	Klima, Bodengüte, Anbaumethoden	Höhe der Investitionsausgaben	Technischer Fortschritt, z. B. bessere Maschinen	Bevölkerungsentwicklung; Länge der Arbeitszeit	Bildung und Ausbildung; Motivation
Menge	Qualität	Menge	Qualität	Menge	Qualität
Boden		Kapital		Arbeit	

→ Produktionspotential ←
↓
Wachstum
↓
Nachfrage

Wachstumsrate und Bruttoinlandsprodukt in Westdeutschland

85

MATERIAL 17 Was ist das eigentlich „Wachstum"?

Wie notwendig ist Wachstum? Was hat Wachstum mit Investitionen zu tun? Was ist das eigentlich: „Wachstum"?

Das Beispiel von einem Robinson auf seiner Insel erleichtert die Antwort auf solche Fragen immer noch am besten. Robinson muß beispielsweise Fische fangen, damit er genug zu essen hat. Mit bloßen Händen ist er damit den ganzen Tag beschäftigt und bringt es auf nicht mehr als zwei am Tag. Das ist jene Ration, die er täglich verspeist. Bald beschließt er, für den Fischfang ein Netz zu knüpfen. Das kostet Zeit, die ihm für den Fischfang fehlt. Um während des Netzbaus trotzdem nicht zu verhungern, ißt er eine Zeitlang nur eineinhalb Fische und hebt einen halben auf. Robinson spart. Er spart sich soviel vom Munde ab, bis er soviel Fischhälften beisammen hat, daß er das Netzknüpfen ohne den Zwang zum täglichen Fischfang beginnen kann. Er spart, und er investiert das Ersparte in den Netzbau.

Als das Netz fertig ist, hat Robinson ein Investitionsgut produziert. Der Preis dafür war sein Konsumverzicht. Die Investition erweist sich als erfolgreich; Robinson fängt statt zwei jetzt täglich zehn Fische. Die Fische sind sein kleines Bruttosozialprodukt. Dadurch, daß er investiert hat, hat er es von zwei auf zehn vergrößert. Seine Investition hat ihm wirtschaftliches Wachstum gebracht. Dazu kommt noch das Netz. Robinsons Kapitalgut, sein erstes Vermögen. Die überschüssigen Fische trocknet er.
Nach einiger Zeit ist sein Fischvorrat, seine neue Ersparnis so groß, daß er abermals investieren kann: Er baut ein Boot. Vom Boot aus ist der Fischfang leichter; er gewinnt Freizeit, kann sich Arbeitszeitverkürzung leisten. Mit dem Boot erreicht er auch eine Nachbarinsel. Dort findet er Früchte. Wieder steigt Robinsons Sozialprodukt, wieder hat ihm die Investition Wirtschaftswachstum beschert und sein Vermögen vermehrt. Robinson hat mit Netz und Boot Kapital gebildet.

Das Robinson-Modell läßt sich ausbauen. Freitag kann aufkreuzen, andere Schiffbrüchige können angespült werden, es wird geheiratet, Kinder wachsen heran, Arbeitsteilung und Tauschhandel entwickeln sich, eine Währung kommt auf. Doch zum Verständnis für den engen Zusammenhang zwischen Sparen und Investieren auf der einen Seite und Wachstum auf der anderen genügt bereits das einfache Beispiel. Wird gespart, kann investiert werden. Wird investiert, und zwar über die bloßen Erhaltungsinvestitionen hinaus (bei Robinson: Ersatz des verbrauchten Netzes durch ein neues), steigt das Sozialprodukt, die Wirtschaft wächst. Diese Investitionen, Netto-Investitionen genannt, sind also für das Wachstum eine notwendige Voraussetzung. Ihre Bedeutung liegt dabei vor allem darin, daß mit einer zusätzlichen Investition die Fähigkeit einer Volkswirtschaft, Güter zu produzieren, größer geworden ist. Der Volkswirtschaft stehen nach der Investition, nach der Anschaffung von Produktionsmitteln, zur Versorgung mehr Güter zur Verfügung als vor der Investition.

Doch damit ist noch nicht geklärt, ob und warum Wachstum notwendig ist. Hat Robinson Wachstum gebraucht? Nein, gebraucht hat er es nicht, aber er wollte es. Mit zwei Fischen hätte er sein Leben bis an sein Lebensende täglich fristen können, doch das hat ihm nicht genügt. Er wollte mehr: seinen Lebensstandard erhöhen. Freilich auf bescheidene Weise; seine Umwelt ist bei diesem Wachstum heil geblieben. Das Wachstumsstreben heute dagegen gefährdet die Umwelt. Doch nach wie vor steht hinter diesem Streben der Wille nach noch mehr Wohlstand.

(aus: Frankfurter Allgemeine Zeitung vom 4. 1. 1983, Autor: Klaus Peter Krause)

1. Erarbeiten Sie am Beispiel Robinsons, unter welchen Voraussetzungen Wirtschaftswachstum entstehen kann.
2. Stellen Sie Argumente zusammen, mit denen die Ansicht, Wirtschaftswachstum sei unverzichtbar, untermauert werden könnte.
3. Erörtern Sie mögliche Grenzen des Wirtschaftswachstums.

4.2 Welches Wachstum ist „angemessen"?

Das Stabilitätsgesetz nennt als Zielvorgabe ein „angemessenes Wirtschaftswachstum"; es gibt dieses Ziel jedoch nicht größenmäßig vor. Welches Wachstum aber ist „angemessen"? In den fünfziger und sechziger Jahren waren jährliche Wachstumsraten von sechs und mehr Prozent durchaus nicht selten. Solche Werte sind heute kaum noch zu erwarten, nicht zuletzt, weil die hohen Wachstumsraten jener Jahre auf einem relativ niedrigen Sozialprodukt als Ausgangsniveau fußten. Geht man vom Vollbeschäftigungsziel aus, müßte ein „angemessenes" Wachstum eine Größenordnung erreichen, die einen hohen Beschäftigungsstand gewährleistet. Doch selbst kräftiges Wirtschaftswachstum wie in den achtziger Jahren schafft nicht genügend neue Arbeitsplätze.

Auch aus ökologischen Gründen werden Zweifel an dem Ziel möglichst hoher Wachstumsraten angemeldet. Die Diskussion über die ökologischen Aspekte von Wirtschaftswachstum entstand zu Beginn der siebziger Jahre und wurde vor allem durch den Bericht des Club of Rome über die „Grenzen des Wachstums" ausgelöst; dessen Berechnungen über die Endlichkeit der Rohstoffe fußten auf der Annahme eines exponentiellen Wachstums, eines Wachstums mit konstanter Rate, das in immer kürzeren Zeitabständen zu einer Verdoppelung des Verbrauchs an Ressourcen führt. Die Prognosen des Reports über „Die Grenzen des Wachstums" hatten seit 1972 viel zur Verbreitung einer radikalen Wachstumskritik beigetragen. Mit dem Wirtschaftswachstum solle Schluß gemacht werden, war die extreme Forderung; das „Null-Wachstum" wurde propagiert. Abgesehen davon, daß die Gleichsetzung von Wirtschaftswachstum mit exponentiellem Wachstum nicht der Wirklichkeit entspricht – im Trend sind die jährlichen Zuwachsraten des Inlandsprodukts ständig kleiner geworden und nur die absoluten Zuwächse sind in etwa konstant geblieben –, hat die Diskussion doch zu sehr viel Nachdenklichkeit geführt. Vielen wurde bewußt, daß ein wachsendes Inlandprodukt nicht unbedingt eine Steigerung von Lebensqualität bedeuten muß. Die Forderung kam auf, man solle überlegen, „was denn da wachsen soll und was nicht" (Erhard Eppler). Man solle Wachstum nicht mehr nur rein quantitativ, sondern auch qualitativ bestimmen.

Grenzen des Wachstums

Null-Wachstum

Ein solches qualitatives Wachstum wirft zahlreiche bis heute nicht gelöste Probleme auf. Zum einen müssen Instrumente entwickelt werden, mit deren Hilfe wirtschaftliches Wachstum in eine ökologisch sinnvolle Richtung gelenkt werden kann, ohne daß marktwirtschaftliche Grundsätze verletzt werden. Zum anderen sind Produktionspotential und Inlandsprodukt keine geeigneten Maßstäbe für qualitatives Wachstum, da sie z. B. auch ökologisch schädliches Wirtschaften bzw. ökologisch schädliche Produkte erfassen und als „Wohlfahrtsgewinn" ausweisen. In den letzten Jahren haben deshalb verschiedene Wissenschaftler versucht, mit Hilfe „sozialer Indikatoren" die Berechnung des Inlandsproduktes zu korrigieren. Das Statistische Bundesamt hat 1989 die Arbeiten an einer umweltökonomischen Gesamtrechnung aufgenommen. Der ursprüngliche Gedanke, ein „Ökosozialprodukt" zu ermitteln, das neben der wirtschaftlichen Leistung die Umweltbelastungen und Folgekosten des Wachstums in einer einzigen Zahl zum Ausdruck bringt, ist jedoch wegen erheblicher Bewertungsschwierigkeiten dieser Kosten nicht zu verwirklichen.

Qualitatives Wachstum

MATERIAL 18 Vergrößerung des Inlandsprodukts bei unterschiedlichen Wachstumsraten

Jahr	Prozentuale Wachstumsrate pro Jahr				
	1 %	2 %	3 %	4 %	5 %
0	100	100	100	100	100
10	110	122	134	148	163
30	135	181	243	324	432
50	164	269	438	708	1147
70	201	400	792	1549	3043
100	270	724	1922	5012	13150

1. Erläutern Sie die Tabelle (Mat. 18).
2. Überprüfen Sie an Material 19, ob die Annahme einer jährlich konstanten Wachstumsrate der Wirklichkeit entspricht.
3. Erörtern Sie, welches Wachstum als angemessen bezeichnet werden sollte.

(aus: K. W. Leistico: Anatomie der Wirtschaft, Rowohlt, Reinbek, 1969, S. 99)

MATERIAL 19 Wirtschaftswachstum als Selbstzweck und Leerlauf?

„In Amerika wurde eine landwirtschaftliche Maschine erfunden, die allerdings noch verbessert werden muß, weil sie zuviel Raum einnimmt. Sie pflanzt Kartoffeln, bewässert sie, erntet sie ab, wäscht sie, kocht sie und ißt sie auf." (Ephraim Kishon)
Mit dieser Maschine wird eigentlich recht genau die heutige Wirtschaft beschrieben. Sie wird immer mehr zu einer Maschine – es ist wahr: eine sehr raumbeanspruchende Maschine –, die nicht nur Sozialprodukt produziert, sondern gleichzeitig einen immer größeren Teil davon selber konsumiert und verschluckt. Das heißt, ein immer kleinerer Teil des Zuwachses kommt beim wirtschaftenden Menschen an, für den angeblich produziert wird, bringt also überhaupt keinen Nutzen; ein immer größerer Teil muß für die Folgekosten des wirtschaftlichen Wachstums aufgewendet werden oder scheidet aus der Wirtschaft aus, bevor er überhaupt irgendeinen Nutzen stiften konnte. Das Sozialprodukt steigt, die Wirtschaft arbeitet immer angestrengter, die ganze Anstrengung hat immer weniger Sinn. ... Unsere Zivilisationsmaschine des quantitativen Wachstums wird immer mehr zu einem Leerlauf.
Dieser Leerlauf hat verschiedene Erscheinungsformen. ... Er umfaßt einmal den gesamten Teil der Güter, die fortgeworfen oder ausrangiert werden, bevor sie verbraucht oder abgenutzt sind: infolge von Modeänderungen, um des Prestiges willen, weil der technische Fortschritt angeblich oder tatsächlich bessere Güter oder Produktionsmittel bereitstellt, wegen nicht vorhandener Reparaturmöglichkeiten usw. ... Es handelt sich um den gewollten oder ungewollten Verschleiß ..., der dazu dient, Platz zu machen für die nachdrängende Neuproduktion. Da alle Waren nur mit ihrem Preis, also ihrem Verkaufswert, in das Sozialprodukt eingehen, unabhängig davon, wie lange sie und ob sie überhaupt genutzt werden, steigt das Sozialprodukt an, je größer der Verschleiß ... ist, und je mehr neue Waren nachrücken können. ...
Eine [andere] Art des Leerlaufs steht im Zusammenhang mit den eigentlichen Folgekosten des Wachstumsprozesses. Wenn wir nicht untergehen wollen in Lärm, in der Verschmutzung des Wassers, der Verunreinigung der Luft, der Überschwemmung des Landes mit Unrat, müssen immer mehr Zusatzleistungen erbracht werden zur Beseitigung der Belästigungen, zur Säuberung oder zur Korrektur bereits eingetretener Schädigungen. Es handelt sich z. B. um Lärmschutzmauern, Abwasserreinigungsanlagen, Luftfilter, Kehrichtverbrennungsanlagen. Alle erhöhen das Sozialprodukt, aber dienen nur dazu, so gut es geht (und es geht nur in sehr beschränktem Ausmaß), Schäden zu reparieren, die sich aus dem bisherigen Sozialproduktwachstum ergeben haben. Ein zusätzlicher Nutzen wird nicht erbracht. Noch deutlicher wird diese Problematik, wenn man an die Verkehrsunfälle denkt. Je intensiver der Verkehr, desto größer das Sozialprodukt, desto höher aber auch die Unfallzahlen. Je höher aber die Unfallzahlen sind, je mehr kaputte Autos und Verunfallte auf der Straße liegen bleiben, um so stärker steigt nochmals das Sozialprodukt an durch Kauf neuer Autos und die Behandlung der Verunfallten in den Spitälern.

(aus: Hans-Christian Binswanger, Arbeit – Freizeit – Wachstum: Probleme unserer Wirtschaftsordnung, in: Mitteilungen der Verbraucherzentrale Nordrhein-Westfalen, Nr. 1, 1982, S. 23 ff.)

4.3 Warum „stetiges" Wirtschaftswachstum?

Die Marktwirtschaft beruht auf einer unüberschaubaren Vielzahl von Einzelentscheidungen. Daher sind Mißverständnisse zwischen den Kaufentscheidungen der Verbraucher und den Investitionsentscheidungen der Unternehmer nicht zu vermeiden. Eine stetige Wirtschaftsentwicklung ist in der Marktwirtschaft also nicht zu erwarten. Vielmehr vollzieht sich das wirtschaftliche Geschehen in einem zyklischen Auf und Ab des Wirtschaftswachstums, der Konjunktur. Ein Konjunkturzyklus, üblicherweise von einem Tiefpunkt zum nächsten gemessen, wird in vier Phasen eingeteilt: Aufschwung, Hochkonjunktur, Abschwung, Tiefstand. Generell werden Konjunkturschwankungen als kurzfristige Abweichungen vom langfristigen Wachstumstrend aufgefaßt. Dieser wird durch den Zuwachs des Produktionspotentials bestimmt, das durch die tatsächliche Produktion bald mehr, bald weniger ausgelastet wird. Der Auslastungsgrad des Produktionspotentials ist somit ein wichtiger Konjunkturindikator; er drückt das reale Bruttoinlandsprodukt in Prozent des Produktionspotentials aus. Ein sinkender Auslastungsgrad zeigt einen konjunkturellen Abschwung (Rezession) an, ein steigender einen Aufschwung (Prosperität). Von Hochkonjunktur (Boom) spricht man bei einer völligen Auslastung, von einer Krise (Depression) bei einem anhaltend niedrigen Auslastungsgrad.

Konjunktur
Konjunktur-
zyklus

Auslastungs-
grad des
Produktions-
potentials

Wirtschaftskrisen sind häufig mit Unternehmenszusammenbrüchen und Arbeitslosigkeit verbunden. Im Boom kann eine überschäumende Nachfrage wegen der Vollauslastung der Produktionskapazitäten eine Inflation auslösen. Um diese wirtschaftlich, sozial und politisch unerwünschten Effekte von Konjunturschwankungen möglichst abzuschwächen, verpflichtet das Stabilitätsgesetz die Bundesregierung auf das Ziel eines stetigen Wirtschaftswachstums.

Der Gedanke, die Konjunkturausschläge durch wirtschaftspolitische Maßnahmen zu dämpfen, geht auf den britischen Wirtschaftswissenschaftler John Maynard Keynes (1883–1946) zurück. Während die Klassiker der Marktwirtschaft gelehrt hatten, die Selbstheilungskräfte des Marktes sorgten zu jedem Zeitpunkt für einen Ausgleich von Angebot und Nachfrage und damit für ein gesamtwirtschaftliches Gleichgewicht, hielt Keynes angesichts der Weltwirtschaftskrisenzeit 1929 eine Selbstverstärkung des Abschwungs in einer Krise für möglich. Keynes führte Konjunkturschwankungen auf Schwankungen einer oder mehrerer Komponenten der gesamtwirtschaftlichen Nachfrage, d. h. auf die private Konsumgüternachfrage, auf die private Investitionsgüternachfrage, auf die Staatsnachfrage oder auf die Auslandsnachfrage zurück. Anstöße für einen Aufschwung müßten vor allem von der Staatsnachfrage ausgehen. Mit Hilfe des Staatshaushaltes, des Fiskus, solle in einer Krise zusätzliche Nachfrage geschaffen werden. Der Staat solle seine eigenen Ausgaben erhöhen und durch Steuererleichterungen und sonstige Anreize versuchen, die erlahmte private Nachfrage zu stimulieren. Um die dadurch verursachten Mehrausgaben zu finanzieren, solle sich der Staat notfalls durch Kreditaufnahme an den Kapitalmärkten verschulden (deficit spending). Umgekehrt solle der Staat in Zeiten der Hochkonjunktur seine eigenen Ausgaben drosseln, die überschüssige private Nachfrage durch Steuererhöhungen abschöpfen und diese Mehreinnahmen z. B. zur Schuldentilgung verwenden.

Gesamtwirt-
schaftliche
Nachfrage

Fiskus

„deficit
spending"

Wirtschaftsordnung und Wirtschaftspolitik in der Bundesrepublik Deutschland

Schwächen der Fiskalpolitik

Während der siebziger Jahre versuchte die Bundesregierung, die Konjunktur mittels des stabilitätspolitischen Instrumentariums zu steuern; in dieser Zeit wurde aber auch der Blick für die Schwächen der Fiskalpolitik geschärft:

- Zwischen Erkennnen, Beschließen und Durchführung der konjunkturpolitischen Maßnahmen kann soviel Zeit verstreichen, daß sie statt antizyklisch prozyklisch wirken.
- Konjunkturprogramme können die private Nachfrage allenfalls anregen, ihre Belebung jedoch nicht erzwingen – in den Worten Karl Schillers: „Man kann die Pferde zwar zur Tränke führen, nicht aber zum Saufen zwingen".
- Konjunkturprogramme wirken häufig nur als „Strohfeuer", weil sie dazu verleiten, ohnehin geplante Investitionen lediglich vorzuziehen, um die Vergünstigungen des zeitlich befristeten Konjunkturprogramms „mitzunehmen".
- Zwar ist es leicht, in der Krise Steuererleichterungen zu beschließen; umgekehrt können im Boom jedoch Steuererhöhungen nur sehr schwer gegen den Widerstand von Interessengruppen durchgesetzt werden.

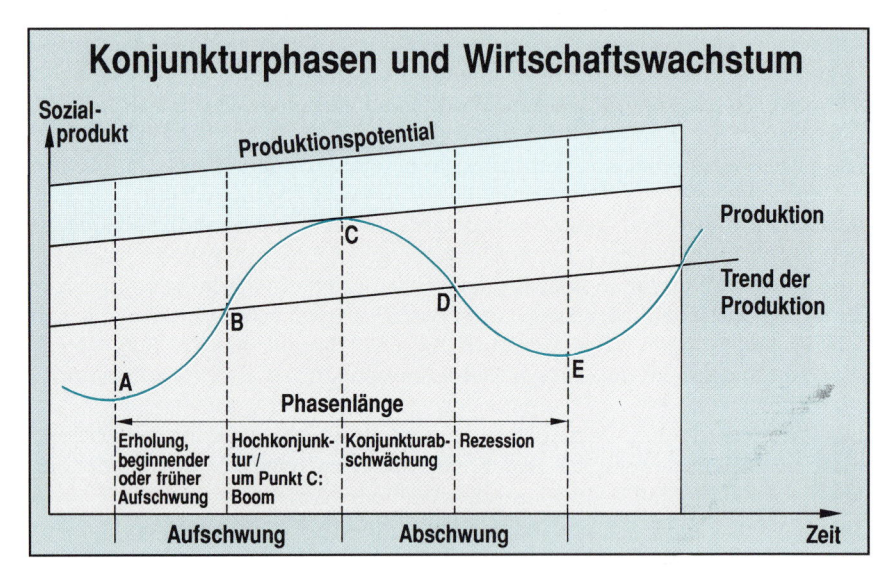

Konjunkturphasen und Wirtschaftswachstum

Instrumentarium des Stabilitätsgesetzes	
Hochkonjuntur	**Rezession**
1. Heraufsetzung der Einkommensteuer/Lohnsteuer und Körperschaftssteuer um höchstens 10 % für längstens ein Jahr (Konjunkturzuschlag). 2. Beschränkung der Abschreibungsmöglichkeiten. Aufhebung von Sonderabschreibungen zur Dämpfung der Investitionen. 3. Stillegung von Staatseinnahmen bei der Bundesbank (Konjunkturausgleichs-Rücklage). Kreditaufnahmebeschränkung und Ausgabekürzungen des Staates.	1. Herabsetzung der Einkommensteuer/Lohnsteuer und Körperschaftssteuer um höchstens 10 % für längstens ein Jahr. 2. Gewährung eines Investitionsbonus = Abzug von bis zu 7,5 % der Investitionsausgaben von der Steuerschuld. 3. Finanzierung zusätzlicher Ausgaben aus der Konjunkturausgleichs-Rücklage und/oder durch zusätzliche Kredite.

MATERIAL 20 Brünings Wirtschaftspolitik – ein Vorbild für Bonn?

Verschärfen die von der Bundesregierung beschlossenen Kürzungen der Staatsausgaben die Rezession in der Bundesrepublik? Wiederholen Bundeskanzler Helmut Kohl und Finanzminister Theo Waigel heute denselben verhängnisvollen Fehler von Reichskanzler Heinrich Brüning, der zu Beginn der dreißiger Jahre mit katastrophalem Ergebnis versucht hatte, die damalige Wirtschaftskrise unter anderem durch radikale Ausgabenkürzungen im Staatsetat zu bekämpfen?

Der historische Vergleich zu Brüning ... ist weit überzogen, auch wenn es auf den ersten Blick Ähnlichkeiten zwischen damals und heute gibt: Wie damals ging die Regierung in den Jahren vor der Krise zu leichtfertig mit öffentlichen Finanzen um, wurde das Ausmaß der Krise zunächst unterschätzt, wurden dann die Defizite in den öffentlichen Etats durch höhere Steuern und Kürzungen vor allem bei den Sozialleistungen bekämpft. Aber im Gegensatz zur Regierung heute hat Brüning per Notverordnung eine massive Deflationspolitik betrieben. Preise und Einkommen wurden um etwa dreißig Prozent gesenkt; die öffentlichen Ausgaben wurden zwischen 1930 und 1932 um etwa ein Drittel reduziert, mitten in der Depression wurde die Neuverschuldung der öffentlichen Hand auf nahezu Null zurückgeführt.

Wie weit der Vorwurf der Brüningschen Notverordnungspolitik an die Adresse Kohls und Waigels von der Realität entfernt ist, macht eine schlichte Rechnung deutlich. Folgten die beiden dem Beispiel Brünings, würden die Ausgaben des Bundes im nächsten Jahr nicht um fast 20 Milliarden Mark (auf 478 Milliarden) erhöhen, sondern um mehr als 76 Milliarden senken. Und die Neuverschuldung würden von heute knapp 68 Milliarden Mark innerhalb von zwei Jahren nahezu beseitigt werden. Würde sich die Bundesregierung tatsächlich die Reichsregierung Heinrich Brünings zum Vorbild nehmen, wären die Konsequenzen tatsächlich ähnlich verheerend wie in den dreißiger Jahren. ...

Durch Fehlentscheidungen und Versäumnisse in der Vergangenheit hat sich die Regierung (jedoch) in eine Falle manövriert. Einerseits befindet sich Westdeutschland in einer klassischen keynesianischen Situation; der Nachfragemangel verlangt geradezu ein *deficit spending* – einen mit Schulden finanzierten Konjunkturanstoß durch den Staat. Andererseits haben der Bund, aber auch Länder und Gemeinden die Schulden in der jüngsten Vergangenheit auf eine Höhe getrieben, daß dieser Weg blockiert ist. ...

Mitten in der Wirtschaftskrise steht die Regierung vor der paradoxen Aufgabe, den Staatsetat konsolidieren und gleichzeitig die Konjunktur in Schwung bringen zu müssen. Mit ihren jüngsten Beschlüssen verfehlt sie beide Ziele. Von einer Konsolidierung ist in den Bonner Planungen ... keine Spur. Wo sie überhaupt spart, tut sie es am falschen Ende. Deshalb wirkt sie auch nicht der Rezession entgegen. ... Wer (z. B.) nach Art eines Rasenmähers die Sozialleistungen stutzt, der verschärft den Nachfragemangel. Der Ausweg aus dem Dilemma wäre ein mittelfristiges Konsolidierungsprogramm. ... Dazu gehörte, daß der Finanzminister seinen 478-Milliarden-Etat noch einmal auf den Prüfstand stellt. Und dann gilt es, alle ökonomisch unsinnigen Ausgaben auszumerzen. ... Mit einer Deflationspolitik à la Brüning hat das nichts zu tun – wohl aber mit einer Rückkehr zu einer glaubwürdigen Haushaltspolitik.

(aus: Die Zeit vom 16. 7. 1993, Autor: Wilfried Herz)

1. Arbeiten Sie Gemeinsamkeiten und Unterschiede in der Wirtschaftspolitik der Regierung Brüning und Kohl heraus.
2. Erläutern Sie die „verheerenden Konsequenzen" von Brünings Politik.
3. Der Autor spricht von einer „klassischen keynesianischen Situation in Westdeutschland". Erläutern Sie, was damit gemeint ist.
4. Vergleichen Sie die nach dem Stabilitätsgesetz (S. 90) vorgesehen wirtschaftspolitischen Maßnahmen mit den wirtschaftspolitischen Entscheidungen der Bundesregierung in der Rezession 1993.

5. Geht uns die Arbeit aus?

5.1 Geschönte Arbeitslosenzahlen? – Wer ist arbeitslos?

Nach einem Jahrzehnt der Vollbeschäftigung ist seit Mitte der siebziger Jahre in der Bundesrepublik Deutschland die Zahl der Arbeitslosen in mehreren Schüben stark angestiegen. 1975 gab es im Westen Deutschlands erstmals seit den fünfziger Jahren wieder mehr als eine Million Menschen ohne Arbeit; 1983 wurde dann die Zwei-Millionen-Grenze überschritten und Mitte 1993 meldete die Bundesanstalt für Arbeit den höchsten Stand der Arbeitslosigkeit seit der Währungsreform. Selbst in dem vorangegangenen Jahrzehnt einer guten konjunkturellen Entwicklung konnten nicht genügend neue Arbeitsplätze geschaffen werden, um die Arbeitslosenzahl nachhaltig zu senken. So waren auf dem Höhepunkt der Konjunktur hier immerhin noch 1,7 Millionen Menschen als arbeitslos gemeldet. Von Konjunkturkrise zu Konjunkturkrise hat sich der Sockel von Langzeitarbeitslosen immer mehr erhöht.

Besonders dramatisch aber war der Arbeitsplatzabbau seit der deutschen Einigung in Ostdeutschland: Fast die Hälfte der Arbeitsbevölkerung in Ostdeutschland hat seit dem Übergang zur Marktwirtschaft den Arbeitsplatz verloren.

Arbeitslosenquote

Nicht jeder Arbeitslose gilt jedoch auch im amtlichen Sinne als „arbeitslos". Der offizielle Indikator zur Messung der Arbeitslosigkeit ist die Arbeitslosenquote. Sie ist in der deutschen Statistik definiert als der Anteil der beim Arbeitsamt registrierten Arbeitslosen an der Zahl der abhängigen Erwerbspersonen, d. h. der beschäftigten und der als arbeitslos registrierten Arbeitnehmer. Die Arbeitslosenquote gibt die Beschäftigungslage allerdings nur unvollkommen wieder, da sie nur die amtlich registrierten Arbeitslosen erfaßt, d. h. diejenigen, die sich bei den Arbeitsämtern als arbeitslos melden, etwa weil sie Arbeitslosengeld oder Arbeitslosenhilfe in Anspruch nehmen wollen. Wer keinen Anspruch auf solche Zahlungen hat und sich auch nicht beim Arbeitsamt als Arbeitsuchender meldet, etwa weil er sich von dessen Vermittlungstätigkeit nichts verspricht, erscheint auch in keiner Arbeitslosenstatistik. Nicht als „arbeitslos" gelten auch Personen, die in den Vorruhestand geschickt wurden, obwohl sie noch gerne arbeiten möchten, ferner solche, die nach dem Verlust ihres Arbeitsplatzes durch das Arbeitsamt umgeschult werden oder diejenigen,

Arbeitsbeschaffungsmaßnahmen

die vorübergehend in einer „Arbeitsbeschaffungsmaßnahme" unterkommen. Solche ABM-Stellen sind keine echten Arbeitsplätze, weil sie zeitlich befristet sind und aus Geldern der Bundesanstalt für Arbeit finanziert werden.

Aufgrund solcher statistischer Verfahren konnte insbesondere das Ausmaß des Arbeitsplatzabbaus in den neuen Ländern heruntergespielt werden. Um das wahre Ausmaß der Arbeitslosigkeit festzustellen, müßte die Arbeitslosenquote durch die „Stille Reserve" ergänzt werden; diese kann nur indirekt über die Schätzung des Erwerbspersonenpotentials ermittelt werden, d. h. über die Schätzung der Gesamtzahl aller arbeitsfähigen und -willigen Personen. Die Stille Reserve wird für 1994 auf mehr als 2 Millionen Arbeitskräfte geschätzt.

Stille Reserve Erwerbspersonenpotential

Geht uns die Arbeit aus?

MATERIAL 21 Ohne Arbeit nichts wert?

Er hockt da, den Rücken an die Wand gelehnt, die Knie angezogen, den Blick gesenkt. Auf einem Schild, neben ihm an der Kaufhauswand, steht in großen Buchstaben ARBEITSLOS. Ab und zu wirft jemand ein paar Münzen in die Blechdose vor seinen Füßen. Dann nickt er stumm. Er sieht nie jemanden an. Vielleicht weil er sich schämt, vielleicht weil er weiß, daß die Menschen, die ihm schnell etwas von ihrem Wechselgeld abgeben, nicht in sein Gesicht sehen wollen. Ansehen ist wie Berühren. Und wir, die wir in unserer stets zu kurzen Mittagspause an ihm vorbeihasten, wollen von keinem berührt werden, der auf der Straße sitzt. Wir haben genug eigene Sorgen. Muß der Mann da sitzen? Bekommt er denn kein Arbeitslosengeld? Keine Sozialhilfe? Wahrscheinlich wieder einer, der – irgendwie – selbst schuld ist an seiner Misere. Wer was kann, wer sich ein bißchen zusammenreißt und nicht zu fein ist, auch mal Schmutzarbeit zu machen, der findet doch immer Arbeit. ... Der Mann auf der Straße stört. Er fordert Anteilnahme. Aber wir wollen durch ihn nicht daran erinnert werden, daß Arbeit und bürgerliche Sicherheit heute nicht mehr selbstverständlich sind.

Kein Wirtschaftszweig, der nicht seine überflüssig gewordenen Arbeitsstellen gezählt und Massenentlassungen angekündigt hat: 100 000 in der Elektro- und Elektronik-Branche, 3000 bei BMW, 12 500 bei VW, 5000 bei der Lufthansa, 20 000 bei Mercedes, 100 000 bei Bundes- und Reichsbahn, 40 000 in der Stahlbranche. ...

Marlies Kottmann ist eine von denen, die die Elektronikbranche nicht mehr braucht. Für die 32jährige Bürokauffrau war die Entlassung vor einem halben Jahr ein Schock. Arbeitslos waren andere: die mit der schlechten Ausbildung, die Älteren, die Langsamen, die Blaumacher. Aber jetzt war sie eine der 200, die von einer Stuttgarter Softwarefirma „abgespeckt" wurden.

Sie müsse noch Urlaub abbummeln, erklärte sie den Nachbarn, wenn sie sie tagsüber auf der Straße traf. Inzwischen kann sie nicht mehr verheimlichen, daß dieser Urlaub kein Urlaub ist. 58 Bewerbungen hat Marlies Kottmann verschickt und viele Klinken geputzt. Umsonst. Sie steht ständig unter hektischer Anspannung. Sie schläft schlecht, in letzter Zeit hat sie oft Magenschmerzen. Und sie hat Angst: nie wieder einen Job zu finden, die Wohnung nicht mehr bezahlen zu können, vielleicht – man weiß ja nie – Alkoholikerin zu werden. Manchmal, wenn sie wieder einen von denen mit der Blechdose und dem Pappschild sieht, überfällt sie Panik.

Nutz die Zeit, ermahnt sie sich, lern endlich Wirtschaftsenglisch. Dann hast du bessere Chancen. Aber irgendwie, sagt sie, komme sie nicht vorwärts. Das Leben läuft immer zäher und langsamer. Ihre Freunde besucht sie nur

MATERIAL 22 Finanzielle Belastungen für die Familien von Arbeitslosen

Wenn Sie jetzt einmal an die Zeit denken, seit Ihr Ehemann / Partner arbeitslos ist, können Sie mir sagen, was alles von dieser Liste für Sie und Ihre Familie zutrifft? (Mehrfachnennungen)

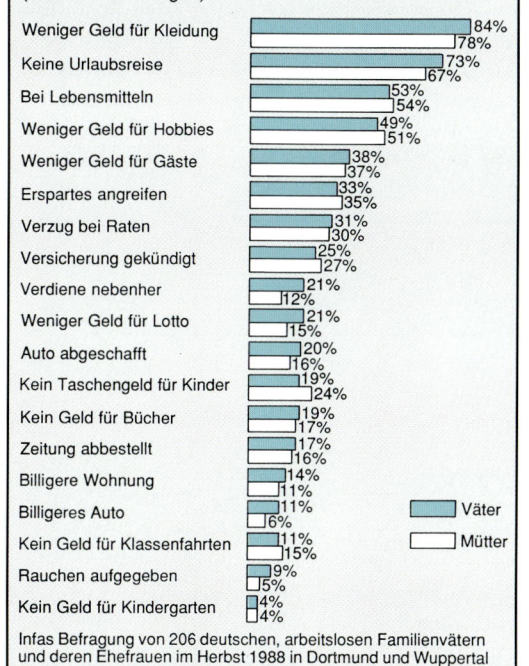

	Väter	Mütter
Weniger Geld für Kleidung	84%	78%
Keine Urlaubsreise	73%	67%
Bei Lebensmitteln	53%	54%
Weniger Geld für Hobbies	49%	51%
Weniger Geld für Gäste	38%	37%
Erspartes angreifen	33%	35%
Verzug bei Raten	31%	30%
Versicherung gekündigt	25%	27%
Verdiene nebenher	21%	12%
Weniger Geld für Lotto	21%	15%
Auto abgeschafft	20%	16%
Kein Taschengeld für Kinder	19%	24%
Kein Geld für Bücher	19%	17%
Zeitung abbestellt	17%	16%
Billigere Wohnung	14%	11%
Billigeres Auto	11%	6%
Kein Geld für Klassenfahrten	11%	15%
Rauchen aufgegeben	9%	5%
Kein Geld für Kindergarten	4%	4%

Infas Befragung von 206 deutschen, arbeitslosen Familienvätern und deren Ehefrauen im Herbst 1988 in Dortmund und Wuppertal

(aus: Mitteilungen des Arbeitsamtes 1/1991, S. 181)

noch selten. Sie habe ja nichts mehr zu erzählen. Und sie schämt sich: „Man ist einfach nichts wert, wenn man arbeitslos ist. Das steckt halt so drin." ...

Arbeit, wie sie heute gemeinhin verstanden wird, bedeutet längst mehr ... als tägliche Pflicht, mehr als Gelderwerb, um Miete, Sonntagsbraten, Auto und die Ausbildung der Kinder bezahlen zu können. Arbeit, urteilt Sigmund Freud, ist das „Band zur Realität". Seit die zentralen Lebensbereiche Beruf und Familie strikt voneinander getrennt sind, verbindet uns der Job mehr denn je mit anderen Menschen, läßt uns erleben, wie die Welt „da draußen" funktioniert. Und an unserer Arbeit erfahren wir unsere Fähigkeiten und unsere Grenzen. Das gilt für die Verkäuferin genauso wie für die Architektin, für den Lehrer genauso wie für den LKW-Fahrer. Denn jede Arbeit, und steht sie noch so sehr im Ruf, stupide zu sein, fordert Aufmerksamkeit und persönlichen Einsatz. Vor allem aber gibt sie dem Leben Sinn, denn sie beweist, daß wir nicht „überflüssig" sind. ...

Sicher: wir alle träumen mal davon, nicht mehr arbeiten zu müssen. Ist Arbeit nicht auch eine Last, kann sie nicht auch krank machen? Aber für die, die nicht mehr arbeiten dürfen, wird der immerwährende Sonntag schnell zum Alptraum: Nicht ständige Ruhe, sondern der Wechsel von Ruhe und Anspannung, von Freizeit und Arbeit ist ein Grundbedürfnis des Menschen.

Gar keine Arbeit – das bedeutet mehr Streß und Belastung als jede noch so schwere Arbeit.

Karl Lück, seit vier Jahren „zu Hause", war Leiter eines der vier Lager einer Hamburger Obst- und Gemüsegroßhandlung. Er war in der letzten Zeit häufig krank gewesen: „Übergewicht, Bluthochdruck und, na ja, nach Feierabend mit den Kollegen ab und zu ein Bier zuviel." Als die Lager zentralisiert wurden, wurde er mit einer Abfindung entlassen.

Bis dahin war er wer: „gutes Geld, schönes Haus, tüchtige Frau und zwei prima Kinder, Schiedrichter in der Firmen-Fußballmannschaft". Heute lebt der 41jährige allein in einer Einzimmerwohnung. Dabei fing alles ganz gut an: endlich mal ein paar Wochen Zeit für die Kinder ... Ein schöne Zeit. Aber aus den Wochen wurden Monate, die Zeit wurde zur Geißel und das Geld bald knapp.

Seine Autorität als ehemaliger Chef von acht Arbeitern wollte Karl Lück zwischen Küche und Kinderzimmer ausleben. Seine Kinder, das glaubte er zu spüren, respektierten ihn immer weniger, und anstelle der sonst üblichen Diskussionen gab es gleich „eins hinter die Ohren". Karl Lück, der doch gar nichts zu tun hatte, fühlte sich ständig unter Druck. Ein Jahr nach der Kündigung gehörte er wie fast jeder zweite zu den Langzeitarbeitslosen. Und das zählt für das Arbeitsamt genauso als „vermitlungshemmendes Merkmal" wie Krankheit, älter als 45 zu sein oder einen türkischen Paß zu haben. Nach anderthalb Jahren resignierte Karl Lück, da wurde es besser mit dem Druck: „Es ist eben leichter, vor dem Fernseher zu hocken, wenn du weißt, es passiert sowieso nichts anderes mehr." Er sei ein völlig anderer Mensch geworden, fand seine Frau. Sie reichte die Scheidung ein und zog mit den Kindern aus.

Dr. Thomas Kieselbach, Psychologe an der Universität Bremen und Experte für die gesundheitlichen und psychosozialen Folgen von Arbeitslosigkeit: Natürlich bedeutet die Familie für viele Arbeitslose Halt und Sicherheit. Aber jede Familie lebt in einer Beziehungsroutine, in einer Balance von Nähe und Distanz. Wird der Vater – in den meisten Familien auch heute noch der Haupternährer – arbeitslos, ist die

Distanz verschwunden. Wenn es dem Partner dann nicht gelingt, eine neue Beziehungsroutine zu finden, brechen oft verborgene Konflikte auf, an denen die Familie schnell zerbrechen kann. ...

Dabei haben ... Kinder ... oft am meisten zu leiden, wenn Mutter oder Vater den Job verlieren. Nicht, weil Arbeitslose die schlechteren, sondern weil sie die stärker belasteten Eltern sind – durch Geldnot und das demütigende Erlebnis, nicht mehr gebraucht zu werden. Studien in verschiedenen Städten der USA und Großbritanniens haben gezeigt, daß die Zahl der Kindesmißhandlungen analog zur Arbeitslosenquote anstieg. Und selbst wenn es nicht so weit kommt: Es ist schon schlimm genug, wenn ein Leben ohne Perspektive für Kinder zum Modell wird. Wozu in der Schule lernen, wenn am Ende kein Erfolg steht? Wozu eine jahrelange Ausbildung für wenig Geld absolvieren, wenn am Ende vielleicht nur das Sozialamt bleibt? ...

Wenn sie ins Berufsleben eintreten, werden aus Kindern junge Erwachsene mit eigenem Gehaltskonto, eigenen Anforderungen, eigenen Zukunftsplänen. Doch ... für viele ist in diesem Jahr nach der Lehre erst mal Schluß, in der Metallbranche zum Beispiel für jeden zweiten. In den vergangenen sechs Monaten stieg die Zahl der unter 20jährigen Arbeitslosen in den alten Bundesländern um etwa ein Fünftel auf über 70000. ...

Wo sich Angst um die eigene Existenz breitmacht, dort werden die Schuldigen schnell bei den Schwächeren gesucht. „Wer seine Arbeit zu verlieren droht oder schon verloren hat", so der Bremer Wissenschaftler Dr. Thomas Kieselbach, „der hat auch die Kontrolle über den eigenen Lebensplan verloren. Der Schrei ‚Ausländer raus, dann haben alle Deutschen Arbeit' gibt dem einzelnen das Gefühl, die Kontrolle wiederzugewinnen. Aggressive Auseinandersetzungen und scheinbar sinnlose Gewaltakte sind nicht nur ein Ventil für angestauten Zorn, sondern sie vermitteln auch die Illusion, das eigene Leben wieder selbst in die Hand nehmen zu können." ...

Heute arbeiten wir noch durchschnittlich 38 Stunden pro Woche – und nicht mehr 80, wie noch Mitte des letzten Jahrhunderts. Die (westliche) Welt ist dabei keineswegs ärmer geworden. Die rasante Entwicklung der Technologie hat das möglich gemacht, doch nun hat uns der Fortschritt im Sauseschritt überholt: Immer mehr Maschinen voller Mikrochips machen immer mehr menschliche Arbeitskraft überflüssig. ...

Uns geht die Arbeit aus. Eine Lösung scheint nicht in Sicht. Oder doch? Die immer weniger werdende Arbeit, so der französische Philosoph André Gorz, müsse umverteilt werden. 1000 Jahresarbeitsstunden, das sind vierzig 25-Stunden-Wochen, für jeden. Das klingt nach einer Revolution, einer naiven Utopie. Aber wenn Arbeit in den nächsten zwanzig Jahren nicht zum Privileg einer hochbezahlten Elite werden soll, müssen wir dringend darüber nachdenken.

(aus: Petra Oelker, Ohne Arbeit nichts wert?, in: Brigitte Nr. 17/93, S. 132–138)

1. „Bist Du arbeitslos – bist Du nutzlos – bist du sinnlos." Überprüfen Sie die Berechtigung dieser Aussagen.
2. Erörtern Sie ausgehend vom Text (Mat. 21) und der Grafik (Mat. 22) mögliche persönliche, gesellschaftliche und politische Folgen andauernder Massenarbeitslosigkeit.
3. Setzen Sie sich mit der Forderung von André Gorz auseinander, die vorhandene Arbeit müsse radikal umverteilt werden.

5.2 Kontroversen um die richtige Arbeitsmarktpolitik

Die Arbeitslosigkeit muß an ihren Wurzeln bekämpft werden. Wegen der Vielfalt der Ursachen von Arbeitslosigkeit gibt es jedoch kein Patentrezept. Nach den Ursachen unterscheidet man folgende Formen von Arbeitslosigkeit:

Saisonale Arbeitslosigkeit
- Saisonale Arbeitslosigkeit ist jahreszeitlich bedingt und auf bestimmte Wirtschaftszweige, z. B. das Fremdenverkehrsgewerbe oder das Baugewerbe beschränkt. Saisonale Einflüsse auf die Beschäftigung sind kaum zu beseitigen, saisonale Arbeitslosigkeit ist daher nicht ursachengerecht zu bekämpfen.

Fluktuationsarbeitslosigkeit
- Fluktuationsarbeitslosigkeit ist Ausdruck der üblichen Fluktuation auf dem Arbeitsmarkt, die sich z. B. aus dem Wunsch nach Veränderungen seitens der Arbeitnehmer ergibt; auch sie ist weitgehend unvermeidbar.

Konjunkturelle Arbeitslosigkeit
- Konjunkturelle Arbeitslosigkeit ist eine Folge der üblichen Konjunkturschwankungen. In einer Rezessionsphase bauen die Unternehmen zunächst Überstunden ab oder führen Kurzarbeit ein, bevor sie sich von Arbeitnehmern trennen, die sie bei einer wirtschaftlichen Erholung ja wieder benötigen. Im Vertrauen auf die Selbstheilungskräfte des Marktes raten die Anhänger wirtschaftsliberaler Vorstellungen in Zeiten konjunktureller Schwäche zur beschäftigungspolitischen Enthaltsamkeit. Demgegenüber fordern die Keynesianer aus Sorge vor einem Versagen der Marktkräfte ein antizyklisches Gegensteuern des Staates.

Strukturelle Arbeitslosigkeit
- Strukturelle Arbeitslosigkeit kann als Folge der ständigen Veränderungen im Gefüge der Volkswirtschaft auftreten. So gibt es wachsende, stagnierende und schrumpfende Wirtschaftszweige; neue Branchen entstehen, andere verschwinden völlig. Häufig hat dieser sektorale Strukturwandel auch noch eine regionale Komponente; so stützten sich die altindustrialisierten Regionen an Ruhr und Saar in hohem Maße auf den Kohlebergbau und die Stahlindustrie – zwei stagnierende oder schrumpfende Wirtschaftszweige. Daher ist die Arbeitslosigkeit dort sehr viel höher als in anderen Regionen der Bundesrepublik. Maßnahmen zur Bekämpfung der strukturellen Arbeitslosigkeit zielen meist auf die Behebung dieser regionalen und sektoralen Ungleichgewichte; hierzu gehören z. B. die Förderung der Ansiedlung von Wachstumsindustrien und die Umschulung von Arbeitskräften.

Wachstumsdefizitäre Arbeitslosigkeit
- Wachstumsdefizitäre Arbeitslosigkeit tritt auf, wenn das Wirtschaftswachstum über eine längere Periode hinweg im Vergleich zum Produktivitätsfortschritt oder im Vergleich zum Wachstum des Erwerbspersonenpotentials zu gering ausfällt. Die CDU/CSU-FDP Koalition führte seit 1982 Wachstumsdefizite auf Hemmungen des Angebots zurück und betrieb daher eine angebotsorientierte Politik mit dem Ziel, die Angebotsbedingungen etwa durch Einführung flexiblerer Arbeitszeiten, durch Genehmigung von Sonntagsarbeit oder durch Lockerungen des Kündigungsschutzes zu verbessern. Die Arbeitgeber verweisen vor allem auch auf die hohen Lohn- und Lohnnebenkosten und verlangen von den Gewerkschaften tarifpolitische Enthaltsamkeit; zugleich versuchen sie, durch Rationalisierungsmaßnahmen die Lohnkosten zu drücken. SPD und Gewerkschaften setzten demgegenüber vor 1989/90 vornehmlich auf staatliche Beschäftigungsprogramme – etwa im Umweltbereich. Ferner forderten sie eine „gerechtere" Verteilung der vorhandenen Arbeit durch Arbeitszeitverkürzung und entwickelten die Idee eines „zweiten Arbeitsmarktes" von schlechter bezahlten Tätigkeiten.

Geht uns die Arbeit aus?

MATERIAL 23 Karikatur

Hunde, die laut bellen ...

1. Ordnen Sie die einzelnen Hunde ihrem jeweiligen Halter zu. Womit könnten die Hundehalter begründen, daß ihre Hunde auch beißen können?
2. Würden Sie eher den Hundehaltern oder eher dem Karikaturisten zustimmen?
3. Sind inzwischen weitere Hunde zum Angriff auf die Arbeitslosigkeit angetreten?

MATERIAL 24 Die internationale Dimension der Arbeitslosigkeit

Der Jobmangel droht zum entscheidenden wirtschaftlichen Problem der neunziger Jahre zu werden. ... Nach einer Prognose der OECD werden allein in den 24 Mitgliedsländern der Organisation im kommenden Jahr 36 Millionen Menschen ohne Arbeit sein. Die Arbeitslosen der OECD, zu einer Menschenkette aufgereiht, könnten locker den Erdball umspannen. ... Die Arbeitslosigkeit, warnt die OECD, bedeute nicht nur für den einzelnen oft materielle Not sowie persönliche Krisen und belaste die Sozialsysteme und den gesellschaftlichen Frieden. Sie provoziere auch „kontraproduktiven politischen Aktionismus", etwa ein überhastetes und verfehltes Wachstum" oder „offenen oder versteckten Protektionismus". ...

Gerade weil die derzeitige Krise Länder wie Deutschland besonders schwer getroffen hat und der internationale Wettbewerb immer härter wird, müssen Unternehmen, die überleben wollen, mit allen Mitteln die Kosten senken. Die „Krise als Chance", die Parole der Zuversichtlichen, heißt für viele Betriebe: rationalisieren, gesundschrumpfen, entlassen wie selten zuvor. ... viele Jobs, die heute verloren gehen, werden auch in besseren Zeiten nicht mehr wiederkehren. ...
Im „Development Report 1993" des United Nations Development Programme (UNDP) ist nachzulesen, daß das Bruttoinlandsprodukt im Zeitraum von 1960 bis 1987 in Großbritannien um 83 Prozent, in Deutschland um 122 Prozent und in Frankreich um 168 Prozent wuchs, in allen drei Ländern aber die Beschäftigung 1987 unter dem Niveau von 1960 lag. Der Grund nach Meinung der UN-Forscher: der Zuwachs an Produktivität. Da die Wachstumsraten nach Auffassung der meisten Experten in Zukunft nicht mehr ausreichen werden, um die Rationalisierungserfolge zu kompensieren, wird die Produktivitätsfalle immer öfter zuschnappen.

Daß die Wirtschaft ohne zusätzliche Beschäftigung wachsen kann, zeigt auch der langanhaltende Konjunkturaufschwung Deutschlands in den achtziger Jahren: In der Bundesrepublik wuchs das Bruttoinlandsprodukt von 1982 bis 1991 jährlich durchschnittlich um 2,5 Prozent – das Arbeitsvolumen veränderte sich im gleichen Zeitraum kaum: 1982 wurden hierzulande 46,2 Milliarden Stunden gearbeitet, zehn Jahre später waren es 46,9 Milliarden Stunden. Daß dennoch mehr als zwei Millionen neue Jobs geschaffen werden konnten, lag vor allem an der um durchschnittlich zwei Wochenstunden verkürzten Wochenarbeitszeit, an vermehrter Teilzeitarbeit und zusätzlichen Urlaubstagen. Weil die geburtenstarken Jahrgänge, mehr Frauen sowie Aussiedler und andere Zuwanderer auf den Arbeitsmarkt drängten, sank die Zahl der Beschäftigungslosen freilich nur um 600 000.

Wirtschaftsordnung und Wirtschaftspolitik in der Bundesrepublik Deutschland

Voller Neid schaut deshalb mancher Europäer nach Übersee. Der Arbeitsmarkt der Vereinigten Staaten war bislang ungleich dynamischer als der europäische. Die Beschäftigung hat sich in Nordamerika seit 1960 fast verdoppelt. ... Jahr für Jahr werden jenseits des Atlantiks zwar mehr Arbeitsplätze vernichtet als in Europa, aber eben auch mehr geschaffen. ... Der Anteil der Langzeitarbeitslosen liegt in den USA bei nur sechs Prozent, in der EG ist fast jeder zweite Beschäftigungslose seit mindestens zwölf Monaten ohne Job.

Doch die Amerikaner zahlen für diese Dynamik einen hohen Preis. Immer mehr finden nur noch schlechtbezahlte, primitive Jobs, meist im Dienstleistungsbereich, die ihnen kaum eine soziale Absicherung bieten. Und die Schere zwischen Arm und Reich öffnet sich immer weiter: Die Realeinkommen der ärmsten zehn Prozent der Arbeiter sind seit 1970 um ein Drittel gefallen; die Stundenlöhne schlecht ausgebildeter junger Männer allein in den vergangenen zehn Jahren um rund zwanzig Prozent. Die Beschäftigung im verarbeitenden Gewerbe sank von 1989 bis 1992 um 16 Prozent; im Einzelhandel, wo weniger als die Hälfte verdient wird, stieg sie dagegen um zwanzig Prozent. ... Im reichsten Land der Erde ist das Phänomen der *working poor* weit verbreitet: berufstätige Amerikaner, deren Einkommen nicht zum Überleben reicht. Sie stellen den Löwenanteil der dreißig Millionen Armen Amerikas.

Wie glücklich können sich da die Japaner schätzen: Seit Jahren liegen die offiziellen Arbeitslosenraten der fernöstlichen Industriemacht bei traumhaften zwei Prozent. Das liegt vor allem an dem enormen Wirtschaftswachstum, das mit durchschnittlich 4,2 Prozent in den Jahren von 1981 bis 1991 höher lag als in jedem anderen OECD-Land (bis auf die Türkei). Doch ein genauerer Blick zeigt, daß in Nippon der Schein schöner ist als die Wirklichkeit.

Teilzeitarbeitskräfte ohne Job tauchen zum Beispiel in der japanischen Arbeitslosenstatistik gar nicht erst auf – dabei ist der Anteil der Teilzeitarbeit wesentlich höher als in Europa. Vor allem aber wächst stetig die Fraktion der sogenannten Fensterhocker: Beschäftigte, zumeist Angestellte, die eigentlich nichts zu tun haben. Sie werden von den Unternehmen so lange wie möglich gehalten – als Zugeständnis an den japanischen Mythos der Lebensarbeitsstellung und den Firmenfrieden, aber auch, um teure Entlassungen und Wiedereinstellungen in besseren Zeiten zu vermeiden. Nach einer neuen Studie betrifft diese verdeckte Arbeitslosigkeit sage und schreibe 2,46 Millionen Beschäftigte. De facto liege, so die Wirtschaftsforscher, die Arbeitslosenquote so bei sechs Prozent. Weil auch in Japan der Kostendruck auf die Unternehmen wächst, werden sich bald viele dieser Fensterhocker auf der Straße wiederfinden.

Wachsende Beschäftigungslosigkeit also auch in der dynamischsten und erfolgreichsten Industrienation der jüngeren Geschichte – Ökonomen und Politiker haben wirklich allen Grund, sich gegen die Arbeitslosigkeit etwas einfallen zu lassen. Dabei geht es um nicht weniger als um die Verfassung des kapitalistischen Wirtschaftssystems.

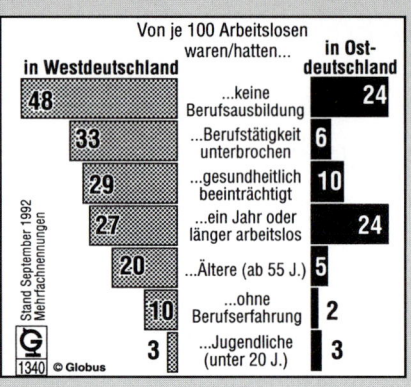

(aus: Arne Daniels, Blockade in der Job-Maschine, in: Die Zeit Nr. 29 vom 16. 7. 1993, S. 15, gekürzt)

Von je 100 Arbeitslosen waren/hatten...	in Westdeutschland	in Ostdeutschland
...keine Berufsausbildung	48	24
...Berufstätigkeit unterbrochen	33	6
...gesundheitlich beeinträchtigt	29	10
...ein Jahr oder länger arbeitslos	27	24
...Ältere (ab 55 J.)	20	5
...ohne Berufserfahrung	10	2
...Jugendliche (unter 20 J.)	3	3

Stand September 1992, Mehrfachnennungen © Globus

1. Beschreiben Sie die Unterschiede in den Arbeitsmärkten Europas, der USA und Japans.
2. Unter dem Stichwort „zweiter Arbeitsmarkt" wird neuerdings die Übernahme des flexibleren amerikanischen Systems auch bei uns diskutiert. Allerdings sollen die schlechtbezahlten Jobs der „working poor" durch staatliche Zulagen abgefedert werden. Informieren Sie sich über den Diskussionsstand und setzen Sie sich mit der Idee eines „zweiten Arbeitsmarktes" auseinander.

6. Freihandel oder Protektionismus?

„Made in Germany" – die weltweite Wertschätzung dieses Gütesiegels deutscher Exportartikel gilt als eine der Ursachen für unseren Wohlstand. Vor allem Maschinen, Kraftfahrzeuge, chemische und elektronische Erzeugnisse entwickelten sich im Exportgeschäft zu Verkaufsschlagern unserer Industrie. Die Exportquote, der Anteil des Exports von Waren und Dienstleistungen am Bruttoinlandsprodukt, stieg zwischen 1956 und 1986 von 8,5 Prozent auf 26,8 Prozent. Seit Jahren gehört die Bundesrepublik Deutschland zusammen mit den USA und Japan zu den größten Exportländern der Welt. Auch die Importquote ist seit 1950 stark gestiegen, wenn auch nicht im gleichen Ausmaß wie die Exportquote. Seit der deutschen Einigung ist jedoch ein schnellerer Anstieg der Importe zu verzeichnen. Die Importtätigkeit der alten Bundesländer ist besonders stark bei Energie und Rohstoffen.

Exportquote

Importquote

Der Wirtschaftsverkehr zwischen dem In- und Ausland wird statistisch in der Zahlungsbilanz erfaßt. Vereinfacht kann man sich eine Bilanz wie ein Konto vorstellen, auf dem Zu- und Abgänge verzeichnet werden. Aus deren wertmäßigen Gebenüberstellungen ergibt sich dann ein Überschuß oder ein Defizit. Dieser positive oder negative Restbetrag heißt Saldo. Die Zahlungsbilanz ist in zahlreiche Teilbilanzen untergliedert, z. B. die Handelsbilanz, in der die im- und exportierten Güter wertmäßig verbucht werden, die Dienstleistungsbilanz, die den Wert der an das Ausland geleisteten oder vom Ausland empfangenen Dienstleistungen – etwa im internationalen Tourismus – erfaßt und die Übertragungsbilanz, in der unentgeltliche Leistungen der Bundesrepublik – etwa im Rahmen der Entwicklungshilfe – verzeichnet werden. Diese drei Teilbilanzen werden in der Leistungsbilanz zusammengefaßt, die somit eine Unterabteilung der Zahlungsbilanz bildet. Die Kapitalverkehrsbilanz gibt Auskunft über das Ausmaß der Kapitalbewegungen zwischen In- und Ausland.

Zahlungsbilanz

Leistungsbilanz
Kapitalverkehrsbilanz

Das vom Stabilitätsgesetz geforderte Ziel des außenwirtschaftlichen Gleichgewichts gilt als erreicht, wenn die Salden von Handels- und Dienstleistungsbilanz zusammen einen Überschuß von 1,5 bis 2 Prozent des Bruttoinlandsprodukts ergeben. Dieser Überschuß ist unter anderem zum Ausgleich traditionell negativer Teilbilanzen, z. B. der Übertragungsbilanz erforderlich. Der Überschuß soll jedoch auch nicht zu hoch ausfallen, weil dessen übermäßiges Anwachsen Defizite bei anderen Ländern verursacht, die zu deren Zahlungsunfähigkeit führen und den internationalen Handel gefährden können.

Außenwirtschaftliches Gleichgewicht

Handel zwischen den Staaten ist nur möglich, wenn die Währungen der einzelnen Länder beliebig gegeneinander eingetauscht werden können. Auch müssen die Wechselkurse, die jeweils in eigener Währung ausgedrückten Preise ausländischer Währungen, einigermaßen stabil sein, damit die Handelspartner sicher kalkulieren können. Über diese beiden monetären Vorbedingungen für einen freien Handel hatten sich 1945 zahlreiche Staaten verständigt. Im Abkommen von Bretton Woods verpflichteten sich die Konferenzteilnehmer, die Konvertibilität ihrer Währungen einzuführen, d. h. jeder Signatarstaat erklärte

Wechselkurs

Konvertibilität

sich bereit, jeden ihm angebotenen Betrag seiner eigenen Währung gegen jede beliebige andere konvertible Währung einzutauschen.

Im Abkommen von Bretton Woods verständigten sich die Konferenzteilnehmer ferner auf ein *System fester Wechselkurse*: Sie vereinbarten feste Austauschverhältnisse ihrer Währungen untereinander. Die Notenbanken waren gehalten, die festgelegten Paritäten (Austauschverhältnisse) zu verteidigen. Sie mußten auf den Devisenmärkten als Verkäufer oder Käufer einer Währung auftreten, wenn durch Schwankungen von Angebot und Nachfrage deren Kurs eine festgelegte Schwankungsbreite zu unter- oder überschreiten drohte.

System fester Wechselkurse Paritäten

Das in Bretton Woods vereinbarte System fester Wechselkurse zerbrach jedoch 1973; an seine Stelle trat das Prinzip flexibler Wechselkurse. Danach entscheiden Angebot und Nachfrage nach Währungen auf den Devisenmärkten über deren Wechselkurs; dieser kann sich somit täglich ändern. Eine Interventionspflicht der Notenbanken zur Verteidigung des Wechselkurses einer bestimmten Währung besteht nicht mehr. Aus wirtschaftlichen Erwägungen können die Notenbanken jedoch durch Stützungskäufe oder durch Verkäufe auf den Devisenmärkten den Wechselkurs einer Währung beeinflussen.

Flexibler Wechselkurs

Wegen der Vorteile fester Wechselkurse für den Handelsverkehr kehrten die EG-Staaten (mit Ausnahme Großbritanniens) mit der Gründung des Europäischen Währungssystems (EWS) wieder zu festen Wechselkursen zurück. Allerdings mußten die damals festgelegten Paritäten durch Auf- und Abwertungen einzelner Währungen immer wieder geändert werden. Unter Aufwertung versteht man die Heraufsetzung, unter Abwertung die Herabsetzung des Wechselkurses. Häufig wurden solche Wechselkurskorrekturen zum Ausgleich von Wettbewerbsverzerrungen, die als Folge eines unterschiedlichen Verlaufs der Inflation in den einzelnen EWS-Ländern auftraten, erforderlich. So war beispielsweise in Frankreich die Inflationsrate über viele Jahre hinweg deutlich höher als in der Bundesrepublik; deutsche Waren konnten daher im Laufe der Zeit in Frankreich immer preiswerter angeboten werden als vergleichbare französische Produkte, und umgekehrt wurden französische Waren auf deutschen Märkten laufend teurer angeboten. Durch eine Aufwertung der DM oder eine Abwertung des Französischen Franc konnten solche die französische Wirtschaft benachteiligenden Wettbewerbsverzerrungen wieder aufgehoben werden.

Europäisches Währungssystem Aufwertung/ Abwertung

Die Prozedur von Auf- und Abwertungen ist bei flexiblen Wechselkursen nicht erforderlich, da deren Anpassung bei diesem System der Kursbildung automatisch an den Devisenmärkten erfolgt. Allerdings können sich auch hier Wettbewerbsverzerrungen einstellen, etwa wenn Zinsspekulationen Angebot und Nachfrage auf den Devisenmärkten bestimmen.

Die Bedeutung eines funktionierenden internationalen Handels für die Bundesrepublik Deutschland wird deutlich, wenn man sich vergegenwärtigt, daß hierzulande jeder vierte Arbeitsplatz vom Export abhängt. Theoretisch bringt der freie Warenaustausch für alle Nationen Nutzen, weil im System des Freihandels sich jedes Land tendenziell auf die Produktion der Waren konzentriert, bei deren Herstellung es über Kostenvorteile verfügt. Gegen solche freihändlerische Vorstellungen, wie sie dem Wirtschaftsliberalismus eigen sind, wenden sich vornehmlich die Protektionisten, die in ausländischer Konkurrenz eine Bedrohung der heimischen Wirtschaft erblicken.

Freihandel

Protektionismus

Freihandel oder Protektionismus?

MATERIAL 25 Karikatur

„Diesen Wirtschaftstypen ist auch nichts recht zu machen!"

MATERIAL 26 Entwicklung des Wechselkurses zwischen Dollar und DM

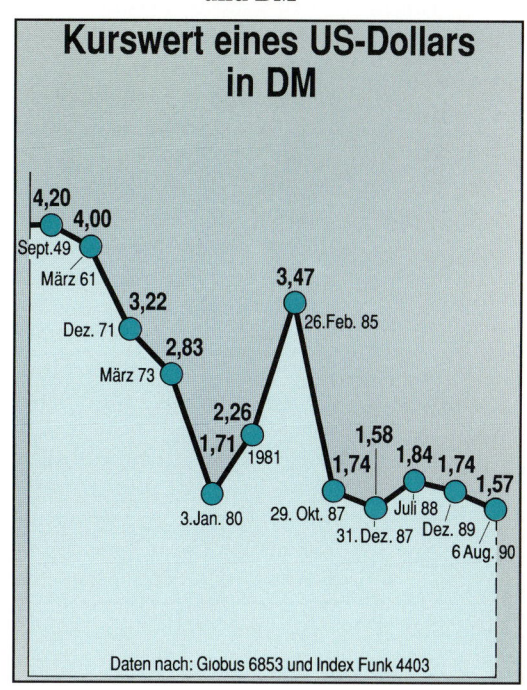

Kurswert eines US-Dollars in DM

4,20 Sept. 49
4,00 März 61
3,22 Dez. 71
2,83 März 73
2,26
1,71 3. Jan. 80
1981
3,47 26. Feb. 85
1,74 29. Okt. 87
1,58 31. Dez. 87
1,84 Juli 88
1,74 Dez. 89
1,57 6. Aug. 90

Daten nach: Globus 6853 und Index Funk 4403

MATERIAL 27 Protektionismus der Handelsriesen

Besondere Handelshemmnisse für soviel % der Einfuhren (keine Zölle)

Handelshürden der **EG** gegenüber:
Entwicklungsländern 22 %
Industrieländern 11 %

Handelshürden der **USA** gegenüber:
Entwicklungsländern 16 %
Industrieländern 9 %

Handelshürden **Japans** gegenüber:
Entwicklungsländern 15 %
Industrieländern 12 %

(nach: Globus 6258)

1. Erläutern Sie das in der Karikatur (Material 27) zum Ausdruck kommende Dilemma.
2. Erläutern Sie mögliche Auswirkungen von Wechselkursveränderungen (Material 28) auf den Außenhandel, auf die Preisentwicklung, auf die Beschäftigungslage und auf das Wirtschaftswachstum.
3. Erörtern Sie, wie die Staaten ihre Wirtschaft vor ausländischer Konkurrenz schützen können.
4. Versuchen Sie zu erklären, warum die Industrieländer gerade gegenüber den Entwicklungsländern besonders hohe Handelshürden errichten.

MATERIAL 28 Eine Zeitungsanzeige der Bundesregierung

Frau Müller kauft ein Hemd aus Ceylon. Das sichert ihrem Mann die Arbeit.

Wenn Frau Müller ihrem Mann ein Hemd kauft, dann knüpft sie an dem roten Faden, der sich durch die Weltwirtschaft zieht.
Acht von zehn Hemden, die bei uns als Import verkauft werden, kommen aus einem Land der Dritten Welt. Die Entwicklungsländer ... nehmen dafür unsere Exporte auf, zum Beispiel Textil-Maschinen.
Wenn Frau Müller ein Hemd aus Colombo in Sri Lanka ... kauft, dann tut sie zweierlei: sie schmückt ihren Mann und sichert seinen Arbeitsplatz. Mit dem Geld für das Hemd kann die Fabrik in Colombo die Textil-Maschine bezahlen, die Herr Müller in Krefeld zusammenbaut.
Früher, vor zwanzig Jahren, als deutsche Männerhemden noch aus deutschen Landen kamen, kostete ein Hemd fast doppelt so viel Arbeitszeit, statistisch. Für ein Hemd muß Herr Müller heute nur noch halb so viel arbeiten. Frau Müller übrigens auch: Das Hemd ist pflegeleicht.

Arbeitet Herr Müller denn in Asien?

An seinem Hemd aus Colombo hat Herr Müller mitgewirkt. Mit Müllers Maschine schneidert der Singhalese Hemden schneller als früher. Und er macht es billiger, als sein deutscher Kollege es könnte oder möchte.
Unseren Landsleuten in der Textilindustrie können diese Hemden aus der Dritten Welt Arbeitsplätze wegnehmen. Das ist eine Seite. Aber an der einfachen Logik, daß andere Länder unsere Maschinen nur bezahlen können, wenn wir ihre Hemden kaufen, an dieser Logik eines freien Welthandels führt kein Weg vorbei. ...

Nach der Veröffentlichung dieser Anzeige gab es auf seiten der Textilarbeiter Proteste. So hat z. B. die Gewerkschaft Textil-Bekleidung, Bezirk Minden-Lippe, einen Offenen Brief an den Bundeskanzler gerichtet.

Gewerkschaft Textil-Bekleidung protestiert

„Die Anzeige hat die Mitglieder unseres Bezirkes erregt und empört ... Wir halten die Anzeige für einen völlig unnötigen, aber auch unverantwortlichen Angriff auf die Arbeitsplätze in der Textil- und Bekleidungsindustrie ...
Wem soll denn mit einer weiteren Liberalisierung der Handelspolitik gedient sein? Weder der Näherin in Ceylon (Sri Lanka), denn die wird doch rücksichtslos von deutschen Importeuren ausgenützt. Auch nicht dem deutschen Arbeitsmarkt, denn die Maschinen- und Fahrzeugindustrie und auch die chemische und elektronische Industrie sind nicht in der Lage, die freiwerdenden Arbeitskräfte aus der Textil- und Bekleidungsindustrie, überwiegend Frauen und Mädchen, aufzunehmen. In diesen Bereichen gibt es nämlich auch Probleme. Die Verlagerungspolitik ist übrigens in den letzten Jahren hart genug gewesen. In elf Jahren sind mehr als 313 000 Arbeitsplätze in der Textil- und Bekleidungsindustrie vernichtet worden. Das hat im wesentlichen zu der hohen Frauenarbeitslosigkeit geführt.
Unsere Hoffnung setzen wir allerdings auf Sie. Lassen Sie nicht zu, daß in einer Zeit der ständigen Verunsicherung der Arbeitnehmer durch nicht wenige Politiker nun auch noch durch Ihre Regierung die Verängstigung hinzukommt ..."

(aus: F.-W. Dörge, Wirtschaftlicher Wandel und Strukturpolitik, in: Aus Politik und Zeitgeschichte, B 47/48, Bonn 1978, S. 15ff.)

Erarbeiten Sie die Argumente von Bundesregierung und Gewerkschaften, und beziehen Sie zu der Kontroverse Stellung.

MATERIAL 29   Macht Freihandel arbeitslos? – Ein Streitgespräch

In der EG sind über siebzehn Millionen Menschen ohne Arbeit. Wird Europa jetzt zur Handelsfestung ausgebaut mit dem Argument, die verbliebenen Arbeitsplätze vor der Billigkonkurrenz zu schützen?
Siebert: Arbeitslosigkeit hat etwas mit den Löhnen und den institutionellen Regelungen des Arbeitsmarktes zu tun. Protektionismus ist kein Weg, wettbewerbsfähige Arbeitsplätze für die Zukunft zu schaffen. ...
Lafay: Man muß zwei Dinge auseinanderhalten: Einerseits kann das Problem der Arbeitslosigkeit nicht durch Handelspolitik gelöst werden. Bis zu einem gewissen Punkt ist die Konkurrenz der asiatischen Länder nicht zu kritisieren, denn die Löhne dort sind, nach Kaufkraft gerechnet, sechsmal so niedrig wie bei uns. Problematisch ist allerdings, daß die Währungen dieser Länder stark unterbewertet sind. Nach diesen Wechselkursen sind die Löhne dort deshalb dreißigmal niedriger als in Europa. Das verfälscht die Wettbewerbsbedingungen. ... China kann auf diese Weise Wachstumsraten von über zehn Prozent erzielen, während in Europa die Krise grassiert.

Sollen die Entwicklungsländer aufwerten, oder soll Europa gar den Währungsvorteil durch protektionistische Maßnahmen ausgleichen?
Lafay: Die beste Lösung wäre, die Währungen auf ein korrektes Niveau zu bringen. Wenn man das nicht erreichen kann, ist die zweitbeste Lösung, einen Zoll auf die Einfuhren zu erheben, um normale Wettbewerbsbedingungen wiederherzustellen. ...
Siebert: Es gibt überhaupt keinen Beleg für die Unterbewertung der Währungen von Entwicklungsländern. Was mich im übrigen stört, ist, daß Sie ein völlig statisches Konzept vertreten: Darin gibt es kein Wachstum, keinen Aufholprozeß von Ländern wie China, und auch der internationale Wettbewerb fehlt in seiner dynamischen Funktion.
Lafay: ... Die Wechselkurse asiatischer Länder wie China werden von den Behörden festgesetzt; sie ergeben sich nicht am Markt. ...

Führt der Aufholprozeß der asiatischen Länder nicht tatsächlich dazu, daß Arbeitsplätze aus Europa nach Asien abgesaugt werden?
Lafay: Der internationale Handel ermöglicht den weniger entwickelten Ländern in der Tat aufzuholen, und das ist eine gute Sache. Japan hat uns in bestimmter Hinsicht bereits überholt. Aus zwei Gründen ist das gelungen: Die Japaner arbeiten effizienter, und sie schotten bestimmte Märkte ab. Gegenüber Japan sollte die EG deshalb keine reine Freihandelsstrategie anwenden.
Siebert: Wir brauchen den Wettbewerb, denn er ist ein Entdeckungsverfahren für neue Technologien, für geringere Kosten; er dient der Effizienzsteigerung und Innovationen. ...

Das ist die Theorie – vom Wettbewerb profitieren alle, er ist kein Nullsummenspiel. Nur sieht die Wirklichkeit nicht anders aus? Gibt es da nicht Gewinner und Verlierer, und gehört Europa nicht zu den Verlierern?
Siebert: In einer offenen Weltwirtschaft ist nichts festgezurrt. Einige Sektoren werden schrumpfen, die anderen wachsen. Produktionen bei uns wandern im Produktionszyklus ab, dies ist ein normaler Prozeß. Das Entscheidende ist aber, daß insgesamt jedes Land in diesem Anpassungsprozeß gewinnen kann. Wir haben oft eine falsche Vorstellung von Handel, daß ein Land unbedingt Marktanteile in einem Sektor verlieren muß, wenn ein anderes Land in diesem Sektor gewinnt. Wir kennen aber das Phänomen des interindustriellen Handels, und der macht mehr als fünfzig Prozent des Handels zwischen den Industrienationen aus. Dies deutet darauf hin, daß mit zusätzlichem Wachstum und Einkommen in einem anderen Land auch ein zusätzlicher Markt entsteht.

Einige Länder, Japan zum Beispiel, halten sich einfach nicht an die Spielregeln, sie öffnen ihre Märkte nicht.
Siebert: Ich würde mich dann darum bemühen, die Regeln des Spiels zu verbessern und zum Beispiel die GATT-Verhandlungen abschließen. ... Eine protektionistische Politik ist nicht im europäischen Interesse, weil Europa dann in zehn oder zwanzig Jahren ... eingeschlafen sein wird.
Lafay: Sie sagen, man kenne die Ergebnisse des Wettbewerbs, dieses Suchprozesses nicht. Es gibt aber schon ein offensichtliches Resultat: Seit rund fünfzehn Jahren fällt Europa zurück. Das ist normal, soweit es sich um arbeitsintensive Industrien handelt. Weniger normal ist, daß uns das gleiche bei Spitzentechnologien widerfährt. Und zwar deshalb, weil einige Handelspartner sich nicht an die Spielregeln halten. ...
Jeder versteht, daß bestimmte Produktionen abwandern müssen. Doch heute weiß keiner mehr,

was an ihre Stelle treten soll. Erst hat Europa die Textilindustrie verloren, dann den Stahl, dann die Elektronik, und heute werden sogar fortgeschrittene Dienstleistungen wie die EDV-gestützte Buchhaltung nach Asien verlagert. Was bleibt für Europa?
Siebert: Ich sehe die Entwicklung nicht so dramatisch. ... Es fällt den Europäern sehr schwer zu verstehen, daß die Industrie an Bedeutung verliert. Wir können die Analogie zur Landwirtschaft herstellen. Wenn man einem Franzosen vor dreihundert Jahren erklärt hätte, daß der landwirtschaftliche Sektor einmal auf fünf oder sechs Prozent der Beschäftigung und des Bruttoinlandsproduktes schrumpfen würde, hätte er das nicht verstanden. In ähnlicher Weise müssen wir auch den industriellen Anpassungsprozeß und den Übergang zu den Dienstleistungen sehen.
Lafay: Der Gedanke, wir befänden uns im Übergang vom industriellen Zeitalter in das der Dienstleistungen, erscheint mir völlig falsch. Nicht im Sinne der Statistiken – der Anteil der Dienstleistungen steigt tatsächlich. Aber das liegt daran, daß in der Industrie, besonders in der Elektronik, die Produktivitätszuwächse sehr hoch sind und die Preise sinken. ...
Siebert: In der letzten Zeit sind verstärkt auch Dienstleistungen international handelbar geworden. Deshalb kann ein Land aus dem Export von Dienstleistungen erheblichen Wohlstand ziehen ... Vergessen Sie nicht: Es gibt fünfmal weniger Handel mit Dienstleistungen als mit Gütern. Unsere Handelspolitik muß sich deshalb von zwei Maximen leiten lassen: Europas Industrie muß überleben, doch gleichzeitig müssen wir uns der restlichen Welt öffnen – durch einen dosierten Freihandel.

Wie wollen Sie denn die Freiheit im Handel dosieren?
Lafay: Wir haben auch ein geopolitisches Interesse daran, daß die osteuropäischen und die afrikanischen Länder sich wirtschaftlich entwickeln. Denn wenn dies nicht geschieht, werden wir immer stärkere Bevölkerungwanderungen erleben. Wir müssen diese Länder also unterstützen, indem wir sie in den Handelsbeziehungen gegenüber der übrigen Welt, vor allem Asien, privilegieren. Grob gesagt müßte unsere Politik so aussehen: völliger Freihandel in der EG, weitestgehender Freihandel mit den nahen Ländern Osteuropas und Afrikas, gemäßigter Freihandel mit der übrigen Welt. Weil wir uns nicht auf die gleiche Art wie gegenüber Osteuropa in alle Richtungen öffnen können, bewegen wir uns wahrscheinlich auf eine Regionalisierung der Weltwirtschaft zu. In Amerika geschieht das bereits, denken Sie an die Freihandelszone von Kanada, USA und Mexico.
Siebert: Diese These halte ich für gefährlich, sie fördert die Blockbildung. Damit wächst das Risiko von Handelskriegen wie in den dreißiger Jahren, als das Handelsvolumen auf ein Drittel zurückging. Wachstum und Beschäftigung würden dann ebenfalls zusammenbrechen. Den Wettbewerb als Entscheidungsverfahren darf man nicht dosieren. Sonst hat die Europäische Gemeinschaft einmal das gleiche Schicksal wie Osteuropa.
Lafay: Die Regionalisierung ist unvermeidlich. Sie kann sich aber auf zwei verschiedene Weisen vollziehen. Es kann zwischen den diversen Handelsblöcken einen gewissen Wettbewerb geben, bei dosiertem Freihandel. Das hielte ich für positiv. Die Alternative wäre, daß alle Blöcke sich isolieren. Dann würde ich die Befürchtung von Herrn Siebert teilen – eine Wiederholung der Handelskriege wie in den dreißiger Jahren.

(aus: Die Zeit vom 20. 8. 1993. Das Streitgespräch führten die Wirtschaftswissenschaftler Gérard Lafay, Berater des französischen Premierministers Edouard Balladur, und Horst Siebert, Mitglied des Sachverständigenrates zur Begutachtung der gesamtwirtschaftlichen Entwicklung)

1. Stellen Sie die Auffassungen der beiden Wirtschaftswissenschaftler zu folgenden in dem Streitgespräch angeschnittenen Problemen einander gegenüber:
   – Protektionismus und Arbeitsplatzsicherung
   – Wettbewerbsverzerrung im internationalen Handel
   – Funktion des internationalen Wettbewerbs
   – Zukünftige Bedeutung von industriellem Sektor und Dienstleistungssektor
   – Regionalisierung der Weltwirtschaft.
2. Setzen Sie sich mit der Auffassung von Gérard Lafay zur „Dosierung des Freihandels" auseinander.

7. Behält unser Geld seine „Geltung"?

7.1 Was ist „Inflation"?

Meinungsumfragen belegen immer wieder, daß die Deutschen dem wirtschaftspolitischen Ziel „Geldwertstabilität" einen hohen Rang einräumen. Dahinter stecken historisch begründete Inflationsängste. Denn 1923 und 1948 hatten inflationäre Prozesse die Ersparnisse vieler Menschen vernichtet. Vor dem Hintergrund dieser Erfahrung wurde in der Bundesrepublik Deutschland die Inflation konsequenter als bei vielen ihrer europäischen Nachbarn bekämpft.

Die Inflation weist sehr vielfältige Erscheinungsformen auf. Sie lassen sich nach „Geschwindigkeit", „Sichtbarkeit" und „Ursachen" unterscheiden:

- Nach der Geschwindigkeit des Inflationsprozesses unterscheidet man die schleichende und die galoppierende Inflation. Mit jährlichen Preissteigerungsraten zwischen zwei und vier Prozent herrschte in der Bundesrepublik in den meisten Jahren die schleichende Inflation vor; lediglich während der siebziger Jahre beschleunigte sich in manchen Jahren das Inflationstempo mit jährlichen Preissteigerungsraten zwischen sechs und acht Prozent. Eine galoppierende Inflation mit zweistelligen monatlichen Preissteigerungsraten ist heute für manche Entwicklungsländer charakteristisch. Die in der Weimarer Republik zu Beginn der zwanziger Jahre herrschende Inflation wird wegen ihres unvorstellbaren Ausmaßes häufig als Hyperinflation bezeichnet.

Schleichende Inflation

Galoppierende Inflation

Hyperinflation

- Nach der Sichtbarkeit des Inflationsprozesses wird zwischen offener und verdeckter oder zurückgestauter Inflation unterschieden. In der Marktwirtschaft der Bundesrepublik Deutschland mit ihrer freien Preisbildung vollzieht sich die Inflation offen, für jedermann sichtbar an den steigenden Lebenshaltungskosten. Während des Zweiten Weltkriegs hatte sich dagegen in Deutschland eine zurückgestaute Inflation entwickelt: Wegen der Umstellung der Produktion auf Kriegsgüter konnte die Konsumgüternachfrage nur noch unzureichend befriedigt werden. Normalerweise hätte eine Verknappung des Angebots an Konsumgütern zu Preissteigerungen geführt. Um Unruhe in der Bevölkerung zu verhindern, erließ die Regierung einen Preisstopp und rationierte das Konsumgüterangebot durch Einführung eines Bezugsscheinsystems. Da die Menschen nur einen relativ geringen Teil ihres Einkommens für den Konsum verwenden konnten, sparten sie zwangsläufig große Summen an. Die so zurückgestaute Kaufkraft wurde für 1945 auf etwa 240 Milliarden Reichsmark geschätzt. Nach dem Krieg wurden Preisstopp und Rationierung zunächst beibehalten. Allerdings entstanden jetzt wegen mangelnder Kontrollmöglichkeiten nach dem Zusammenbruch schwarze Märkte, auf denen das Zehn- bis Hundertfache der amtlichen Preise gezahlt wurde. Es zeigte sich, daß die aus dem Ungleichgewicht von Angebot und Nachfrage resultierende Inflation mit den administrativen Mitteln des Preisstopps und

Zurückgestaute Inflation

der Rationierung lediglich verdeckt oder zurückgestaut werden konnte. Die Reichsmark hatte bei Kriegsende ihre Funktion als Wertspeicherungsmittel längst eingebüßt und wurde nach dem Zusammenbruch auch bald nicht mehr als Zahlungsmittel akzeptiert; der Tauschhandel blühte auf. Die Währungsreform von 1948 beseitigte diese Zustände.

● Nach den Inflationsursachen werden die Nachfrageinflation, die Anbieterinflation und die Geldmengeninflation unterschieden.

Nachfrageinflation

Die Nachfrageinflation tritt auf, wenn bei einer vollen Auslastung des Produktionspotentials die Nachfrage nicht befriedigt werden kann. In der Vergangenheit gingen in der Bundesrepublik Inflationsschübe nicht selten von der Auslandsnachfrage aus. Da hierzulande die Preise meist stabiler waren als in vielen anderen Ländern, stiegen immer wieder die Exporte schneller als die Importe. So kam es wiederholt zu Verknappungen des Angebots auf dem Binnenmarkt und damit zu Preissteigerungen. Diese Entwicklungen im Außenhandel stellten faktisch einen Import der ausländischen Inflation dar, weshalb man auch von importierter Inflation spricht.

Importierte Inflation
Anbieterinflation

Die Anbieterinflation entsteht, wenn die Unternehmen steigende Kosten für Löhne, Kredite und Rohstoffe sowie Steuererhöhungen erfolgreich auf die Preise überwälzen können („Kosteninflation"). Starke Konkurrenz oder eine zurückhaltende Nachfrage können allerdings die Spielräume für Preiserhöhungen verringern. Der zunehmende Konzentrationsprozeß macht jedoch manche Unternehmen vom Marktgeschehen unabhängiger; aufgrund ihrer Marktmacht fällt ihnen eine Überwälzung gestiegener Kosten auf die Preise leichter (Marktmachtinflation).

Marktmachtinflation
Geldmengeninflation

Für eine Geldmengeninflation wird der Nährboden bereitet, wenn der Zuwachs des Geldvolumens die Wachstumsmöglichkeiten der Produktion übersteigt. Eine solche Geldmengenaufblähung muß nicht sofort eine Inflation auslösen; das Entstehen inflationärer Prozesse ist an mehrere Voraussetzungen geknüpft, so müssen z. B. die Produktionskapazitäten voll ausgelastet sein, die vermehrte Geldmenge muß nachfragewirksam sein und die steigende Nachfrage nicht durch Importe befriedigt werden.

In der Marktwirtschaft sollen schwankende Preise Veränderungen von Angebot und Nachfrage signalisieren; Preisstabilität kann daher nicht bedeuten, daß sich die Preise der einzelnen Güter nicht verändern dürfen. Vielmehr ist damit gemeint, daß Preiserhöhungen bei bestimmten Gütern durch Preissenkungen bei anderen Gütern ausgeglichen werden, d. h. daß das Preisniveau insgesamt mehr oder weniger stabil bleibt. Wichtigstes Preisbarometer sind die Verbraucherpreise; sie geben die Lebenshaltungskosten der privaten Haushalte an. Die Entwicklung der Verbraucherpreise wird anhand der Preise für bestimmte Warenkörbe, die alles enthalten, was eine Durchschnittsfamilie zum Leben braucht, ermittelt. Wird der zum jeweiligen Erhebungszeitraum festgestellte Gesamtpreis des Warenkorbs zu dem Preis ins Verhältnis gesetzt, der für den Vormonat bzw. den Vorjahresmonat zu bezahlen war, dann erhält man die monatlichen bzw. jährlichen Inflations- oder Preissteigerungsraten. Wegen sich verändernder Verbrauchergewohnheiten, des Aufkommens neuer Produkte und wechselnder Qualitätsstandards werden die Warenkörbe alle fünf Jahre aufgrund repräsentativer Erhebungen neu zusammengestellt. Deshalb kann die Preisentwicklung nur bedingt über einen längeren Zeitraum verglichen werden.

Verbraucherpreise

Inflationsrate

Behält unser Geld seine „Geltung"?

MATERIAL 30 Karikatur

1. Beschreiben Sie die Karikatur.
2. Versuchen Sie, die Unterschiede zwischen den Tarifparteien sowie den Rentnern und Sparern zu erklären.
3. Setzen Sie sich mit den Aussagen der Karikatur hinsichtlich der Tarifparteien auseinander.
4. Man könnte auf dieser Treppe noch andere Figuren einzeichnen, etwa einen Immobilienbesitzer oder den Bundesfinanzminister. Erörtern Sie, wie diese die Inflationstreppen „nehmen" würden.

MATERIAL 31 Kaufkraftverlust der Mark

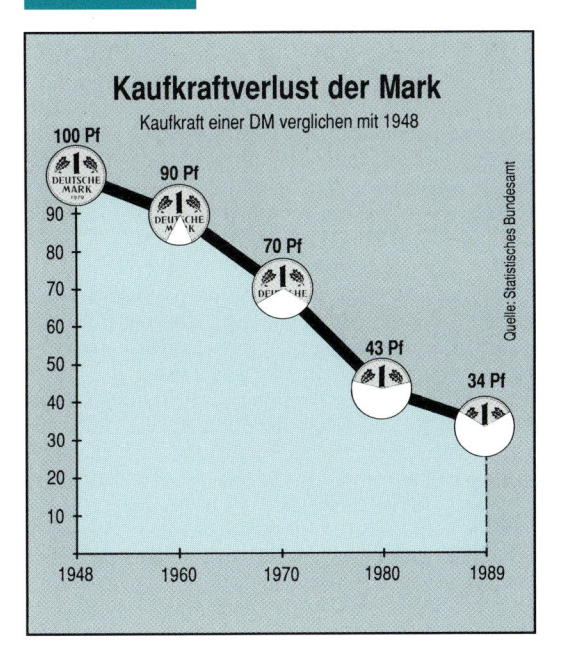

Kaufkraftverlust der Mark
Kaufkraft einer DM verglichen mit 1948

Jahr	Kaufkraft
1948	100 Pf
1960	90 Pf
1970	70 Pf
1980	43 Pf
1989	34 Pf

Quelle: Statistisches Bundesamt

MATERIAL 32 Preisbewegung

Einzelpreise und Verbraucherpreisniveau

Zwischen November 1979 und November 1980 verteuerte sich die Lebenshaltung aller privaten Haushalte um 5,3 Prozent. Hinter dieser Durchschnittszahl verbergen sich u. a. folgende Einzelpreisbewegungen:

Fotoapparate	– 1,1
Kfz-Haftpflicht-Versicherung	– 1,3
Bohnenkaffee	– 2,4
Flugtarife	– 4,2
Fernsprechgebühren	– 7,4
Benzin	+ 13,3
Kohle	+ 13,5
Gas	+ 22,5
Frischgemüse	+ 23,6

(aus: H. Meyer: Inflation und Stabilitätspolitik, in: Wirtschafts- und Gesellschaftspolitische Informationen 40, Köln 1981, S. 39)

1. Versuchen Sie, die unterschiedlichen Preisbewegungen zu erklären.
2. Informieren Sie sich in Tageszeitungen über aktuelle inflationstreibende Einzelpreisbewegungen.
3. Erörtern Sie die Auswirkungen der in Material 32 dargestellten Preisbewegungen auf Haushalte mit niedrigem bzw. mit hohem Einkommen.

Wirtschaftsordnung und Wirtschaftspolitik in der Bundesrepublik Deutschland

MATERIAL 33   **Ein Vertrag vom 1. 1. 1940**

Zwischen Herrn Franz Neuberth, wohnhaft Lörrach, Hindenburgstr. 24 und Gärtnereibesitzer Adolf Sandler, wohnhaft Freiburg i. Br. Stadtstr. 66 wurde heute folgender Vertrag abgeschlossen:

§ 1

Herr Gärtnereibesitzer Adolf Sandler, bezw. dessen Rechtsnachfolger übernehmen die Pflege der auf dem Freiburger Friedhof in Feld 42, Reihe I No, 53/54 gelegenen Grabstätte der Eheleute Neuberth auf die Dauer vom 1. Januar 1940 bis 1. Januar 1970.

§ 2

Herr Gärtnereibesitzer Adolf Sandler, bzw. dessen Rechtsnachfolger verpflichten sich die Grabstätte während des oben genannte Zeitraumes stets in ordnungsmässigem Zustand zu erhalten.

§ 3

Für diese Leistung erhält Herr Gärtnereibesitzer Adolf Sandler in bar die Summe von RM. 320,–, in Worten: Dreihundertundzwanzig Reichsmark, am 1. Februar 1940 ausbezahlt.

1. Schließen Sie vom Inhalt des Vertrages auf die wirtschaftlichen Rahmenbedingungen zur Zeit des Vertragsschlusses.
2. Unterstellt, der Gärtnereibesitzer hätte sich nach 1948 entschlossen, den Vertrag zu den darin genannten Konditionen nicht länger zu erfüllen. Wie hätte er argumentieren können?

MATERIAL 34   **Die Kosten der Geldentwertung**

Geldentwertung ist unsozial, weil sie die Ärmeren schröpft, während ihr die Begüterten ausweichen, ja sogar von ihr profitieren können. Wer nur einen schmalen Notgroschen auf einem Sparkonto mit gesetzlicher Kündigungsfrist unterhält, muß in diesen Tagen erleben, daß die Rate der Geldentwertung über dem Zinssatz liegt. Die kleinen Vermögen schrumpfen, anstatt zu wachsen. Wer dagegen viel Geld besitzt, kann entweder höherverzinsliche Sparformen wie Festgelder wählen oder Sachvermögen erwerben. Wenn das Geld an Wert verliert, steigt gerade der Wert von Sachvermögen, etwa von Immobilien. Zu den Inflationsgewinnern zählen auch alle Kreditnehmer, weil sie mit Geld zurückzahlen, das gegenüber dem Zeitpunkt der Kreditaufnahme an Wert verloren hat. Die wichtigsten Kreditnehmer in unserer Wirtschaft sind nicht die kleinen Leute, sondern die Unternehmen und der Staat. ... Dem Schaden steht kein langfristig erkennbarer Nutzen gegenüber. Die früher populäre Auffassung, mit einem Dreh an der Inflationsschraube ließe sich Arbeitslosigkeit bekämpfen, hat sich als Irrlehre erwiesen. ... Freilich kann eine zu großzügige Geldausstattung eine kurzfristige Wirtschaftsbelebung auslösen, nicht jedoch einen dauerhaften und gesunden Aufschwung mit sicheren und wettbewerbsfähigen Arbeitsplätzen. ... Die Inflation dieser Tage ist das Ergebnis zu hoher Ansprüche an die Leistungskraft der Volkswirtschaft. Die Deutschen im Osten haben in die Vereinigung den Wunsch eingebracht, möglichst schnell einen dem Westen vergleichbaren Lebensstandard zu erzielen, ohne jedoch eine ihren Ansprüchen entsprechende Wirtschaftsleistung erbringen zu können. Andererseits zeigen auch die Westdeutschen kaum Neigung, ihre Ausgaben zugunsten ihrer Landsleute im Osten einzuschränken. Die Nachfrage nach Gütern und Dienstleistungen steigt somit schneller als das Angebot. Das Resultat ist eine Überforderung der Wirtschaftskraft, ablesbar an wirtschaftlich unverantwortlichen Tarifabschlüssen und einer ausufernden Staatsverschuldung.

(aus: Frankfurter Allgemeine Zeitung vom 17. 9. 1991, Autor: Gerald Braunberger)

1. „Lieber 5 Prozent Inflation als drei Prozent Arbeitslosigkeit". Welche Argumente finden Sie im Text gegen diese Ausage?
2. Legen Sie dar, wie im Text die Inflation in Ost- und Westdeutschland nach der deutschen Einigung erklärt wird. Erörtern Sie, warum in Ostdeutschland die Preise nach der deutschen Einigung weitaus schneller stiegen als in Westdeutschland.

7.2 Strategien zur Inflationsbekämpfung

Im Kampf gegen die Inflation kommt der Deutschen Bundesbank, der Zentral- oder Notenbank der Bundesrepublik Deutschland, eine entscheidende Rolle zu. Aufgabe der Bundesbank ist es, die Wirtschaft mit Geld zu versorgen; sie hat ferner den Zahlungsverkehr im Inland und mit dem Ausland abzuwickeln sowie bei der Bankenaufsicht mitzuwirken. Als gesetzlich bestellte „Hüterin der Währung" hat sie den Auftrag, den Geldwert möglichst stabil zu halten. Mit ihrer gesetzlich abgesicherten Unabhängigkeit nimmt sie eine Sonderstellung im Staate ein: Sie unterliegt weder Weisungen der Bundesregierung, noch ist sie gegenüber dem Parlament verantwortlich. Sie ist jedoch verpflichtet, die allgemeine Wirtschaftspolitik der Bundesregierung zu beachten, und gehalten, sie im Rahmen ihrer Aufgabe, die Währung zu sichern, zu unterstützen. Die gesetzliche Absicherung der Unabhängigkeit der Bundesbank ist eine Lehre aus der Geschichte: Beide Geldentwertungen in diesem Jahrhundert waren durch staatliche Einflüsse auf die Notenbank ausgelöst worden.

Deutsche Bundesbank

In ihrer Geldpolitik orientierte sich die Deutsche Bundesbank bis in die siebziger Jahre hinein an den wirtschaftspolitischen Vorstellungen von Keynes. In Phasen überschäumender Konjunktur hat sie eine Politik des knappen und teuren Geldes betrieben, um Inflationsgefahren abzuwenden; bei drohender Rezession lockerte sie dagegen die geldpolitischen Zügel. Beides geschah oft in raschem zeitlichen Wechsel. Diese „stop and go"-Politik der Bundesbank ergänzte somit die antizyklische Fiskalpolitik der Bundesregierung von der geld- und kreditpolitischen Seite her.

Mitte der siebziger Jahre rückte die Bundesbank unter dem Einfluß der monetaristischen Theorien Milton Friedmans von ihrem bisherigen geldpolitischen Kurs ab. Nach Friedman kommt der Geldmenge eine entscheidende Rolle im Wirtschaftsprozeß zu, da das Sozialprodukt in seiner Entwicklung an die Entwicklung der Geldmenge gebunden sei. Auch bestehe ein enger Zusammenhang zwischen Geldmenge und gesamtwirtschaftlicher Nachfrage. Durch eine Verstetigung der Geldmengenentwicklung könnten daher Konjunkturschwankungen langfristig geglättet werden. Um ein inflationsfreies Wirtschaftswachstum zu ermöglichen, müsse die Zuwachsrate der Geldmenge an der mittelfristig zu erwartenden Zuwachsrate des Produktionspotentials ausgerichtet werden. Die Zentralbanken sollten sich in ihrer Geldpolitik auf die Einhaltung dieser mittelfristig festgelegten Zuwachsrate der Geldmenge konzentrieren und nicht – wie bisher – antizyklisch auf die Entwicklung des Sozialprodukts reagieren. Seit 1975 gibt die Bundesbank jeweils im Dezember das für das kommende Jahr angepeilte Geldmengenziel bekannt, wobei die Geldmenge M 3 als Maßstab herangezogen wird; dieses besteht aus dem umlaufenden Bargeld (Banknoten und Münzen), den Sichteinlagen (im wesentlichen: Einlagen von Unternehmen und Privatpersonen auf Girokonten), Termingeldern bis unter vier Jahren sowie den Spareinlagen mit gesetzlicher Kündigungsfrist. Die Zuwachsrate der Geldmenge wird nach folgender Formel festgelegt: Geldsteigerungsrate = Wachstumsrate des Produktionspotentials + unvermeidliche Preissteigerungsrate. Die Geldmenge muß in einer normal ausgelasteten Volkswirtschaft um die Wachstumsrate des Produktionspotentials zunehmen, wenn die

Monetarismus

Geldmenge

Geldmenge M 3

Wirtschaftsordnung und Wirtschaftspolitik in der Bundesrepublik Deutschland

„Nominales Produktionspotential"

Mehrproduktion reibungslos finanziert werden soll. Würde die unvermeidliche Inflationsrate nicht berücksichtigt und stiegen die Preise, dann wäre der Geldmengenzuwachs nicht groß genug, um auch noch das angestrebte Wirtschaftswachstum zu ermöglichen. Beide Komponenten – Produktionspotential und unvermeidliche Inflationsrate – werden seit 1989 unter dem Begriff „nominales Produktionspotential" zusammengefaßt.

Punktziel Zielkorridor

Bis 1978 formulierte die Bundesbank für die angestrebte Geldmenge einen festen Zielwert, Punktziel genannt; seit jenem Jahr gibt sie jedoch dafür eine Bandbreite von zwei bis drei Prozentpunkten, einen Zielkorridor, an und behält sich vor, innerhalb dieses vorgegebenen Rahmens die Geldmenge je nach konjunktureller Entwicklung zu variieren. Das Geldmengensteuerungskonzept der Bundesbank enthält monetaristische und keynesianische Elemente. Monetaristisch ist die Festlegung eines Geldmengenziels; keynesianisch ist ihr Vorbehalt, je nach konjunkturellen Erfordernissen die Entwicklung der Geldmenge im Rahmen des Zielkorridors, also mäßig, antizyklisch zu beeinflussen.

Das geldpolitische Instrumentarium der Bundesbank

Eine Aufgabe der Bundesbank ist die Versorgung der Volkswirtschaft mit Geld. Bei der Erfüllung dieser Aufgabe hat sie allerdings die Geldwertstabilität zu beachten. Um diese Aufgabe erfüllen zu können, stehen der Bundesbank zwei Steuerungsmöglichkeiten zur Verfügung, zum einen die **Liquiditätspolitik** und zum anderen die **Zinspolitik**. Während erstere darauf abzielt, das Kreditvolumen der Geschäftsbanken zu beeinflussen, wirkt die zweite direkt auf die Kreditkosten und auf die Zinsen auf Spareinlagen ein.

1. Im Rahmen ihrer Liquiditätspolitik verfügt die Bundesbank über folgende Instrumente:
- Erhöhung oder Senkung der **Mindestreservesätze**. Jede Geschäftsbank muß einen Teil der Einlagen ihrer Kunden bei der Bundesbank hinterlegen (Mindestreserve). Eine Erhöhung oder Senkung dieser zinslosen Pflichtrücklagen, zu der die Bundesbank befugt ist, verringert oder vergrößert den Spielraum für Kredite der Geschäftsbanken.
- Die Bundesbank kann (muß aber nicht!) die öffentlichen Haushalte verpflichten, Kassenbestände unverzinslich bei ihr und nicht bei Geschäftsbanken zu deponieren. Diese **Einlagenpolitik** beeinflußt zwangsläufig die Liquidität der Geschäftsbanken.
- Die Bundesbank kann als Käufer oder Verkäufer von Wertpapieren gegenüber den Geschäftsbanken aktiv werden. Mit dieser **Offenmarktpolitik** bringt sie Geld in den Wirtschaftskreislauf oder entzieht es ihm.
- Viele Unternehmen, die für die Lieferung von Waren einen Wechsel angenommen haben, reichen diesen bei ihrer Bank ein und erhalten dafür einen Kredit. Die Kreditinstitute ihrerseits geben diese Wechsel häufig an die Bundesbank weiter und refinanzieren sich dadurch. Die Bundesbank braucht jedoch nicht alle Wechsel anzunehmen. Sie legt einseitig des Kontingent an Wechseln fest, daß sie annimmt (**Rediskontpolitik**). Eine Änderung des Kontingents vermindert oder vermehrt den jeweiligen Kreditspielraum der Geschäftsbank.
- Viele Kreditinstitute sind Eigentümer von Wertpapieren. Die Bundesbank kann diese Wertpapiere beleihen, wobei sie allerdings einen gewissen Prozentsatz des Wertes, den sie selbst festlegt, nicht überschreitet. Auch diese Verfahren, die sogenannte **Lombardpolitik**, steuert die Kreditvergabe der Geschäftsbanken.

2. Im Rahmen ihrer Zinspolitik kann die Bundesbank zwei Wege beschreiten, die Kreditnachfrage zu beleben oder zu drosseln.
- Zum einen berechnet sie bei ihrer Rediskontpolitik den Geschäftsbanken Zinsen für die eingereichten Wechsel. Konkret sieht dies so aus, daß sie den Geschäftsbanken nur einen bestimmten Prozentsatz des Nennwertes ausbezahlt. Der Rest (**Diskontsatz**) wird als Zins einbehalten. Eine Änderung des Diskontsatzes beeinflußt naturgemäß die Bereitschaft der Banken zur Refinanzierung.
- Zum zweiten müssen die Geschäftsbanken auch Zinsen für die Beiträge entrichten, die ihnen als Anleihe auf Wertpapiere von der Bundesbank gezahlt wurden. Der Zinssatz für Lombardkredite (**Lombardsatz**) liegt in aller Regel über dem Diskontsatz.

Behält unser Geld seine „Geltung"?

MATERIAL 35 Die Geldbremse

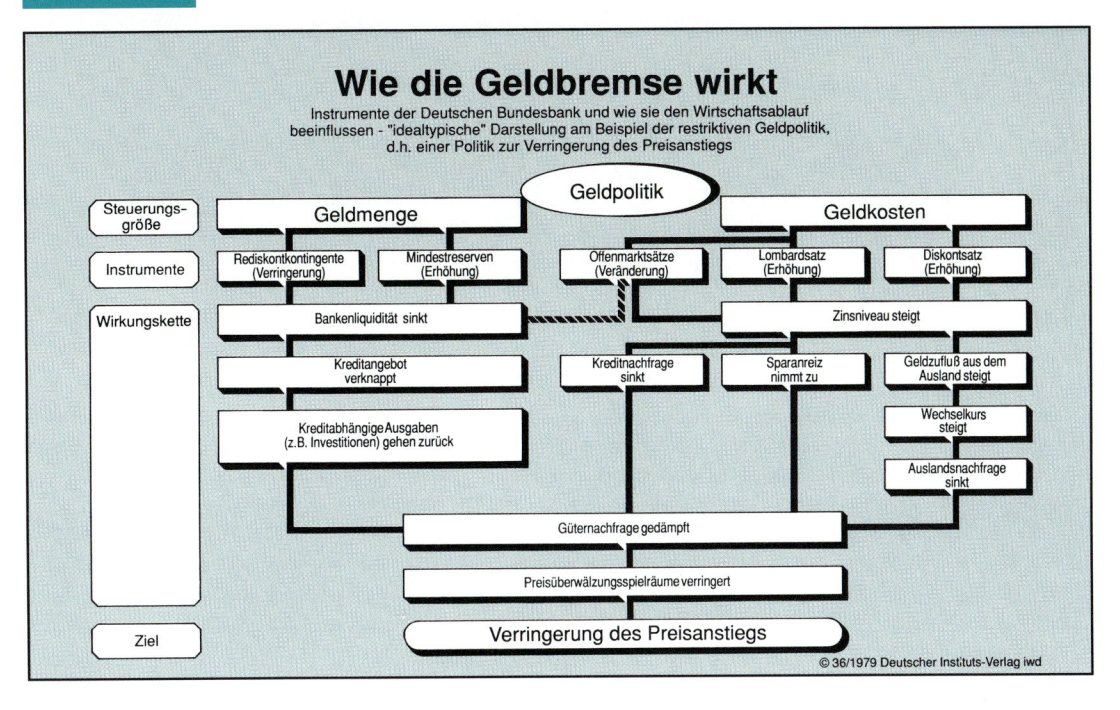

Wie die Geldbremse wirkt

Instrumente der Deutschen Bundesbank und wie sie den Wirtschaftsablauf beeinflussen - "idealtypische" Darstellung am Beispiel der restriktiven Geldpolitik, d.h. einer Politik zur Verringerung des Preisanstiegs

Steuerungsgröße: Geldmenge — Geldpolitik — Geldkosten

Instrumente:
- Rediskontkontingente (Verringerung)
- Mindestreserven (Erhöhung)
- Offenmarktsätze (Veränderung)
- Lombardsatz (Erhöhung)
- Diskontsatz (Erhöhung)

Wirkungskette:
- Bankenliquidität sinkt
- Zinsniveau steigt
- Kreditangebot verknappt
- Kreditnachfrage sinkt
- Sparanreiz nimmt zu
- Geldzufluß aus dem Ausland steigt
- Kreditabhängige Ausgaben (z.B. Investitionen) gehen zurück
- Wechselkurs steigt
- Auslandsnachfrage sinkt
- Güternachfrage gedämpft
- Preisüberwälzungsspielräume verringert

Ziel: Verringerung des Preisanstiegs

© 36/1979 Deutscher Instituts-Verlag iwd

MATERIAL 36 Diskussion über die Geldpolitik der Bundesbank in der Rezession 1993

Mit seiner Forderung, die Bundesbank möge rasch die Zinsen senken und damit auch eine den deutschen Export stimulierende Abwertung der D-Mark in Kauf nehmen, hat sich Uwe Jens, wirtschaftspolitischer Sprecher der SPD-Bundestagsfraktion voll in die Nesseln gesetzt. Allein der Gedanke, die deutsche Währung könne schwächer und in ihrer Ankerfunktion für das Europäische Währungssystem beeinträchtigt werden, läßt die Gralshüter der Geldpolitik und ihre getreuen Knappen schaudern. Doch ist er deshalb völlig falsch?
Nachdem die Bundesbank in den vergangenen Monaten die kurzfristigen Zinsen in kleinen Schritten gesenkt hatte, legt sie nun eine Pause ein – ungeachtet vieler Appelle, die monetären Zügel schnell wieder zu lockern, damit die Konjunktur nicht noch tiefer in den Abgrund rutscht. Die Frankfurter Währungsmanager begründen den unerwarteten Stillstand im wesentlichen mit drei Argumenten: Erstens sei die Inflation nach wie vor zu hoch; zweitens wachse die Geldmenge wieder zu stark, und drittens müsse der Außenwert der D-Mark stabil gehalten werden. Andererseits trete das zur Finanzierung des Staatsdefizits dringend benötigte internationale Kapital die Flucht an; außerdem öffne eine Abwertung die Schleusen für den Import von Inflation.

Diese Argumente werden auch durch ständige Wiederholung nicht stichhaltiger. Die Verbraucherpreise, die ohnehin der Konjunktur hinterherhinken, steigen zwar noch mit einer Rate von mehr als vier Prozent, doch die Rezession wird über kurz oder lang diesen Auftrieb bremsen. Außerdem treiben höhere Mieten, teurere staatliche Dienstleistungen und die heraufgesetzte Mehrwertsteuer statistisch die Lebenshaltungskosten auf, ohne daß es sich dabei um „Inflation" im eigentlichen Sinne handeln würde. Obwohl die Bundesbank diese konjunkturunabhängigen Bestandteile des Preis-

An der Devisenbörse

auftriebs kaum beeinflussen kann, ist sie nicht bereit, sie als Sonderfaktoren hinzunehmen.
Ähnlich unflexibel geht die Frankfurter Währungsbehörde mit der Geldmenge um ... Dabei scheinen die Bundesbanker zu vergessen, daß sie gerade mit ihrer restriktiveren Politik das unerwünschte Wachstum der Geldmenge fördern. Weil die Bundesbank die kurzfristigen Zinsen weiterhin hoch hält, bevorzugen die verunsichert abwartenden Investoren die lukrativeren Termineinlagen, statt ihr Geld langfristig am Kapitalmarkt anzulegen. ...
Ernster zu nehmen ist da schon die Warnung von Helmut Schlesinger, daß größere Zinsabschläge das internationale Anlagekapital vertreiben könnten, was wiederum die D-Mark schwächen und die Finanzierung der hohen Defizite in den öffentlichen Haushalten und in der deutschen Leistungsbilanz erschweren würde. Doch ist diese Gefahr wirklich so groß? Gegen eine Massenflucht aus der D-Mark spricht jedenfalls das Kalkül internationaler Vermögensverwalter. Sie werden selbst bei sinkenden deutschen Geldmarktsätzen schon mangels günstiger Anlagealternativen und aus Gründen der Risikostreuung weiterhin in Mark investieren.
Das Risiko, daß eine schwächere D-Mark die Einfuhren über Gebühr verteuert und damit die Inflation anheizt, ist ebenfalls gering. Die Einfuhrpreise verharren auf einem niedrigen Niveau, und die schwache inländische Nachfrage eröffnet ausländischen Anbietern kaum Spielräume für Preiserhöhungen.
Dagegen aber könnte eine Abwertung der D-Mark die deutschen Ausfuhren ankurbeln. Viele Produkte „Made in Germany" sind international zur Zeit nicht wettbewerbsfähig, weil zu teuer. Dies liegt nicht nur an den hohen Kosten, sondern auch an den ungünstigen Wechselkursen. Immerhin ist der Außenwert der D-Mark binnen Jahresfrist um real gut sieben Prozent gestiegen, und das macht der deutschen Exportwirtschaft schwer zu schaffen.

(aus: Mario Müller, Sorge um die Mark, in: Die Zeit, Nr. 24 vom 11. 6. 1993, S. 20)

1. Zeigen Sie auf, in welcher Weise das geldpolitische Instrumentarium in einer Rezession einzusetzen ist (Mat. 35).
2. Stellen Sie die Argumente in der Diskussion um die Geldpolitik der Bundesbank einander gegenüber (Mat. 36).

8. Strukturwandel und Strukturpolitik

8.1 Wirtschaft im Wandel – ein „Prozeß schöpferischer Zerstörung"

Eine Volkswirtschaft ist dauernd in Bewegung, laufend verändert sich ihr inneres Gefüge – ihre Struktur. In seinem 1947 veröffentlichten Buch „Die große Hoffnung des zwanzigsten Jahrhunderts" hat der französische Nationalökonom Jean Fourastié die langfristige Entwicklung unserer Wirtschaft zu einer Dienstleistungsgesellschaft vorhergesagt. Er teilte die Volkswirtschaft in drei Sektoren ein. Zum primären Sektor zählt er neben der Fischerei und der Forstwirtschaft vor allem die Landwirtschaft. Der sekundäre Sektor umfaßt hauptsächlich die verarbeitende Industrie, dazu gehören auch Bergbau, Energiewirtschaft und Baugewerbe. Den tertiären Sektor bilden Handel, Banken, Verwaltung, freie Berufe und Dienstleistungen. Nach seiner Prognose wird die Landwirtschaft auf einen sehr niedrigen Beschäftigungsanteil absinken. Da aber durch den Einsatz von Maschinen und künstlicher Düngung die Agrarproduktion steigt, genügt eine geringe Anzahl von Beschäftigten, um die eigene Bevölkerung mit Nahrungsmitteln zu versorgen. Die in der Landwirtschaft freigesetzten Arbeitskräfte werden vom stark wachsenden Industriesektor aufgenommen. Industrielles Wachstum vergrößert gleichzeitig die Bereiche des Handels, der Banken und des Verkehrs und mit steigendem Einkommen, nach Befriedigung der Grundbedürfnisse, auch die Bereiche der Kultur, der Gesundheit und des Tourismus – den Dienstleistungssektor.

Dienstleistungsgesellschaft

Rechnet man die Berufszählungsergebnisse der letzten 100 Jahre auf das Gebiet der Bundesrepublik Deutschland um, so ist festzustellen, daß die tatsächliche Entwicklung der Prognose weitgehend entspricht. Der Beschäftigungsanteil der Landwirtschaft, der Fortwirtschaft und der Fischerei ist von über 50% (1882) auf rund 3% (1993) zurückgegangen. Der industrielle Sektor erreichte Ende der 60er Jahre seinen Höhepunkt, um dann ganz der Vorhersage entsprechend abzusinken. Der tertiäre Sektor hat in den frühen 70er Jahren die 50%-Marke überschritten. Der glatte Kurvenverlauf des Modells erweckt den Eindruck, als sei die Strukturveränderung problemlos bei gesicherter Vollbeschäftigung abgelaufen. Dies ist darauf zurückzuführen, daß dem Modell nur die Beschäftigten zugrundegelegt und gleich 100% gesetzt werden. In Wirklichkeit verbergen sich dahinter oft schwerwiegende soziale Probleme und menschliche Schicksale – Firmenzusammenbrüche, Arbeitslosigkeit, soziale Entwurzelung, Armut und Not. Die Veränderungen und Verschiebungen, die sich zwischen den Sektoren und innerhalb der Sektoren bei den verschiedenen Branchen ergeben, nennt man zwar in der Fachsprache Strukturwandel, der Nationalökonom Joseph Schumpeter hat sie aber treffender als „Prozeß schöpferischer Zerstörung" bezeichnet. Anstöße zum Strukturwandel gehen sowohl von der Angebots- als auch von Nachfrageseite der Wirtschaft aus. Auf der Angebotsseite sind es vor allem neue Güter und Produktionsverfahren – die

Berufszählungsergebnisse

Wirtschaftsordnung und Wirtschaftspolitik in der Bundesrepublik Deutschland

Innovationen

Innovationen –, die oft ursächlich auf die Verknappung oder Verteuerung von Rohstoffen und auf neu entwickelte Rohstoffe zurückzuführen sind. Auch vom Ausland können Einflüsse ausgehen. Der Strukturwandel wirkt sich nicht nur sektoral, sondern auch regional aus. In Gebieten mit einseitiger Wirtschaftsstruktur können schrumpfende Branchen, wie z. B. die Stahlindustrie, Arbeitslosigkeit und Einkommensrückgang verursachen und zu Strukturkrisen führen.

Sektorale und regionale Strukturpolitik

Treten solche Veränderungen auf, rufen Vertreter strukturschwacher Regionen und schrumpfender Branchen nach dem Staat, der im Rahmen seiner sektoralen und regionalen Strukturpolitik Hilfe leisten soll. Nach dem ordnungspolitischen Modell der freien Marktwirtschaft dürfte es eigentlich Strukturpolitik nicht geben. Danach müssen Unternehmen sich entweder den veränderten Verbraucherwünschen anpassen und durch verbesserte Produkte und Produktionsverfahren auf kostengünstigere Angebote der Konkurrenten reagieren oder ganz aus dem Wettbewerb ausscheiden. Gleiches gilt auch für Branchen und strukturschwache Gebiete. Das dort unrentabel arbeitende Kapital müßte sich rentableren Unternehmen zuwenden, und die dort freigesetzten Arbeitskräfte müßten sich Arbeitsplätze in wachsenden Branchen, notfalls in einem anderen Bundesland suchen. Dieser modellhafte Anpassungsprozeß, auf das Wirtschaftsgebiet der früheren DDR angewandt, würde De-Industrialisierung, Verarmung und eine riesige Bevölkerungsbewegung nach Westen zur Folge haben. Damit zusammenwachse, was zusammengehört muß die Bundesrepu-

Einheitlichkeit der Lebensverhältnisse

blik Deutschland, die nicht nur Rechtsstaat, sondern auch Sozialstaat ist, strukturpolitisch handeln. Dazu verpflichtet auch der Artikel 72.3 GG, der „die Wahrung der Einheitlichkeit der Lebensverhältnisse" fordert.

MATERIAL 37 Drei-Sektoren-Modell

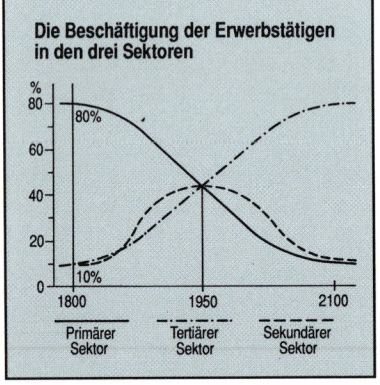

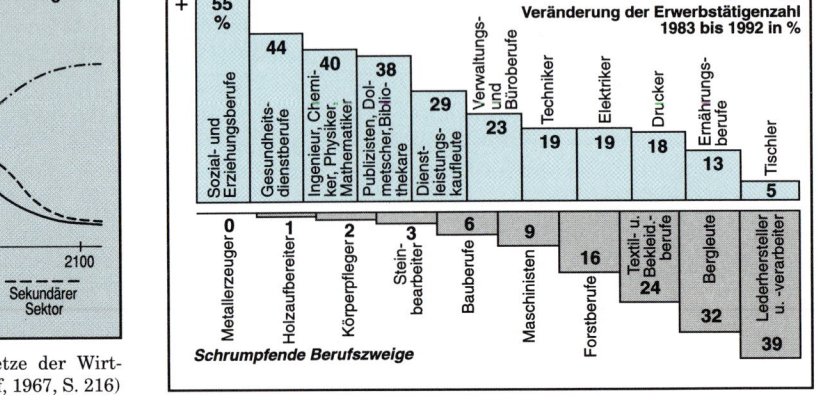

Die Beschäftigung der Erwerbstätigen in den drei Sektoren

(nach: Jean Fourastié: Gesetze der Wirtschaft von morgen, Düsseldorf, 1967, S. 216)

MATERIAL 38 Wachsende und schrumpfende Berufszweige

Berufswelt in Bewegung
Veränderung der Erwerbstätigenzahl 1983 bis 1992 in %

Wachsende Berufszweige:
- Sozial- und Erziehungsberufe: +55%
- Gesundheitsdienstberufe: 44
- Ingenieur, Chemiker, Physiker, Mathematiker: 40
- Publizisten, Dolmetscher, Bibliothekare: 38
- Dienstleistungskaufleute: 29
- Verwaltungs- und Büroberufe: 23
- Techniker: 19
- Elektriker: 19
- Drucker: 18
- Ernährungsberufe: 13
- Tischler: 5

Schrumpfende Berufszweige:
- Metallerzeuger: 0
- Holzaufbereiter: 1
- Körperpfleger: 2
- Steinbearbeiter: 3
- Bauberufe: 6
- Maschinisten: 9
- Forstberufe: 16
- Textil- u. Bekleid.-berufe: 24
- Bergleute: 32
- Lederhersteller u. -verarbeiter: 39

1. Ordnen Sie die in Material 38 genannten Berufe dem jeweiligen Sektor zu, und beschreiben Sie die Entwicklung der drei Sektoren seit 1800.
2. Erklären Sie die Ursache für das Wachstum bzw. Schrumpfen der Berufszweige.

8.2 Aufschwung mit Hindernissen

Ein bißchen Chaos sei nötig, wenn aus der Asche kommunistischer Mißwirtschaft eine Marktwirtschaft entstehen soll, schrieb der Vater des westdeutschen Wirtschaftswunders Ludwig Erhard 1953. An diesen Ausspruch hatte man in der Begeisterung über die unerwartete Wiedervereinigung nicht gedacht. Man hatte gehofft, daß sich der Aufbau in den neuen Bundesländern so schnell vollziehe, wie es nach dem 2. Weltkrieg nach der Währungsreform im Westen der Fall war und daß seine Kosten tragbar und überschaubar seien.

Angesichts der Schwierigkeiten im Osten wächst die Zahl derjenigen, die sogar am Heilmittel Marktwirtschaft zweifeln. Sie weisen vor allem darauf hin, daß das Jahr 1990 mit dem Jahr 1949 nicht vergleichbar sei. Während des vierzigjährigen Bestehens der DDR sei eine ganze Generation in einem andersartigen Rechts- und Wirtschaftssystem aufgewachsen und habe das jetzt dringend gebrauchte unternehmerische Denken und Handeln früher weder erfahren noch gelernt. Angesichts drohender De-Industrialisierung ganzer Regionen sollte der Staat mit umfangreichen Subventionen die industriellen Kerne erhalten. Der Wiederaufbau ist schwieriger und teurer als angenommen. Mit den Milliardensubventionen wachsen zwar der Konsum, die Baubranche und der Dienstleistungssektor, die verarbeitende Industrie befindet sich aber in einem nicht enden wollenden Schrumpfungsprozeß. Die Arbeitslosenzahlen steigen weiter an. Das Ziel aller Bemühungen, den Lebensstandard in den neuen Bundesländern dem Westen anzugleichen, scheint in weite Ferne gerückt zu sein.

De-Industrialisierung

Industrielle Kerne

Die Problembereiche der Industrie mit ihren geographischen Schwerpunkten sind:

Braunkohlebergbau	Brandenburg, Sachsen-Anhalt und Sachsen
Kalibergbau	Thüringen
Chemie	Sachsen-Anhalt
Stahlindustrie	Brandenburg, Sachsen
Schiffbau	Mecklenburg-Vorpommern
Optik/Elektronik	Thüringen, Sachsen
Textil/Bekleidung	Thüringen, Sachsen.

Erfreulich ist jedoch, daß das Bruttoinlandsprodukt im Osten stärker ansteigt als im Westen. 1992 waren es dort 4% und für 1993 sind 6,5% vorhergesagt, der Westen brachte es – bedingt durch ein höheres Ausgangsniveau – 1992 nur auf 1,5%. Der Aufschwung in Ostdeutschland ist aber überwiegend den Transferleistungen des Bundes und der alten Bundesländer zuzuschreiben. 1993 flossen etwa 200 Milliarden DM nach Ostdeutschland. Darin enthalten sind rund 80 Milliarden DM, die als Sozialhilfe, Arbeitslosengeld, Wohngeld und ähnliche Leistungen anfallen und in den Konsum fließen. Den restlichen Betrag machen die Investitionen der öffentlichen Hand und privater Unternehmen aus. Für Investitionen wenden die öffentliche Hand und private Unternehmen etwa 73 Milliarden auf. Die gewerbliche Wirtschaft modernisiert ihre Betriebe mit weiteren 48 Milliarden.

Transferleistungen

Die Arbeitsproduktivität je Mitarbeiter verbessert sich in den neuen Bundesländern. 1991 betrug die Arbeitsproduktivität im Vergleich zu den alten Bundes-

Arbeitsproduktivität

Rationalisierung

ländern nur 29,7 Prozent. Von diesem Tiefpunkt erhöhte sie sich Ende 1992 auf knapp 40 Prozent. Wo investiert wird, entstehen wettbewerbsfähige Unternehmen, deren Automatisierungsgrad und Arbeitsproduktivität dem Niveau der alten Bundesländer entsprechen. Doch nur 4 % der ostdeutschen Unternehmen arbeiten in neuen Fabrikhallen. Der hohe Rationalisierungsgrad geht allerdings auf Kosten der Arbeitsplätze.

Nutznießer des Neubeginns ist vor allem die ostdeutsche Baubranche. Der umfangreiche private Gewerbe- und Wohnungsbau hat die Lage der Vorlieferanten insbesondere der ostdeutschen Stahlindustrie verbessert. Zuwächse verzeichneten auch der Handel und der Dienstleistungssektor. Die ostdeutschen Kunden greifen wieder zu ihren heimischen Produkten, was der Landwirtschaft zugute kam. Für die Gewerbezweige, die an der Bau- und Konsumhausse nicht teilhaben können, sieht die Lage düster aus. Abgesehen vom völlig zusammengebrochenen osteuropäischen Markt können viele Unternehmen der gewerblichen Wirtschaft durch ihr ungünstiges Verhältnis von Arbeitskosten und Produktivität mit westlichen Unternehmen nicht konkurrieren. Bei einer Produktivität von 40 % sind im Vergleich zum Westen die Arbeitslöhne auf durchschnittlich 70 % angestiegen. Die Lohnstückkosten liegen somit 172,4 % über denen des Westens. Mögliche Investoren ziehen deshalb die grenznahen Gebiete Polens, der Tschechei oder Slowakei vor. Bei dort ebenfalls geringer Produktivität sind die Löhne aber um ein Vielfaches niedriger. Berücksichtigt man allerdings, daß die Lebenshaltungskosten in den neuen Bundesländern nahezu Westniveau erreicht haben, so sind die Forderungen der Arbeitnehmer nach Einkommensverbesserungen begründet.

MATERIAL 39 **Aufholjagd – wie lange?**

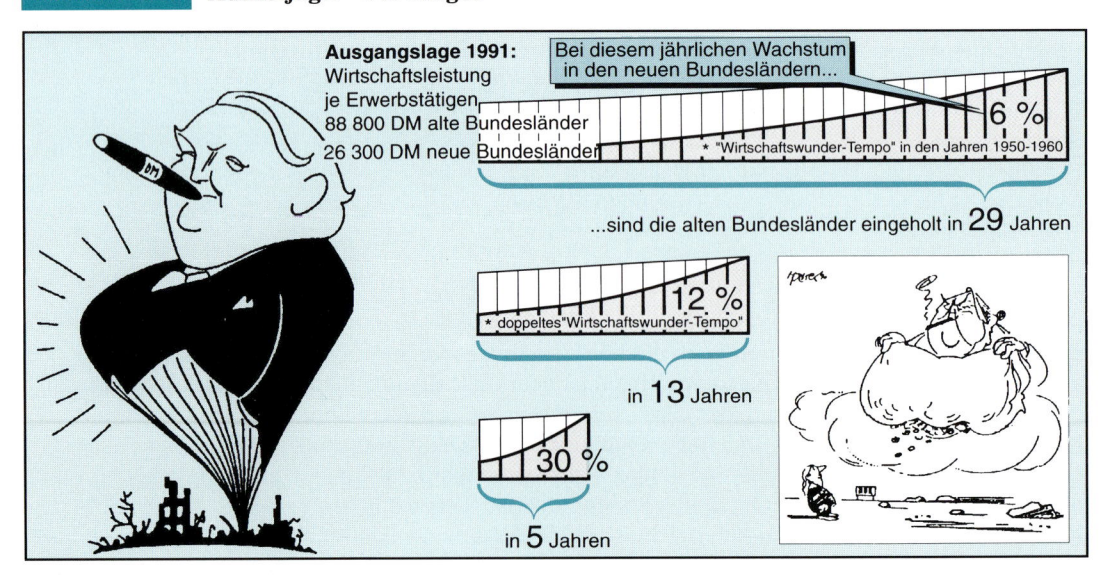

Ausgangslage 1991:
Wirtschaftsleistung je Erwerbstätigen
88 800 DM alte Bundesländer
26 300 DM neue Bundesländer

Bei diesem jährlichen Wachstum in den neuen Bundesländern...
6 %
* "Wirtschaftswunder-Tempo" in den Jahren 1950-1960
...sind die alten Bundesländer eingeholt in 29 Jahren

12 %
* doppeltes "Wirtschaftswunder-Tempo"
in 13 Jahren

30 %
in 5 Jahren

Diskutieren Sie Ludwig Erhards „Rezept" (Mat. 39) als Mittel zu einem neuen „Wirtschaftswunder".

MATERIAL 40 — Die deutsche Wirtschaft im Umbruch

Die deutsche Wirtschaft steckt in einem tiefgreifenden Umbruch. Ihre Stellung im internationalen Wettbewerb hat sich verschlechtert. Für eine ganze Reihe von Wirtschaftszweigen ist der Standort Deutschland zu teuer geworden. Einfache Produktionen mit viel Handarbeit wandern ab. Mehr und mehr müssen die deutschen Unternehmen ihren Fortbestand mit „intelligenten" Produkten, mit High-Tech mit höchster Arbeitsproduktivität sichern. Ferne Länder haben sich hochgearbeitet, drängen mit wettbewerbsfähigen Produkten auf den deutschen Markt, werden für heimische Unternehmen zu bedrohlichen Konkurrenten. Die Autohersteller müssen sich der „schlanken" Produktionsweise ihrer Konkurrenz in Japan anpassen, die Stahlproduzenten vom Massenstahl Abschied nehmen, die Kumpel im Steinkohlenbergbau der viel billigeren Importkohle weichen, die Schiffbauer sich von staatlicher Subventionskonkurrenz zurückdrängen lassen. Branchen schrumpfen, vergehen vielleicht, andere leben auf, neue entstehen. Die Anforderungen an die Arbeit ändern sich. Wenn Umschuldungen nicht mehr helfen, sich ihnen anzupassen, müssen Staat und Gesellschaft über lange Jahre Dauerarbeitlose und Frührentner hinnehmen und wirtschaftlich tragen können. In Zeiten der Hochkonjunktur wird ein solcher Wandel teils abgemindert, teils überdeckt. In Rezessionszeiten tritt er um so heftiger zum Vorschein. Dazu kommt der Zusammenbruch ganzer Industriezweige in den neuen Bundesländern nach dem Untergang der DDR.

Baden-Württemberg: Zweifel, ob die Struktur noch stimmt

Stärker als in anderen Teilen Westdeutschlands wirkt sich die Rezession in Baden-Württemberg aus: Binnen Jahresfrist ist die Arbeitslosigkeit um 50 Prozent auf mehr als 290 000 Stellensuchende gestiegen. Zwar liegt der Südwesten Deutschlands mit einer Arbeitslosenquote von 6,5 Prozent (August) noch unter dem Durchschnitt der alten Bundesländer von 7,5 Prozent. Aber die Rasanz der Talfahrt weckt zunehmend Zweifel, ob die Struktur der baden-württembergischen Wirtschaft noch „stimmt". Als Mitte der achtziger Jahre eine gewerkschaftsnahe Studie den Ballungsraum Stuttgart aufgrund seiner Struktur zum „Ruhrgebiet der neunziger Jahre" erklärte, wurde dies von der Wirtschaft noch als „Horrorszenario" abgetan. „Wir haben nicht nur eine Kosten-, sondern auch eine Technologiekrise", sagt mittlerweile auch CDU-Ministerpräsident Erwin Teufel, der eine „Zukunftskommission Wirtschaft 2000" mit Vertretern fast aller namhaften Unternehmen des Landes beauftragt hat, Wege aus der Krise aufzuzeigen. Eines der Ergebnisse: Das Land braucht neue Industrien von der Gentechnik bis zur Mikrosystemtechnik. Wie im Großraum Stuttgart, so ist in ganz Baden-Württemberg die Wirtschaft stark auf die Investitionsgüterindustrie mit den Säulen Fahrzeugbau, Maschinenbau und Elektrotechnik ausgerichtet. Das Auto steht dabei eindeutig im Mittelpunkt, denn für Hersteller wie Mercedes-Benz, Porsche und Audi arbeiten nicht nur Zulieferer, sondern auch Werkzeugmaschinenbauer und die elektrotechnische Industrie. Der Grad der Abhängigkeit ist groß: Etwa 40 Prozent des Einkaufsvolumens von mehr als 30 Milliarden DM pro Jahr bezieht Mercedes-Benz von baden-württembergischen Zulieferern. Die schwache Nachfrage nach Autos und die Bemühungen der Hersteller um den Ausgleich des Kostennachteils gegenüber der japanischen Konkurrenz sind wesentliche Gründe für die massive Zunahme der Arbeitslosigkeit. In der baden-württembergischen Metall- und Elektroindustrie sind seit dem Beschäftigungsrekord im Juli 1991 etwa 136 000 Arbeitsplätze verlorengegangen. Schwierigkeiten anderer Art haben die in Baden-Württemberg stark vertretenen Konsumgüterbranchen Textil- und Uhrenindustrie. Unter dem Druck der Konkurrenz aus Fernost kämpfen viele Unternehmen dieser (bereits in der Vergangenheit stark geschrumpften) Branchen mittlerweile ums Überleben. Recht stabil ist hingegen der Dienstleistungsbereich.

Sachsen: Fortschritt in der Leistungsfähigkeit

Der Strukturwandel in der Industrie Sachsens nach der deutschen Wiedervereinigung bedeutete einen Abbau von Arbeitsplätzen vor allem im Maschinenbau, in der Elektrotechnik und Textilindustrie. In den ersten zwei Branchen mit den Zentren Chemnitz, Leipzig und Dresden hat sich die Zahl der Beschäftigten von 1989 bis heute (1993) auf etwa 20 Prozent verringert, in der Textilindustrie, vor allem in und um Chemnitz, ist der Abbau noch stärker. Der als Deindustrialisierung bezeichnete Strukturwandel ging allerdings mit einer Erhöhung der Leistungsfähigkeit einher. So stieg der Umsatz je Beschäftigten im selben Zeitraum von knapp 4900 DM auf mehr als 8700 DM. Produktivitätsfortschritte verzeichnen vor allem die Autoindustrie und das Druckereigewerbe. Zu den Branchen, die sich große Chancen in der Zukunft ausrechnen, gehört der Maschinenbau. In Sachsen, das als Wiege des deutschen Maschinenbaus bezeichnet wird, gibt es in diesem Industriezweig zahlreiche gut ausgebildete und erfahrene Fachkräfte. In Ausstattung und Technik der Produkte hat manches sächsische Unternehmen mit inzwischen modernen Produktionsanlagen die westlichen Konkurrenten ein- oder gar überholt. Die besten Voraussetzungen für eine Markterfolg besitzen die Hersteller, die schon zu DDR-Zeiten ins westliche Ausland geliefert haben.

Große Unterschiede zwischen den Bundesländern

Bundesland	Erwerbspersonen (in Tausend)	Erwerbstätige	Arbeitslosenquoten (in %)	BIP je Einwohner (in DM)
Baden-Württemberg	5091	4844	6,5	45400
Bayern	6140	5883	6,2	43600
Berlin (West/Ost)	1881	1639	12,1/13,2	37700
Brandenburg	1344	1121	15,4	15300
Bremen	330	298	12,6	53200
Hamburg	850	789	8,6	74000
Hessen	2915	2769	7,1	50800
Mecklenburg-Vorpommern	997	810	16,8	14300
Niedersachsen	3639	3411	9,8	36100
Nordrhein-Westfalen	8107	7602	9,8	39600
Rheinland-Pfalz	1848	1748	7,5	35500
Saarland	478	443	11,7	37200
Sachsen	2383	1988	15,4	14000
Sachsen-Anhalt	1453	1215	17,6	15200
Schleswig-Holstein	1337	1247	8,0	36100
Thüringen	1333	1093	16,5	13400

(aus: Frankfurter Allgemeine Zeitung vom 21. 10. 1993)

1. Welches sind die umbruchartigen Veränderungen der deutschen Wirtschaft und ihre Ursachen?
2. Ermitteln Sie mit Hilfe einer Wirtschaftskarte des Atlasses, in welchen Bundesländern dieser Strukturwandel besonders ausgeprägt ist.
3. Stellen Sie aufgrund des Bruttoinlandsproduktes und der Arbeitslosenquote Ranglisten der Bundesländer auf.
4. Vor welchen Problemen steht die Wirtschaft Baden-Württembergs und Sachsens? Ergänzen Sie die Analysen in Material 40 durch aktuelle Berichte in den Medien.

MATERIAL 41 **Der Staat muß anpacken**

Die ökonomische Bilanz fällt zweieinhalb Jahre nach der deutsch-deutschen Währungsunion dramatisch negativ aus: Von einem zweiten deutschen Wirtschaftswunder kann keine Rede sein. Das Gespenst der De-Industrialisierung geistert durch Ostdeutschland. ... Es war ein fataler Irrglaube, allein auf den Markt zu setzen. Der Wirtschaftsminister muß jetzt das betreiben, was in Deutschland bisher als tabu gilt: staatliche Industriepolitik für Ostdeutschland, finanziert vom westdeutschen Steuerzahler ....

Die bisherige Bonner Wirtschafts- und Finanzpolitik hat den Aufschwung Ost nicht zustande gebracht. Einzig im Abbau vorhandener Industriestrukturen wurden Rekorde aufgestellt. Die drastische Arbeitsplatzvernichtung in der ostdeutschen Industrie ist keineswegs gestoppt. Die Entwicklung ist dramatisch. Es verwundert deshalb, mit welcher Selbstverständlichkeit die Bundesregierung so weitermacht wie bisher. Die Devise fast aller Bundesprogramme lautet: Was sich in den vergangenen 40 Jahren in den alten Bundesländern bewährt hat, muß auch für die Sanierung der Ostunternehmen ausreichen. Diese Prämisse ist von Grund auf falsch. Es gab in der Wirtschaftsgeschichte keine vergleichbare Situation, und deshalb sind die Erfahrungen aus über vier Jahrzehnten sozialer Marktwirtschaft oft unbrauchbar. Die Veränderungen für die Westdeutschen war nach dem Weltkrieg weit weniger einschneidend. Das Rechtssystem und das Wirtschaftssystem waren ihnen vertraut. Es gab genügend Menschen, die ohne Unterbrechung unternehmerisch tätig gewesen sind. Beim Neubeginn in Westdeutschland war der Boden für wirtschaftliches Wachstum zwar ausgetrocknet, aber noch fruchtbar.

Ganz anders die Situation in Ostdeutschland. Es fehlte nach der Wiedervereinigung nicht nur das Wasser, auch die Fruchtbarkeit des Bodens hatte in 40 Jahren Planwirtschaft erheblich gelitten. Der Regen, sprich die Kapitalzufuhr, genügte nicht, um alles zum Erblühen zu bringen.

Überall fehlt es im deutschen Osten an Erfahrungen mit dem neuen Rechts- und Wirtschaftssystem. Weil zudem die Maschinen veraltet sind, mangelt es an Produktivität: Der Beschäftigte im ostdeutschen Maschinenbau erreicht nur ein Drittel der Leistungen seines Westkollegen. Mit ihrem Höchstmaß an Produktivität und an Wettbewerbskraft war es für die westdeutsche und die westeuropäische Industrie ein leichtes, die ostdeutsche Industrie aus ihren angestammten Absatzmärkten zu verdrängen. Überläßt man die ostdeutsche Industrie weiter ihrem Schicksal, kommt eine Kettenreaktion in Gang, an deren Ende das gesamte Deutschland seine heutige wirtschaftliche Stärke verspielt hat. Das Wirtschaftswunder der fünfziger Jahre beruhte wesentlich auf der behüteten Chance des Neuanfangs für die westdeutsche Industrie. Erst auf einem noch über zehn Jahre lang protektionistisch abgeschirmten westdeutschen Binnenmarkt ließ Ludwig Erhard die Kräfte des Marktes walten.

Am 3. Oktober 1990, am Tag der Wiedervereinigung, gab es hingegen keinen Neuanfang für die Wirtschaft in den ostdeutschen Bundesländern. Von heute auf morgen standen die Betriebe im Wettbewerb mit modernen westdeutschen und westeuropäischen Konzernen. Die ostdeutschen Firmen besaßen veraltete Produktionsanlagen, ihnen fehlten Marketing-Kenntnisse, und sie waren und sind mit zweistellig steigenden Lohnkosten belastet, die westliche Tarifpartner für sie ausgehandelt haben. Kein erfahrener westdeutscher Unternehmer hätte mit diesen Betrieben jemals eine Chance gehabt. Was die privaten Investoren sich nicht zutrauen, muß jetzt der Staat anpacken: Er muß seine wichtigsten Industrieunternehmen sanieren und damit in die Lage versetzen, am Wettbewerb teilzunehmen. Beamte sind mit dieser Aufgabe überfordert, der Staat als Gesellschafter muß deshalb Manager aus der Privatwirtschaft anstellen und sie mit der Unternehmensführung beauftragen. Das nötige Geld für diese mehrjährige Sanierungsstrategie kann nur aus der Bonner Staatskasse kommen. Im

Westen gibt der Staat viel Geld für die Erhaltung von Unternehmen aus, die im Wettbewerb gescheitert sind. Im Osten geht es um staatliche Hilfe für jene Firmen, die noch nie eine Chance hatten, am Wettbewerb teilzunehmen ... . Eine wesentliche Voraussetzung für Wettbewerb sind offene Märkte, und aus gutem Grund verbietet das Gesetz gegen Wettbewerbsbeschränkungen deshalb Preisabsprachen, Diskriminierung und andere Markteinschränkungen. Die ostdeutsche Wirtschaft fand aber verschlossene Märkte in Westdeutschland vor. BMW ging lieber mit Rotax in Österreich und Aprilia in Italien zusammen, um ein Einsteigermotorrad neu zu entwickeln, als dem neuen Einsteigermotorrad von MZ Zschopau aus Sachsen eine Chance zu geben. Während im Westen Zusatzschichten gefahren wurden und viele Kapazitäten bis an die Grenze ausgelastet waren, wurde im Osten zuwenig investiert. Die Arbeitsteilung im neuen Deutschland ist einseitig: Der Osten konsumiert, der Westen produziert. Ludwig Erhard hätte diese Entwicklung nicht zugelassen. Er hätte die Wirtschafts- und Währungsunion mit einer Industriepolitik begleitet und die zusätzliche Kaufkraft vollständig in den Aufbau der ostdeutschen Industrie gelenkt. Es ist dafür nicht zu spät. Der Staat muß die westdeutschen Unternehmen zur Auftragsvergabe an ostdeutche Firmen drängen. Behörden und auch die Bundeswehr kann er sogar zur Vergabe von Aufträgen an Ostfirmen zwingen. Zusätzlich muß der Staat den Ostprodukten steuerliche Vorteile verschaffen und den Unternehmen bei der Entwicklung und Vermarktungen von modernen Produkten helfen. Das Geld dafür hätte Erhard mit Sicherheit bei der westdeutschen Industrie kassiert – durch Streichung von Subventionen.

(aus: Der Spiegel Nr. 2/1993, S. 90ff., gekürzt, Autor: Kajo Schommer. Schommer, CDU, war Stadtkämmerer in Neumünster und ist seit 1990 sächsischer Wirtschaftsminister)

MATERIAL 42 Industrielle Kerne – Kolosse auf tönernen Füßen

Im Prinzip besteht zwischen Politikern und Wirtschaftsfachleuten Einigkeit: Der Niedergang der gewerblichen Wirtschaft in den neuen Bundesländern darf nicht zu einer völligen De-Industrialisierung ganzer Regionen führen. Bald schon prägte deshalb das Schlagwort vom Erhalt sogenannter „industrieller Kerne" die Diskussion. Dabei fehlt aber bis heute eine präzise Definition, was denn unter industriellen Kernen zu verstehen ist. Es kursieren recht unterschiedliche Vorstellungen davon, welche Industriezweige in welchen Regionen als „Kernindustrien" zu bezeichnen sind. Abgesehen davon befürchten kritische Beobachter der Situation in Ostdeutschland, daß wiederum mit Milliardensubventionen unwirtschaftliche Industrien künstlich am Leben gehalten werden, die einerseits das Geld für sinnvollere Investitionen schlucken, andererseits den Steuerzahler in Ost und West teurer zu stehen kommen. Überhaupt kann ein Kritikpunkt am gesamten staatlichen Aufbauprogramm „Aufschwung Ost" nicht von der Hand gewiesen werden: Mit zunehmender Investitionsförderung steigt auch die Gefahr, daß Investitionen getätigt werden, die zwar rentabel sind, solange gefördert wird, aber ohne Förderung nie stattgefunden hätten und unrentabel wären. Wirtschaftliche Fehlstrukturen entstehen.

(aus: „Der Überblick" vom Juni 1993, S. 3, hrsg. vom Informationsdienst Soziale Marktwirtschaft Baden-Württemberg e.V. Stuttgart)

1. Warum sind nach Schommers Auffassung die frühen 90er Jahre mit den Anfängen des Wirtschaftswunders in Westdeutschland nicht zu vergleichen (Mat. 41)?
2. Was versteht er unter Industriepolitik?
3. Beurteilen Sie seine Forderung unter ordnungspolitischen Gesichtspunkten.
4. Welche Einwände werden gegen staatliche Investitionsförderung erhoben (Mat. 42)?

8.3 Mit der Treuhand von der Kommando- zur Marktwirtschaft

Als sich die Ereignisse in Ostdeutschland 1989/90 überschlugen, konnte sich im Westen kaum jemand vorstellen, wie die Umstellung der dortigen Kommandowirtschaft vor sich gehen solte. Seit der Wiedervereinigung im Oktober 1990 hat die Marktwirtschaft des Westens die Aufgabe, eine gescheiterte sozialistische Planwirtschaft neu zu gestalten. Dies ist Neuland, so daß in diesem schwierigen Lernprozeß Fehler nicht ausbleiben konnten und künftig auch nicht ausbleiben werden.

In der ehemaligen DDR wurde die wirtschaftliche Tätigkeit zu mehr als 90 % von staatlichen Betrieben ausgeübt. Eine zentrale Planungsbehörde steuerte die 8000 Kombinate und volkseigenen Betriebe (VEB) mit ihren 45000 Betriebsstätten durch detaillierte Vorgaben über Art und Weise der Produktion, über Menge und Preis der Güter und Dienstleistungen. Sie alle wurden 1990 von der Treuhandanstalt, einer dem Bundesfinanzministerium unterstehenden Anstalt des öffentlichen Rechts übernommen. Dem Namen nach geht die Treuhandanstalt auf die von der letzten SED-Regierung unter Ministerpräsident Modrow am 1. März 1990 gebildeten „Anstalt zur treuhänderischen Verwaltung des Volkseigentums (Treuhandanstalt)" zurück. Sollte diese Anstalt noch ausdrücklich das Volkseigentum wahren, so wurde am 17. Juni 1990 eine grundlegende Wende vollzogen, als unter der Regierung de Maizière die DDR-Volkskammer das „Gesetz zur Privatisierung und Reorganisation des volkseigenen Vermögens (Treuhandgesetz)" beschloß. Der Einigungsvertrag zwischen den beiden deutschen Staaten bestätigte dieses Gesetz. Die Präambel des Treuhandgesetzes weist der Treuhand drei Hauptaufgaben zu:
– die volkseigenen Betriebe so rasch und so weit wie möglich zu privatisieren,
– die privatisierten Unternehmen wettbewerbsfähig zu machen und damit Arbeitsplätze zu sichern und neue zu schaffen und
– Grund und Boden für wirtschaftliche Zwecke bereitzuhalten.

Volkseigene Betriebe

Treuhandanstalt

Als am 1. Juli 1990 die beiden deutschen Staaten zu einer Währungs-, Wirtschafts- und Sozialeinheit verschmolzen wurden, waren die ostdeutschen Unternehmen mit ihrem gewaltigen Produktivitätsrückstand schlagartig dem Wettbewerb der Weltwirtschaft ausgesetzt. Im Gegensatz zu den alten Bundesländern, die seit 1948/49 dem Druck des internationalen Wettbewerbs ausgesetzt waren und sich in einem mitunter schmerzlichen Strukturwandel dem technologischen Fortschritt entweder anpaßten oder nicht wettbewerbsfähige Produktionen stillegen mußten, waren die Unternehmen der ehemaligen DDR in das nach außen weitgehend abgeschlossene kommunistische Wirtschaftssystem integriert (Rat für gegenseitige Wirtschaftshilfe). Der mangelnde Wettbewerb dieses Systems ließ sie in Technologie und Produktivität zurückfallen. Sie produzierten zu überhöhten Preisen auf den Weltmärkten konkurrenzunfähige Waren, waren personell weit übersetzt und schädigten darüber hinaus mit veralteten Produktionsmethoden die Umwelt. Mit der Währungs- und Wirtschaftsunion wird der bisher staatlich verhinderte Strukturwandel gleichsam über Nacht nachgeholt und droht eine ganze Region zu de-industrialisieren. Um den Zusammenbruch zu verhindern, mußte den dortigen Unternehmen Geldmittel (Liquidität) in Form von Krediten zugeführt werden. Sie kamen überwiegend von der Treuhandanstalt oder wurden von ihr verbürgt.

Währungs-, Wirtschaft- und Sozialunion

Rat für gegenseitige Wirtschaftshilfe

Wirtschaftsordnung und Wirtschaftspolitik in der Bundesrepublik Deutschland

Die ohnehin schon schwierige Umstellung der Unternehmen auf die Marktwirtschaft wurde durch zusätzliche Erschwernisse belastet.
- Nach jahrzehntelangem Mangel stürzte sich die ostdeutsche Bevölkerung auf die plötzlich verfügbar gewordenen Waren aus dem Westen und verursachte einen beträchtlichen Nachfragerückgang bei ihren heimischen Produkten. Eine große Zahl industrieller und landwirtschftlicher Betriebe bekamen so große Absatzprobleme.
- Zum heimischen Nachfragerückgang kam der Zusammenbruch der Nachfrage aus Osteuropa. Die Auflösung des Rats für gegenseitige Wirtschaftsbeziehung (RGW) und der Devisenmangel in den Nachfolgestaaten der Sowjetunion führten zum Verlust wichtiger Absatzmärkte und machten bestehende Lieferverträge zu wertlosem Papier.
- Viele Unternehmer, die ihre von der DDR enteigneten Betriebe zurückbekommen haben, stecken in Schwierigkeiten, weil sie auch die Altschulden übernehmen mußten.
- Nach einer wiedervereinigungsbedingten vorübergehenden Abkoppelung von der weltweiten Rezession befindet sich die Wirtschaft Westdeutschlands 1993 in einem konjunkturellen Tal.

Trotz schwieriger Rahmenbedingungen hat die Treuhand die Grundlagen für einen Neubeginn in den neuen Bundesländern geschaffen. Insgesamt wurden bisher 115000 Unternehmen bzw. Betriebsteile, etwa 28 000 Liegenschaften, fast 29000 ha land- und forstwirtschaftliche Flächen und über die „kleine Privatisierung" 15000 Handelsgeschäfte, Gaststätten, Hotels usw. privatisiert.

MATERIAL 43 Der Stand der Privatisierung

Treuhandanstalt: Der Stand der Privatisierung
Von je 100 Unternehmen in Ostdeutschland sind vollständig privatisiert
(Stand Ende September 1992 – ausgewählte Branchen)

13, 14, 17, 26, 26, 31, 32, 33, 33, 34, 37, 38, 40, 42, 45, 45, 48, 49, 49, 58

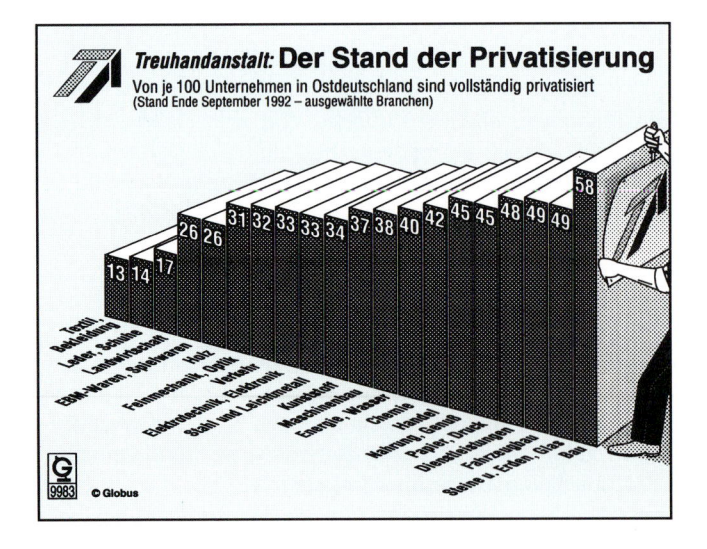

MATERIAL 44 Investitionshemmnisse

Neue Bundesländer: **Investitions-Hemmnisse** im Urteil der Kommunen

- Ungeklärte Eigentumsverhältnisse — 54 %
- Unübersichtlichkeit der Fördermaßnahmen — 50
- Fehlende Entscheidungsspielräume — 31
- Verwaltungstechnische Informationsdefizite — 29
- Mangelhafte Abstimmung zwischen den Gebietskörperschaften — 29
- Ungeklärte Rechtsverhältnisse — 28
- Ungeklärte Fragen der Altlastensanierung — 26

Quelle: ifo

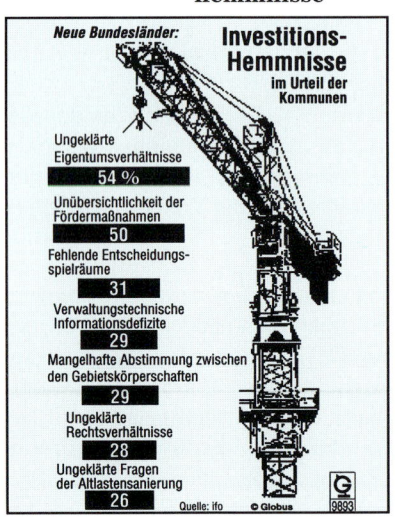

Erklären Sie unter Berücksichtigung des Informationsteiles und der Schaubilder den unterschiedlichen Privatisierungsprozentsatz.

MATERIAL 45 Schwere Zeiten für Thälmann, Liebknecht und Marx

Künftige Struktur des ehemaligen Schwermaschinenbau Kombinats Ernst Thälmann AG, Magdeburg (Beschäftigte ca. 5000, Umsatz 1993*: 460 Millionen Mark)

Die neue Sket	Selbständige Betriebe
Sket Schwermaschinenbau Magdeburg GmbH (SMM) zur Zeit 3300 Beschäftigte	**Draweba Maschinenbau GmbH** Neustadt Orla, zur Zeit 180 Beschäftigte Angebot für Management-Buyout
Drahtziehmaschinenwerk Chemnitz GmbH (DZM) zur Zeit 243 Beschäftigte	**Zementanlagen- und Maschinenbau GmbH Dessau (ZAB)**, zur Zeit 603 Beschäftigte Übernahmeangebot von Klöckner-Humboldt-Deutz in Entscheidungsphase
Ziel: 1790 Beschäftigte, 380 Millionen Mark Umsatz	**Entstaubungstechnik Magdeburg GmbH (ETM)**, zur Zeit 243 Beschäftigte Ausgliederung bis Dezember 1993 geplant Angebot von Emans-Investorengruppe
Sket Holding Magdeburg 29 Beschäftigte wird liquidiert	**Stahl- und Apparatebau GmbH Genthkin (STAG)**, zur Zeit 262 Beschäftigte Übernahmeangebot liegt vor
Sket Handel Berlin 55 Beschäftigte bleibt als Firmenmantel erhalten	

*geschätzt Quelle: Wirtschaftswoche

Wenn der Maschinenbau stirbt, stirbt die Region – unisono beschwören Magdeburger Kommunal- und Landespolitiker, Unternehmer und Gewerkschafter seit zwei Jahren diese Losung, mit der sie um das Überleben des wichtigsten Industriezweiges der Landeshauptstadt ringen. Magdeburg war über vier Jahrzehnte Zentrum des ostdeutschen Schwermaschinenbaus. Im Südosten der Elbestadt, wo 1883 die Magdeburger Dampfschiffahrts-Compagnie eine Werkstatt für die Schiffswerft aufmachte und damit den Grundstein für die Branche legte, hocken die Unternehmen dicht beieinander. In Gebäuden noch aus der Gründerzeit wurden Walzwerke und Krane, Tagebaubagger und Schiffsantriebe vornehmlich für den osteuropäischen Wirtschaftsraum produziert. Vor 1990 waren die Auftragsbücher immer randvoll. So laufen in der ehemaligen Sowjetunion über 30 Walzstraßen aus der SKET-Maschinen- und Anlagenbau AG, und die russische Binnen- und Fischereiflotte fährt mit insgesamt 50000 Dieselmotoren der SKL Motoren- und Systemtechnik AG. Fast 40000 Metaller arbeiteten im Magdeburger Maschinenbau – etwa jeder siebte Einwohner. In diesem Industriezweig hat sich der Zusammenbruch der sozialistischen Planwirtschaft besonders kraß ausgewirkt. Buchstäblich über Nacht kam das traditionelle Geschäft zu 80 bis 90 Prozent zum Erliegen. Obwohl der Bedarf Osteuropas, vornehmlich der GUS, an Maschinen und Anlagen unvermindert groß ist, bleiben bereits unterzeichnete Verträge wegen der Finanzknappheit wertloses Papier. In dieser schwierigen Phase der Orientierung auf neue Märkte, verschärft noch vom allgemeinen Konjunkturtief im Maschinenbau, sind in Magdeburg bereits drei Viertel der Arbeitsplätze in den früheren Großunternehmen verloren gegangen, und dieser Prozeß hält noch an: Beim Branchenschlachtschiff SKET – übernommenes Kurzwort für das ehemalige Schwermaschinenbaukombinat „Ernst Thälmann" – bleiben von 12000 Beschäftigten noch 2700. Der Schiffsmotorenbauer SKL – früher Schwermaschinenbaukombinat „Karl Liebknecht" – reduziert von 8000 auf mittelständische Größe von maximal 570 Mitarbeitern im Kerngeschäft. Die Babcock Magdeburger Armaturenwerke MAW GmbH – als Kombinat bis 1989 mit dem Beinamen „Karl Marx" – ist als einziger der drei Großen bereits privatisiert und schickte 6000 von 7000 Armaturenbauer nach Hause. Der Fall des Magdeburger Schwermaschinenbaus ins Bodenlose hat die Politik alarmiert. Die Landesregierung legte ihr Veto ein, als der von der Treuhand mit der SKET-Sanierung beauftragte Karl-Wilhelm Marx im Oktober 1992 einen Belegschaftsabbau auf ganze 1000 Mitarbeiter verkündete. Als die Arbeitnehmer auf die Straße gingen, gesellten sich Parlamentarier und Landesminister hinzu. Der liberale Wirtschaftsminister Horst Rehberger verlangte öffentlich ein alternatives Unternehmenskonzept, das statt der rein betriebswirtschaftlichen Zwänge auch die sozialen Erfordernisse berücksichtigen sollte. Nachdem sich der Aufsichtsrat dieser Forderung anschloß, warf Marx zwei Monate nach Amtsantritt das Handtuch. Nun hat die Treuhand, die SKET bereits Liquiditätshilfen in dreistelliger Millionenhöhe zahlte, zusätzliche Mittel für die Entwicklung neuer, wettbewerbsfähiger Erzeugnisse vor allem in der Kabel- und Verseiltechnik sowie Umwelttechnik zur Verfügung gestellt. Eine Forderung der SPD-Fraktion im sächsisch-anhaltinischen Landtag nach einer Landesbeteiligung am größten Magdeburger Anlagenbauer ist von der CDU/FDP-Koalition jedoch abgelehnt worden. Einen Lichtblick gibt es bei der SKL-AG. Dieses Unternehmen hat erfolgreich einen Fuß in die Tür zum chinesischen Markt geschoben. Auf chinesischen Flußschiffen laufen bereits 2500 zu DDR-Zeiten hergestellte Dieselmotoren. Jetzt wird über die Modernisierung und gemeinsame Fertigung neuer Motorenreihen verhandelt, SKL unterhält drei Servicebüros in der Volksrepublik. Freilich hat ein Teil der früheren Schwermaschinenbauer neue Arbeitsplätze in ausgegliederten oder neugegründeten mittelständischen Metallunternehmen gefunden. SKET fängt den Hauptteil der ehemaligen Mitarbeiter, die den Blauen Brief erhalten mußten, zur Zeit noch in einer Sanierungsgesellschaft auf. Außerdem stecken Tausende Metaller in Umschulungsmaßnahmen des Arbeitsamtes. Doch die Zahlen verlorener und neugewonnener Arbeitsplätze wiegen einander noch längst nicht auf. Die Parlamentarier weisen deshalb gegenüber der Bundesregierung immer wieder darauf hin, daß es ohne den Erhalt industrieller Kerne auf Dauer keine Basis für einen stabilen Dienstleistungs- und Mittelstandsbereich gibt.

(aus: Das Parlament Nr. 33 vom 13.8.1993, Autorin: Ute Semkat)

1. Worauf beruhte die Bedeutung des früheren Schwermaschinenkombinats Ernst Thälmann (SKET)?
2. Nennen Sie die Ursachen der wirtschaftlichen Misere. Berücksichtigen Sie dazu auch den Informationsteil.
3. Stellen Sie die von Treuhand, Unternehmensleitung, Landesregierung, Bundesregierung und den politischen Parteien ins Auge gefaßten Maßnahmen zusammen, und erörtern Sie die sich ergebenden Folgen.

MATERIAL 46 „Anfangs dachte ich, die Wessis überrollen uns mit Dumpingpreisen."

Ein ganz normaler Vormittag im Magdeburger Straßenbauunternehmen Asphalt-Kühne: Es ist viel zu tun, die Asphalteure sind auf den Baustellen, die Wackerstampfer, Gußasphaltkocher und Walzen auch. Nur ein gelber Bagger steht auf dem Werksgelände, zwei Männer in orangefarbenen Latzhosen unterhalten sich. In einem weißgestrichenen Pavillon hat Geschäftsführerin Christiane Kühne ihr Büro. Blick zurück: Schon als Kind spielte Christiane Kühen in der Magdeburger Gröperstraße zwischen Baumaschinen und Teer. Ihr Vater

Wilhelm war stadtbekannt als „Asphalt-Kühne" – sein Unternehmen bestand seit 1932.

Als Christiane noch ein kleines Mädchen war, fing der Staat an, Privatunternehmer zu drangsalieren: Vorschriften, Kontrolle, Staatsbeteiligung – die Planwirtschaft forderte ihren Tribut. Und als Christiane 1972 nach dem Studium als Bauingenieurin die Nachfolge des fast achtzigjährigen Vaters antreten wollte, da hatten die Bürokraten vom Rat der Stadt den alten Mann weichgeklopft: Er unterschrieb die Umwandlung von „Asphalt-Kühne" in den „VEB-Tief- und Verkehrsbau, Bereich Schwarzdecke". Für Christiane blieb dort nur noch ein Posten als „Bereichsleiter". Im VEB, in „Vaters Ehemaligem Betrieb", hielt sie es nur ein halbes Jahr aus. „Ich konnte mir das ‚private' Denken nicht abgewöhnen und eckte nur an", erzählt die heute 44jährige. Sie zog sich ein paar Monate lang aus dem Berufsleben zurück.

Bitter war es für Christiane Kühne als junge Frau ansehen zu müssen, wie das alte Privatunternehmen durch Plankorsett und Materialmangel innerhalb von zwei Jahren heruntergewirtschaftet wurde. 1974 entstand auf dem Werksgelände ein „Reparatur-Stützpunkt" der Nationalen Volksarmee – mit dem Straßenbau in der Magdeburger Gröperstraße war es fürs erste vorbei, mit dem Straßenbau in der DDR ging es bergab. Gegängelt, gebremst, unterfordert – so fühlte sich Christiane Kühne in den nächsten Stationen ihres Berufslebens im Zentrallabor für Straßenwesen und im „Autobahnbau-Kombinat". Spaß machte ihr die Arbeit nie wieder. 1988 hörte sie auf und kümmerte sich um ihren kleinen Sohn.

Nach der Wende zögerte sie nicht lange, sich in die Marktwirtschaft zu stürzen. „Das unternehmerische Denken brach sofort wieder aus mir hervor." Sie stellte es auf eine solide Basis, paukte Betriebswirtschaft, Buchhaltung und Technik des modernen Straßenbaus. Als sie im Rahmen der Reprivatisierung das Grundstück zu einem günstigen Preis von der Stadt zurückgekauft hatte, war der erste Schritt getan: Christiane Kühne bekam Kredite und konnte Maschinen kaufen. Im Mai 1992, genau sechzig Jahre nach der Firmengründung und zwanzig Jahre nach der Zwangsverstaatlichung, wagte die alleinstehende Mutter den Neuanfang – mit acht Mitarbeitern, davon sechs aus der Firma des Vaters.

Sie gewann einen Unternehmensberater, der sie beim Aussuchen von Computern und der Software unterstützte und mit ihr die ersten Aufträge an Land zog. Das Bauwesen in den neuen Bundesländern boomt, davon profitiert auch Asphalt-Kühne. Schon ein halbes Jahr nach dem Start gründete Christiane Kühne eine zweite Firma, die Kühne-Frästechnik. Die Unternehmerin hatte erkannt, daß nicht nur das Aufbringen von Teerbelägen gefragt ist, sondern auch das Entfernen. Inzwischen hat das gesamte Unternehmen, die Kühne-Verwaltungs-GmbH, 30 Mitarbeiter. „Wir sind ein Familienbetrieb", stellt Christiane Kühne zufrieden fest. Die millionenschweren Kredite drücken die Firmenchefin kaum. Zu schaffen macht der Unternehmerin dagegen, daß die Treuhandanstalt die Eigentumsverhältnisse in Frage stellt. Da das Grundstück zuletzt Eigentum der Nationalen Volksarmee gewesen sei, so der Standpunkt der Treuhand, sei die Stadt Magdeburg für den Verkauf gar nicht zuständig gewesen. Die Treuhand will die Eintragung im Grundbuch anfechten; gelingt ihr das, müßte Christiane Kühne das Grundstück zum heutigen Verkaufswert kaufen. „Das wäre das Aus für mein Unternehmen" – und daran will sie gar nicht denken. „Damit soll sich mein Rechtsanwalt rumärgern."

In den ruhigen Bürostunden nach fünf Uhr abends, wenn ihre Angestellten gegangen sind, beschäftigt sich Christiane Kühne lieber mit Kalkulationsproblemen. „Anfangs dachte ich immer, die Wessis überrollten uns mit Dumpingpreisen, aber ich habe gemerkt: Die können einfach rechnen." Das kann sie inzwischen auch: „Ich weiß genau, wieviel Arbeitsstunden und wieviel Material eine Baustelle braucht." Braucht sie mehr, dann ist der Straßenbau-Expertin klar, daß mit dem Vorhaben nichts zu verdienen ist. Als Frau in einem typischen Männerberuf fühlt sie sich ernstgenommen – von Kollegen und Kunden gleichermaßen. „Ich bin sehr ehrgeizig, ich verstehe mein Fach, habe mich weitergebildet – und ein bißchen weiblicher Charme, das ist doch das Salz in der Suppe."

(aus: Das Parlament Nr. 33 vom 13. 8. 1993, Autorin: Anke Petermann)

1. Wie kam es zum Niedergang des Asphalt-Unternehmens in der ehemaligen DDR?
2. Welche Faktoren haben die Wiedergründung der Firma „Asphalt-Kühne" begünstigt?
3. Was sind die typischen bzw. untypischen Merkmale dieser Reprivatisierung?

8.4 Die Textilindustrie – eine Branche im Strukturwandel

Textilindustrie

Die Textilindustrie wird oft in einem Atemzug mit Branchen wie der Stahlindustrie, dem Kohlebergbau oder der Werftindustrie genannt, Branchen also, die sich in einer tatsächlichen Strukturkrise befinden. Ihr Überleben ist in der Bundesrepublik Deutschland gefährdet, und damit sind Tausende von Arbeitsplätzen in Frage gestellt. Die Textilindustrie, die nicht mit der Bekleidungsindustrie verwechselt werden darf, stellt Textilfasern her und verarbeitet sie zu Garnen und Geweben. Das Land Baden-Württemberg hat den größten Anteil an der Textilindustrie. Ihm folgen Nordrhein-Westfalen, Bayern und Sachsen. Die baden-württembergischen Zentren liegen auf der Schwäbischen Alb und in Südbaden.

Welttextil-abkommen (WTA)

Bisher konnte sich die Textilindustrie behaupten. Mit großem Kapitaleinsatz konnte sie die Produktivität erhöhen. Der Staat unterstützte sie durch die Förderung der Textilforschung, durch zinsgünstige Darlehen im Rahmen regionaler Hilfsprogramme und durch Investitionsbeihilfen. Bei Investitionen in strukturschwachen Gebieten erhalten alle Unternehmen 7,5 % der Investitionskosten vom Staat erstattet. Vor der Konkurrenz aus dem Ausland wird die Textilindustrie durch das Welttextilabkommen (WTA) geschützt. Seine in Artikel 1 niedergelegten Ziele sind eine „Ausweitung des Handels, der Abbau von Handelshemmnissen und die schrittweise Liberalisierung des Welthandels mit Textilerzeugnissen bei gleichzeitiger Gewährung der geordneten und ausgeglichenen Entwicklung dieses Handels ... sowohl in den Einfuhr- als auch in den Ausfuhrstaaten". Das Abkommen versucht somit, gegensätzliche Handelsprinzipien – Freihandel einerseits und Protektionismus andererseits – miteinander zu vereinbaren. Für die Anhänger eines freien Welthandels ist das Abkommen eine „Schutzmauer gegen die Entwicklungsländer, hinter der die Textilindustrie bequem lebe, ohne sich den wirtschaftlichen Veränderungen in der Welt anpassen zu müssen". Die Bundesrepublik, die ihren Wohlstand weitgehend ihrem Export verdanke, könne nicht länger daran festhalten. Für Unternehmer und Gewerkschafter der Textilindustrie ist das Welttextilabkommen ein unverzichtbarer Schutz vor einer Importflut aus der Dritten Welt, die Tausende von Arbeitsplätzen vernichten würde.

Allgemeines Zoll- und Handels-abkommen – GATT

Das WTA ist eine Rahmenvereinbarung für den internationalen Handel mit Textilien und Bekleidung. Auf der Lieferseite stehen Entwicklungsländer und die sogenannten Schwellenländer, wie z. B. Südkorea und Taiwan, die in der Industrialisierung schon weit fortgeschritten sind. Auf der Abnehmerseite befinden sich die westlichen Industriestaaten. Derzeit gehören dem Welttextilabkommen 42 Staaten und Staatengruppen an, darunter mit der Europäischen Gemeinschaft auch die Bundesrepublik Deutschland. Es handelt sich um ein Sonderabkommen zum „Allgemeinen Zoll- und Handelsabkommen" – GATT genannt. Abweichend von den Grundregeln des GATT erlaubt das Welttextilabkommen im internationalen Textilhandel gezielte Lieferbeschränkungen gegenüber einem Land. Voraussetzung für eine Schutzmaßnahme ist allerdings eine ernste Marktstörung. Das Welttextilabkommen legt den Rahmen fest, nach dem die Textilhandelsverträge zwischen den Liefer- und Abnehmerländer zu gestalten sind. Ein solcher Vertrag enthält im wesentlichen eine Selbstverpflichtung des Lieferanten, seine Ausfuhren z. B. in die Europäische Union für bestimmte Waren nicht über einen bestimmten Steigerungssatz hinaus wachsen zu lassen.

Strukturwandel und Strukturpolitik

MATERIAL 47 — Brutaler Prozeß

Die Auftragslage ist gut, seine 500 Beschäftigten hält Firmenchef Christian Heinrich Sandler für „hochqualifiziert und motiviert", die Maschinen laufen an sechs Tagen in der Woche rund um die Uhr. Dennoch spielt Sandler mit dem Gedanken, seine Produktion ins italienische Verona zu verlagern. In seinem Vliesstoffwerk im fränkischen Schwarzenbach stehen sonntags die Maschinen still, und das mißfällt dem Seniorchef. „Wir sind die einzigen in Europa", klagt Sandler über das Los der deutschen Textilindustrie, „die sonntags nicht arbeiten dürfen – nach einem Gesetz, das 130 Jahre alt ist." Wenn das nicht bald geändert werde, so drohen viele Textilfabrikanten, müßten sie künftig im Ausland fertigen lassen ... Weil in Spinnereien und Webereien jeder Arbeitsplatz im Schnitt eine Million Mark kostet (Industrie-Durchschnitt: gut 150000 Mark), müßten die Maschinen auch sonntags laufen ... Daß die Deutschen ihren Maschinenpark nicht voll auslasten dürfen, sei „ein staatlich verordneter Wettbewerbsnachteil", sagt Konrad Neundörfer, Hauptgeschäftsführer des Dachverbandes Gesamttextil. Das könne nicht so bleiben, denn die deutschen Weber und Spinner seien „tagtäglich genötigt, mit einer beinharten Auslandskonkurrenz fertig zu werden". Offenkundig ist ihnen das bislang ganz gut gelungen, auch ohne Sonntagsarbeit. Kein anderes Land exportiert mehr Textilien als die Bundesrepublik. Stoffe, Gewebe und Garne im Wert von 9,8 Milliarden Dollar schicken die Deutschen ins Ausland ... .

Anders als die Bekleidungsfabrikanten, die wegen der hohen Lohnkosten schon seit langem zu einem guten Teil im Ausland arbeiten lassen, blieben die Textilunternehmer im Lande. In dieser Branche sind qualifizierte Bedienungsmannschaften und schnelle Reparatur der komplizierten Automaten wichtiger als die Löhne. Das werde sich ändern, drohen die Textilfabrikanten, wenn weiterhin für den Sonntag staatlich verordneter Müßiggang gelte.

Gesamttextil-Geschäftsführer Ernst-Heinrich Stahr: „Wenn wir in einem Hochlohn-Land bleiben sollen, dann müssen wir die technischen Möglichkeiten voll ausreizen." ... Gemeinsam mit den Gewerkschaften sperren sich – wie immer bei diesem Thema – die Kirchen gegen die Sonntagsarbeit.

(aus: Der Spiegel, Nr. 37, 1989, S. 139)

MATERIAL 48 — Lohnkosten

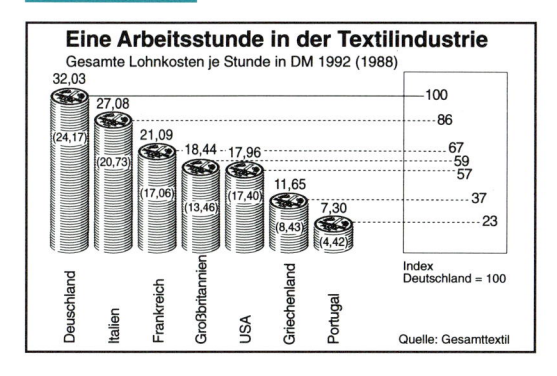

Eine Arbeitsstunde in der Textilindustrie
Gesamte Lohnkosten je Stunde in DM 1992 (1988)

Land	DM	(1988)	Index D=100
Deutschland	32,03	(24,17)	100
Italien	27,08	(20,73)	86
Frankreich	21,09	(17,06)	67
Großbritannien	18,44	(13,46)	59
USA	17,96	(17,40)	57
Griechenland	11,65	(8,43)	37
Portugal	7,30	(4,42)	23

Quelle: Gesamttextil

MATERIAL 49 — Maschinenlaufzeiten

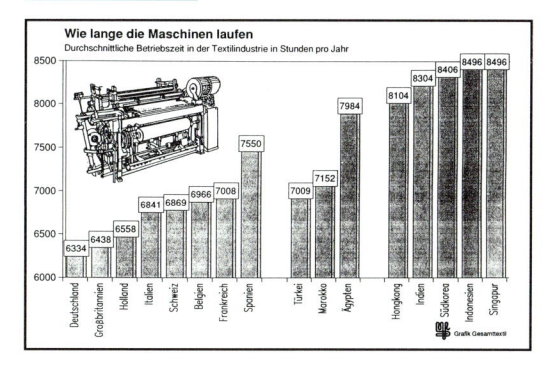

Wie lange die Maschinen laufen
Durchschnittliche Betriebszeit in der Textilindustrie in Stunden pro Jahr

Land	Stunden
Deutschland	6334
Großbritannien	6438
Holland	6558
Italien	6841
Schweiz	6869
Belgien	6966
Frankreich	7008
Spanien	7550
Türkei	7009
Marokko	7152
Ägypten	7984
Hongkong	8104
Indien	8304
Südkorea	8406
Indonesien	8496
Singapur	8496

Grafik Gesamttextil

Warum denkt der Firmenchef zunächst an eine Verlagerung der Produktion ins Ausland, verwirft aber dann diesen Gedanken? Erörtern Sie anhand der Statistiken alternative Standorte.

MATERIAL 50 **Textilindustrie im Wandel**

Der frühere Strukturwandel ist mit der jüngsten Entwicklung nur bedingt vergleichbar. Die derzeitigen Veränderungen sind weitaus schwieriger und fordern neue Strategien. Erinnern wir uns an die fünfziger Jahre: Die deutsche Industrie war am Boden zerstört. Die Zeit des Aufbaus begann. Was an Maschinen fehlte, mußte mit menschlicher Arbeitskraft wettgemacht werden. Die Versorgung der Bevölkerung sollte schnellstens gesichert werden, nicht nur mit Nahrungsmitteln, sondern auch mit Textilien und Bekleidung.

Das Bestreben, diesen Prozeß so schnell wie möglich abzuschließen, förderte die Investitionstätigkeit. Immer modernere Maschinen mit größerer Leistung steigerten die Produktion, bis wir die Grenzen des Wachstums im Inland erkennen mußten.

Die deutsche Wirtschaft, und mit ihr die Textilindustrie, suchte nach neuen Märkten. Mit Erfolg, wie wir heute wissen. Die Bundesrepublik Deutschland wurde zu einer der wichtigsten Exportnationen.

Doch auch die Konkurrenz im Ausland wurde immer stärker. Wir kamen auf vielen Märkten in Bedrängnis, einschließlich unseres eigenen – insbesondere von der Kostenseite. Das Rezept hierfür hieß Rationalisierung. Die Folge: Weniger Menschen wurden für die gleiche Leistung gebraucht.

Zunächst waren es die Konkurrenten aus den Industrieländern, die unsere Marktposition bedrängten. Ihnen konnten wir dank der Rationalisierung und der damit verbundenen Kosteneinsparung beziehungsweise des Qualitätsvorsprungs noch paroli bieten. Doch der Vorsprung wurde zunehmend kleiner. Hinzu kam, daß die Länder der Dritten Welt nicht länger nur Rohstofflieferanten bleiben wollten, sondern sich selbst um deren Verarbeitung und Vermarktung bemühten. Als Einstieg in die Industrialisierung dient vielen dieser Länder die Textilbranche. Dabei leisteten wir mit unserer Entwicklungshilfe noch tatkräftig. Die Folge jedoch war, daß immer mehr Anbieter auf die Textilmärkte drängten. Damit der Weltmarkt nicht völlig aus den Fugen geriet, einigten sich die wichtigsten Wettbewerber auf diesem Markt auf den Abschluß des Welttextilabkommens, das uns nunmehr seit fast drei Jahrzehnten begleitet – jedoch mit immer weiter nachlassender Wirkung.

Es gibt eine Reihe von Gründen dafür, daß die Mechanismen dieses Abkommens nicht mehr in der einmal vorgesehenen Form greifen:
– Der Textilhandel wird immer internationaler;
– unser wichtigster Abnehmer, die Bekleidungsindustrie, hat erhebliche Teile ihrer Produktion ins Ausland verlagert und importiert zunehmend Fertigwaren;
– der Wegfall des „Eisernen Vorhangs" hat die einst recht undurchlässigen Grenzen auf dieser Seite geöffnet – auch für Einfuhren von Drittländern;
– viele Marktteilnehmer halten sich nicht an die Spielregeln des Welttextilabkommens (Falschdeklaration, Umgehungseinfuhren).

Unsere handelspolitischen Forderungen sind deshalb der Abbau der Subventionen und von Dumping, die Öffnung aller Märkte sowie praktikabler und wirksamer Musterschutz. Ein von allen respektierter Schiedsrichter, der Verstöße gegen die Spielregeln auch mit geeigneten Instrumenten ahnden kann, muß für die Einhaltung des fairen Wettbewerbs sorgen.

Dieses Ziel wird bei den Verhandlungen im Rahmen der Uruguay-Runde des Gatt verfolgt. Leider zeichnet sich immer noch kein erfolgreicher Abschluß dieser Gespräche ab. Dies liegt nicht am Textilbereich. Die Meinungsverschiedenheiten bestehen vielmehr nach wie vor auf dem weltweit von Subventionen beherrschten Agrarsektor.

(aus: Jahrbuch der Textilindustrie 1993, hrsg. von Gesamttextil, Autor: Wolf Dieter Kruse, Präsident des Gesamtverbandes der Textilindustrie in der Bundesrepublik Deutschland – Gesamttextil –)

MATERIAL 51 Produktion und Produktivität in der Textilindustrie

Produktion und Produktivität in Westdeutschland (Indizes 1985 = 100)						
	Produktion			Produktionsergebnis je Beschäftigten		
Jahr	Textil-gewerbe	± vH	Verarbeiten-des Gewerbe	Textil-gewerbe	± vH	Verarbeiten-des Gewerbe
1970	110,6	–	80,9	52,8	–	64,8
1980	106,0	– 1,7	97,3	82,9	± 0,0	88,5
1981	98,7	– 6,9	95,2	82,7	– 0,2	88,4
1982	93,9	– 4,9	92,3	85,1	+ 2,9	88,4
1983	94,3	+ 0,4	93,0	92,3	+ 8,5	92,7
1984	96,9	+ 2,8	95,6	96,9	+ 5,0	96,6
1985	100,0	+ 3,2	100,0	100,0	+ 3,2	100,0
1986	101,1	+ 1,1	102,2	102,6	+ 2,6	100,8
1987	100,4	– 0,7	102,7	103,3	+ 0,7	101,1
1988	98,4	– 2,0	107,1	103,8	+ 0,5	105,5
1989	99,3	+ 1,0	112,4	107,0	+ 3,1	109,6
1990	100,4	+ 1,1	118,3	110,8	+ 3,6	111,7
1991	99,8	– 0,6	121,9	112,8	+ 1,8	113,8
1992	93,0	– 6,8	120,3	111,6	– 1,1	113,7

(aus: Zahlen zur Textilindustrie, Ausgabe 1993, hrsg. von Gesamttextil, Eschborn 1993)

MATERIAL 52 Entwicklung der Beschäftigtenzahl in der Textilindustrie

Unternehmen und Beschäftigte im Textilsektor in Westdeutschland						
	Textilgewerbe			Bekleidungsgewerbe		
Jahr	Unter-nehmen	Beschäftigte	± vH	Unter-nehmen	Beschäftigte	± vH
1970	2396	496592	–	2955	384589	–
1980*)	1620	303879	– 2,2	2435	248779	– 3,1
1981	1558	282940	– 6,9	2299	230887	– 7,2
1982	1486	260269	– 8,0	2150	209724	– 9,2
1983	1433	241489	– 7,2	2087	193942	– 7,5
1984	1397	235481	– 2,5	2047	191132	– 1,4
1985	1334	231393	– 1,7	1957	188436	– 1,4
1986	1313	227578	– 1,6	1892	185510	– 1,6
1987	1295	222383	– 2,3	1828	177487	– 4,3
1988	1254	218071	– 1,9	1761	169871	– 4,3
1989	1236	213511	– 2,1	1752	167637	– 1,3
1990	1197	209443	– 1,9	1720	164029	– 2,2
1991	1153	203756	– 2,7	1621	160816	– 2,0

*) Ab 1980 zuzüglich Unternehmen des produzierenden Handwerks.

(aus: Zahlen zur Textilindustrie a. a. O.)

MATERIAL 53 Die Krise der Textilindustrie hat sich weiter verschärft

Seit Januar 1993 ist in der Textilindustrie (nicht zu verwechseln mit der Bekleidungsindustrie) jeder zehnte Arbeitsplatz verlorengegangen. Die Industrie beschäftigt jetzt nach Angaben ihres Gesamtverbandes noch knapp 190 000 Menschen. Noch 1970 gab es allein in Westdeutschland fast eine halbe Million Textilarbeitsplätze, der Umsatz je Beschäftigten hat sich seitdem vervierfacht.

Trotz der Hoffnung auf eine allgemeine konjunkturelle Erholung werden die Aussichten der Textilindustrie für die kommenden Jahre eher düster eingeschätzt: In vier bis fünf Jahren könnte die Zahl der Beschäftigten auf etwa 100 000 sinken. Noch drastischer als im Westen war der Einbruch in den neuen Bundesländern: Die Aufträge, die bereits 1992 ein Minus von 26,5 % verzeichneten, gingen bis Mai 1993 noch einmal um fast ein Fünftel zurück. Bereits 1992 war der Anteil der ostdeutschen Betriebe an der gesamtdeutschen Textilproduktion auf 3,5 Prozent gesunken. Von dem Strukturwandel, in dem seit der Wende in den neuen Ländern neun von zehn Arbeitsplätzen verlorengegangen sind, sind traditionelle Textilregionen wie etwa die Lausitz (die Gegend um Cottbus und Görlitz) besonders stark betroffen.

Die deutsche Textilbranche werde völlig anders aussehen, wenn die derzeitige Rezession überwunden werden sollte, sagte der Vorsitzende des „Freundeskreises der Textilindustrie". Gerechnet wird mit einer anhaltenden Verlagerung der Produktion ins Ausland, vor allem nach Ost- und Mitteleuropa – ein Schritt, den die Bekleidungsindustrie bereits vorgemacht hat. „Die Qualifikation in Polen, Litauen, der Tschechei und der Slowakei ist mindestens so gut wie hierzulande", meinte der Unternehmensberater Klaus Franke. Während in Deutschland oft Angelernte an Spinnmaschinen und Webstühlen stünden, seien dort Facharbeiter tätig ... Viele deutsche Textilunternehmer haben bereits Kooperationen mit Betrieben in den Reformländern abgeschlossen oder sich direkt beteiligt. Attraktiv sind vor allem die Lohnkosten: Eine durchschnittliche Arbeitsminute kostete 1992 nach Berechnungen der Unternehmensberatung Kurt Salmon Associates in der deutschen Textilindustrie 64,5 Pfennig, in Slowenien dagegen 22,9 und in Rumänien dagegen nur 16 Pfennig. Die Zukunft der deutschen Textilindustrie sehen Fachleute deshalb in der „logistischen Beherrschung eines internationalen Beschaffungs- und Produktionsmanagements". Nur noch die Steuerung von Einkauf, Vertrieb, Lagerhaltung und Kapital soll dabei langfristig in Deutschland bleiben, die eigentliche Produktion geschieht in Billiglohnländern. Chancen im Inland werde es allenfalls noch für Produktionsstufen mit einer hohen Wertschöpfung geben wie der Veredelung, Heimtextilien oder modischen Artikeln.

(aus: Frankfurter Allgemeine Zeitung vom 19. 8. 1993)

1. Vergleichen Sie die Entwicklung der Textilindustrie mit der Entwicklung der Bekleidungsindustrie seit 1970.
2. Beurteilen Sie mit Hilfe der beiden Statistiken und Material 53 die Zukunftsaussichten der deutschen Textilindustrie.

Das Recht und die Rechtsordnung in der Bundesrepublik Deutschland

1. Staatliches Gewaltmonopol und Rechte des einzelnen

1.1 Recht als Grundlage innerstaatlichen Handelns

Überall, wo Menschen zusammenleben, sind sie auf Ordnungen und Gewohnheiten, auf Gebote und Verbote angewiesen, die das Zusammenleben regeln. Diese Ordnungen und Gebote sind von unterschiedlicher Verbindlichkeit.

Moral
Das Gute zu tun und den Nächsten zu lieben wie sich selbst, ist ein Gebot der Moral – eine sittliche Pflicht, die nicht erzwungen werden kann. Anders verhält

Sitten
es sich mit den Sitten, welche als Gewohnheiten oder Bräuche das äußere Verhalten des Menschen regeln. Zwar ist es dem einzelnen überlassen, ob er den Sitten folgen will, doch muß er bei einem Verstoß oder gar bei „unmoralischem" Verhalten mit öffentlicher Mißbilligung rechnen, unter Umständen auch mit rechtlichen Konsequenzen, wenn dieses Mißverhalten gegen rechtliche Bestimmungen verstößt. Denn von Moral und Sitte unterscheidet sich das

Recht
Recht dadurch, daß seine Einhaltung durch die staatliche Gewalt erzwungen werden kann. Wegen des damit verbundenen Eingriffs in die Freiheit des einzelnen besteht bei uns das Recht kaum noch als Gewohnheitsrecht, sondern ist fast ausschließlich in Gesetzen niedergelegt. Die Gesamtheit aller rechtlichen

Rechtsordnung
Regelungen bezeichnet man als Rechtsordnung.

Subjektives Recht
Objektives Recht
Für den einzelnen ist Recht zunächst einmal sein subjektives Recht, z. B. sein Recht auf freie Entfaltung seiner Person oder sein Recht auf Eigentum. Diese eigenen subjektiven Rechtsansprüche stoßen jedoch immer wieder mit den Rechtsansprüchen unserer Mitmenschen zusammen, woraus sich die Notwendigkeit einer allgemeinen Rechtsordnung ergibt, eines objektiven Rechts, welches die gegensätzlichen Interessen ausgleicht und den einzelnen nach dem Grundsatz der Gerechtigkeit ihre Rechte zuerkennt.

Aufgaben des Rechts
Die Aufgaben des Rechts sind vielfältig. Das Recht gewährleistet zunächst die Ordnung der Gesellschaft, indem es ein gewaltfreies Zusammenleben anstrebt. Zugleich dient das Recht dem Schutz des einzelnen, indem es etwa die Verletzung von Rechtsgütern bestraft oder den sozial Unterlegenen gegenüber dem wirtschaftlich Mächtigen unterstützt. Indem das Recht bestimmte Verhaltensweisen verbietet und andere gebietet oder empfiehlt, dient es auch der Steuerung menschlichen Zusammenlebens, indem es nicht nur Rechtsverletzungen unter Strafe stellt, sondern z. B. auch durch Vergünstigungen wie den Finderlohn die Bürger zu einem sozial erwünschten Verhalten anregt.

Rechtsfrieden
Vor allem dient das Recht der Sicherung des Rechtsfriedens. Es ist nicht dem einzelnen überlassen, „sein" Recht gewaltsam durchzusetzen, wie es in früheren Zeiten der Fall war, als noch Blutrache und Fehde herrschten, oder wie es auch heute noch bei kriegerischen Auseinandersetzungen zwischen Völkern der Fall sein kann, weil ein erzwingbares überstaatliches Völkerrecht fehlt.

Staatliches Gewaltmonopol
Grundlage unserer Rechtsordnung ist das Verbot der Eigenmacht (Selbstjustiz). An ihrer Stelle besteht das staatliche Gewaltmonopol: Der einzelne muß sich an staatliche Gerichte wenden, um sein Recht zu finden.

MATERIAL 1 Verfolgungsjagd endete im Main

(dpa) **Frankfurt.** Nach einer wilden Verfolgungsjagd durch Taxifahrer stürzte in den frühen Morgenstunden des Mittwochs ein Sportwagen am Frankfurter Westhafen in den Main. Zwei Frauen und ein Mann ertranken. Der Fahrer konnte sich ans Ufer retten.
Ursache der Verfolgungsjagd quer durch die Main-Metropole war ein Streit zwischen einem Taxifahrer und dem Fahrer eines Sportwagens. Dieser soll das Taxi geschnitten haben. Daraufhin verfolgte der Taxifahrer den mit vier Personen besetzten Sportwagen aus Kehl und stellte ihn wenig später. Bei der folgenden Auseinandersetzung wurde der Taxifahrer zusammengeschlagen.
Trotz erheblicher Verletzungen konnte er sich zu seinem Fahrzeug schleppen und über Funk seine Kollegen informieren. Bei der Jagd durch die Taxen verirrte sich der ortsunkundige Sportwagenfahrer, raste durch eine Schranke und flog dann mindestens acht Meter durch die Luft über ein am Kai liegendes Binnenschiff.

(aus: Badische Zeitung vom 21. 1. 1971)

MATERIAL 2 Bestimmungen des Strafgesetzbuches

§ 32 (Notwehr)
(1) Wer eine Tat begeht, die durch Notwehr geboten ist, handelt nicht rechtswidrig.
(2) Notwehr ist die Verteidigung, die erforderlich ist, um einen gegenwärtigen rechtswidrigen Angriff von sich oder einem anderen abzuwenden.
§ 33 (Überschreitung der Notwehr)
Überschreitet der Täter die Grenzen der Notwehr aus Verwirrung, Furcht oder Schrecken, so wird er nicht bestraft.

1. Untersuchen Sie anhand des Zeitungsberichtes, ob sich einer der an der Auseinandersetzung Beteiligten auf Notwehr berufen kann.
2. Welche Maßnahmen der Taxifahrer wären angebracht und berechtigt gewesen?
3. Wie läßt sich an diesem Beispiel erklären, daß es dem Rechtsfrieden dient, wenn nur der Staat durch unabhängige Gerichte die Durchsetzung des Rechts erzwingen kann?

MATERIAL 3 Michael Kohlhaas

Im Jahre 1495 wurde im Heiligen Römischen Reich Deutscher Nation der Ewige Landfriede verkündet, welcher die altüberkommene Einrichtung der Fehde, d. h. der bewaffneten Selbsthilfe für alle verbot. Jeder sollte künftig sein Recht nur noch auf friedliche Weise suchen und sich an ein Gericht wenden. Als oberstes Gericht über den landesherrlichen Gerichten sowie zuständig für Landfriedensbruch und Rechtsverweigerung wurde ein Reichskammergericht eingesetzt, dem jedoch genügend Geld für die Besoldung der Richter fehlte, so daß die meisten Prozesse unerledigt blieben. So kam es, daß der brandenburgische Kaufmann Hans Kohlhase 1535 wegen Rechtsverweigerung mit dem Kurfürsten von Sachsen in Fehde geriet und 1540 hingerichtet wurde. Diese Begebenheit hat – Dichtung mit Wahrheit vermischend – Heinrich von Kleist in seiner Erzählung „Aus einer alten Chronik" aufgegriffen.

Mit einer Koppel Pferde unterwegs, wird der in Brandenburg ansässige Roßhändler Michael Kohlhaas bei der Burg des Junkers Wenzel von Tronka widerrechtlich aufgehalten. Unter dem Vorwand, er habe keinen richtigen Paß, nötigt der Burgvogt Kohlhaas auf Befehl seines Herrn, zwei Rappen als Pfand zurückzulassen. In Dresden erfährt Kohlhaas, daß Tronkas Forderung reine Willkür sei. Zurück auf der Tronkenburg muß Kohlhaas feststellen, daß die Pferde durch Feldarbeit und schlechte Unterbringung völlig heruntergekommen sind. Auch sein treuer Knecht ist übel zugerichtet worden. Seine Beschwerde wird vom Burgherrn höhnisch abgewiesen. Kohlhaas verklagt den Junker beim Gericht in Dresden auf Wiederauffütterung der Rappen. Nahezu ein Jahr vergeht, ehe er erfährt, daß die Klage niedergeschlagen sei, da zwei einflußreiche Verwandte des Junkers, die Herren Hinz und Kunz von Tronka, hohe Ämter am sächsischen Hof bekleiden und gegen ihn intrigierten. Kohlhaas läßt nichts unversucht, um auf ordentlichem Wege sein Recht zu bekommen, doch es gelingt ihm nicht, Gerechtigkeit zu erlangen. Als seine Frau Lisbeth – beim Versuch, dem Kurfürsten von Brandenburg eine Bittschrift zu überreichen – von einem Wachsoldaten niedergestoßen wird und an den Folgen der Verletzung stirbt, zögert Kohlhaas nicht länger. Mit sieben Knechten überfällt er die Tronkenburg, brennt sie nieder und tötet alles, was ihm hier in den Weg tritt. Kohlhaas zieht mit einem ständig anwachsenden Kriegshaufen vor die Stadt und verlangt die Auslieferung seines Feindes. Mehrmals fällt er brandschatzend in Wittenberg ein, um seiner Forderung Nachdruck zu verleihen. Indessen verfaßt Luther einen flammenden Aufruf an Kohlhaas. Es kommt zu einem heimlichen Gespräch zwischen Luther und Kohlhaas mit dem Ergebnis, daß Luther beim Kurfürsten von Sachsen eine Amnestie erwirkt. Kohlhaas entläßt seine Spießgesellen und begibt sich nach Dresden, um endlich sein Recht zu finden. Doch wieder triumphieren die Tronkas und ihre einflußreichen Freunde: Kohlhaas geht in eine ihm gestellte Falle, wird in den Kerker geworfen und zu Rad und Galgen verurteilt.

Da setzt der Kurfürst von Brandenburg, sein Landesherr, seine Auslieferung durch, doch inzwischen hat der Kaiser bereits ein Verfahren wegen Landfriedensbruch eröffnet. Kohlhaas wird zum Tode verurteilt, doch zuvor erhält er sein Recht. So spricht der Kurfürst von Brandenburg: „Nun, Kohlhaas, heute ist der Tag, an dem dir dein Recht geschieht! Schau her, hier liefere ich dir alles, was du auf der Tronkenburg gewaltsamer Weise eingebüßt ... Nun Kohlhaas, der Roßhändler, du, dem solchergestalt Genugtuung geworden, mache dich bereit, kaiserlicher Majestät, deren Anwalt hier steht, wegen des Bruchs ihres Landfriedens deinerseits Genugtuung zu geben!"

(nach: Heinrich von Kleist, Michael Kohlhaas, Stuttgart, 1982 [Reclam Heft Nr. 218], S. 217)

MATERIAL 4 Zwei Meinungen über Kohlhaas

1 **Martin Luther in einem Flugblatt gegen Kohlhaas:**

"*Kohlhaas, der du dich gesandt zu sein vorgibst, das Schwert der Gerechtigkeit zu handhaben, was unterfängst du dich, Vermessener, im Wahnsinn stockblinder Leidenschaft, du, den Ungerechtigkeit selbst, vom Wirbel bis zur Sohle erfüllt? Weil der Landesherr dir, dem du untertan bist, dein Recht verweigert hat, dein Recht in dem Streit um ein nichtiges Gut, erhebst du dich, Heilloser, mit Feuer und Schwert, und brichst, wie der Wolf der Wüste, in die friedliche Gemeinheit, die er beschirmt. Du, der die Menschen, mit dieser Angabe, voll Unwahrhaftigkeit und Arglist verführt: meinst du, Sünder, vor Gott dereinst, an dem Tag, der in die Falten aller Herzen scheinen wird, damit auszukommen? Wie kannst du sagen, daß dir dein Recht verweigert worden ist, du, dessen grimmige Brust, vom Kitzel schnöder Selbstrache gereizt, nach den ersten leichtfertigen Bemühungen gänzlich aufgegeben hast, es dir zu verschaffen? ... Das Schwert, wisse, das du führst, ist das Schwert des Raubes und der Mordlust, ein Rebell bist du und kein Krieger des gerechten Gottes, und dein Ziel auf Erden ist Rad und Galgen, und jenseits die Verdammnis, die über die Missetat und die Gottlosigkeit verhängt ist.*"

2 Der deutsche Rechtsgelehrte Rudolf von Jhering (1818-1892) über Michael Kohlhaas

Welche Betrachtungen knüpfen sich an dieses Rechtsdrama? Ein Mann, rechtschaffen, streng rechtlich, voller Liebe für seine Familie, von kindlich frommem Sinn wird zu einem Attila, der mit Feuer und Schwert die Städte vernichtet, in die sein Gegner sich geflüchtet hat. Und wodurch wird er es? Gerade durch diejenige Eigenschaft, welche ihn sittlich so hoch über alle seine Gegner stellt, die schließlich über ihn triumphieren: durch seine hohe Achtung vor dem Recht, seinen Glauben an die Heiligkeit desselben, die Thatkraft seines ächten, gesunden Rechtsgefühls. Und gerade darauf beruht die tief erschütternde Tragik seines Schicksals, dass eben das, was den Vorzug und den Adel seiner Natur ausmacht: der ideale Schwung seines Rechtsgefühls, seine heroische, Alles vergessende und Alles opfernde Dahingabe an die Idee des Rechts im Contact mit der elenden damaligen Welt: dem Übermuth der Grossen und Mächtigen und der Pflichtvergessenheit und Feigheit der Richter zu seinem Verderben ausschlägt. Was er verbrach, fällt mit verdoppelter und verdreifachter Wucht auf den Fürsten, seine Beamten und Richter zurück, die ihn gewaltsam aus der Bahn des Rechts in die der Gesetzlosigkeit drängten. Denn kein Unrecht, das der Mensch zu erdulden hat, und wiege es noch so schwer, reicht – wenigstens für das unbefangene sittliche Gefühl – von Weitem an das heran, welches die von Gott gesetzte Obrigkeit verübt, indem sie selber das Recht bricht ...

Für die Justiz, welche das Recht gebrochen, gibt es keinen vernichtenderen Ankläger als die dunkle vorwurfsvolle Gestalt des Verbrechers aus verletztem Rechtsgefühl – es ist ihr eigener blutiger Schatten. Das Opfer einer käuflichen oder parteiischen Justiz wird fast gewaltsam aus der Bahn des Rechts herausgestossen, wird Rächer und Vollstrecker seines Rechts auf eigene Hand und nicht selten, indem er über das nächste Ziel hinausschiesst, ein geschworener Feind der Gesellschaft, Räuber und Mörder. Aber auch derjenige, den seine edle, sittliche Natur gegen diesen Abweg schützt, wie Michael Kohlhaas, wird Verbrecher, und indem er die Strafe desselben erleidet, Märtyrer seines Rechtsgefühls. Man sagt, dass das Blut der Märtyrer nicht umsonst fliesse, und es mag sich das bei ihm bewahrheitet und sein mahnender Schatten noch auf lange ausgereicht haben, um eine solche Vergewaltigung des Rechts, wie sie ihn getroffen hatte, unmöglich zu machen.

(aus: Rudolf von Jhering, Der Kampf ums Recht, unveränderter Nachdruck der 4. Auflage [Wien 1874], herausgegeben von der Wissenschaftlichen Buchgesellschaft, Darmstadt, 1963, S. 62f.)

1. Diskutieren Sie den Fall Michael Kohlhaas. Warum greift Kohlhaas trotz des inzwischen verkündeten Ewigen Landfriedens zu dem verbotenen „Rechtsmittel" der Fehde?
2. Stellen Sie die Ausdrücke zusammen, mit denen Luther und Jhering das Verhalten des Michael Kohlhaas bewerten. Welche unterschiedlichen Vorstellungen im Hinblick auf Selbstjustiz, Widerstandsrecht, staatliches Gewaltmonopol und Verhältnismäßigkeit der Mittel werden ersichtlich?
3. Vergleichen Sie die Handlungsweise des Michael Kohlhaas mit der der Taxifahrer (Mat. 1). Berücksichtigen Sie dabei die unterschiedlichen politischen Verhältnisse und Rechtsordnungen.
4. Erörtern Sie die These, daß der auf die Spitze getriebene Rechtsanspruch das höchste Unrecht sein kann (summum ius summa iniuria).

1.2 Rechtsfriede durch staatliche Gewalt?

Das Schicksal des Michael Kohlhaas veranschaulicht die Gefährdung des einzelnen in einer Welt, in welcher Gesetz und Recht nicht verbindlich gelten und keine unparteiische Gerichtsbarkeit und kein staatliches Gewaltmonopol für die Einhaltung des Rechtsfriedens sorgen. Auch heute berichten uns Presse und Fernsehen täglich über Rechtlosigkeit und Unfrieden in aller Welt, über Kriege zwischen Völkergruppen und bewaffnete Auseinandersetzungen zwischen religiösen Eiferern, die keine übergeordnete Instanz zur Einhaltung des Rechtsfriedens zu zwingen vermag.

Auch Thomas Hobbes (1588–1679) wuchs wenige Jahrzehnte nach Michael Kohlhaas in einer von Religions- und Bürgerkriegen beherrschten Zeit auf. 1588 wurde er beim Herannahmen der spanischen Armade von seiner Mutter vor Schreck vorzeitig geboren. In seiner Autobiographie schrieb er, seine Mutter habe Zwillinge geboren: ihn und die Angst. Seine entscheidenden Lebenserfahrungen waren Unruhen und Kriege, und sein Werk befaßte sich mit der Frage, wie diese Übel zu vermeiden seien.

Naturrecht

Naturzustand

Unter dem Einfluß der neuzeitlichen Naturwissenschaft zerlegte er die menschliche Gesellschaft in ihre Elemente und untersuchte das Wirken von Kräften und Gegenkräften. Grundlegende Prinzipien für den Menschen sind für Hobbes die Selbsterhaltung als ein Naturrecht und das Streben nach Macht, wobei er die Gleichheit aller Menschen voraussetzt, die er durch die Erfahrung bestätigt sieht. Nicht das schöne und gute Leben bestimmt das menschliche Handeln, sondern die Furcht vor dem gewaltsamen Tod. Hobbes, der den Egoismus als ausschließliche Triebfeder sieht, beschreibt den Naturzustand, nämlich den vorstaatlichen Zustand als einen Krieg aller gegen alle, denn der Mensch ist für den Menschen ein Wolf.

Naturgesetz

Leviathan

Unterwerfungsvertrag

Neben dem Naturrecht auf Selbsterhaltung geht Hobbes von einem Naturgesetz aus, welches sich auf die Vernunft gründet und dem Menschen gebietet, Frieden zu suchen und sich mit dem Maße an Freiheit zu begnügen, das er bei seinen Mitmenschen duldet. Um aber den Frieden zu gewährleisten, ist ein Souverän erforderlich, eine Körperschaft oder ein Monarch, der alle Menschen zusammenfaßt und über die Macht verfügt, Streitigkeiten zu beenden. Dieser von Hobbes als Leviathan bezeichneten absoluten Macht haben sich alle zu unterwerfen. Der zwischen den Menschen zur Rettung ihrer Existenz abgeschlossene Vereinigungsvertrag ist also im wesentlichen ein Unterwerfungsvertrag, der im Interesse des Rechtsfriedens unkündbar ist. Der Souverän ist nicht Vertragspartner, sondern er ist die Macht selbst, die Frieden und Rechtssicherheit garantiert. Zerbricht der Leviathan, dann tritt der alte Naturzustand wieder ein.

Hat Hobbes mit seinem Leviathan den totalitären Staat der Neuzeit gedanklich vorweggenommen, für den sein Bewunderer Carl Schmitt später eintreten sollte? Oder ist Hobbes eher als Begründer des Rechtsstaates zu sehen? Denn die Aufgabe des Leviathan ist die Gewährleistung von Frieden und Ordnung. Ein Widerstandsrecht ist bei Hobbes nicht vorgesehen, denn selbst die Tyrannis ist den Schrecknissen eines Bürgerkrieges vorzuziehen.

MATERIAL 5 Die Unterwerfung als Ausweg

XIII. Kapitel: Der Krieg aller gegen alle

Die Menschen sind von Natur aus gleich, sowohl in ihren körperlichen als auch in den geistigen Anlagen. Es mag wohl jemand erwiesenermaßen stärker sein als ein anderer oder schneller in seinen Gedankengängen, wenn man jedoch alles zusammen bedenkt, so ist der Unterschied zwischen den einzelnen Menschen nicht so erheblich, daß irgend jemand Veranlassung hätte, sich einen Anspruch daraus herzuleiten. Man nehme nur die Körperstärke: Selbst der Schwächste ist stark genug, auch den Stärksten zu vernichten; er braucht sich nur einer List zu bedienen oder sich zu verbinden mit anderen, die in derselben Gefahr sind wie er ...

Dieser Gleichheit der Fähigkeiten entspringen die gleichen Hoffnungen, ein Ziel zu erreichen. So werden zwei Menschen zu Feinden, wenn beide zu erlangen versuchen, was nur einem von ihnen zukommen kann. Um ihr Ziel zu erreichen (welches fast immer ihrer Selbsterhaltung dient, nur selten allein der größeren Befriedigung ihrer Bedürfnisse), trachten sie danach, den anderen zu vernichten oder untertan zu machen. Und der Angreifer selbst ist wieder durch andere gefährdet. Die Folge dieses wechselseitigen Argwohns ist, daß sich ein jeder um seiner Sicherheit willen bemüht, dem anderen zuvorzukommen. So wird er sich so lange gewaltsam oder hinterrücks des anderen zu bemächtigen suchen, bis ihn keine größere Macht mehr gefährden kann. Das verlangt nur seine Selbsterhaltung und wird deshalb allgemein gebilligt. Schon weil es einige geben mag, die bestrebt sind, aus Machtgier und Eitelkeit mehr an sich zu reißen, als zu ihrer Sicherheit notwendig wäre. Die aber, die glücklich wären, sich in schmalen Grenzen zu begnügen, würden schnell untergehen, wenn sie sich – ein jeder für sich – verteidigen würden und nicht danach trachteten, durch Eroberungen ihre Macht zu vergrößern. Folglich muß dem Menschen die Ausweitung seiner Macht über andere, zu der ihn sein Selbsterhaltungstrieb zwingt, erlaubt sein.

Das Zusammenleben ist den Menschen also kein Vergnügen, sondern schafft ihnen im Gegenteil viel Kummer, solange es keine übergeordnete Macht gibt, die sie alle im Zaum hält. Ein jeder ist darauf bedacht, daß die anderen ihn genauso schätzen, wie er sich selbst. Auf jedes Zeichen der Verachtung oder Geringschätzung hin ist er daher bestrebt, sich höhere Achtung zu erzwingen – bei den einen, indem er ihnen Schaden zufügt, bei den anderen durch das statuierte Exempel. Er wird dabei so weit gehen, wie er es wagen darf – was dort, wo es keine Ordnungsgewalt gibt, zur wechselseitigen Vernichtung führt.

XIV. Kapitel: Das Naturgesetz

Wie im letzten Kapitel gezeigt worden ist, befindet sich der Mensch in dem Zustand des Krieges aller gegen alle. Jeder wird nur von seiner eigenen Vernunft geleitet, und es gibt nichts – so man es nur in den Griff bekommt, – was einem nicht dabei helfen könnte, sein Leben vor seinen Feinden zu schützen. So hat dann in einer solchen Lage jeder ein Recht auf alles, selbst auf das Leben seiner Mitmenschen. Und folglich kann es keine Sicherheit für den Menschen geben (er mag noch so stark oder klug sein), sich in der Zeit seines Lebens, die ihm die Natur im allgemeinen schenkt, zu erfreuen, solange dieses natürliche Recht eines jeden auf alles besteht. Als eine Vorschrift oder allgemeine Regel der Vernunft hat daher zu gelten: Jeder Mensch suche Frieden, solange er hoffen kann, dieses Ziel zu erreichen, und nehme allen Nutzen und Vorteil eines Krieges wahr, wenn du zu keinem Frieden gelangen kannst. Die erste Hälfte dieser Regel ist das erste und wichtigste Naturgesetz, nämlich: Suche Frieden und bewahre ihn. Die zweite Hälfte besagt: Verteidige dich, ganz gleich auf welche Art, und schließt somit jegliches Naturrecht in sich. Auf dieses erste und grundlegende Naturgesetz, welches den Menschen befiehlt, nach Frieden zu streben, gründet sich das zweite: Zur Erhaltung des Friedens und zu ihrer eigenen Verteidigung sollen alle Menschen – sofern es ihre Mitmenschen auch sind –, bereit sein, ihrem Recht auf alles zu entsagen, und sich mit dem Maße an Freiheit zu begnügen, das sie bei ihren Mitmenschen dulden ...

Titelbild der Urausgabe von Thomas Hobbes „LEVIATHAN oder Wesen, Form und Gewalt des kirchlichen und bürgerlichen Staates" (1651)

Bildinschrift: Keine Macht auf Erden ist mit ihm zu vergleichen (Hiob 41)

XVII. Kapitel: Der Unterwerfungsvertrag

Die einzige Möglichkeit, eine Gewalt zu schaffen, die in der Lage ist, die Menschen ohne Furcht vor feindlichen Einfällen oder den Übergriffen ihrer Mitmenschen ihres Fleißes und des Bodens Früchte genießen und friedlich für ihren Unterhalt sorgen zu lassen, liegt darin, daß alle Macht einem Einzigen übertragen wird – oder aber einer Versammlung, in der durch Abstimmung der Wille aller zu einem gemeinsamen Willen vereinigt wird. So wird praktisch ein Einziger oder eine Versammlung zum Vertreter aller ernannt, und jeder Einzelne gewinnt auf diese Weise das Gefühl, daß er selbst Teil hat an jeder nur erdenklichen Handlung oder Vorschrift desjenigen, der an seiner Stelle steht. Er wird also für alle Handlungen mitverantwortlich, weil er ja diesem Herrscher oder dieser Versammlung seinen Willen und seine Entscheidungsfreiheit freiwillig übertragen hat. Und dies ist mehr als nur ein Übereinkommen oder ein Friedensversprechen; es ist eine durch Vertrag eines jeden mit jedem begründete Vereinigung aller zu ein und derselben Person. Jeder Einzelne sagt gleichsam: Ich gebe mein Recht, über mich zu bestimmen, auf und übertrage es diesem anderen Menschen oder dieser Versammlung – unter der alleinigen Bedingung, daß auch du ihm deine Rechte überantwortest und ihn ebenfalls zu seinen Handlungen ermächtigst. Wenn sich Menschen so zu einer Person vereinigen, bilden sie einen Staat, der Lateiner sagt civitas. Dies ist die Geburt des Großen Leviathan, oder vielmehr (um ehrerbietiger zu sprechen) des sterblichen Gottes, dem allein wir unter dem ewigen Gott Schutz und Frieden verdanken ...

(aus: Thomas Hobbes, Leviathan, zitiert aus: Rowohlts Klassiker der Literatur und der Wissenschaft, Band 6, hrsg. von Peter Cornelius Mayer-Tasch, Reinbek 1965, S. 96ff., S. 102f., S. 136f.)

1. Beschreiben Sie anhand des Bildes die Darstellung des sterblichen Gottes.
2. Untersuchen Sie die Aussagen Hobbes', und erklären Sie die Begriffe Naturrecht und Naturgesetz. Sind Sie mit seinen Aussagen einverstanden?
3. Nehmen Sie Stellung zu der These, Hobbes sei ein totalitärer Denker.

Staatliches Gewaltmonopol und Rechte des einzelnen

Reichsparteitag der NSDAP 1936 in Nürnberg. SS huldigt dem „Führer"

MATERIAL 6 **Der Staatsrechtler Carl Schmitt über die Massendemokratie**

Die Krisis des modernen Staates beruht darauf, daß eine Massen- und Menschheitsdemokratie keine Staatsform, auch keinen demokratischen Staat zu realisieren vermag. Bolschewismus und Faschismus dagegen sind wie jede Diktatur zwar antiliberal, aber nicht notwendig antidemokratisch. In der Geschichte der Demokratie gibt es manche Diktaturen, Cäsarismen und andere Beispiele auffälliger, für die liberalen Traditionen des letzten Jahrhunderts ungewöhnlicher Methoden, den Willen des Volkes zu bilden und eine Homogenität zu schaffen. Es gehört zu den undemokratischen, im 19. Jahrhundert entstandenen Vorstellungen, das Volk könne seinen Willen nur in der Weise äußern, daß jeder einzelne Bürger, in tiefstem Geheimnis und völliger Isoliertheit ... seine Stimme abgibt, dann jede einzelne Stimme registriert und eine arithmetische Mehrheit berechnet wird...Je stärker die Kraft des demokratischen Gefühls, um so sicherer die Erkenntnis, daß Demokratie etwas anderes ist als ein Registriersystem geheimer Abstimmungen. Vor einer nicht nur im technischen, sondern auch im vitalen Sinne unmittelbaren Demokratie erscheint das aus liberalen Gedankengängen entstandene Parlament als eine künstliche Maschinerie, während diktatorische und cäsaristische Methoden nicht nur von der acclamatio des Volkes getragen, sondern auch unmittelbare Äußerungen demokratischer Substanz und Kraft sein können ...

(aus: Carl Schmitt, Der Gegensatz von Parlamentarismus und moderner Massendemokratie [1926], zitiert nach: H. Pross, Die Zerstörung der deutschen Politik, Fischer Taschenbuch Nr. 264, Frankfurt 1959, S. 353f.)

1. Vergleichen Sie das obige Bild mit der Darstellung des Leviathan. Welche Rückschlüsse auf Zeitumstände und politische Ordnungsvorstellungen lassen sich ziehen?
2. Erarbeiten Sie anhand des Textes das Staatsverständnis von Carl Schmitt. Nehmen Sie Stellung zu seiner These, Diktatur könne Ausdruck einer unmittelbaren Demokratie sein.
3. Erörtern Sie, ob Hobbes in seinem Leviathan den totalitären Staat der Neuzeit vorweggenommen hat. Was unterscheidet seinen Unterwerfungsvertrag vom „Ermächtigungsgesetz", mit dem die Diktatur Hitlers begründet wurde? Wie hätte er sich zu den Vorstellungen Carl Schmitts geäußert?

1.3 Rechtssicherheit durch Gewaltenteilung?

Im Unterschied zu Hobbes, der für eine absolutistische Herrschaft eintrat, kam John Locke (1632-1695) bei seinen Überlegungen zu anderen Konsequenzen. Die Wiederherstellung der Monarchie nach Ende des Bürgerkrieges und die absolutistischen Bestrebungen der Stuarts ließen England nicht zur Ruhe kommen. 1689 beendete die „Glorreiche Revolution" die Herrschaft Jakobs II. Sein Neffe und Schwiegersohn, der holländische Statthalter Wilhelm von Oranien, und dessen Gemahlin Mary beschworen die von beiden Häusern des Parlaments beschlossene Bill of rights – das neue Staatsgrundgesetz, welches die Gewaltenteilung zwischen Krone und Parlament festlegte. 1690 erschienen die „Zwei Abhandlungen über die Regierung", in denen sich John Locke kritisch mit der absolutistischen Monarchie auseinandersetzte. Doch hat Locke in seiner Staatslehre nicht lediglich die Neuordnung in England geistig nachvollzogen, entscheidend vielmehr ist, daß er die staatliche Ordnung aus dem Naturrecht begründet und legitimiert.

Bill of rights

In seinen Abhandlungen geht Locke ähnlich wie Hobbes vor, indem er die Menschen zunächst in einen Naturzustand versetzt, wo sich als eigentliches Wesen des Menschen sein Streben nach Selbsterhaltung zeigt. Aus dieser Gleichheit der Lebenssituation ergibt sich, daß alle Menschen von Natur aus gleich sind, denn alle haben ein natürliches Recht auf Selbsterhaltung und Eigentum. Die Selbsterhaltung macht es erforderlich, daß der Mensch sich die vorfindliche Natur aneignet und durch Arbeit in Privateigentum umwandelt. Aus der daraus erwachsenden sozialen Ungleichheit entsteht ein Zustand der Gefahr, der die Menschen zwingt, aus dem Naturzustand in einen geordneten Zustand überzutreten. Das ist nur möglich durch einen Gesellschaftsvertrag, welcher das schrankenlose Recht aller einschränkt und damit Rechtssicherheit für alle ermöglicht. Dieser Vertrag ist keine bedingungslose Unterordnung, da das natürliche Recht des Menschen nicht aufgehoben werden kann, sondern eine Übereinkunft, die zwischen einer zur Mehrheitsentscheidung fähigen Anzahl freier Menschen getroffen wird. Der Staat ist also eine künstliche Einrichtung, welche nach dem Prinzip der gegenseitigen Achtung des Rechts durch alle aufgebaut ist. Nicht mehr das Gottesgnadentum des Monarchen ist die Grundlage der Herrschaft, sondern die vertraglichen Verpflichtungen des Souveräns, die seinen Aufgabenbereich und die Grenzen seiner Macht beschreiben.

Naturzustand

natürliches Recht

Gesellschaftsvertrag

Wie aber läßt sich ein Mißbrauch der staatlichen Gewalt vermeiden? Oberste Gewalt für Locke ist die Legislative, welche die Regeln festlegt, an die sich alle zu halten haben. Die Gewaltenteilung ist ähnlich geregelt wie in der Bill of rights: die vollziehende Gewalt sowie die Befugnis, Kriege zu führen und Bündnisse zu schließen, liegen bei der Exekutive, die Gesetzgebung und die Steuerbewilligung sind Aufgaben des Parlaments. Ein weiteres wichtiges Element ist das sich aus dem Naturrecht ergebende Widerstandsrecht. Widerstand gegen Willkürakte der Exekutive ist erlaubt, ja geboten. Aber auch gegen das Parlament ist Widerstand zulässig, wenn dieses gegen das Recht handelt. Grundlage aller staatlichen Ordnung aber ist das Mehrheitsprinzip, denn „die Übereinkunft einer für die Bildung der Mehrheit fähigen Anzahl freier Menschen, sich zu vereinigen", sei es „was jeder rechtmäßigen Regierung auf der Welt den Anfang gegeben hat oder geben konnte".

Gewaltenteilung

Widerstandsrecht

Mehrheitsprinzip

MATERIAL 7 — Der bürgerliche Staat

Freiheit und Gleichheit

Um politische Gewalt richtig zu verstehen und sie von ihrem Ursprung abzuleiten, müssen wir betrachten, in welchem Zustand sich die Menschen von Natur befinden. Dies ist ein Zustand völliger Freiheit, innerhalb der Grenzen des Naturrechts ihre Handlungen zu regeln und über ihren Besitz und ihre Personen zu verfügen, wie sie es für am besten halten, ohne die Erlaubnis eines anderen zu fordern oder von seinem Willen abzuhängen. Ebenso ein Zustand der Gleichheit, worin alle Gewalt und Jurisdiktion gegenseitig ist und einer nicht mehr hat als der andere; denn nichts ist klarer, als daß Geschöpfe derselben Gattung und desselben Ranges, die ohne Unterschied zum Genuß aller derselben Vorzüge der Natur und zum Gebrauch derselben Fähigkeiten geboren sind, ...

Der Naturzustand wird durch ein natürliches Gesetz regiert, das einen jeden verpflichtet. Dieses Gesetz ist die Vernunft, und sie lehrt die ganze Menschheit, wenn sie sie nur befragen will, daß, da alle gleich und unabhängig sind, niemand dem anderen an seinem Leben und Besitz, seiner Gesundheit und Freiheit Schaden zufügen soll; denn da alle Menschen das Werk eines einzigen allmächtigen, unendlich weisen Schöpfers, alle die Diener eines einzigen unumschränkten Herrn sind, in die Welt gesandt auf seinen Befehl und zu seinen Zwecken, sind sie sein Eigentum, sein Werk, geschaffen, so lange zu dauern, wie es ihm, und nicht wie es einem anderen gefällt. Und da sie alle mit den gleichen Fähigkeiten ausgestattet sind, ... so kann auch unter uns keine Unterordnung angenommen werden, die uns ermächtigte, einander zu vernichten.

Vereinigungsvertrag

Wenn der Mensch im Naturzustand ... absoluter Herr seiner Person und Besitztümer ist, dem Größten gleich und niemand untertan, weshalb soll er seine Freiheit fahrenlassen? Weshalb soll er ... sich dem Dominium und dem Zwang einer anderen Gewalt unterwerfen? Die Antwort liegt auf der Hand, nämlich: ... da jeder König ist, gleich wie er, jeder seinesgleichen, und der größere Teil keine strengen Beobachter von Billigkeit und Gerechtigkeit, so ist der Genuß des Eigentums, das er in diesem Zustande besitzt, sehr ungewiß und unsicher. Dies macht ihn geneigt, sich aus einer Lage zu befreien, die bei aller Freiheit voll ist von Furcht und beständiger Gefahr; und es ist nicht ohne Grund, daß er sucht und bereit ist, sich mit anderen zu einer Gesellschaft zu verbinden ... zum gegenseitigen Schutz ihres Lebens, ihrer Freiheit und ihres Vermögens, was ich mit dem allgemeinen Namen Eigentum bezeichne. Der große und wichtigste Zweck, daß Menschen sich zu einem Staatswesen vereinigen und sich unter eine Regierung stellen, ist deshalb die Erhaltung ihres Eigentums ... Wer also die Legislative oder höchste Gewalt eines Staatswesens besitzt, ist verpflichtet, nach feststehenden, gehörig bekanntgemachten und und vom Volke anerkannten Gesetzen zu regieren und nicht nach Beschlüssen des Augenblicks; durch unparteiische rechtschaffene Richter, welche Streitigkeiten nach diesen Gesetzen zu entscheiden haben und die Macht der Gemeinschaft zu Hause nur zu verwenden zur Vollziehung der Gesetze oder draußen, um fremdes Unrecht zu verhüten oder zu sühnen, und die Gemeinschaft gegen Unfälle und Angriffe sicherzustellen, – alles dies zu keinem anderen Zweck als zum Frieden, zur Sicherheit und zur öffentlichen Wohlfahrt des Volkes.

(aus: John Locke, Zwei Abhandlungen über die Regierung, zitiert aus: Klassiker der Staatsphilosophie, Band I, herausgegeben von Arnold Bergstraesser und Dieter Oberndörfer, Stuttgart, Koehler, 1975, S. 184ff., 193, 203 und 207.)

1. Erarbeiten Sie die wesentlichen Merkmale des Naturzustandes, wie Locke ihn beschreibt.
2. Erörtern Sie, inwiefern das Eigentum Spannungen zwischen dem Recht auf Freiheit und dem Anspruch auf Gleichheit begründet.
3. Wie lautet der Vereinigungsvertrag bei Locke? Welchen Zielsetzungen dient er?

MATERIAL 8 Gewaltenteilung

Legislative und Exekutive

Die legislative Gewalt ist die, welche ein Recht hat zu bestimmen, wie die Macht des Staates zur Erhaltung der Gemeinschaft und ihrer Glieder gebraucht werden soll. Da aber diejenigen Gesetze, die fortgesetzt zur Vollziehung gelangen und deren Kraft eine beständige und dauernde sein soll, in einer kurzen Zeit gegeben werden können, so liegt kein Bedürfnis vor, daß die Legislative eine ständige sei, weil sie nicht immer Geschäfte zu verrichten hat.

Bei der Schwäche der menschlichen Natur, die immer bereit ist, nach Macht zu greifen, würde für dieselben Personen, die die Macht besitzen, Gesetze zu geben, die Versuchung zu groß sein, auch die Macht sie zu vollziehen in die Hand zu bekommen. Sie könnten dadurch sich selbst von dem Gehorsam gegen die Gesetze, die sie geben, ausnehmen und das Gesetz sowohl in seiner Gestaltung wie in seiner Vollziehung ihrem eigenen privaten Vorteil anpassen und dahin gelangen, ein von der übrigen Gemeinschaft verschiedenes, dem Zweck der Gesellschaft und Regierung widersprechendes Interesse zu verfolgen.

Deshalb wird in wohlgeordneten Staaten, wo das Wohl des Ganzen gewissenhaft berücksichtigt wird, die legislative Gewalt in die Hände verschiedener Personen gelegt, die gehörig versammelt entweder in sich selbst oder im Verein mit anderen eine Macht haben, Gesetze zu geben, und die, sobald dies geschehen ist, sich wieder trennen und selber denselben Gesetzen unterworfen sind, die sie gegeben haben, was ein neuer und starker Antrieb für sie ist, darauf bedacht zu sein, sie zum öffentlichen Wohl zu geben.

Da aber die Gesetze, die auf einmal und in kurzer Zeit gegeben werden, eine immerwährende und dauernde Kraft haben und beständiger Vollziehung oder Beaufsichtigung bedürfen, ist es notwendig, daß eine ständige Gewalt vorhanden sei, die auf die Vollziehung der erlassenen und in Kraft bleibenden Gesetze achtet. Und so geschieht es oft, daß die legislative und die exekutive Gewalt getrennt werden.

Widerstandsrecht

... Niemals darf als Wille der Gesellschaft vorausgesetzt werden, daß die Legislative eine Macht habe, das zu vernichten, was jeder einzelne durch den Eintritt in die Gesellschaft zu sichern bezweckte, und wofür das Volk sich Gesetzen unterwarf, die es selbst geschaffen hat. Deshalb versetzen sich die Gesetzgeber, sooft sie versuchen, das Eigentum des Volkes wegzunehmen und zu vernichten, oder das Volk in Sklaverei unter willkürlicher Gewalt zu bringen, in einen Kriegszustand mit dem Volk, das dadurch von jedem ferneren Gehorsam losgesprochen und der allgemeinen Zuflucht überlassen wird, die Gott für alle Menschen gegen Macht und Gewalt vorgesehen hat.

(aus: John Locke, Zwei Abhandlungen über die Regierung, zitiert aus: Klassiker der Staatsphilosophie, Band I, herausgegeben von Arnold Bergstraesser und Dieter Oberndörfer, Stuttgart, Koehler, 1975, S. 198 und 211)

1. Wie begründet Locke die Notwendigkeit einer Gewaltenteilung? Auf welche Gewalten soll die Macht im Staat aufgeteilt werden? Auf welche Aufgaben sollen diese Gewalten beschränkt werden?
2. Durch welche Maßnahmen sucht Locke die politische Macht des Parlaments unter Kontrolle zu halten?
3. In welcher Beziehung unterscheidet sich die von Locke vorgeschlagene Legislative von einer modernen Volksvertretung? Was hat zu diesem Wandel der Aufgaben der Legislative geführt?

MATERIAL 9 Recht auf Widerstand

Mit direkten gewaltfreien Aktionen durch Sitz- und Liegeblockaden werden wir Widerstand leisten in Gorleben gegen jede Baumaßnahme, in der ganzen Bundesrepublik gegen Einrichtungen der Atomindustrie. Und mit friedlichen Demonstrationen werden wir an mehreren Orten mit Atomkraftwerken und Bauplätzen unseren Protest ausdrücken. ...
Unsere Verantwortung für das Leben aller Menschen zwingt uns dabei vielleicht, polizeiliche Anordnungen außer acht zu lassen. ... Die Verantwortung kann uns nicht durch parlamentarischen Mehrheitsbeschluß abgenommen werden. Für unsere Aktionen machen wir von unserem Widerstandsrecht Gebrauch, das ebenfalls im Grundgesetz verankert ist.
... Wir werden keine körperliche Gewalt anwenden und keinen Menschen verletzen.

Sitzblockade bei Lüchow-Dannenberg 1984

(Flugblatt der Bürgerinitiative Lüchow-Dannenberg, zitiert nach: Frankfurter Allgemeine Zeitung vom 7. 2. 1979)

MATERIAL 10 Kein Recht auf Widerstand

Wer sich dieser Argumentation einmal bedient, um parlamentarische Mehrheitsentscheidungen zu unterlaufen, kann immer neue Anlässe dafür finden. Daß einzelne aufgrund ihres Gewissens in Konflikt kommen können mit den Ergebnissen der Politik parlamentarischer Mehrheiten, ist ein denkbarer Fall. Die Berufung auf diese Gewissensfreiheit, wie sie in Artikel 4 des Grundgesetzes garantiert ist, kann aber allenfalls die Weigerung rechtfertigen, „die vom Gewissen unüberwindlich als böse erkannte Handlung eigenhändig zu vollziehen" (wie der Jurist Adolf Ahrndt einmal gesagt hat); sie kann aber kein Recht auf kollektiven Widerstand begründen. Erst recht kann dazu der oft zitierte Artikel 20 des Grundgesetzes keine Handhabe bieten, der jedem, der es unternimmt, die verfassungsmäßige Ordnung zu beseitigen, ein Recht auf Widerstand zubilligt, „wenn andere Abhilfe nicht möglich ist" ...

Es mag sein, daß die Friedensbewegung, die sich in allen Ländern entfaltet, so viel Druck auf die Politiker auszuüben vermag, daß sie auf ihrem verhängnisvollen Weg der unaufhaltsamen Vermehrung tödlicher Waffenarsenale umkehren. Erfolg in Ost und West wäre ihr dabei zu wünschen. Vielleicht trifft auf diese Bewegung auch zu, was der Sozialpsychologe Ernst Fromm sagt: „Es wäre nicht das erste Mal in der Geschichte, daß eine Minorität den Kurs anzeigt, den die historische Entwicklung nehmen wird."

Aber dieser Konflikt und dieser Kampf um die „richtigere" Politik muß politisch mit der Kraft der Argumente ausgetragen werden und in den Grenzen, die unsere Verfassung gebietet.

(aus: Badische Zeitung vom 3./4. 9. 1983, Autor: Ansgar Fürst)

---

1. Wann hat nach Meinung Lockes (Mat. 8) das Volk das Recht zum Widerstand? Welche Aussage hierzu findet sich in Art. 20, 4 GG?
2. Wie begründet die Bürgerinitiative ihren Widerstand? Berufen sich die Demonstranten zu Recht auf Art. 20, 4 GG?
3. Wie wird im Kommentar der Badischen Zeitung die Ablehnung des Widerstandsrechts begründet? Welche Möglichkeiten politischer Beteiligung sieht das Grundgesetz (Art. 5, 8, 9, 17 GG) vor?

1.4 Rechtsfriede und Strafgesetz

Eine Dame nimmt einen ihr nicht gehörenden Mantel vom Garderobenhaken und verläßt ein Lokal. Eine Frau schneidet mit einem Messer einem älteren Herrn den Bauch auf. Ein Theologe setzt sich auf eine Straße, um für den Frieden zu demonstrieren. Handelt es sich hierbei um Straftaten?

Sozial schädliche Handlungen

Um den einzelnen in seinen Rechten zu schützen und den gesellschaftlichen Frieden zu gewährleisten, hat der Gesetzgeber eine Reihe von sozial schädlichen Handlungen unter Strafe gestellt. Dies betrifft Diebstahl, Körperverletzung und Nötigung ebenso wie das Fahren ohne Führerschein, die Steuerhinterziehung und die Urkundenfälschung. Die meisten strafrechtlichen Tatbestände sind im Strafgesetzbuch (StGB) geregelt, andere finden sich in sonstigen Gesetzen, z. B. im Straßenverkehrsgesetz, in der Gewerbeordnung, im Lebensmittelgesetz.

Verbrechen Vergehen

Je nach Schwere und Verwerflichkeit der Tat wird zwischen Verbrechen und Vergehen unterschieden. Verbrechen sind rechtswidrige Taten, die mindestens mit einer Freiheitsstrafe von einem Jahr oder darüber bedroht sind, z. B. Mord, Raub, Brandstiftung, Meineid. Vergehen sind rechtswidrige Taten, die im Mindestmaß mit einer geringeren Freiheitsstrafe oder einer Geldstrafe bedroht sind, z. B. einfacher Diebstahl, Unterschlagung, Körperverletzung, falsche uneidliche Aussage. Bei Verbrechen ist der Versuch stets strafbar, bei Vergehen nur dann, wenn das Gesetz dies ausdrücklich bestimmt. Daneben gab es früher die Übertretungen als minder schwere Form der Straftat, doch wurden diese 1969 entkriminalisiert, d. h. aus dem StGB herausgenommen und im Gesetz über die Ordnungswidrigkeiten (OWiG) nach ähnlichen Vorschriften wie im Strafgesetzbuch neu geregelt. Für die Verfolgung sind die jeweils durch Gesetz bestimmten Verwaltungsbehörden – z. B. Polizei bei Verkehrsordnungswidrigkeiten – zuständig. Ordnungswidrigkeiten werden nicht mit Strafe, sondern mit Geldbuße geahndet, in der Regel zwischen fünf und 1000 DM. Der Täter gilt nach Begleichung der Geldbuße nicht als vorbestraft.

Ordnungswidrigkeit

Tatbestandsmäßigkeit

Rechtswidrigkeit

Da eine Strafe tief in das Leben eines Menschen eingreifen und ihn unter Umständen lebenslang sozial ächten kann, werden nicht nur an das Strafverfahren, sondern auch an die Strafbarkeit einer Tat bestimmte rechtsstaatliche Anforderungen gestellt. Jede Tat muß unter drei Gesichtspunkten überprüft werden, um festzustellen, ob es sich um eine strafbare Tat handelt, nämlich unter den Gesichtspunkten der Tatbestandsmäßigkeit, der Rechtswidrigkeit und der Schuld. Die Dame, die versehentlich einen fremden Mantel statt ihres eigenen an sich nimmt, erfüllt den Strafbestand des § 242 StGB nicht, da ihr die Absicht fehlt, sich diesen Mantel rechtswidrig anzueignen. Tatbestandsmäßigkeit bedeutet, daß alle im Gesetz beschriebenen Tatbestandsmerkmale erfüllt sein müssen. So mußte im vergangenen Jahrhundert nach einem Urteil des Reichsgerichtshofes ein technisch begabter Bürger freigesprochen werden, der eine elektrische Leitung angezapft hatte, um sich kostenlos mit Strom zu versorgen. Strom sei keine „bewegliche Sache" befand der Reichsgerichtshof, ein Analogieschluß sei unzulässig, und so mußte der Gesetzgeber das StGB nachbessern und den § 248c (Entziehung elektrischer Energie) einfügen. Die Rechtswidrigkeit ergibt sich in der Regel daraus, daß ein durch das Strafgesetz geschütztes Rechtsgut verletzt wird, was nicht nur durch aktives Tun, sondern auch durch Unterlassung möglich ist, z. B. unterlassene Hilfeleistung oder Nichtanzeige geplanter Straftaten. Es kann aber sein, daß ein Rechtfertigungsgrund vorliegt, so daß die Strafbarkeit einer Tat entfällt. Eine Frau, die mit einem Messer einem älteren Herrn den Bauch aufschneidet, begeht eine Körperverletzung – es sei denn, es handelt sich um eine Chirurgin, die einen entzündeten Blinddarm entfernt, nachdem sie ihren Patienten über eventuelle Operationsrisiken aufgeklärt und dieser seine Einwilligung schriftlich erklärt hat. Rechtfertigungsgründe sind auch die Notwehr und der rechtfertigende Notstand, auf den sich vielleicht – zu Unrecht – der Theologe beruft, der zusammen mit anderen die Zufahrt zu einem Raketendepot blockiert; zu Unrecht, weil dieser Rechtfertigungsgrund nur bei einer gegenwärtigen, nicht anders abwendbaren Gefahr gilt. Schuld schließlich bedeutet die Vorwerfbarkeit des mit Strafe bedrohten Verhaltens. Schuldhaftes Verhalten setzt den Vorsatz voraus, der auch dann vorliegt, wenn der absehbare Erfolg einer Handlung als möglich in Kauf genommen wird. Fahrlässiges Handeln ist hingegen nur strafbar, wenn es ausdrücklich in der betreffenden Strafbestimmung mit Strafe bedroht wird: wer z. B. irrtümlich eine Falschaussage beschwört, wird nicht wegen Meineids bestraft, möglicherweise aber wegen eines fahrlässigen Falscheides.

Schuld

MATERIAL 11 **Sitzblockade: Geldstrafe für Gollwitzer**

Schwäbisch Gmünd (lsw). Der 79jährige Berliner Theologieprofessor Helmut Gollwitzer ist, weil er die Zufahrt zum amerikanischen Pershing-II-Depot in Mutlangen blockiert hatte, zu einer Geldstrafe von 3000 Mark verurteilt worden. Das Amtsgericht Schwäbisch Gmünd sprach ihn am Donnerstagabend der gemeinschaftlich begangenen Nötigung schuldig. Es gelte nicht nur sein eigenes Gewissen zu achten, sondern auch das Recht, sagte Richter Werner Offenloch in der Urteilsbegründung.
Gollwitzer hatte sich am 31. August 1985 bei einer „Antikriegsblockade" zusammen mit 42 weiteren Demonstranten gegen die Atomrüstung auf die Zufahrtsstraße vor das Depot gesetzt und einen US-Soldaten nach den Feststellungen des Gerichts für eine Viertelstunde an der Durchfahrt gehindert. Die Polizei hatte die Zufahrt wieder freigemacht. Gollwitzer begründete seine Teilnahme an der Blockade mit seinem christlichen Glauben. Ein Christ sei verpflichtet, in dieser „rüstungswahnsinnigen Welt" sein Nein deutlich zu sagen. Er wolle nicht „ein zweites Mal mit meiner Kirche ein Schuldbekenntnis sprechen". Die Blockade sei eine „zeichenhafte Handlung" gewesen, um die Menschen vor den Gefahren der Atomrüstung aufzurütteln. Seine Handlung habe niemand geschadet und niemand gefährdet.
Die von Gollwitzer beklagte Gefährdung der Menschheit wurde vom Richter in der Urteilsbegründung bestätigt. Dies sei jedoch „mit oder ohne Mutlangen" der Fall. Es sei rechtswidrig, mit Blockaden Druck ausüben zu wollen.

(aus: Badische Zeitung vom 5. 6. 1987)

1. Wie begründete Helmut Gollwitzer sein Handeln? Welche Chancen räumen Sie ihm ein, durch eine Sitzblockade die Raketenstationierung zu verhindern?
2. Untersuchen Sie die in den Artikeln 5, 8, 9, 17 und 19 GG enthaltenen Möglichkeiten, auf eine Änderung einer politischen Entscheidung hinzuwirken.
3. Vergleichen Sie diesen Fall mit der auf S. 133 dargestellten Selbstjustiz der Taxifahrer im Hinblick auf Übereinstimmungen und Unterschiede. Erörtern Sie, ob auch Sitzblockaden eine Gefährdung des gesellschaftlichen Friedens zur Folge haben können.

MATERIAL 12 Rechtsbestimmungen des Strafgesetzbuches

§ 240 Nötigung
(1) Wer einen anderen rechtswidrig mit Gewalt oder durch Drohung mit einem empfindlichen Übel zu einer Handlung, Duldung oder Unterlassung nötigt, wird mit Freiheitsstrafe bis zu drei Jahren oder mit Geldstrafe, in besonders schweren Fällen mit Freiheitsstrafe von sechs Monaten bis zu fünf Jahren bestraft.
(2) Rechtswidrig ist die Tat, wenn die Anwendung der Gewalt oder die Androhung des Übels zu dem angestrebten Zweck als verwerflich anzusehen ist.
(3) Der Versuch ist strafbar.

§ 34 Rechtfertigender Notstand
Wer in einer gegenwärtigen, nicht anders abwendbaren Gefahr für Leben, Leib, Freiheit, Ehre, Eigentum oder ein anderes Rechtsgut eine Tat begeht, um die Gefahr von sich oder einem anderen abzuwenden, handelt nicht rechtswidrig, wenn bei Abwägung der widerstreitenden Interessen, namentlich der betroffenen Rechtsgüter und des Grades der ihnen drohenden Gefahren, das geschützte Interesse das beeinträchtigte wesentlich überwiegt. Dies gilt jedoch nur, soweit die Tat ein angemessenes Mittel ist, die Gefahr abzuwenden.

MATERIAL 13 Urteil des Bundesgerichtshofes: Sitzblockaden sind generell rechtswidrig

(dpa). Sitzblockaden an militärischen Einrichtungen sind nach einer Entscheidung des Bundesgerichtshofes (BGH) auch bei „gemeinwohlorientierten" politischen Zielen der Demonstranten strafbare Nötigung. Nach einem am Freitag veröffentlichten Beschluß des BGH ändern die sogenannten Fernziele – beispielsweise Abrüstung, Friedenssicherung – nichts an der Rechtswidrigkeit der Nötigung durch Sitzblockaden.

An diesen Beschluß sind die unteren Strafgerichte gebunden. Sie dürfen in Zukunft die politischen Ziele der Demonstranten nicht mehr bei der Prüfung der Rechtswidrigkeit, sondern nur noch bei der Strafzumessung berücksichtigen.
Ausgangsfall dieser Entscheidung war eine Blockadeaktion vor dem Sondermunitionslager Großengstingen (Kreis Reutlingen) am 9. Mai 1983, an der sich 15 Demonstranten beteiligt hatten. Vier von ihnen waren danach vom Amtsgericht Münsingen wegen „gemeinschaftlicher Nötigung" zu Geldstrafen verurteilt, in der Berufungsinstanz vom Landgericht Tübingen jedoch freigesprochen worden. Die Berufungsinstanz hatte zwar eine „Gewaltanwendung" der Angeklagten bejaht, die Tat angesichts ihrer politischen Ziele jedoch als nicht verwerflich und damit als rechtmäßig beurteilt.

Diese Auffassung wurde nunmehr vom 1. Strafsenat des Bundesgerichtshofs zurückgewiesen. Die Bundesrichter stützen sich dabei im wesentlichen auf eine enge Auslegung des Absatzes 2 des „Nötigungsparagraphen" (§ 240 Strafgesetzbuch) ... Der „angestrebte Zweck" ist nach Auffassung des BGH lediglich das unmittelbare Ziel der Nötigung, beispielsweise Verhinderung der Durchfahrt von Militärfahrzeugen. Fernziele seien danach gerade nicht zu berücksichtigen. Bei den Oberlandesgerichten hatte es bisher unterschiedliche Ansichten über die Berücksichtigung der Fernziele von Sitzblockierern gegeben. Die Oberlandesgerichte Köln, Düsseldorf, Zweibrücken und Oldenburg hatten sich dafür, die Oberlandesgerichte Stuttgart und Koblenz sowie das Bayerische Oberste Landesgericht hatten sich dagegen ausgesprochen.

(aus: Badische Zeitung vom 14./15. 5. 1988)

---

1. Wenden Sie den § 240 StGB auf folgende Fälle an: a) Eine Dame hindert einen Autofahrer am Einparken, weil sie die Parklücke für ihren Mann freihalten will; b) Studenten protestieren gegen eine Fahrpreiserhöhung und bringen den Verkehr völlig zum Erliegen, indem sie sich auf die Straßenbahnschienen setzen.
2. Pazifisten wollen durch eine „Antikriegsblockade" ein Zeichen setzen. Untersuchen Sie, warum § 34 StGB auf diesen Fall nicht zutrifft. Erörtern Sie, ob § 240 Abs. 2 StGB eine Rechtfertigung zulassen könnte.
3. Untersuchen Sie das Urteil des BGH. Wie wird die Rechtswidrigkeit von Sitzblockaden begründet?

2. Grundrechte und Rechtsstaat

2.1 Recht und Gesetz

> *Nein, eine Grenze hat Tyrannenmacht;*
> *Wenn der Gedrückte nirgends Recht kann finden,*
> *Wenn unerträglich wird die Last – greift er*
> *Hinauf getrosten Mutes in den Himmel*
> *Und holt herunter seine ew'gen Rechte,*
> *Die droben hangen unveräußerlich*
> *Und unzerbrechlich, wie die Sterne selbst.*

Mit diesen Worten weist Friedrich Schiller in seinem Drama „Wilhelm Tell" auf die Existenz ewiger und unveräußerlicher Rechte hin, auf die sich der einzelne gegen jede Form der Unterdrückung berufen kann, auch wenn diese in Gesetzesform gekleidet ist. Daß Recht und Gesetz nicht unbedingt identisch sind, zeigt sich bei den auf die Unterdrückung der Juden hinzielenden „Nürnberger Gesetzen" des Dritten Reiches.

Was aber ist Recht? Schon seit der Antike hat man die Frage nach dem „richtigen" Recht aufgeworfen. So vertrat Augustinus die Auffassung, daß es ohne wahre Gerechtigkeit kein Recht geben könne. Aus seiner theologisch begründeten Deutung der Rechtsordnung galt ihm diese als Teil und Abglanz des ewigen göttlichen Gesetzes im Rahmen der Schöpfung. Das von den Menschen gesetzte, das positive Recht also, habe sich an diesem überzeitlichen göttlichen Recht als Richtschnur zu orientieren. Verfehle das positive Recht dieses von Gott vorgegebene Recht, dann sei es kein Recht. Eine ähnliche Auffassung hatten zur Zeit der Aufklärung die Vertreter des Naturrechts. Die Existenz eines vorstaatlichen und überzeitlichen Rechts wird bei ihnen aber nicht aus der göttlichen Seinsordnung hergeleitet, sondern aus dem Glauben an die Vernünftigkeit der menschlichen Natur. So spricht Locke von den von Natur aus unveräußerlichen Rechten des Menschen, die jede politische Ordnung als unantastbar zu achten habe.

Positives Recht
Göttliches Recht
Naturrecht

Die Lehre vom Naturrecht hat aber in den letzten beiden Jahrhunderten auch Kritiker gefunden. Sie lassen im Sinne des Rechtspositivismus nur das vorfindliche Recht gelten, denn nur das vom Gesetzgeber gesetzte positive Recht gewährleiste die Rechtssicherheit; ein Naturrecht hingegen sei nirgendwo fixiert, könne also nicht Grundlage der Rechtssprechung sein. Das Naturrecht wurde aber auch durch die rein funktionale Rechtsauffassung des Marxismus und des Nationalsozialismus abgelehnt, welche Gesetz und Recht als Ausdruck und Mittel des Kampfes der Klassen bzw. der Rassen bezeichneten. Mit dieser Abkopplung des Rechts vom alten Naturrecht wurden zugleich die Voraussetzungen für die Menschenrechtsverletzungen der jüngsten Vergangenheit geschaffen.

Rechtspositivismus

Funktionale Rechtsauffassung

Das Grundgesetz für die Bundesrepublik Deutschland hat bewußt an die alte naturrechtliche Tradition angeknüpft, insbesondere hat es die Anerkennung

Das Recht und die Rechtsordnung in der Bundesrepublik Deutschland

Menschen-
rechte

der Würde des Menchen und das Bekenntnis zu den unverletzlichen und unveräußerlichen Menschenrechten als Grundlage unserer staatlichen Gemeinschaft an den Anfang der Verfassung gestellt. Ferner bindet es alle staatliche Gewalt an Gesetz und Recht und bestimmt, daß die Grundrechte Gesetzgebung, vollziehende Gewalt und Rechtsprechung als unmittelbar geltendes Recht binden.

„nulla poena
sine lege"

Analogie-
verbot

Grundsatz
der Verhältnis-
mäßigkeit

Gewalten-
teilung

Woran aber läßt sich erkennen, daß „Recht" wirklich Recht ist, und nicht ein Instrument der Unterdrückung? Prüfstein der Rechtsstaatlichkeit ist vor allem das Strafrecht, denn es bedeutet den stärksten Eingriff in die Freiheiten und Rechte des einzelnen. Deshalb regelt das Grundgesetz in den Artikeln 97-104 genau die Grundsätze für ein rechtsstaatliches strafrechtliches Verfahren. Ein wichtiger Grundsatz lautet „nulla poena sine lege" (keine Strafe ohne Gesetz). Er besagt, daß eine Tat nur dann bestraft werden kann, wenn die Strafe gesetzlich bestimmt war bevor die Tat begangen wurde. Aus diesem Grundsatz ergibt sich auch das Analogieverbot, nämlich das Verbot, zu Lasten des Angeklagten Rechtssätze auf einen vom Gesetzgeber nicht geregelten Tatbestand sinnentsprechend anzuwenden. Ein anderes – aus der Vorstellung der Gerechtigkeit sich ergebendes Prinzip ist der Grundsatz der Verhältnismäßigkeit: Tat und Strafe müssen in einem angemessenen Verhältnis zueinander stehen, übertriebene Strafen sind unzulässig. So schließt das Grundgesetz zum Beispiel die Todesstrafe aus. Nicht zuletzt beruht unsere rechtsstaatliche Ordnung auf dem Grundsatz der Gewaltenteilung: Die Gesetzgebung ist an die verfassungsmäßige Ordnung der vollziehenden Gewalt und die Rechtsprechung sind an Gesetz und Recht gebunden. Für die Gesetzgebung gelten strenge Regeln, die verhindern sollen, daß das Gesetz zum Herrschaftsmittel *einer* Partei wird. Schließlich ist auch die richterliche Unabhängigkeit ein wesentlicher Bestandteil unserer rechtsstaatlichen Ordnung: der Richter muß unparteiisch sein, Richter können wegen Befangenheit vom Angeklagten abgelehnt werden.

MATERIAL 14 Ein Todesurteil

Im Namen des Deutschen Volkes

In der Strafsache gegen den Regierungsrat Dr. jur. Theodor Korselt aus Rostock, geboren am 24. November 1891 in Buchholz, Erzgeb., zur Zeit in dieser Sache in gerichtlicher Untersuchungshaft, wegen Wehrkraftzersetzung,
hat der Volksgerichtshof, 1. Senat, auf Grund der Hauptverhandlung vom 23. August 1943, an welcher teilgenommen haben
    als Richter: Präsident des Volksgerichtshofs Dr. Freisler, Vorsitzer, Landgerichtsdirektor Storbeck, Generalleutnant Cabanis, SA-Gruppenführer Aumüller, Oberbereichsleiter Bodinus,
    als Vertreter des Oberreichsanwalts: Landgerichtsdirektor Dr. Schultze,
für Recht erkannt:

Theodor Korselt hat in Rostock in der Straßenbahn kurz nach der Regierungsumbildung in Italien gesagt, so müsse es hier auch kommen, der Führer müsse zurücktreten, denn siegen könnten wir ja nicht mehr und alle wollten wir doch nicht bei lebendigem Leibe verbrennen.
Als Mann in führender Stellung mit besonderer Verantwortung hat er dadurch seinen Treueid gebrochen, unsere nationalsozialistische Bereitschaft zu mannhafter Wehr beeinträchtigt und damit unserem Kriegsfeind geholfen. Er hat seine Ehre für immer eingebüßt und wird mit dem Tode bestraft ...

(aus: Walter Hofer, Der Nationalsozialismus – Dokumente 1933–1945, Frankfurt/M., Fischer, 1957, S. 322)

Grundrechte und Rechtsstaatlichkeit

MATERIAL 15 § 2 Reichsstrafgesetzbuch

Fassung vom 15. 5. 1871: „Eine Handlung kann nur dann mit einer Strafe belegt werden, wenn diese Strafe gesetzlich bestimmt war, bevor die Handlung begangen wurde."
Fassung vom 28. 6. 1935: „Die Reichsregierung hat das folgende Gesetz beschlossen, das hiermit verkündet wird. § 2 des Reichsstrafgesetzbuches vom 15. 5. 1871 wird folgendermaßen geändert: Bestraft wird, wer eine Tat begeht, die das Gesetz für strafbar erklärt oder die nach dem Grundgedanken eines Strafgesetzes und nach gesundem Volksempfinden Strafe verdient. Findet auf die Tat kein bestimmtes Gesetz unmittelbar Anwendung, so wird die Tat nach dem Gesetz bestraft, dessen Grundgedanke auf sie am besten zutrifft."

MATERIAL 16 Der während des „Dritten Reiches" aus dem Universitätsdienst entlassene Rechtsphilosoph und Strafrechtler Gustav Radbruch

vor 1933: Für den Richter ist es Berufspflicht, den Geltungswillen des Gesetzes zur Geltung zu bringen, das eigene Rechtsgefühl dem autoritativen Gesetzesbefehl zu opfern, nur zu fragen, was Rechtens ist, und niemals, ob es auch gerecht sei. Man möchte freilich fragen, ob diese Richterpflicht selbst, ... diese Blankohingabe der eigenen Persönlichkeit an eine Rechtsordnung, deren künftige Wandlungen man nicht einmal ahnen kann, sittlich möglich sei. Aber wie ungerecht immer das Recht seinem Inhalt nach sich gestalten möge – es hat sich gezeigt, daß es *einen* Zweck stets, schon durch seien Dasein, erfüllt, den der Rechtssicherheit. Der Richter, indem er sich dem Gesetz ohne Rücksicht auf seine Gerechtigkeit dienstbar macht, wird also trotzdem nicht bloß zufälligen Zwecken der Willkür dienstbar. Auch wenn er, weil das Gesetz es so will, aufhört, Diener der Gerechtigkeit zu sein, bleibt er noch immer Diener der Rechtssicherheit.
(aus: Gustav Radbruch, Rechtsphilosophie, 3. Auflage von 1932, S. 38; 8. Auflage, hrsg. von Erik Wolf, Stuttgart, Koehler, 1973, S. 178)

nach 1945: Unserer Zeit bleibt es vorbehalten, den Richter auch zur Abweichung vom staatlichen Gesetz zu ermächtigen. Wir haben es erleben müssen, wie verbrecherische Machthaber ... das Unrecht zum „Recht" erhoben. Der überkommene Positivismus war solchen Gesetzen gegenüber zur Ohnmacht verdammt. Seit einem Jahrhundert hatte er die Juristen im Sinne des strengen Satzes „Gesetz ist Gesetz" erzogen, hatte er sie gewöhnt, das Gesetz nur auf seine formale Geltung zu prüfen und das geltende Recht ohne Rücksicht auf seine Gerechtigkeit oder Ungerechtigkeit anzuwenden. Aber welchen echten Mann des Rechts ... hätte es auf die Dauer erträglich scheinen können, Schandgesetze, wie etwa die Nürnberger Rassengesetze ..., als Recht anzuerkennen? So erhob sich die Erkenntnis, daß Unrecht sich auch in der Form des Gesetzes verbergen könne – Unrecht, gemessen an einem Recht, das höher ist als das staatliche Gesetz – und damit der Gedanke eines „gesetzlichen Unrechts" als Gegenstück zu dem seit langem anerkannten „übergesetzlichen Recht". In Gestalt dieses „übergesetzlichen Rechts" erlebte der alte Gedanke des „Naturrechts" nach hundertjährigem Scheintode seine Wiederauferstehung.
(aus: Gustav Radbruch, Eine Feuerbach-Gedenkrede sowie drei Aufsätze aus dem wissenschaftlichen Nachlaß, Tübingen, J. C. B. Mohr, 1952 [Recht und Staat, Heft 172], S. 32)

1. Stellen Sie dar, wie das Urteil des Volksgerichtshofs nach rechtsstaatlichen Grundsätzen zu beurteilen ist. Welcher Strafzweck wurde mit diesem Urteil beabsichtigt?
2. Vergleichen Sie die beiden Fassungen des § 2 RStGB. Inwiefern verstößt die Fassung von 1935 gegen rechtsstaatliche Grundsätze?
3. Untersuchen Sie Radbruchs Meinungswandel. Nehmen Sie Stellung zu der Aussage eines wegen seiner Urteile angegriffenen ehemaligen Richters an einem Kriegsgericht: „Was gestern Recht war, kann heute nicht Unrecht sein." Gibt es Maßstäbe dafür, ob Recht auch Recht ist?

2.2 Die Grundrechte als Grundlage unserer Staatsordnung

*Menschen-
würde
Fundamental-
norm
Verfassungs-
kern*

Die Erfahrungen mit dem Unrechtsstaat des Dritten Reiches bewogen die Väter des Grundgesetzes, die Grundrechte zur Grundlage unserer staatlichen Ordnung zu machen. Antwort auf die Gewaltherrschaft der Nationalsozialisten war die Erhebung der Menschwürde in den Rang einer Fundamentalnorm. „Die Würde des Menschen ist unantastbar. Sie zu achten und zu schützen ist Verpflichtung aller staatlichen Gewalt." – diese Sätze wurden nicht nur bewußt an den Anfang unserer Verfassung gestellt, sie gehören auch zum unverzichtbaren Verfassungskern. Denn nach Art. 79 Abs. 3 GG ist jede Verfassungsänderung unzulässig, durch welche die in den Artikeln 1 und 20 niedergelegten Grundsätze berührt werden. Nie wieder – auch dies eine Erkenntnis aus der deutschen Geschichte – soll der Eindruck entstehen können, daß die Aufhebung fundamentaler Rechtsgrundsätze in legaler Form möglich sei: ihre Aufhebung soll für jeden als Verfassungsbruch erkennbar sein und ihn zum Widerstand ermächtigen, wenn andere Abhilfe nicht möglich ist.

*Menschen-
und Bürger-
rechte*

Die in den Artikeln 1–19 und 97–104 enthaltenen Grundrechte sind nicht das Ergebnis einer systematischen Ableitung aus dem Naturrecht, sondern eher Resultat eines jahrhundertelangen und immer noch nicht abgeschlossenen Ringens um eine gerechte, der Würde des Menschen entsprechende Gesellschaft. Dennoch lassen sich die Grundrechte nach unterschiedlichen Gesichtspunkten klassifizieren. So wird im Grundgesetz zwischen Menschen- und Bürgerrechten unterschieden. Unter Menschenrechten versteht man die dem Menschen angeborenen unveräußerlichen Rechte auf Leben, Freiheit und körperlicher Unversehrtheit – Rechte, die vorstaatlichen Ursprungs sind. Die Bürgerrechte dagegen sind denen vorbehalten, die nach Art. 116 GG als Deutsche im Sinne des Grundgesetzes gelten. Nur ihnen ist z. B. das Wahlrecht vorbehalten, obgleich sich hier z. B. im Kommunalwahlrecht für EG-Bürger eine Änderung abzeichnet.

*Abwehr- und
Beteiligungs-
rechte*

Eine andere Unterscheidung ist die zwischen Abwehr- und Beteiligungsrechten. Ursprüngliche Funktion der Grundrechte war es, möglichst weite Bereiche des privaten Lebens dem staatlichen Zugriff zu entziehen, nicht nur gegenüber dem Obrigkeitsstaat, sondern auch gegenüber der demokratisch legitimierten Staatsgewalt, um die Rechte von Minderheiten gegen die Mehrheit durchzusetzen. Da aber Minderheiten das Recht haben müssen, ihre Interessen zu artikulieren, um eventuell mehrheitsfähig zu werden, brauchen sie über die Abwehrrechte hinaus Beteiligungsrechte, z. B. die Meinungs- und Vereinigungsfreiheit – politische Grundrechte also.

*Freiheits- und
Gleichheits-
rechte*

Grundrechte lassen sich auch nach den zu schützenden Werten unterscheiden, etwa nach Freiheits- und Gleichheitsrechten, zwischen denen ein Spannungszustand besteht. Denn Freiheit beinhaltet die Vorstellung, daß jeder sich entsprechend seiner Individualität frei entfalten kann, setzt also in gewissem Maße die Ungleichheit voraus. Die Herstellung einer radikalen Gleichheit hingegen muß die Freiheit beeinträchtigen. Aufgabe der Politik ist es, ein angemessenes Gleichgewicht zwischen beiden Prinzipien herzustellen und zugleich ihre immanenten Schranken zu berücksichtigen. So ist die freie Entfaltung der

Persönlichkeit dadurch beschränkt, daß sie nicht die Rechte anderer verletzen darf. Andrerseits wird die Gleichheit vor dem Gesetz durch den bösen Satz des französischen Dichters Anatole France relativiert, das Gesetz in seiner erhabenen Gleichheit verbiete es den Reichen wie den Armen, unter den Brücken zu schlafen, auf den Straßen zu betteln und Brot zu stehlen. Viele Grundrechte bedürfen zu ihrer Entfaltung gewisser materieller Voraussetzungen. Doch soziale Grundrechte kennt unser Grundgesetz nicht, denn was nützt angesichts der derzeitigen Situation ein einklagbares Grundrecht auf Arbeit oder auf Wohnung? Das Grundgesetz enthält in den Artikeln 20 und 28 lediglich ein Sozialstaatspostulat, nämlich die Verpflichtung des Staates zu einer Politik der sozialen Gerechtigkeit.

Sozialstaatspostulat

Für viele Grundrechte gilt ein Gesetzesvorbehalt, etwa der einschränkende Satz: „Das Nähere regelt ein Bundesgesetz", doch muß ein solches Gesetz allgemein sein und darf nicht nur für den Einzelfall gelten. Außerdem muß die Wesensgehaltsgarantie beachtet werden, d. h. es darf kein Grundrecht in seinem Wesensgehalt angetastet werden. Und nicht zuletzt gilt die Rechtsweggarantie, d. h. es steht jedem der Rechtsweg offen, der durch die öffentliche Gewalt in seinen Rechten verletzt wird. Wie kompliziert die Dinge im einzelnen sind, zeigt die vergangene und auch für die nähere Zukunft andauernde Diskussion um das Asylrecht. Das Asyl (griech. = unverletzlich) bedeutete in der Antike den göttlichen Schutz der Verfolgten an gewissen Kultstätten. Im Mittelalter gewährte es Schutz in sakralen Räumen vor Blutrache oder Fehde. In der Allgemeinen Erklärung der Menschenrechte der UNO von 1948 heißt es: „Jeder Mensch hat das Recht, in anderen Ländern vor Verfolgung Asyl zu suchen und zu genießen" – also keine Aufnahmeverpflichtung für andere Länder. Das Grundgesetz gewährt darüber hinaus in Art. 16 GG politisch Verfolgten Asyl – eine Dankesschuld für die Aufnahme der durch das Dritte Reich Verfolgten in anderen Ländern.

Wesensgehaltsgarantie

Asylrecht

MATERIAL 17   Bedeutung der Grundrechte

In der freiheitlichen Demokratie ist die Würde des Menschen der oberste Wert. Sie ist unantastbar, vom Staate zu achten und zu schützen. Der Mensch ist danach eine mit der Fähigkeit zu eigenverantwortlicher Lebensgestaltung begabte „Persönlichkeit". Sein Verhalten und sein Denken können daher durch seine Klassenlage nicht eindeutig determiniert sein. Er wird vielmehr als fähig angesehen, und es wird ihm demgemäß abgefordert, seine Interessen und Ideen mit denen der anderen auszugleichen. Um seiner Würde willen muß ihm eine möglichst weitgehende Entfaltung seiner Persönlichkeit gesichert werden. Für den politisch-sozialen Bereich bedeutet das, daß es nicht genügt, wenn eine Obrigkeit sich bemüht, noch so gut für das Wohl von „Untertanen" zu sorgen; der einzelne soll vielmehr in möglichst weitem Umfange verantwortlich auch an den Entscheidungen für die Gesamtheit mitwirken. Der Staat hat ihm dazu den Weg zu öffnen; das geschieht in erster Linie dadurch, daß der geistige Kampf, die Auseinandersetzung der Ideen frei ist, daß mit anderen Worten geistige Freiheit gewährleistet wird. Die Geistesfreiheit ist für das System der freiheitlichen Demokratie entscheidend wichtig, sie ist geradezu eine Voraussetzung für das Funktionieren dieser Ordnung; sie bewahrt es insbesondere vor Erstarrung und zeigt die Fülle der Lösungsmöglichkeiten für die Sachprobleme auf. Da Menschenwürde und Freiheit jedem Menschen zukommen, die Menschen insoweit gleich sind, ist das Prinzip der Gleichbehandlung aller für die freiheitliche Demokratie ein selbstverständliches Postulat.

Das Recht und die Rechtsordnung in der Bundesrepublik Deutschland

> Das Recht auf Freiheit und Gleichbehandlung durch den Staat schließt jede wirkliche Unterdrückung des Bürgers durch den Staat aus, weil alle staatliche Entscheidung den Eigenwert der Person achten und die Spannung zwischen Person und Gemeinschaft im Rahmen des auch dem Einzelnen Zumutbaren ausgleichen soll ... Darüber hinaus entnimmt die freiheitliche demokraktische Grundordnung dem Gedanken der Würde und Freiheit des Menschen die Aufgabe, auch im Verhältnis der Bürger untereinander für Gerechtigkeit und Menschlichkeit zu sorgen. Dazu gehört, daß eine Ausnutzung des einen durch den anderen verhindert wird ...

(aus: Urteil des Bundesverfassungsgerichts gegen die KPD vom 17. 8. 1956, BVerfGE 5, 204ff.)

1. Begründen Sie anhand des Urteils die These, die Grundrechte seien die Grundlage unserer Verfassung.
2. Ordnen Sie die in den Artikeln 1–19 und 97–104 enthaltenen Grundrechte nach Menschen- und Bürgerrechten, Abwehr- und Beteiligungsrechten sowie Freiheits- und Gleichheitsrechten. Untersuchen Sie Überschneidungen und mögliche Spannungen.
3. Wie ist das Asylrecht einzuordnen?

MATERIAL 18 Asylanten in Deutschland

Nach Schätzung des Bundesamtes für die Anerkennung ausländischer Flüchtlinge leben derzeit in Deutschland, neben einer unbekannten Zahl illegal Eingereister oder Untergetauchter,
▷ rund 430 000 Asylbewerber, die noch auf die Entscheidung über ihre Anträge warten und von denen nahezu 400 000 mit Ablehnung rechnen müssen,
▷ etwa 150 000 bereits abgewiesene Bewerber, die aber vor den Verwaltungsgerichten weiter um Anerkennung streiten, sowie
▷ rund 500 000 abgelehnte Asylbewerber, die, beispielsweise weil sie aus einem Bürgerkriegsland stammen, ein vorübergehendes Bleiberecht genießen.
Alles in allem halten sich in Deutschland also über eine Million *nicht anerkannte* Asylanten auf (bei insgesamt rund sechs Millionen Ausländern in der Bundesrepublik).
Daß nun plötzlich allenthalben der Abschiebung das Wort geredet wird, liegt auch daran, daß mittlerweile mehr als 90 Prozent der Zuwanderer aus Ländern kommen, aus denen jeweils weniger als 2 Prozent der Asylbewerber als politisch Verfolgte anerkannt werden wie: Jugoslawien (1,8 Prozent), Rumänien (0,2 Prozent), Bulgarien (0,1 Prozent) oder Nigeria (0,1 Prozent). Vor allem aber ist die Abschiebedebatte dadurch belebt worden, daß Länder und Gemeinden ... für die Asylanten kaum noch Geld und Quartier bereitstellen können (oder wollen).
Dabei haben die Deutschen noch in allerjüngster Zeit ganz beachtliche Integrationsleistungen vollbracht. Nach einer Studie der Organisation für wirtschaftliche Zusammenarbeit und Entwicklung (OECD) hat die Bundesrepublik seit 1986 Jahr für Jahr mehr Ausländer aufgenommen als jeder andere OECD-Staat. 60 bis 70 Prozent aller Asylanten in der EG zieht es nach wie vor nach Deutschland, wo ihnen ein weltweit einzigartiges Asylrecht und vergleichsweise hohe Sozialhilfesätze winken. Allein seit Januar 1989 sind rund drei Millionen Menschen in die alten Bundesländer geströmt – Aussiedler, DDR-Übersiedler und ausländische Zuwanderer. Nach Berechnungen des Instituts der deutschen Wirtschaft war die Zuzugsquote fast doppelt so hoch wie in den riesigen USA zur Zeit der Masseneinwanderung während der zwanziger Jahre.

(aus: Der Spiegel Nr. 46/1992, S. 43 und 45)

Grundrechte und Rechtsstaatlichkeit

MATERIAL 19 Aus einer Bundestagsdebatte

Dr. Wolfgang Schäuble (CDU/CSU):
Das Asylrecht wird nicht abgeschafft
Die Entscheidung, die wir zu treffen haben, ist wichtig für den inneren Frieden in unserem Land, für das friedliche, gute Miteinander von deutschen und ausländischen Mitbürgern und für unsere Fähigkeit, auch in Zukunft Verfolgten Schutz, Zuflucht, Aufnahme zu bieten. ... Wer davon redet, die Bundesrepublik Deutschland solle abgeschottet werden, redet gegen besseres Wissen... Wir müssen der Tatsache ins Auge sehen, daß Monat für Monat in diesem Jahr 1993 50000 unter Berufung auf das Recht auf Asyl, obwohl sie ganz überwiegend nicht politisch verfolgt sind, Aufnahme in der Bundesrepublik Deutschland suchen und für einen zu langen Zeitraum finden. ...

Wenn nur ein einziges Land, die Bundesrepublik Deutschland, in einer verfassungsrechtlichen Schutzgewähr über die Schutzgewähr der Genfer Konvention hinausgeht – es gibt keine zweite Verfassung auf dieser Erde, die dies tut –, dann braucht man sich hinterher nicht zu wundern, wenn zwei Drittel aller Asylbewerber in Europa nach Deutschland kommen.

Konrad Weiß (Bündnis 90/Die Grünen):
Pflichten des wiedervereinigten Deutschland
Die Allgemeine Erklärung der Menschenrechte garantiert jedem Menschen das Recht, in anderen Ländern vor Verfolgung Asyl zu suchen und zu genießen. Die Genfer Flüchtlingskonvention geht weiter und gesteht Flüchtlingen Rechte gegenüber Staaten zu. Aber sie räumt keinen Rechtsschutz zur Überprüfung von Verwaltungshandlungen des Staates ein. Dieses Recht gewährt der Art. 16 Abs. 2 unseres Grundgesetzes. Seine Perspektive ist die des Individuums, nicht des Staates. Diese neue Sicht, dieser großartige Fortschritt im europäischen Rechtssystem, ist erlitten und erstritten worden von denen, die als Flüchtlinge Rettung gesucht hatten vor deutschem Egoismus und Nationalismus. Sie alle würden wir verraten, wenn wir die Verstümmelung des Art. 16 Abs. 2 dulden würden. ... Wie das Beispiel anderer europäischer Staaten zeigt, wird die illegale Zuwanderung zunehmen. Menschen, die heute noch als Asylbewerber wenigstens eine Zeitlang geduldet werden, werden morgen im Untergrund dahinvegetieren – in einer nicht mehr kontrollierbaren Grauzone von illegaler Arbeit und Kriminalität.

(aus: Das Parlament Nr. 24/1993)

MATERIAL 20 Der Asylkompromiß: Schwerer Weg nach Deutschland

Einreise über EG-Land oder sicheres Drittland: Bewerber kann sich nicht auf das Asyl-Grundrecht berufen. Zurückschiebung über die Grenze; Klage ist nur aus dem Ausland möglich.	**Direkte Einreise per Flugzeug** **Wenn der Bewerber aus einem Staat stammt, in dem politische Verfolgung möglich ist:** Ordentliches Asylverfahren, bei Nachweis politischer Verfolgung. Verkürztes Verfahren nur bei offensichtlich unbegründetem Antrag.	**Direkte Einreise per Flugzeug** **Wenn der Bewerber aus einem Nichtverfolgerstaat stammt:** Er muß in einem verkürzten Verfahren nachweisen, daß er dennoch verfolgt wurde. Bei Ablehnung wird er ins Heimatland abgeschoben.	**Illegale Einreise:** Verkürztes Verfahren im Sammellager. Gibt der Bewerber zu, über eine sicheres Drittland eingereist zu sein, wird er dorthin zurückgeschickt. Will er sich an seinen Fluchtweg nicht erinnern, gilt er mangels Mitwirkung im verkürzten Verfahren als unglaubwürdig.

(aus: Der Spiegel Nr. 22/1993)

1. Erarbeiten Sie anhand von Material 18 die Situation im Jahre 1993.
2. Stellen Sie anhand von Material 19 die Argumente für und gegen die Einschränkung von Asylbewerbern zusammen. Erörtern Sie, welchem der beiden Redner zuzustimmen ist.
3. Untersuchen Sie anhand von Material 20 sowie der Neufassung des Art. 16 GG die vom Verfassungsgeber getroffenen Maßnahmen. Wie hat sich die Situation seitdem entwickelt?

3. Rechtsordnung im Rechtsstaat

3.1 Unsere Rechtsordnung – ein Labyrinth?

Gesetze

Rechtsverordnungen

Der ständige Ausbau unserer Rechtsordnung führt zu einer von vielen beklagten Gesetzesflut. Hunderte von Bundesgesetzen bestimmen neben dem Grundgesetz und der Landesverfassung unser Leben, ob Ehe- und Familienrecht, ob Straßenverkehrsordnung, Steuerrecht oder Strafgesetzbuch. Daneben gibt es die Landesgesetze wie etwa das Schulgesetz sowie Hunderte von Rechtsverordnungen des Bundes und des Landes, die – auf der Basis von Gesetzen erlassen – selber die Geltung von Gesetzen haben. Und über unsere staatliche Rechtsordnung hinaus ist eine europäische Rechtsordnung im Werden, welche eine Vereinheitlichung der Lebensverhältnisse in den verschiedenen Mitgliedsstaaten der EG anstrebt. Die Vielzahl dieser Rechtsbestimmungen teilt man in die Bereiche privates und öffentliches Recht ein.

Bürgerliches Gesetzbuch

Privatrecht

Wichtigster Teil des Privatrechts ist das Bürgerliche Gesetzbuch (BGB). Es regelt in einem allgemeinen Teil grundsätzliche Fragen wie z. B. die Geschäftsfähigkeit oder die Grundsätze des Vertragsrecht. Im Schuldrecht, dem zweiten Buch des BGB, werden die verschiedenen Rechtsgeschäfte wie Kauf, Miete, Pacht geregelt, ebenso der Schadensersatz bei unerlaubten Handlungen. Die weiteren Bücher des BGB behandeln das Sachenrecht (Besitz, Eigentum), das Familienrecht und das Erbrecht. Einige Bereiche des Privatrechts sind in besonderen Gesetzen geregelt, so das Handelsrecht und das Arbeitsrecht. Der Ausdruck Privatrecht mag für den Laien mißverständlich sein, denn es handelt sich um staatliches Recht, welches die Beziehungen zwischen Bürgern regelt. Diesen sind die juristischen Personen (z. B. GmbH, AG) gleichgestellt.

Gleichrangigkeit

Privatautonomie

Das erste wichtige Prinzip des Privatrechts ist die Gleichrangigkeit: es besteht also kein rechtliches Über- und Unterordnungsverhältnis z. B. zwischen Käufer und Verkäufer oder zwischen Arbeitnehmer und Arbeitgeber. Das zweite wichtige Prinzip ist die Privatautonomie: alle können ihre Beziehungen untereinander autonom (selbständig) gestalten, können Verträge schließen, Grundstücke erwerben, Vereinen beitreten oder Gesellschaften gründen. Das Recht legt nur verbindliche Regelungen für den Fall fest, daß es zu Streitigkeiten kommt, wenn etwa der Käufer nachträglich merkt, daß der erworbene Gebrauchtwagen Schäden aufweist, der Verkäufer hingegen behauptet, er habe das Auto in einwandfreiem Zustand übergeben. Es schließt z. B. auch die Möglichkeit aus, daß man die Notlage oder die wirtschaftliche Unterlegenheit eines anderen Menschen ausnutzt. Solche Verträge sind wegen Verstoßes gegen die guten Sitten nichtig. Wichtiger Grundsatz des Privatrechts ist ferner, daß jeder sich selbst um sein Recht bemühen und Beweise für seine Forderungen erbringen muß. Zivilgerichte werden nur auf Antrag privater Kläger tätig.

Öffentliches Recht

Der zweite große Rechtsbereich ist das öffentliche Recht. Schon die Bezeichnung besagt, daß hier die Beziehungen zwischen den einzelnen Rechtssubjekten (privaten und juristischen Personen) und der Allgemeinheit geregelt werden, die durch Bund, Länder und Gemeinden und deren Organe vertreten werden. Der umfangreichste Teil ist das Verwaltungsrecht, das unter anderem das Polizeirecht, das Baurecht und das Verkehrsrecht umfaßt. Weitere wichtige Bereiche sind das Steuerrecht und das Sozialrecht. Das Strafrecht macht nur einen geringen Teil des öffentlichen Rechts aus. Wichtiges Merkmal des öffentlichen Rechts ist das Prinzip von Über- und Unterordnung: der einzelne kann durch Zwangsmittel dazu gebracht werden, die Gesetze zu befolgen. Dies gilt für den säumigen Steuerzahler ebenso wie für den Gewalttäter, welcher den Rechtsfrieden bedroht. Aber auch der Bürger hat die Möglichkeit und das Recht, sich vor Gericht gegen staatliche Maßnahmen zur Wehr zu setzen, wenn er etwa einen Steuerbescheid anficht oder sich wegen Nichterteilung einer Baugenehmigung an das Verwaltungsgericht wendet.

Verwaltungsrecht

Zwangsmittel

Diese Einteilung unserer Rechtsordnung ist wichtig für die Zuweisung von Rechtsstreitigkeiten an die zuständigen Gerichte. Schon bei einem Verkehrsunfall geht es sowohl um privatrechtliche Belange (Schadensersatz) als auch um öffentliche Interessen (Schutz der Allgemeinheit). Darüber hinaus gelten vor den verschiedenen Gerichten unterschiedliche Verfahrensregeln. So muß ein Bürger, wenn er vor einem Zivilgericht klagt, nicht nur seinen Rechtsanspruch beweisen, sondern auch einen Anwalt bezahlen und die Gerichtskosten vorschießen, denn – so ein Juristenspruch – „ohne ‚Schuß' kein Jus"! Viele Bürger werden dadurch veranlaßt, Rechtsstreitigkeiten auf andere Weise zu lösen, indem sie etwa durch eine Anzeige bei der Baubehörde diese dazu bewegen, von Amts wegen gegen einen Mieter vorzugehen, der nach Meinung des Vermieters durch eine Solaranlage das Aussehen des Hauses verunstaltet.

Zuständige Gerichte

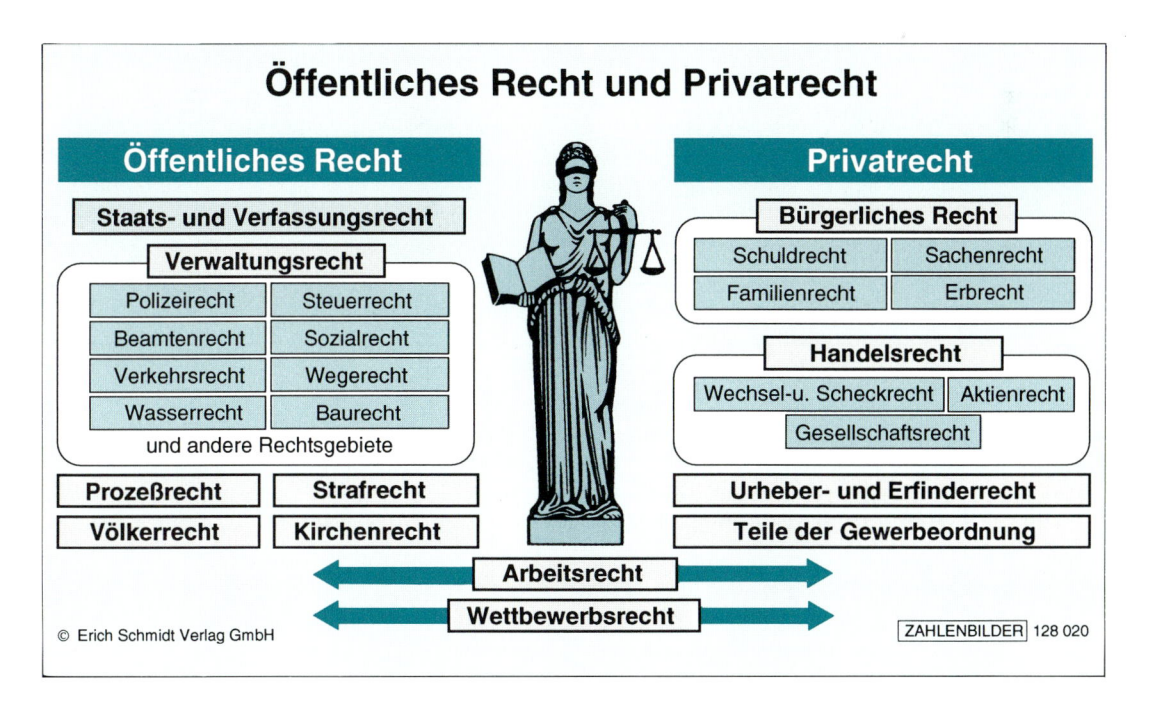

Öffentliches Recht und Privatrecht

Öffentliches Recht
- Staats- und Verfassungsrecht
- Verwaltungsrecht
  - Polizeirecht
  - Beamtenrecht
  - Verkehrsrecht
  - Wasserrecht
  - Steuerrecht
  - Sozialrecht
  - Wegerecht
  - Baurecht
  - und andere Rechtsgebiete
- Prozeßrecht
- Völkerrecht
- Strafrecht
- Kirchenrecht

Privatrecht
- Bürgerliches Recht
  - Schuldrecht
  - Sachenrecht
  - Familienrecht
  - Erbrecht
- Handelsrecht
  - Wechsel- u. Scheckrecht
  - Aktienrecht
  - Gesellschaftsrecht
- Urheber- und Erfinderrecht
- Teile der Gewerbeordnung

Arbeitsrecht
Wettbewerbsrecht

© Erich Schmidt Verlag GmbH ZAHLENBILDER 128 020

MATERIAL 21 Strom vom Balkon

Auch Irmhild Kopfermann stellt ihre Milch in den Kühlschrank und hört gern Radio. Und einen Staubsauger hat sie ebenfalls. Nur fühlt sie sich wohler ohne Atomstrom und ist deshalb nicht gern auf die Lieferung der Hamburger Elektrizitätswerke (HEW) angewiesen.
Der Balkon ihrer Eimsbütteler Wohnung hat eine sonnige Südwestlage, und so kam die Musiktherapeutin auf die Idee, dort einen Sonnenkollektor anzubringen, der immerhin ihren Kühlschrank mit Strom versorgen konnte. Vom Erfolg ermutigt, vergrößerte sie die Anlage und installierte aus Solarmodulen, Akkus und Wechselrichtern ein komplettes Sonnenkraftwerk, das mittlerweile ihren gesamten Haushalt mit Strom versorgt. Sie kündigte den Vertrag mit den HEW, und ein Schalttag, der 29. Februar 1988, wurde für Irmhild Kopfermann zum „Abschalttag"...
In diesen Tagen befaßt sich das Hamburger Verwaltungsgericht mit der Solaranlage. Nach Ansicht der Bauordnungsbehörde ist das Kraftwerk auf dem Balkon nämlich genehmigungspflichtig, und auch der Vermieter muß einverstanden sein. Der war nicht einverstanden, die Mieterin baute trotzdem, das Amt begann zu handeln. Nach einem Ortstermin und sechs Monaten der Prüfung und Bewertung verfügte es die Beseitigung der Anlage. Frau Kopfermann legte Widerspruch ein, der im Frühjahr dieses Jahres mit einer sorgsam formulierten Begründung abgelehnt wurde: „... Da keinerlei Gewähr dafür besteht, daß die Solaranlage und ihre Befestigung jeglichen Witterungseinflüssen und sonstigen äußeren Einwirkungen standhält und zudem das Glas zersplittern kann, und hierdurch Passanten zu Schaden kommen, ist die Anordnung der sofortigen Vollziehung zur Abwehr von Gefahren ... geboten ... Hinzu kommt, daß die blaue Solaranlage oberhalb des kleinen weißen Balkons die Fassade des Mehrfamilienhauses verunstaltet und damit gegen Paragraph 12 Abs. 1 der Hamburger Bauordnung verstößt..." Vom Gericht erhofft sich die Mieterin nun eine Grundsatzentscheidung zugunsten privater Solarkraftwerke. Ihr Anwalt ist ohnehin davon überzeugt, daß die Baufreistellungsverordnung (Verordnung über genehmigungspflichtige Baumaßnahmen) Sonnenkollektoren nur deshalb nicht nennt, weil der Gesetzgeber die technische Entwicklung noch nicht nachvollzogen habe ... .

„... und wirkt auf den Betrachter mehr als störend", schrieb das Bauamt

(aus: Michael Conrad, Strom vom Balkon, in: Die Zeit vom 9. 6. 1989)

MATERIAL 22 Rechtsbestimmungen

§ 903 BGB Befugnisse des Eigentümers	§ 303 StGB Sachbeschädigung
Der Eigentümer einer Sache kann, soweit nicht das Gesetz oder Rechte Dritter entgegenstehen, mit der Sache nach Belieben verfahren und andere von jeder Einwirkung ausschließen.	(1) Wer rechtswidrig eine fremde Sache beschädigt oder zerstört, wird mit Freiheitsstrafe bis zu zwei Jahren oder mit Geldstrafe bestraft ... (3) Die Tat wird nur auf Antrag verfolgt.

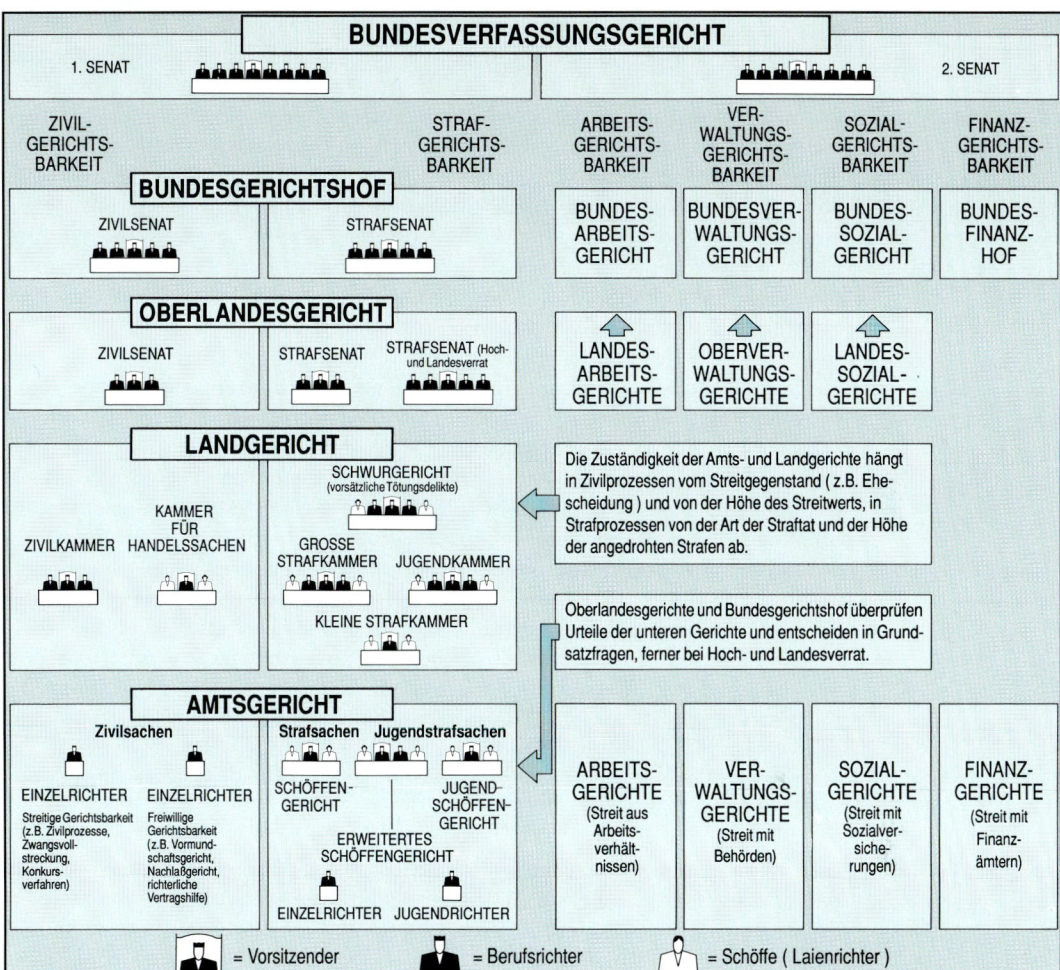

MATERIAL 23 Aufbau der Gerichtsbarkeit

BUNDESVERFASSUNGSGERICHT

1. SENAT — 2. SENAT

ZIVIL-GERICHTS-BARKEIT	STRAF-GERICHTS-BARKEIT	ARBEITS-GERICHTS-BARKEIT	VER-WALTUNGS-GERICHTS-BARKEIT	SOZIAL-GERICHTS-BARKEIT	FINANZ-GERICHTS-BARKEIT
BUNDESGERICHTSHOF		BUNDES-ARBEITS-GERICHT	BUNDESVER-WALTUNGS-GERICHT	BUNDES-SOZIAL-GERICHT	BUNDES-FINANZ-HOF
ZIVILSENAT	STRAFSENAT				
OBERLANDESGERICHT		LANDES-ARBEITS-GERICHTE	OBERVER-WALTUNGS-GERICHTE	LANDES-SOZIAL-GERICHTE	
ZIVILSENAT	STRAFSENAT / STRAFSENAT (Hoch- und Landesverrat)				

LANDGERICHT
- ZIVILKAMMER
- KAMMER FÜR HANDELSSACHEN
- SCHWURGERICHT (vorsätzliche Tötungsdelikte)
- GROSSE STRAFKAMMER
- JUGENDKAMMER
- KLEINE STRAFKAMMER

Die Zuständigkeit der Amts- und Landgerichte hängt in Zivilprozessen vom Streitgegenstand (z.B. Ehescheidung) und von der Höhe des Streitwerts, in Strafprozessen von der Art der Straftat und der Höhe der angedrohten Strafen ab.

Oberlandesgerichte und Bundesgerichtshof überprüfen Urteile der unteren Gerichte und entscheiden in Grundsatzfragen, ferner bei Hoch- und Landesverrat.

AMTSGERICHT

Zivilsachen:
- EINZELRICHTER — Streitige Gerichtsbarkeit (z.B. Zivilprozesse, Zwangsvollstreckung, Konkursverfahren)
- EINZELRICHTER — Freiwillige Gerichtsbarkeit (z.B. Vormundschaftsgericht, Nachlaßgericht, richterliche Vertragshilfe)

Strafsachen / Jugendstrafsachen:
- SCHÖFFENGERICHT
- JUGENDSCHÖFFENGERICHT
- ERWEITERTES SCHÖFFENGERICHT
- EINZELRICHTER
- JUGENDRICHTER

ARBEITS-GERICHTE (Streit aus Arbeitsverhältnissen)	VER-WALTUNGS-GERICHTE (Streit mit Behörden)	SOZIAL-GERICHTE (Streit mit Sozialversicherungen)	FINANZ-GERICHTE (Streit mit Finanzämtern)

= Vorsitzender   = Berufsrichter   = Schöffe (Laienrichter)

In unserem Fallbeispiel hat der Vermieter im Prinzip folgende Möglichkeiten, gegen die Mieterin vorzugehen: er kann ihr kündigen; er kann auf Wiederherstellung des ursprünglichen Zustands klagen; er kann einen Antrag auf strafrechtliche Verfolgung stellen; er kann Anzeige bei der Baubehörde erstatten in der Erwartung, daß diese von Amts wegen einschreitet.

1. Untersuchen Sie anhand des Falles, welche Belange (Mieter, Vermieter, HEW, Öffentlichkeit) berührt werden. Welche sind dem privaten, welche dem öffentlichen Recht zuzuordnen?
2. Welche Rechtswege kommen nach Material 22 bzw. 23 für den Fall in Frage?
3. Untersuchen Sie anhand des Schaubildes die möglichen Wege durch die Instanzen im Falle einer Zivilklage, einer Strafanzeige oder eines Verwaltungsgerichtsverfahrens. Warum dürften eine Kündigung bzw. eine Strafanzeige nicht in Betracht kommen?
4. Das Verfahren wurde am 3. 4. 1990 durch einen Vergleich entschieden: Die Anlage darf bleiben, kann aber bei begründetem Anlaß auf Standfestigkeit überprüft werden. Aus welchen Gründen dürften die Behörden dem Vergleich zugestimmt haben?

3.2 Gesetz und richterliche Auslegung

Rechtstatbestand

Wichtiges Prinzip der Gerechtigkeit ist, daß Gleiches gleich behandelt wird. Für einen Rechtsstaat muß also der Grundsatz gelten, daß Gesetze eindeutig formuliert sind und daß durch genau umschriebene Rechtstatbestände gewährleistet ist, daß in allen gleichartigen Fällen gleichartige Urteile gefällt werden. Aufgabe des Gesetzgebers ist es daher, gewisse typische Sachverhalte, über die es immer wieder zu Streitigkeiten kommt, so zu fassen, daß sie auf eine Vielzahl von gleichartigen Fällen zutreffen. Einen solchen Tatbestand beschreibt etwa der § 823 BGB (Schadensersatzpflicht): „Wer vorsätzlich oder fahrlässig das Leben, den Körper, die Gesundheit, die Freiheit, das Eigentum oder ein sonstiges Recht eines anderen widerrechtlich verletzt, ist dem anderen zum Ersatz des daraus entstandenen Schadens verpflichtet."

Ein solcher Rechtstatbestand muß, da er auf eine Vielzahl gleichartiger Fälle zutreffen muß, einerseits weitgehend abstrakt formuliert sein, doch andererseits konkret genug, um Rechtssicherheit zu gewährleisten. Würde der Gesetzgeber nämlich versuchen, alle Einzelfragen zu regeln, dann würde das Recht unübersichtlich, und es bestünde zugleich die Gefahr, daß ein Gesichtspunkt übersehen wird. Daher muß der Gesetzgeber sich mit Formulierungen wie „oder ein sonstiges Recht" behelfen, oder er muß Generalklauseln anwenden,

Generalklausel

also offene Formulierungen, die der Rechtsanwendung einen gewissen Spielraum lassen. Solche Formulierungen finden sich etwa in § 242 BGB. Dieser Paragraph legt fest, daß Leistungen so zu bewirken sind, „wie Treu und Glauben mit Rücksicht auf die Verkehrssitte es erfordern". Aufgabe der Rechtsprechung ist es, diese Generalklauseln auszufüllen und zu klären, ob etwa im Einzelfall ein Verstoß gegen die guten Sitten vorliegt – eine Frage, die je nach den Besonderheiten des Falles und dem Rechtsbewußtsein der Zeit unterschiedlich beantwortet wird.

Dies zeigt, daß Richter Gesetze nicht schematisch anwenden können, sondern daß sie durch ihre Rechtsprechung ständig an der Rechtsschöpfung mitwirken. Aber ist dies nicht in gewisser Weise ein Verstoß gegen den Grundsatz der Gesetzesbindung des Richters? Und wie wird gewährleistet, daß Rechtsauslegung nicht willkürlich erfolgt, sondern für den gesamten Staat nach einheitlichen Regeln geschieht? Dies garantieren die für einen jeden Rechtsstaat unentbehrlichen Rechtsmittel, nämlich Berufung und Revision.

Rechtsmittel Berufung

Berufung bedeutet, daß die nächsthöhere Instanz sowohl den Sachverhalt als auch die Rechtsauslegung überprüft, d. h. den gesamten Fall neu verhandelt. So kann es etwa bei einem Strafprozeß wegen Diebstahls nicht nur zu Meinungsverschiedenheiten darüber kommen, ob der Richter in der Frage „schuldig" oder „nicht schuldig" richtig entschieden hat, sondern auch über die Höhe der verhängten Strafe. Denn der § 242 StGB (Diebstahl) räumt dem Richter einen gewissen Strafrahmen ein, welcher von einer Geldstrafe bis zu einer Freiheitsstrafe von fünf Jahren reicht, damit er entsprechend der Schwere des

Revision

Falles ein gerechtes Urteil fällen kann. Revision hingegen bedeutet, daß lediglich geprüft wird, ob das untergeordnete Gericht das Recht richtig angewandt, d. h. Verfahrensregeln eingehalten und Rechtsbestimmungen in Übereinstimmung mit der bisherigen Rechtsprechung ausgelegt hat. Revisionsgerichte sind die Oberlandesgerichte bzw. der Bundesgerichtshof. Dieser entscheidet auch dann, wenn ein Oberlandesgericht in seiner Rechtsauffassung von einem anderen Oberlandesgericht abweicht und die Sache dem Bundesgerichtshof vorlegt. Durch diese Regelung wird die Einheitlichkeit der Rechtsprechung gewährleistet.

Einheitlichkeit der Rechtsprechung

MATERIAL 24 Shylock

In Shakespeares Schauspiel „Der Kaufmann von Venedig" spielt sich unter anderem auch ein Rechtsdrama ab. Obwohl vielfach beleidigt, gibt der Jude Shylock dem Kaufmann Antonio ein zinsloses Darlehen von dreitausend Dukaten – freilich unter einer besonderen Bedingung.

Shylock: *„Und diese Güte will ich Euch erweisen. Kommt mit mir zum Notar und stellt mir einfach 'nen Schuldschein aus von Euch; und, nur zum Spaß,
Sofern Ihr nicht an dem bestimmten Tag,
An dem bestimmten Ort die und die Summe
An mich zurückzahlt laut Vertrag, dann soll
Genau ein Pfund von Eurem edlen Fleisch
Die Buße sein, zu schneiden und zu nehmen
Von dem Teil Eures Körpers, wo ich will."*

Antonio: *„So sei's aufs Wort: ich unterschreib den Schein
und sage, große Güte steckt im Juden."*
(1. Akt, 3. Szene)

Antonio wird vom Unglück verfolgt. All seine Schiffe mit ihrer wertvollen Fracht gehen unter, er steht vor dem Ruin, die Frist verstreicht. Shylock fordert sein Pfand; lieber will er Antonios Fleisch als die geschuldete Summe, die der Freund Antonios nachträglich aufbringen will – zu groß waren die ihm von Antonio zugefügten Demütigungen. Er klagt vor Gericht.

Shylock: *„Sag ich nur: Das Pfund Fleisch, das ich verlange,
Ist hoch bezahlt, ist mein, und ich will's haben;
Wenn Ihr mir's abschlagt, pfui auf Euer Recht,
Dann sind die Satzungen Venedigs kraftlos.
Ich kämpf um Recht: Gebt Antwort, soll ich's haben?*

Der Richter: *„Ich bitt Euch, laßt den Schein mich überlesen ...
Nun, dieser Schuldschein ist nicht eingelöst,
und Rechtens steht dem Juden daraus zu,
Dem Kaufmann ein Stück Fleisch herauszuschneiden,
Unmittelbar am Herzen. Sei barmherzig ...
Ein Pfund von dieses Kaufmanns Fleisch ist dein:
Der Hof erkennt darauf, das Recht gewährt es ...
Haltet noch ein – es ist noch etwas andres.
Der Schein hier gibt Euch keinen Tropfen Blut,
Der Wortlaut ist ausdrücklich: ein Pfund Fleisch.
So nimm dein Pfund nun, nimm du dein Pfund Fleisch;
Doch wenn du schneidest und vergießt dabei
nur einen Tropfen Christenblut, so ist
Dein Hab und Gut nach dem Gesetz Venedigs
Der Republik Venedig heimgefallen ...
Drum rüste dich, das Fleisch herauszuschneiden.
Vergieß kein Blut; schneid auch nicht mehr noch wen'ger
Als grad' ein Pfund: wenn mehr du oder wen'ger
Als ganz genau ein Pfund du nimmst – magst du nun
Den Ausschnitt kleiner oder größer treffen ... –
Dann stirbst du, und verfall'n ist all dein Gut."*
(4. Akt, 1. Szene)

(aus: William Shakespeare, Die großen Dramen, Siebter Band, herausgegeben von R. Schaller, Frankfurt, Insel, 1981)

MATERIAL 25 § 138 BGB

Sittenwidriges Rechtsgeschäft; Wucher

(1) Ein Rechtsgeschäft, das gegen die guten Sitten verstößt, ist nichtig.
(2) Nichtig ist insbesondere ein Rechtsgeschäft, durch das jemand unter Ausbeutung der Zwangslage, der Unerfahrenheit, des Mangels an Urteilsvermögens oder der erheblichen Willensschwäche eines anderen sich oder einem Dritten für eine Leistung Vermögensvorteile versprechen oder gewähren läßt, die in einem auffälligen Mißverhältnis zu der Leistung stehen.

1. Erörtern Sie das Urteil im Fall „Shylock gegen Antonio" aufgrund der damaligen Rechtslage. Hat der Richter weise oder spitzfindig und parteiisch geurteilt?
2. Wie würde der Fall nach der heutigen Rechtslage entschieden werden?
3. Halten Sie den „Fall Shylock" für absurd, oder kommt er in gewisser Weise auch der heutigen Rechtswirklichkeit nahe?

Das Recht und die Rechtsordnung der Bundesrepublik Deutschland

MATERIAL 26 Zwei Karikaturen

„Nur hier unterschreiben und schon sind Sie stolze Besitzerin einer Taucherausrüstung. Die Rücktrittsklauseln studiert bei Gelegenheit der Herr Gemahl."

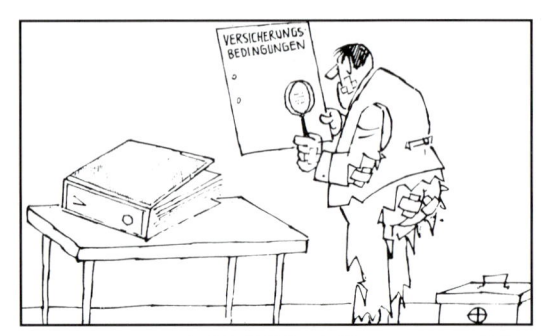

... ausgenommen sind lediglich a) Bisse von männlichen Hunden, b) Bisse von weiblichen Hunden. Kastrierte Hunde fallen nicht unter den Begriff Hund

MATERIAL 27 Verstoß gegen die guten Sitten

Was sich am 23. Juni 1983 in der Bahnhofstraße 18 zu Königslutter in den Geschäftsräumen der dortigen Volksbank abspielte, passiert in der Bundesrepublik täglich viele tausend Mal: Martin Maas, 20, und Frank-Otto Maas, 21, unterschrieben ein Formular – ein Routine-Vorgang. In diesem Fall glaubten die beiden Brüder, einer Sohnespflicht genügen zu müssen. Sie bürgten für ihren Vater, den Architekten Otto Maas. Ohne diese Sicherheit hätte der Senior einen Kredit über 350000 Mark, den er für Geschäftszwecke brauchte, nicht erhalten. Der Architekt hatte die Absicht, ein Grundstück zu erwerben, das Gebäude zu renovieren und gewinnbringend in Wohneigentum zu verwandeln.

Doch das Projekt platzte. Die Volksbank kündigte den Darlehensvertrag und ließ das Grundstück zwangsversteigern. Es blieb eine Schuld von 243410 Mark, für die jährlich rund 24000 Mark allein an Zinsen zu zahlen sind. Otto Maas war pleite. Deshalb griff die Bank auf die Söhne zurück ...

Die Brüder verloren in der ersten Instanz, hatten aber dann vor dem Oberlandesgericht (OLG) Braunschweig Glück: Die Richter hielten den Bürgschaftsvertrag für „nichtig" – „wegen Verstoßes gegen die guten Sitten". Angesichts der Höhe des Kredits und der anfallenden Zinsen sei von vornherein klar gewesen, daß die jungen Bürgen „eine solche Forderung nur bei besonders positiver Entwicklung ihrer persönlichen Verhältnisse jemals würden abzahlen können" – eine Hypothese, so das OLG, „für die aber nichts sprach". ... Der Hausbank des Architekten seien dessen wirtschaftliche Verhältnisse entweder „sämtlich bekannt" gewesen oder sie habe sich dieser Einsicht „leichtfertig verschlossen". Ein Sittenverstoß liege deshalb vor, weil die Söhne „unter Ausnutzung ihrer geschäftlichen Unerfahrenheit und ihrer familiären Bindungen zu einer besonders riskanten Bürgschaft veranlaßt wurden."

Die Revision der Volksbank gegen dieses Urteil stand letzten Monat auf dem Terminzettel des Bundesgerichtshofs (BGH). In der mündlichen Verhandlung vor dem formstrengen 8. Zivilsenat wurden rechtspolitische Dimensionen erkennbar, die weit über den Einzelfall hinausreichen – die Frage etwa: Darf die Rechtsordnung, wenn sie von der Fiktion des „mündigen Bürgers" ausgeht, Unterschiede machen zwischen Erfahrenen und Unerfahrenen, Gebildeten und Ungebildeten, Jungen und Alten?

Der Vorsitzende des Senats, Franz Merz, 62, gab für seinen Teil bereits im Termin eine Antwort. Er habe die Herabsetzung der Volljährigkeit nie für sinnvoll gehalten. Doch nachdem der Gesetzgeber so entschieden habe, müßten sich die Gerichte daran halten. Der 18jährige sei vor Gesetz und Recht mündig ... Ausnahmsweise dürfte dieses Urteil nicht das letzte Wort aus Karlsruhe sein.

(aus: Der Spiegel, Nr. 6, 1989, S. 59ff.)

1. Beschreiben Sie das in den Karikaturen dargestellte Problem.
2. Nehmen Sie Stellung zum Urteil des BGH. Inwiefern ist die Stellung der Richter des BGH anders als die ihres venezianischen „Kollegen"?
3. Untersuchen Sie anhand von Material 23, ob der Rechtsweg ausgeschöpft ist.

3.3 Das Bundesverfassungsgericht – Garant unseres Rechtsstaates

Unsere Rechtsordnung sieht zwar für jeden Zweig der Rechtsprechung eine oberste Instanz vor, welche die Einheitlichkeit der Rechtsprechung gewährleistet, doch sind diese Bundesgerichte bzw. der Bundesfinanzhof an das geltende Recht gebunden und können es lediglich verbindlich auslegen. Was ist aber, wenn ein Gesetz gegen das Grundgesetz verstößt oder wenn bestritten wird, daß es auf verfassungsmäßigem Wege zustande gekommen sei? Es muß also eine oberste Instanz geben, welche diese verfassungsrechtlichen Fragen überprüft, nämlich das Bundesverfassungsgericht in Karlsruhe. Es ist – so § 1 des Bundesverfassungsgerichtsgesetzes – ein allen übrigen Verfassungsorganen gegenüber selbständiger und unabhängiger Gerichtshof des Bundes.

Bundesgerichte

Bundesverfassungsgericht

Gesetze sind zwar Ausdruck des Bemühens, umstrittene Fragen für alle verbindlich nach dem Grundsatz der Gerechtigkeit zu regeln, doch sind sie politisch nicht immer unumstritten, insbesondere bei der Frage, ob sie mit dem Grundgesetz vereinbar seien. Das Bundesverfassungsgericht muß also nicht nur grundsätzliche politische Fragen überprüfen, sondern auch im Einzelfall zahlreiche verfassungsrechtliche Entscheidungen einer verfassungsrechtlichen Überprüfung unterziehen – ob es sich nun um die Neugestaltung des § 218 StGB (Abtreibung) handelt oder um die Neuregelung der Kriegsdienstverweigerung oder um die Vereinbarkeit des Volkszählungsgesetzes mit dem Grundgesetz.

Die Zuständigkeiten des Bundesverfassungsgerichts sind vielfältig:
- Bei Organstreitigkeiten entscheidet es über Zuständigkeitskonflikte, z. B. über die Frage, ob zur Verabschiedung eines Gesetzes die Entscheidung des Bundestages genügt oder ob auch die Zustimmung des Bundesrats erforderlich ist, weil das betreffende Gesetz die Interessen der Länder berührt. Hierzu gehören auch Streitigkeiten zwischen Bund und Ländern um die Zuständigkeit für die Regelung politischer Fragen, z. B. bei der Kernenergie.
- Bei der konkreten Normenkontrolle muß das Bundesverfassungsgericht auf Antrag eines Gerichts darüber entscheiden, ob ein Gesetz mit dem Grundgesetz vereinbar sei. So hielt etwa 1976 das Landgericht Verden die lebenslange Freiheitsstrafe für einen Mörder für verfassungswidrig. Das Bundesverfassungsgericht entschied zwar, daß „lebenslänglich" mit dem Grundgesetz vereinbar sei, daß man aber dem Verurteilten eine Chance einräumen solle. Darauf beschloß der Bundestag, daß nach 15 Jahren überprüft werden müsse, ob eine Entlassung auf Bewährung vertretbar sei.
- Abstrakte Normenkontrolle hingegen bedeutet, daß das Bundesverfassungsgericht auf Antrag der Bundesregierung, einer Landesregierung oder eines Drittels der Mitglieder des Bundestages über die Vereinbarkeit eines Gesetzes mit dem Grundgesetz entscheiden muß, ohne daß ein konkreter Rechtsfall vorliegt. Dies war z. B. 1978 der Fall beim Streit über die Neuregelung der Kriegsdienstverweigerung: Ist die Entscheidung für den Zivildienst als „alternative Form der Erfüllung der Wehrpflicht" gedacht, oder ist die Kriegsdienstverweigerung nur denen vorbehalten, die tatsächlich Gewissensgründe haben?

Organstreitigkeiten

Konkrete Normenkontrolle

Abstrakte Normenkontrolle

Erster Senat des Bundesverfassungsgerichts

Verfassungs-beschwerde

Nicht zuletzt gibt es die Verfassungsbeschwerde. So erreichte 1993 eine Frau die Aufhebung eines BGH-Urteils, welches sie zur Zahlung von mehr als 100 000 DM an eine Bank verurteilt hatte, weil sie mit 21 Jahren bei einem monatlichen Nettoeinkommen von 1150 DM eine Bürgschaftserklärung zugunsten ihres Vaters unterschrieben hatte – ein Fall von „struktureller Ungleichheit" nach Ansicht des Gerichts. Nur bedingt gilt die Juristenweisheit, eine Verfassungsbeschwerde sei mühelos, aussichtslos und kostenlos: Zunächst müssen alle Rechtsmittel ausgeschöpft sein. Die erst dann zulässigen Verfassungsbeschwerden werden in von mit je drei Richtern besetzten Kammern geprüft und wurden bisher in etwa 98,5 von 100 Fällen nicht zur Entscheidung angenommen, „weil sie keine hinreichende Aussicht auf Erfolg haben" – wie die Begründung lautete.

Die zunehmende Zahl der Beschwerden nach der deutschen Einigung führte 1993 zu einer Gesetzesänderung. Künftig werden Beschwerden nur noch angenommen, wenn ihnen grundlegende verfassungsrechtliche Bedeutung zukommt. Die Ablehnung ist unanfechtbar und bedarf keiner Begründung. Außerdem werden für die Bearbeitung Gebühren verlangt: bis zu 1000 DM bei Nichtannahme, bis zu 5000 DM bei „mißbräuchlicher" Inanspruchnahme des Gerichts. Von den übrigen Zuständigkeiten des Bundesverfassungsgerichts spielten bisher die Verwirkung von Grundrechten (Art. 18 GG) sowie die Anklage gegen Bundesrichter (Art. 98 GG) und gegen den Bundespräsidenten (Art. 61 GG) noch keine Rolle. Von Bedeutung waren jedoch Beschwerden im Wahlprüfungsverfahren (Art. 41 GG) und die Entscheidung über die Verfassungswidrigkeit von Parteien (Art. 21 GG). So wurden auf Antrag der Bundesregierung 1952 die rechtsradikale Sozialistische Reichspartei und 1956 die KPD verboten.

Parteien-verbot

Protestaktion der Bürgerinitiative „Bundschuh" gegen die damals geplante Teststrecke von Daimler-Benz bei Boxberg

MATERIAL 28 Eigentum an Grund und Boden

Karlsruhe (AP). Mit erheblichen rechtlichen Problemen, die hinter einem Millionenprojekt von Daimler-Benz stehen, hat sich das Bundesverfassungsgericht am Dienstag befaßt. Die Karlsruher Richter müssen urteilen, ob Flurbereinigungen für ein privates Vorhaben wie den Bau einer Autoteststrecke im nördlichen Baden-Württemberg einer Enteignung gleichkommen und ob eine solche Enteignung zur Verbesserung der regionalen Wirtschaftsstruktur zulässig ist ...

„Wir betreten ja mit diesem Vorhaben Neuland", sagte Richter Helmut Simon in der Verhandlung über die Verfassungsbeschwerden von 15 Landwirten aus dem Raum Boxberg im Main-Tauber-Kreis. Die Kläger wehren sich gegen eine Flurbereinigung, bei der sie Land abgeben und dafür an anderer Stelle entschädigt werden sollen...

Im Mittelpunkt des umfangreichen Flurbereinigungsverfahrens stehen die 614 Hektar, auf denen das rund fünf Kilometer lange und etwa eineinhalb Kilometer breite Teststreckenoval von Daimler-Benz gebaut werden soll. Gegen das Verfahren lehnen sich mehr als 60 Betroffene mit Klagen auf ...

Nun wollen die Projektgegner, deren Bürgerinitiative sich in Erinnerung an den Bauernkrieg „Bundschuh" nennt, eine endgültige Entscheidung der Richter einholen. Die baden-württembergische Landesregierung und die betroffenen Gemeinden Boxberg und Assamstadt befürworten dagegen das Firmenvorhaben in dieser besonders strukturschwachen Region ...

Auf die erwarteten erheblichen Vorteile für die Region verwies auch der baden-württembergische Umweltminister: „Die Landesregierung unterstützt das Vorhaben, weil es dem Wohl und Nutzen der Bevölkerung dient." Die Stadt Boxberg und die Gemeinde Assamstadt hätten sich von Anfang an unter dem Gesichtspunkt der Strukturverbesserung für das Projekt eingesetzt, die Befürworter des Vorhabens hätten dort bei allen Wahlen weit über 80 Prozent der Stimmen erhalten ... Im übrigen werde „kein Landwirt auch nur einen Quadratmeter Eigentum verlieren", denn es stünden 707 Hektar „zum Austausch in der Flurbereinigung zur Verfügung" und damit mehr Land als erforderlich.

Im weiteren Verlauf der Verhandlung sagte der Freiburger Rechtsanwalt Siegfried de Witt als Vertreter der Kläger, sicherlich sei die geplante Anlage für das Stuttgarter Unternehmen sehr nützlich. Es erhebe sich aber doch die Frage, „ob das auch eine Enteignung rechtfertigt."

Der Anwalt betonte, auch in einem Industriestaat stehe „der Raum nicht grenzenlos für industrielle Zwecke zur Verfügung." Die Kläger machen in ihrer Verfassungsbeschwerde vor allem eine Verletzung ihres Eigentumsrechts geltend und argumentieren, es gebe kein geeignetes rechtliches Instrumentarium, das eine Enteignung zum Zwecke der Verbesserung der Wirtschaftsstruktur und zur Schaffung von Arbeitsplätzen im ländlichen Raum zulasse. Sie bestreiten generell, daß die geplante Teststrecke zum Wohl der Allgemeinheit dient.

(aus: Badische Zeitung vom 17. 12. 1986)

1. Erarbeiten Sie die gegensätzlichen Interessen der Beteiligten. Was könnte die Verwaltungsgerichte veranlaßt haben, die Klagen der betroffenen Landwirte abzulehnen?
2. Untersuchen Sie Art. 14 GG. Erörtern Sie, wie Sie in dieser Lage entscheiden würden.

MATERIAL 29   Grenzen für den Gesetzgeber

Das Bundesverfassungsgericht ist dem größten Steuerzahler der Bundesrepublik in den Arm gefallen: Daimler-Benz darf die im Main-Tauber-Kreis bei Boxberg geplante Automobil-Teststrecke – jedenfalls vorerst – nicht bauen. Die zugunsten des Unternehmens vom Land Baden-Württemberg vorgenommene Enteignung von 200 Hektar Bauernland verstieß gegen die Verfassung und war deshalb unwirksam.

Der Erste Karlsruher Senat hat sein Verdikt vordergründig nur auf einen formalen Mangel gestützt: Für die Enteignung fehle es an einer gesetzlichen Grundlage; das dafür von den Behörden herangezogene Bundesbaugesetz gebe sie nicht her, weil der Bau eines Test-Parcours beim besten Willen kein Städtebau sei. Könnte also der Gesetzgeber das Versäumte einfach nachholen?

Im Zeichen der Marktwirtschaft und des Grundgesetzes genießt das Eigentum in der Bundesrepublik doppelten Schutz. Es ist zwar kein unantastbares, aber ein gleichsam privilegiertes Recht. Eine Enteignung ist „nur zum Wohle der Allgemeinheit zulässig". Dieser Vorbehalt allein macht den zwangsweisen Entzug von Privateigentum zugunsten eines anderen Privateigentümers höchst problematisch.

Unternehmer wirtschaften eigennützig; sie müssen es tun, weil sie anders sich am Markt nicht behaupten können. Deshalb wurden Enteignungen zu ihren Gunsten bislang nur erlaubt, wo ihnen durch Gesetz die Erfüllung einer dem Gemeinwohl dienenden Aufgabe übertragen war. Typische Beispiele: Stromversorgung, Verkehrsbetriebe. Das allgemeine Wohl in Gestalt von zusätzlichen Arbeitsplätzen in einer wirtschaftlich schwachen Region als Folge privaten Wirtschaftens – eben des Betriebs einer Automobil-Teststrecke – stand bei der Boxberg-Entscheidung des Bundesverfassungsgerichts erstmals zur Diskussion.

(aus: Die Zeit vom 27. 3. 1987)

Aus dem Urteil: (Schlußsätze)

„Es mag zwar nicht unerhebliche Schwierigkeiten bereiten, in einem Strukturverbesserungs- und Industrieansiedlungsgesetz abstrakt-generelle Regelungen zu schaffen, unter die sich das umstrittene Vorhaben subsumieren läßt und die zugleich den Anforderungen der verfassungsrechtlichen Eigentumsgarantie genügen. Dem Gesetzgeber bleibt jedoch – hält er ein solches Großprojekt für durchsetzungsbedürftig, den Weg über ein allgemeines Enteignungsgesetz aber nicht für gangbar – die Möglichkeit eines auf dieses Projekt beschränkten Gesetzes. Ein entsprechendes Gesetzgebungsverfahren vermag durch seinen Gang mit Beratungen in den zuständigen Ausschüssen, mit – regelmäßig öffentlichen – Anhörungen und der zu erwartenden Augenscheineinnahme eine unvoreingenommene Prüfung der Frage zu gewährleisten, ob der Enteignungszweck dem allgemeinen Wohl nach Art. 14 Abs. 3 Satz 1 GG entspricht und eine Enteignung zu diesem Zweck erforderlich macht.

BVerfGE, Bd. 74, S. 297

---

1. Untersuchen Sie anhand von Material 29, wie das Urteil begründet wird und welche Grenzen dem Gesetzgeber gesetzt werden. Lesen Sie dazu auch Art. 19, Abs. 1 GG.
2. Nehmen Sie Stellung zu der in der Öffentlichkeit erhobenen Urteilsschelte, dies sei kein Urteil, sondern ein Orakel. Auf was mußten die Richter Rücksicht nehmen?

2.4 Recht und sozialer Wandel

Ständig wird die Rechtsordnung umgestaltet und neuen Erfordernissen angepaßt. Die Gründe dafür sind vielfältig. So erfordert der technische Fortschritt ständig neue rechtliche Regelungen: ob Kernenergie oder Gentechnologie – stets ist der Gesetzgeber gefordert, die vom technologischen Wandel ausgehenden Gefährdungen zu kontrollieren und zu begrenzen. Ein weiterer Grund ist der ständige Wandel der Gesellschaftsstruktur von der Agrargesellschaft früherer Jahrhunderte zur modernen Industrie- und Dienstleistungsgesellschaft. Nicht nur das Wirtschafts- und Arbeitsrecht bedarf einer ständigen Weitergestaltung, sondern auch die Berufsausbildung und das Sozialversicherungsrecht müssen immer wieder an die sich ändernden sozialen Gegebenheiten angepaßt werden. Auch die Konzentration der Bevölkerung in städtischen Ballungszentren, die Verknappung von preiswertem Wohnraum, der Bedarf an öffentlichen Einrichtungen wie Nahverkehrsverbindungen, Erholungsgebieten und Fortbildungsmöglichkeiten zwingen den Gesetzgeber ständig, regulierend einzugreifen. Und nicht zuletzt gilt es, die deutsche Einheit zu gestalten, das Zusammenwachsen zweier unterschiedlicher Gesellschafts-, Wirtschafts- und Rechtsordnungen, die sich in mehr als vierzig Jahren nach völlig konträren politischen Ordnungsvorstellungen herausgebildet hatten.

Wandel der Gesellschaftsstruktur

Der Strukturwandel in Staat und Gesellschaft führte auch zu einem Wandel der Wertvorstellungen, wie es sich am deutlichsten bei der Familie und im Strafrecht zeigt. So setzte sich nicht nur in der Gesellschaft, sondern auch in der Familie immer stärker das Gleichheitsprinzip und der Gedanke der Partnerschaft durch, nicht nur im Verhältnis der Ehegatten untereinander, sondern auch in den Beziehungen zwischen Eltern und Kindern. Bei der Reform des Strafgesetzbuchs war auch ein Wandel religiöser Vorstellungen von Bedeutung, etwa bei der Frage, ob „Unzucht" zwischen Homosexuellen weiterhin zu bestrafen sei oder ob man sich auf sozial schädliche Handlungen beschränken solle. Auch eine Diskussion um die Frage der Zweckmäßigkeit wird geführt: Ist das Strafrecht wirklich das geeignete Mittel, einen Schwangerschaftsabbruch zu verhindern, oder wären materielle Hilfen – etwa genügend Kindergartenplätze für alleinerziehende Mütter – nicht sinnvoller. Mit diesen Fragen bewegen wir uns an einer Nahtstelle zwischen Politik und Recht.

Wandel der Wertvorstellungen

Bei politischen Entscheidungen geht es nicht nur um Fragen der Zweckmäßigkeit und der sozialen Akzeptanz, sondern auch darum, ob nicht die Werteordnung des Grundgesetzes und insbesondere der dort niedergelegten Grundrechte die Gesetzgebungsbefugnis der Legislative einschränkt, so daß die Rechtswidrigkeit der Tötung des bisher als Rechtsgut geschützten Embryos nicht aufgehoben werden kann. In einem in der Öffentlichkeit umstrittenen Urteil hat das Bundesverfassungsgericht entschieden, den Schwangerschaftsabbruch außer in den gesetzlich erlaubten Fällen zwar für rechtswidrig zu erklären, ihn jedoch nicht strafrechtlich zu verfolgen. Diese Entscheidung hat erneut die Frage nach der Gewaltenteilung in unserem Staat aufgeworfen. Schon früher war vorgeschlagen worden, daß das Bundesverfassungsgericht in Zweifelsfällen nach dem Vorbild des amerikanischen Supreme Court politische Selbstbeschränkung üben solle. Kritik findet auch das Überwiegen parteipolitischer Gesichtspunkte bei der Auswahl der Bundesverfassungsrichter.

politische Selbstbeschränkung

MATERIAL 30 Das Urteil des Bundesverfassungsgerichts zu § 218

KARLSRUHE. Das Bundesverfassungsgericht (BVG) in Karlsruhe hat ... die Fristenregelung im Abtreibungsrecht teilweise für verfassungswidrig und nichtig erklärt. Danach sind Abbrüche in den ersten drei Schwangerschaftsmonaten nach vorheriger Beratung straffrei, aber rechtswidrig. Abbrüche dürfen in der Regel nicht mehr von den Krankenkassen finanziert und nicht mehr in staatlichen Krankenhäusern vorgenommen werden.
Bei mittellosen Frauen werden die Kosten jedoch von den Sozialämtern übernommen. Liegt eine medizinische (Gefahr für Leib und Leben der Mutter), eugenische (Gefahr einer nicht behebbaren Schädigung des Kindes) oder kriminologische (Schwangerschaft durch Vergewaltigung) Indikation vor, werden Abbrüche auch weiterhin in staatlichen Kliniken und auf Krankenschein vorgenommen. ... Für nichtig erklärt wurde die geltende Pflichtberatung. Hier macht das Urteil detaillierte Vorgaben, wonach die Beratung dem Lebensschutz dienen muß. Organisatorisch müssen Beratungsstellen und Abbrucheinrichtungen getrennt werden. Die Tätigkeit der Beratungsstellen unterliegt der staatlichen Überwachung. Das Urteil schlägt hierzu Protokolle vor, die die Situation der Schwangeren, die ihr angebotenen Hilfen und die Dauer des Gesprächs festhalten. Auch die Gründe für den gewünschten Abbruch kommen in das Protokoll. Die betroffene Frau bleibt auf ihren Wunsch hin anonym. Weiterhin muß der Staat die Zulassung der Beratungsstellen regelmäßig prüfen ...
Das BVG hat bestimmt, daß die alten Gesetze (Indikationsregelung im Westen, Fristenregelung ohne Beratung im Osten) nur noch bis zum 15. Juni gelten. Danach hat das Gericht eine Übergangsregelung für Gesamtdeutschland angeordnet. Die Übergangsregelung, die die Vorgaben des Urteils enthält und damit als das neue Schwangerschaftsrecht angesehen werden kann, soll gelten, bis das Bonner Parlament die notwendigen Nachbesserungen des Gesetzes beschlossen hat.

(aus: Badische Zeitung vom 1. 6. 1993)

MATERIAL 31 Zwei Meinungen

Sigrun Löwisch, Freiburger CDU-Bundestagsabgeordnete: „Das richtige an diesem Richterspruch ist, daß die Tötung ungeborenen Lebens als Unrecht eingeräumt wird. Wichtig ist auch, daß Solidargemeinschaften – wie etwa Krankenversicherungen – jetzt nicht mehr gezwungen werden können, das eine oder andere zu unterstützen. Das Urteil ist eine Grundlage, auf der man jetzt eine befriedigende Regelung suchen muß."

Wilhelm Hennis, emeritierter Professor der Politikwissenschaft: „Gesetzgeberische Entscheidungen fallen im Bundestag, und man hatte sie im neuen Paragraphen 218 gefunden. Sicher soll das Gericht am Maßstab des Grundgesetzes kontrollieren. Mit seinem Bandwurmurteil maßt es sich aber die Kompetenz des Gesetzgebers an. Damit legt es die Axt an die Wurzeln seiner Stellung. Ein Urteil von Blindheit geschlagen, so dumm wie arrogant."

(aus: Badische Zeitung vom 1. 6. 1993)

1. Fassen Sie die in Material 31 vertretenen Stellungnahmen in zwei Thesen zusammen.
2. Erarbeiten Sie anhand des Presseberichts (Mat. 30) die vom Gericht zu regelnden Fragen. Diskutieren Sie, welche der in Material 31 vertretenen Stellungnahmen eher zutrifft.
3. Erörtern Sie in der Klasse das Urteil des Bundesverfassungsgerichts.

MATERIAL 32 — Chronik zur Geschichte des § 218 StGB

Mai 1871: Der Paragraph 218 wird im Reichsstrafgesetzbuch festgeschrieben: „Eine Schwangere, welche vorsätzlich abtreibt oder im Mutterleib tödtet, wird mit Zuchthaus bis zu 5 Jahren bestraft..."

Weimarer Republik: Im Kampf gegen den „Klassenparagraphen" fordern Sozialdemokraten und Kommunisten die Fristenlösung beziehungsweise Streichung des Paragraphen 218. Vermutlich eine Million illegale Abtreibungen bei Arbeiterfrauen, dabei Zehntausende von toten Frauen pro Jahr; verurteilt werden nur arme Frauen. ...

1927: Die medizinische Indikation wird legal.

1933/35: Die Nationalsozialisten verbieten *und* erzwingen die Abtreibung. Zur Zwangssterilisation zur Verhütung von „erbkrankem Nachwuchs" kommt medizinische und eugenische Indikation.

Nach Kriegsende: Der alte Paragraph 218 gilt im Westen wieder. Abtreibungen in der DDR sind nur noch nach medizinischer und eugenischer Indikation erlaubt.

1972: In der DDR gilt die Fristenregelung.

1974: Der Bundestag beschließt die Fristenregelung.

1975: Das Bundesverfassungsgericht erklärt die Fristenregelung für verfassungswidrig.

1976: Die Indikationsregelung tritt in Kraft.

1993: Der Bundestag beschließt eine Fristenregelung mit Beratungspflicht; erneutes Veto aus Karlsruhe.

(aus: Die Zeit Nr. 29 vom 16. 7. 1993)

MATERIAL 33 — Grundrechtsbindung des Gesetzgebers

Geistes- und rechtsgeschichtlich ist die Grundrechtsbindung auch der Parlamente eine eindeutige Absage an den positivistischen Glauben an die Allmacht des staatlichen Gesetzgebers ... . Psychologisch liegt dieser Absage fraglos weitgehend ein Mißtrauen gegenüber den modernen Parlamenten und ihren Werken (Gesetzen) zugrunde – ein Mißtrauen, das verfassungsorganisatorisch in einer bisher unbekannten Überhöhung der rechtsprechenden Gewalt seinen Niederschlag fand. Es wäre jedoch zu flach angesetzt, wenn man die Grundrechtsbindung des Gesetzgebers nur empirisch aus dem „Mißtrauen schlechter Erfahrungen wegen" begründen würde. Letztlich wird hier ein ... Auffassungswandel von Gesetz und Recht erkennbar, dem zufolge neuerdings schon von Verfassungs wegen eingestanden wird, daß der Staat und sein Gesetzgeber zwar „Gesetze" erlassen können, daß dieser Staat und seine Gesetze aber noch unter dem „Recht" stehen.
Es bestand in der Frühzeit des Grundgesetzes die Gefahr, daß im Zeichen dieser Legislativbindung überhaupt die Maßgeblichkeit des Parlamentswillens in Frage gestellt werden würde. Erkennbar wurde dies in den Forderungen an das Bundesverfassungsgericht, Gesetze auch auf ihre (politische oder ökonomische) Zweckmäßigkeit hin zu überprüfen. Die Gefahr, daß ein Gericht sein Ermessen schlechthin an die Stelle des Ermessens der Volksvertretung setzen würde, drohte naturgemäß vor allem bei der Anwendung des Gleichheitssatzes (Art. 3). Die Rechtsprechung des BVerfG ist in weiser Selbstbeschränkung dieser Gefahr nicht erlegen.

(aus: Günter Dürig, in: Maunz-Dürig, Kommentar zum Grundgesetz, München 1986, Artikel 1, Rdnr. 103ff.)

---

1. Erarbeiten Sie anhand der Chronik die Entwicklungsgeschichte des § 218 StGB und die rechtlichen bzw. politischen Gründe für die jeweils unterschiedliche Regelung.
2. Erarbeiten Sie anhand von Material 33 Argumente für die Grundrechtsbindung des Gesetzgebers. Welche geschichtlichen Erfahrungen flossen in diesen Grundrechtskommentar ein?

Das Recht und die Rechtsordnung der Bundesrepublik Deutschland

MATERIAL 34 Das Bundesverfassungsgericht

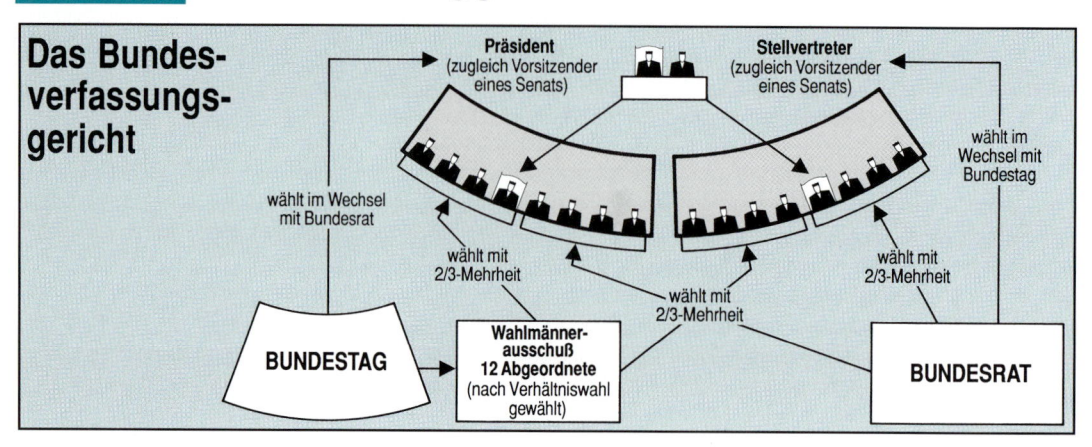

Das Bundesverfassungsgericht

- Präsident (zugleich Vorsitzender eines Senats)
- Stellvertreter (zugleich Vorsitzender eines Senats)
- wählt im Wechsel mit Bundesrat
- wählt im Wechsel mit Bundestag
- wählt mit 2/3-Mehrheit
- wählt mit 2/3-Mehrheit
- wählt mit 2/3-Mehrheit
- BUNDESTAG
- Wahlmännerausschuß 12 Abgeordnete (nach Verhältniswahl gewählt)
- BUNDESRAT

MATERIAL 35 „Richterwahl im Griff des Parteienstaats" – Ein Pressekommentar

Entscheidend ist nicht, von welchem konkreten politischen Amt ein Kandidat kommt, sondern maßgeblich ist allein, ob die begründete Erwartung besteht, daß er oder sie sich in die künftige Richterrolle einfinden wird, ob er oder sie die Tugenden des Zuhörens, Abwägens, der Distanz zu den eigenen politischen Überzeugungen und zum politischen Gestaltungswillen ausüben kann und will. ... Das eigentliche Problem und der Makel der Verfassungsrichterwahl liegt ... im ungebremsten Zugriff der Parteien auf die Richterwahl. Er findet vor allem in der Weise statt, daß ... bei der Mehrzahl der übrigen Richter nur Parteimitglieder in Betracht gezogen werden.

Wie ist es zu dieser Praxis gekommen, nachdem doch das Gesetz gerade das Gegenteil bewirken wollte, indem es zur Wahl der Verfassungsrichter eine Zweidrittelmehrheit im Richterwahlausschuß verlangt? Die Absicht dieses Erfordernisses war nämlich, daß sich die großen Parteien auf die einzelnen Kandidaten positiv einigen und ihnen dadurch eine breite Zustimmung verschaffen sollten. Statt dessen wurden die 16 Richterstellen aufgeteilt und quotiert. Es ist eine Art politisches Grundbuch eingerichtet worden. Danach haben CDU/CSU und SPD in beiden Senaten für je drei Richter das Nominationsrecht. (Die FDP wird auf Kosten ihres jeweiligen Koalitionspartners mit einer Stelle berücksichtigt.) Die restlichen vier Richterstellen sind dann für sogenannte Neutrale vorgesehen, wobei aber wiederum jede der beiden Parteien für „ihren" Neutralen das Nominationsrecht hat. ...

Im Ergebnis kommen also für drei Viertel der Richterstellen in Karlsruhe nur Parteimitglieder in Betracht: Wie dies mit dem Grundgesetz vereinbar sein soll, das in Art. 33 Abs. 2 ausdrücklich bestimmt, daß „jeder Deutsche nach seiner Eignung, Befähigung und fachlicher Leistung den gleichen Zugang zu jedem öffentlichen Amt" hat, ist unerfindlich.

(aus: Badische Zeitung vom 8. 9. 1993, Autor: Rainer Wahl, Direktor am Institut für öffentliches Recht der Universität Freiburg)

1. Untersuchen Sie anhand von Material 34 das Wahlverfahren der Verfassungsrichter.
2. Erarbeiten Sie anhand von Material 35 die Kritik eines Staatsrechtlers am bisherigen Wahlverfahren. Erörtern Sie die Sinnhaftigkeit einer politischen Selbstbeschränkung des Gerichts anhand aktueller Urteile des BVerfG.

Die Bundesrepublik Deutschland und Europa

EUROPA - VISION DER REGIONEN

#	Region	#	Region	#	Region
1	Island	26	Thüringen	51	Katalonien
2	Norwegen	27	Rhein-Moselland	52	Valencia
3	Schweden	28	Frankenland	53	Andalusien
4	Finnland	29	Bayern	54	Portugal
5	Dänemark	30	Baden-Württemberg	55	Schweiz
6	Schottland	31	Posen	56	Piemont
7	Irland	32	Schlesien	57	Lombardei
8	Northumbrien	33	Danzig	58	Venetien
9	Lancaster	34	Warschau	59	Toskana
10	Wales	35	Galizien	60	Umbrien
11	Mercia	36	Böhmen	61	Apulien
12	Ostanglien	37	Mähren	62	Neapel
13	Essex	38	Slowakei	63	Sizilien
14	Wessex	39	Österreich	64	Ungarn
15	Kent	40	Norikum	65	Kroatien
16	Holland-Seeland	41	Picardie-Normandie	66	Bosnien-Herzegowina
17	IJsselland	42	Jle-de-France	67	Serbien
18	Flandern	43	Burgund	68	Albanien
19	Hennegau	44	Neustrien	69	Transsylvanien
20	Schleswig-Holstein	45	Aquitanien	70	Moldawien
21	Hannover	46	Auvergne	71	Walachei
22	Brandenburg	47	Provence	72	Bulgarien
23	Sachsen	48	Galicien-Asturien	73	Skopje
24	Westfalen	49	Kastilien	74	Griechenland
25	Nordrheinland	50	Navarra-Aragon	75	Zypern (nicht abgebildet)

A Monaco
B Liechtenstein

1. Europa nach 1945

1.1 Was ist Europa?

MATERIAL 1 Eine unmögliche Reise?

Der Mann aus Copenhagen war unterwegs von London nach Paris. Kein Grenzbeamter stoppte seine Fahrt. Kein Zöllner fragte nach mitgeführten Waren. Der Mann mußte kein Schiff besteigen und nicht von der linken auf die rechte Fahrbahn wechseln, als er im Wagen über die Grenze fuhr.

In Paris bezahlte der Mann aus Copenhagen Hotel und Einkäufe in derselben Währung wie in London. Kein Kellner, kein Portier und keine Verkäuferin hatten etwas umzurechnen. denn hier wie dort galt das gleiche Geld. Der Mann fuhr weiter nach Rotterdam, von dort nach Amsterdam und schließlich nach Hamburg. Und nirgendwo stieß er auf eine Grenzkontrolle ... In Hamburg fand der Mann Arbeit in seinem Beruf. Seine Schulzeugnisse aus Copenhagen galten auch hier ohne Einschränkung, sein Gesellenbrief aus Rom, sein Meisterbrief aus London wurden anerkannt. Seine Sozialversicherung lief ohne Unterbrechung weiter, obwohl der Mann bisher schon in vier verschiedenen Staaten gearbeitet hatte. Er bekam den gleichen Lohn, den er in Rom, in London, in Straßburg und in Heidelberg verdient hatte, und er bekam das Geld immer in derselben Währung. Es gab keine andere weit und breit.

Auch seine Freunde und Verwandten erlebten Ähnliches. Sein Schulfreund hatte als Architekt schon in Rotterdam, Rom und London gearbeitet; sein Hausarzt hatte in Amsterdam studiert, war an einem Krankenhaus in Copenhagen zum Facharzt für Inneres ausgebildet worden und nun niedergelassener Arzt in Hamburg. ...

Am Wahltag hatten sie alle zwischen den gleichen Präsidentschaftskandidaten zu entscheiden, wählten sie Abgeordnete ins gleiche Bundesparlament.

Ein Zukunftsbericht aus dem Europa des Jahres 2000? Es ist die Beschreibung einer Reise an einem Tag wie heute – in den Vereinigten Staaten von Amerika. Copenhagen ist ein kleines Nest und liegt in Staat New York, ebenso Rotterdam, Amsterdam und Rome. London liegt im Staat Ohio, Paris in Illinois, Hamburg in Iowa ...

(nach: C. D. Grupp, Aus Neun mach Eins, Köln 1978, S. 1)

MATERIAL 2 Heinekens „Europa der Regionen"

Der niederländische Brauereibesitzer Freddy Heineken ließ ein „Europa der 75 Regionen" *(siehe Seite 169, d. Verf.)* mit bürgernaher Verwaltung entwerfen. Keines dieser Länder umfaßt viel mehr als zehn Millionen Einwohner. ... Die Albaner könnten endlich mit ihren Brüdern im Kosovo vereint leben, und auch die Siebenbürger, ob Ungarn, Rumänen, Deutsche oder Zigeuner, könnten ihre eigene multikulturelle Region haben. „Eine bessere Zukunft" sieht der Brauherr für die Bürger in diesen „überschaubaren Einheiten", zugleich ein Ende von Chauvinismus und Nationalismus samt der ganzen Rüstungsspirale.

(aus: Der Spiegel, Nr. 3/1993, S. 147)

1. Könnte Material 1 ein Zeitungsbericht aus dem Europa des Jahres 2000 sein?
2. Was bedeutet z. B. für Spanien Heinekens Vision vom „Europa der Regionen"?
3. Diskutieren Sie die Frage, ob die Vereinigten Staaten von Amerika oder das „Europa der Regionen" ein Modell für die Europäische Einigung sein können.
4. Beschreiben Sie mit Hilfe einer Text/Bild-Collage Ihre „Vision Europa 2000". Sammeln Sie zu diesem Zweck Text- und Bildmaterialien z. B. aus Zeitungen und Zeitschriften. Nehmen Sie Material 1 als Themengrundlage.

Wenn man heutzutage von der Einigung Europas spricht, ist meistens die Europäische Gemeinschaft (EG) gemeint, die sich seit 1993 Europäische Union (EU) nennt. Und das hat seinen Grund: Diese Gemeinschaft von mittel-, west- und südeuropäischen Staaten hat es bisher in der politischen und wirtschaftlichen Einigung am weitesten gebracht. Dennoch – die EG bzw. EU vereint nur einen Teil der europäischen Staaten. Denn im geographischen Sinn umfaßt der Begriff „Europa" nicht nur die westliche Hälfte des europäischen Kontinents – das geographische Europa erstreckt sich vom Atlantik bis zum Ural und vom Mittelmeer bis zum Nordkap. Umstritten ist aber, ob z. B. die Türkei, deren Territorium sich zum größeren Teil im asiatischen Raum befindet, noch voll zu Europa gehört.

Europäische Gemeinschaft – Europäische Union

Geographisches Europa

Darüber hinaus gibt es auch noch andere staatliche Zusammenschlüsse in Europa als nur die EU. Schon 1946 hatte der ehemalige britische Premierminister Winston Churchill in Zürich die Europäer zur Zusammenarbeit aufgerufen. Die durch den Krieg zerstörten Staaten Europas seien nicht mehr in der Lage, ihre politischen Zukunftsprobleme allein zu meistern. Als ersten Schritt forderte Churchill die Bildung eines Europarates. Drei Jahre später wurde in Straßburg der Europarat gegründet. Heute gehören ihm mehr als 30 Länder an, darunter seit 1951 die Bundesrepublik Deutschland. Der Europarat versteht sich vor allem als Institution zum Schutz der Grund- und Menschenrechte; er ist also eine politische Wertegemeinschaft. Die parlamentarische Versammlung des Europarats besteht aus über 170 von den nationalen Parlamenten entsandten Abgeordneten. Sie befaßt sich hauptsächlich mit humanitären und kulturellen Problemen und hat einige wichtige Konventionen (= Gemeinschaftsverträge) verabschiedet, welche von den Mitgliedern als geltendes Recht anerkannt werden. Zu den wichtigsten gehört die Europäische Menschenrechtskonvention, die der Sicherung der Grund- und Menschenrechte dienen soll.

Europarat

In Straßburg ist auch der Sitz des Europäischen Gerichtshofes für Menschenrechte. Der Weg zu diesem Gerichtshof ist freilich beschwerlich, da Bürger und Staaten sich erst an die vorgeschaltete Kommission für Menschenrechte wenden müssen, die die Zulässigkeit der Beschwerde prüft. Dennoch: Das Straßburger Gericht hat eine Reihe wichtiger Entscheidungen vor allem zum Grundsatz des fairen Gerichtsverfahrens gefällt. Im Rechtsstreit eines hessischen Chirurgen um seine Zulassung hat der Europäische Gerichtshof z. B. die überlange Verfahrensdauer von 15 Jahren gerügt. Beim Bundesverfassungsgericht war die Beschwerde zuvor als aussichtslos abgewiesen worden.

Europäischer Gerichtshof für Menschenrechte

Eine weitere europäische Organisation ist die KSZE (Konferenz über Sicherheit und Zusammenarbeit in Europa), die 1975 von 35 Staaten gegründet wurde. Ihr gehören auch die osteuropäischen Staaten an, dazu die USA und Kanada. Die KSZE hat wichtige Anstöße zur Durchsetzung von Menschen- und Minderheitenrechten und zur Demokratisierung in Osteuropa, aber auch in Fragen der Sicherheitspolitik gegeben. So war beispielsweise vereinbart worden, Manöver der ehemaligen Militärblöcke des Warschauer Paktes und der NATO vorher anzukündigen und eine gegenseitige Beobachtung zuzulassen. Nach dem Ende des Ost-West-Konfliktes ist eine neue Standortbestimmung für die KSZE notwendig geworden.

KSZE

An wirtschaftlichen Zusammenschlüssen gibt es neben der 1957 gegründeten Europäischen Wirtschaftsgemeinschaft (EWG), die 1967 in der EG aufgegangen ist, noch die Europäische Freihandelszone (EFTA = European Free Trade Association). Ihr gehören die Schweiz, Österreich, Schweden, Norwegen, Finnland und Island an. Die EG und die EFTA hatten 1992 eine gegenseitige Öffnung ihrer Märkte vereinbart, so daß ein riesiger zollfreier Markt in Europa, der Europäische Wirtschaftsraum (EWR), mit 370 Millionen Menschen entstand. Nur die Schweiz hat sich in einer Volksabstimmung Ende 1992 gegen den Beitritt zum EWR ausgesprochen, doch gibt es weiterhin starke Kräfte in der Schweiz, die sich mit dem „Rückzug aus Europa" nicht abfinden wollen.

Europäischer Wirtschaftsraum

Die meisten europäischen Staaten gehören zwar mindestens einer der genannten europäischen Vereinigungen an. Aber einem weitergehenden Zusammenschluß stehen immer noch historisch bedingte Rivalitäten, gegensätzliche politische Auffassungen sowie unterschiedliche Sprachen und Mentalitäten entgegen. Mehr noch: Mit dem Zusammenbruch der von kommunistischen Parteien beherrschten Länder Osteuropas und dem Auseinanderbrechen der UdSSR wurden überwunden geglaubte nationale Ideen und Bewegungen neu belebt, die zur Wiederausrufung alter Nationalstaaten führten. So lösten sich die baltischen Staaten Estland, Lettland und Litauen ebenso aus dem Verband der ehemaligen Sowjetunion wie z. B. Weißrußland und die Ukraine. Jugoslawien zerfiel; dasselbe Schicksal ereilte die Tschechoslowakei. Die Geburt der Tschechischen und der Slowakischen Republik war aber nicht – wie im Fall Jugoslawiens – mit kriegerischen Auseinandersetzungen verbunden, sondern erfolgte durch freie Vereinbarung.

Auch im westlichen Europa scheint die europafreundliche Einstellung großer Teile der Bevölkerung nicht mehr ganz unangefochten zu sein. Dies zeigen aktuelle Umfragen und die Ergebnisse der Volksabstimmungen über die Vertiefung der politischen und wirtschaftlichen Zusammenarbeit innerhalb der EG in Dänemark und Frankreich. Erst nachdem den Dänen etliche Ausnahmeregelungen zugestanden worden waren, stimmte die dänische Bevölkerung 1992 dem Vertrag von Maastricht zu; in Frankreich gab es nur eine knappe Mehrheit für den Vertrag.

Europäisches „Wir-Gefühl"

In all diesen Entwicklungen kommen nationale Vorbehalte und Unsicherheiten, ja bei einem Teil der Bevölkerung sogar Feindseligkeiten und Ängste voreinander zum Ausdruck. Diese zu überwinden setzt voraus, daß Millionen Bürger lernen, Verständnis für die Nöte der anderen aufzubringen und Solidarität mit den Fremden zu empfinden – kurz: umzudenken. Aber ein Bewußtseinswandel kommt nicht von heute auf morgen. Schule und Bildung haben unser Weltbild national eingeprägt. Uns fehlt das europäische „Wir-Gefühl". Ein weitblickender Europäer warnte 1966 vor Ungeduld: „Warum vergessen wir so leicht, wie lange es gedauert hat, bis wir Deutschland hatten? Es sind nur 100 Jahre her, daß Bayern auf Preußen schossen." Viele Probleme Europas (z. B. die Umwelt- oder Abrüstungspolitik) können nur gemeinsam von allen Europäern gelöst werden. Deshalb geht manchen nicht nur die Entwicklung der EU, sondern auch die gesamteuropäische Einigung zu langsam voran. Um hier Fortschritte zu erreichen, sind viele weitere und auch größere Schritte erforderlich, darunter auch solche, die weit über das Europa der EU, der EFTA und des Europarats hinausgreifen.

MATERIAL 3 Nationale oder europäische Identität?

Die nationalen Kaminfeuerchen flackern, sie beleuchten den ungeordneten Rückzug der Europäer in ihre Vergangenheit. ... Da besinnen sich Dänen und Deutsche, Franzosen und Briten nach Jahren der wirtschaftlichen Integration jäh ihrer „Identität", da streiten sie, lauter Laokoons[1], wider den gefräßigen Python[2] Brüssel, der sie angeblich zu verschlingen droht. ... Und die Deutschen, bis dato die Mustereuropäer, finden das Eindreschen auf „Brüssel" offenbar hinreißender als selbst das bewegende Erlebnis ihrer staatlichen Einigung. ...

Die Identität eines Volkes ist die Summe seiner Besonderheiten und Eigenarten, vielleicht auch Eigentümlichkeiten. ...

Eine Chimäre[3] wurde gezeugt, die Europäer zu täuschen. Denn in Wahrheit haben nicht die Bürokraten der EG Hand an die Eigenarten der Nationen gelegt, vielmehr haben technische Zivilisaton, Massenkultur und US-Import die europäischen Völker nahezu gleichermaßen überrollt und ihre traditionellen Eigenarten, die noch in der Zwischenkriegszeit enorm waren, planiert. Die Menschen zu Zwiesel im Bayerischen Wald leben heute kaum anders als jene zu Paray-le-Monial in Burgund, sieht man davon ab, daß die einen eher dem Bier, die anderen eher dem Wein zuneigen. Doch die Lebensqualität der Städte, in denen sie wohnen, ist fast die gleiche, und die künstlerische Qualität der Fernsehfilme, die sie sehen, ebenfalls. Hier wie dort suchen sie Entspannung vom Alltagsstreß durch die immer gleichen Ausflüge in die immer gleiche Konsumwelt und realisieren ihre Ferienträume in den Blechlawinen der Autostraßen. Die Katastrophe des europäischen Nationalstaats in zwei Weltkriegen und die alles verschlingende Industrialisierung haben Angleichungsprozesse ausgelöst, die noch um die Jahrhundertwende undenkbar waren.

Vor allem näherten sich die Sozialstrukturen in den europäischen Staaten einander an, was die Soziologen und Sozialhistoriker übersehen haben. Verstädterung und Industrie, Beschäftigung, Wohlfahrtsstaat, Gewerkschaften und Masseninformation entwickelten sich ähnlich, auch wenn Unterschiede gewiß überleben, etwa Englands Public Schools und Frankreichs Grandes Ecoles, die andernorts keine Parallele haben. Da es aber immer noch üblich ist, Europa nach Nationalstaaten getrennt zu beobachten, erhalten die Unterschiede in Publizistik und Wissenschaft größeres Gewicht als die Gemeinsamkeiten. Diese sind jedoch unübersehbar, sobald man die europäischen Staaten mit den USA, Japan oder der Dritten Welt vergleicht: Das sogenannte Abendland ist anders, bei allen Verschiedenheiten seiner Glieder, „die soziale Integration Europas" nach dem Urteil des Sozialhistorikers Hartmut Kaelble weit fortgeschritten, der Kontinent „auf dem Weg zu einer europäischen Gesellschaft".

Gegenüber diesem Angleichungsprozeß, der sich in die Identitäten der europäischen Völker fraß, mutet die angebliche Gleichschaltung durch die europäische Integration läppisch an: Die Staaten der EG verloren Kompetenzen und Teile ihrer Souveränität, aber nicht Teile ihrer Identität, und eine solche Gefahr droht auch nicht. Denn die wirklich identitätsbestimmenden Unterschiede wie Sprache, Geschichte und Kultur – keine EG raubt sie den Völkern. Sollten die Deutschen aber ihr exklusives Ladenschlußgesetz oder die Franzosen ihre gelben Autoscheinwerfer preisgeben müssen – welchen Verlust würde ihre Identität wohl erleiden? Nicht einmal die Deutsche Mark, so teuer sie uns ist, gehört zur deutschen Identität. Sonst hätte Bayern beispielsweise ein Stück seiner selbst verloren, als es mit dem Eintritt in das Deutsche Reich seinen Gulden der Mark opferte. Doch man weiß nur zu gut: Bayern blieb Bayern, ohne Gulden und schließlich sogar ohne König.

---

[1] *Laokoon:* Sagenhafter Priester in Troja, der seine Landsleute vor dem hölzernen Pferd der Griechen warnt und bald darauf mit seinen beiden Söhnen von zwei Schlangen erwürgt wird
[2] *Python:* Sagenhafter Drache
[3] *Chimäre:* Hirngespinst

(aus: Der Spiegel Nr. 44/1992, S. 36f., Autor: Dieter Wild, gekürzt)

Die Bundesrepublik Deutschland und Europa

MATERIAL 4 Babel ist älter als Brüssel

„Nur wenn ... es gelingt, eine europäische Öffentlichkeit herzustellen, wird es auch eine europäische Demokratie geben können." Diese Einsicht stammt aus berufenem Mund – Bundesverfassungsrichter Dieter Grimm brachte sie zu Gehör. Es verwundert nicht, daß seine Erkenntnis wohl in der Wissenschaft, nicht aber in der Politik beachtet wurde. Denn sein Einwand gegen den europäischen Bundesstaat ist nicht nur gewichtig, vor allem ist er durch keine Reform aus der Welt zu schaffen, wer ihn ernst nimmt, muß die europäische Union auf unbestimmte Zeit vertagen. Denn Öffentlichkeit – als Information und Mitsprache der Bürger – läßt sich nur herstellen, die Partizipation am politischen Diskurs nur dann erreichen, wenn seine Teilnehmer sich verständlich machen können. In den zwölf Staaten der EG werden aber neun Sprachen gesprochen. (Aus-)Bildungseliten mögen auf ihre Zwei- oder Dreisprachigkeit verweisen, für die Mehrheit der 340 Millionen EG-Bürger käme jedoch das polyglotte Geraune aus Brüssel, Luxemburg und Straßburg der politischen Entmündigung gleich: Das europäischen Staatsvolk bleibt Fiktion. Babel ist älter als Brüssel.

(aus: Die Woche vom 1. 7. 1993, Autor: Christian Bommarius)

MATERIAL 5 Die EU – das Kraftzentrum Europas

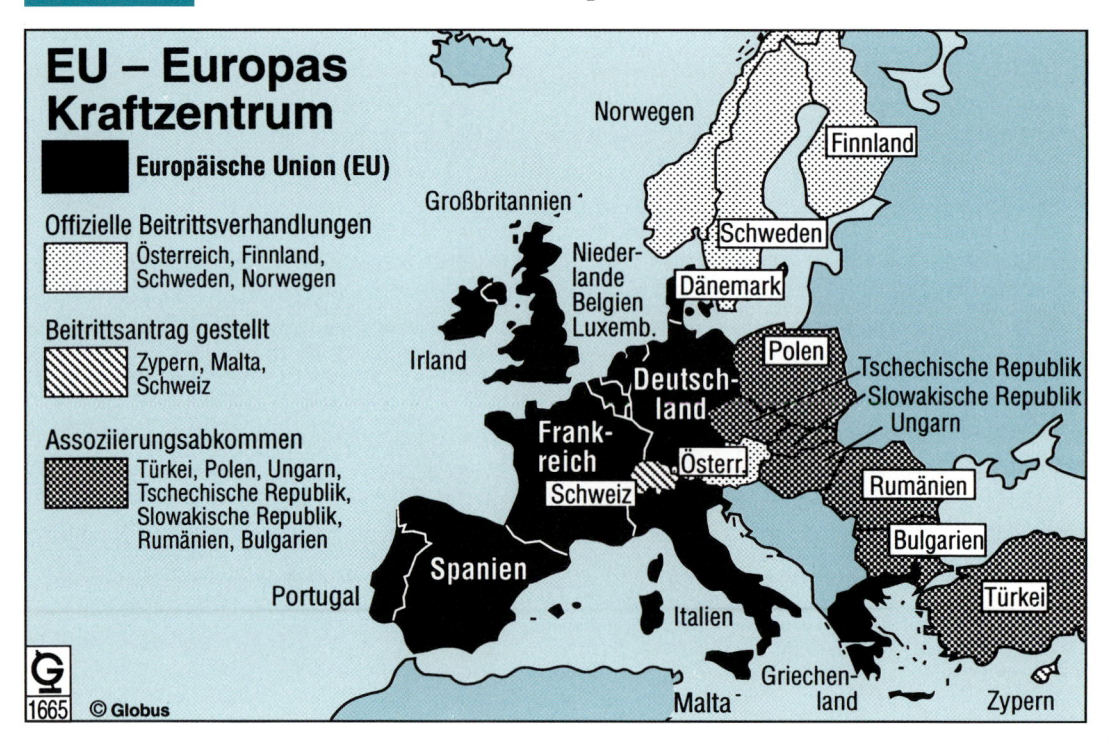

EU – Europas Kraftzentrum

- **Europäische Union (EU)**
- **Offizielle Beitrittsverhandlungen:** Österreich, Finnland, Schweden, Norwegen
- **Beitrittsantrag gestellt:** Zypern, Malta, Schweiz
- **Assoziierungsabkommen:** Türkei, Polen, Ungarn, Tschechische Republik, Slowakische Republik, Rumänien, Bulgarien

Erörtern Sie die in Material 3 aufgestellte These vom „Vielvölker-Vaterland Europa". Berücksichtigen Sie dabei auch die Aussage der Karikatur und die Materialien 4 und 5.

1.2 Das Europa der EU – „Kern" eines Vereinigten Europas?

Frankreich, Italien, die Bundesrepublik Deutschland und die Benelux-Staaten vereinbarten 1967 die Zusammenfassung der EWG, der Montanunion (Europäische Gemeinschaft für Kohle und Stahl) und von Euratom (Europäische Atomgemeinschaft zur Förderung der friedlichen Nutzung von Kernenergie) zur Europäischen Gemeinschaft (EG). Mit diesem Schritt sollte die schon in den 50er Jahren einsetzende Zusammenarbeit auf bestimmten Teilgebieten intensiviert werden. Diese sechs Staaten hatten für ihre ersten Einigungsbemühungen einen gemeinsamen Beweggrund: Sie sahen sich durch den Ost-West-Gegensatz bedroht und waren gezwungen, den wirtschaftlichen Wiederaufbau – mit Hilfe der USA – gemeinsam zu bewältigen.

Montanunion
Euratom

Neben den gemeinsamen Gründen gab es jedoch von Anfang an ganz speziell national gefärbte Motive für eine Zusammenarbeit in Europa. Die Bundesrepublik wollte in den 50er Jahren die durch die Kapitulation des Deutschen Reiches verlorene Souveränität zurückgewinnen. Das war ihr nur möglich in einem Bündnis mit den demokratischen Nachbarn, vor allem mit Frankreich. Zugleich hatte sie ein Interesse daran, in ein europäisch-atlantisches Sicherheitsbündnis eingebettet zu werden. Auch war ihr an einem großen europäischen Markt gelegen, der den Export erleichterte. Frankreich andererseits wollte die Bundesrepublik in gemeinsame Einrichtungen binden, um eine neuerliche deutsche Aggression auszuschließen. Seine wirtschaftlichen Interessen waren jedoch, der Struktur des Landes entsprechend, nicht allein auf den Absatz von Industriegütern ausgerichtet. Deshalb forderte es auch einen gemeinsamen Agrarmarkt. Italien dagegen hoffte vor allem, sein enormes wirtschaftliches Nord-Süd-Gefälle mit Hilfe der europäischen Partner beseitigen zu können.

Die Gründerstaaten der EG strebten neben der wirtschaftlichen Zusammenarbeit auch die politische Einigung an und vereinbarten deshalb 1970 die Gründung der „Europäischen Politischen Zusammenarbeit" (EPZ). Sie betrachteten sich als Kern eines Vereinigten Europas und forderten andere Staaten auf, sich ihnen anzuschließen. Im Jahre 1973 traten – nach langen innenpolitischen Diskussionen – Dänemark, Großbritannien und Irland der EG bei. Diese Länder erhofften sich von ihrem Beitritt vor allem wirtschaftliche Vorteile. Aus diesem Grund schlossen sich auch Griechenland (1981) sowie Spanien und Portugal (1986) der EG an. Diese Staaten hatten aber auch noch ein anderes wichtiges Motiv: sie erhofften sich durch die EG die Stabilisierung ihrer neugewonnenen Demokratie.

Europäische Politische Zusammenarbeit

Welche Magnetwirkung die Europäische Gemeinschaft in wirtschaftlicher Hinsicht ausübt, belegt das große Interesse der EFTA-Staaten an der Gründung des Europäischen Wirtschaftsraumes (EWR). Darüber hinaus haben mehrere EFTA-Staaten bereits offiziell um Aufnahme in die EU gebeten bzw. erwägen einen solchen Schritt. Diese Staaten dürften den EWR deshalb auch nur als Zwischenschritt zur vollen EU-Mitgliedschaft betrachten. Einige osteuropäische Länder haben Assoziationsabkommen mit der Europäischen Union abgeschlossen, um leichteren Zugang zu den Märkten der EU zu bekommen. Ihr langfristiges Ziel ist jedoch die volle Mitgliedschaft in der Europäischen Gemeinschaft.

Europäischer Wirtschaftsraum

MATERIAL 6   **Ansturm auf die Wohlstandsfeste**

Wochenlang waren sie durch die nordafrikanische Wüste nach Norden marschiert – zerlumpt, abgemagert, verzweifelt. Dann endlich erreichte der Elendszug die marokkanische Küste bei Tanger. In Sichtweite Gibraltar, Vorposten zum ersehnten Ziel: Europa, die Wohlstandsfeste der Reichen.

„Wir haben keine Heimat mehr. Alles, was wir von euch wollen, ist: Schaut uns beim Sterben zu", erklärt Issa el-Mahdi, charismatischer Anführer des Hungermarsches, den herbeigeeilten Entwicklungsstrategen, EG-Politikern und Reportern. Den Flüchtlingen gelingt es noch, mit Booten nach Spanien überzusetzen. Dort aber sind die Gewehrläufe einer hastig aufgestellten „Europäischen Armee" auf sie gerichtet.

Szenen einer Zukunftsvision, mit der William Nicholson, Autor des BBC-Films „Der Marsch", den europäischen Fernsehzuschauern im vergangenen Jahr einen Vorgeschmack davon geben wollte, was ihnen droht, wenn sie sich weiterhin in ihrem Wohlstand einmauern und sich nicht um das Elend der Welt kümmern.

Nun hat die Wirklichkeit die Fiktion schon eingeholt. Mit Kriegsschiffen versuchten die italienischen Behörden Flüchtlinge aufs Meer zurückzutreiben, als Anfang des Monats 20 000 junge Albaner auf rostigen und verrotteten Schiffen im Hafen von Brindisi anlandeten, um einem diktatorischen Regime und einem Leben in Armut zu entrinnen.

Der Marsch auf Westeuropa hat begonnen. Polens Präsident Lech Walesa warnte vorige Woche vor der „albanischen Bedrohung". So wie die Albaner nach Italien, würden Millionen aus dem ehemaligen Ostblock nach Westen fluten, wenn den bankrotten Ländern nicht geholfen werde.

Einzeln oder in kleinen Gruppen gelangen die Armutsflüchtlinge über die Grenzen – sie werden von professionellen Menschenhändlern eingeschleust, überqueren auf Schmugglerpfaden das Gebirge oder werden nachts von Fischerbooten an den Küsten Spaniens oder Italiens ausgesetzt. Sie reisen ganz legal mit dem mühsam ersparten Ticket und einem Touristenvisum über Flughäfen ein, kommen mit dem Zug oder gar im eigenen Pkw ...

Der „freie Austausch von Menschen und Meinungen" war einer der wichtigsten Grundsätze, deren Verwirklichung 35 Staats- und Regierungschefs auf der KSZE 1975 in Helsinki vereinbart hatten. Nun, da sich die Grenzen für die seit Generationen Eingeschlossenen öffnen, brechen im ehemaligen Ostblock lange unterdrückte ethnische und religiöse Konflikte aus.

Schon erschüttert die beginnende Massenflucht das Selbstverständnis der westlichen Demokratien: An der österreichisch-ungarischen Grenze, wo im Herbst 1989 der Stacheldraht durchtrennt und für Tausende von DDR-Bürgern der Weg in die Freiheit geöffnet wurde, sichern Soldaten neuerdings wieder die grüne Grenze – diesmal auf westlicher Seite.

Soll sich die „freie Welt" durch harte Einreisebeschränkungen speziell gegenüber den Touristen aus den armen Regionen dieser Welt abschirmen?

Je größer die Kluft zwischen dem wohlhabenden Westeuropa und der Dritten Welt wird, desto mehr Menschen machen sich auf die Wanderung. Die Migrationsforscher unterscheiden zwischen den „Push- und Pull-Effekten" als Auslöser für die Flüchtlingsströme: Hungersnöte, Kriege, bürgerkriegsähnliche Konflikte und Umweltzerstörung entwurzeln und vertreiben die Menschen (Push-Effekt). Gleichzeitig erhöht sich die Attraktivität – der Pull-Effekt – Westeuropas: hoch industrialisiert, stabil, vergleichsweise reich und dazu mit sinkenden Geburtenraten und einem absehbaren Bedarf an Arbeitskräften ...

Überall in Europa, wo schon heute die Deklassierten der westlichen Wohlstandsgesellschaft untereinander und mit den Zugewanderten um billige Wohnungen und Arbeitsplätze konkurrieren, nimmt die Aggression gegen die Fremden zu. Bei den humanitären Organisationen und beim Flüchtlingshochkommissariat der Uno wächst die Sorge, daß die Welle der Armutsflüchtlinge die Aufnahmebereitschaft für die aus politischen oder rassistischen Gründen Verfolgten zerstören könnte. Der Uno-Flüchtlingskommissar in Belgien, Ruprecht von Arnim: „Wenn die Massen über Europa hereinbrechen, dann wird nur noch emotional gehandelt. Davor habe ich Angst."

(aus: Der Spiegel, Nr. 13, 1991)

Erörtern Sie die Gründe für den Ansturm auf die europäische Wohlstandsfeste und die sich daraus ergebenden Probleme.

Europa nach 1945

MATERIAL 7 Strukturdaten der Mitgliedsländer der EG im Jahre 1991

Land	Fläche in 1000 km²	Bevölkerung in Mio.	BIP in Mrd. Dollar	Wachstumsraten des realen BIP 1980–1991 in % p. a.	Arbeitslosenquote in % der Erwerbspersonen	Stundenlöhne in der Industrie in DM (1990)	Jahresarbeitszeit in Stunden	Beschäftigte in Landwirtschaft/Industrie in %
D	357	80,8	1574	1,9	6,7	37,90	1643	4/37
B	31	9,8	201	2,1	9,4	30,10	1737	2/34
DK	43	5,2	130	2,1	10,3	30,50	1672	6/28
F	552	56,6	1200	2,1	9,8	25,70	1763	6/32
GR	132	10,2	69	1,6	8,6	10,50	1840	7/28
GB	244	57,6	1018	2,2	8,1	24,70	1769	3/29
IRL	70	3,5	44	3,3	15,8	20,50	1810	15/29
I	301	57,8	1150	2,1	0,9	29,80	1764	8/32
L	3	0,4	9	3,4	1,4	–	1792	2/39
NL	41	15,1	286	1,8	6,1	30,40	1709	5/24
P	92	10,6	68	2,7	3,9	7,10	1935	25/36
E	505	39,0	527	2,9	16,0	21,90	1790	18/33
EUR-12	2300	346,6	6276	2,35	8,9	–	–	–
USA	9400	249,9	5470	2,8	5,4	24,20	1904	–
Japan	378	123,5	2970	4,1	2,1	25,90	2119	–

(Daten zusammengestellt nach Informationen der EG-Kommission)

MATERIAL 8 Reich und arm in der EU

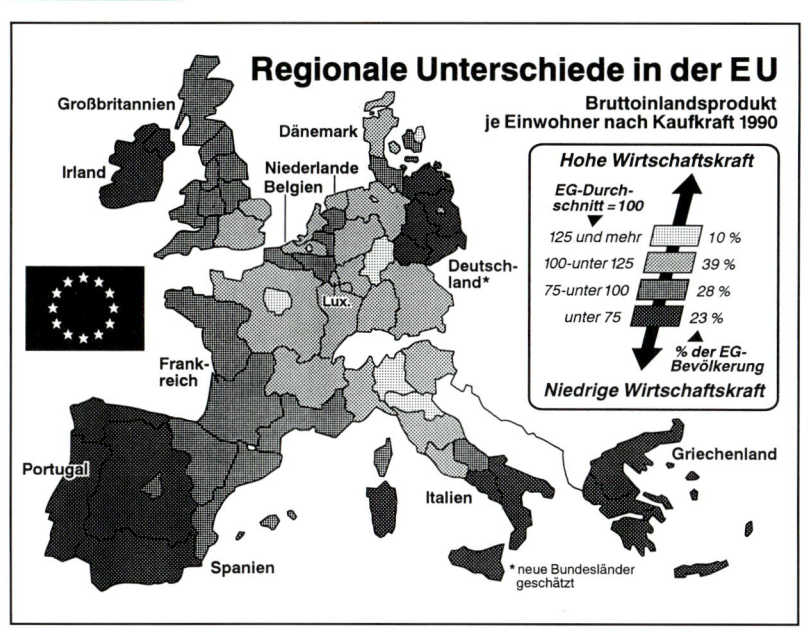

Regionale Unterschiede in der EU
Bruttoinlandsprodukt je Einwohner nach Kaufkraft 1990

Großbritannien, Irland, Dänemark, Niederlande, Belgien, Deutschland* (Lux.), Frankreich, Portugal, Spanien, Italien, Griechenland

Hohe Wirtschaftskraft
EG-Durchschnitt = 100
125 und mehr — 10 %
100-unter 125 — 39 %
75-unter 100 — 28 %
unter 75 — 23 %
% der EG-Bevölkerung
Niedrige Wirtschaftskraft

*neue Bundesländer geschätzt

1. Erstellen Sie zu Material 7 in Gruppenarbeit Ranglisten für Fläche, Bevölkerung, BIP etc.
2. Erörtern Sie die den Ranglisten zugrundeliegenden Ursachen und die sich daraus ergebenden Auswirkungen.
3. Prüfen Sie anhand von Material 8, wie aussagekräftig die Rangliste über das Sozialprodukt (BIP) ist.

2. Von der EG zur Europäischen Union

2.1 Wie funktioniert die EU? Herrschaft der „Eurokraten" oder des „Zwölferklubs"?

Kommission

Die fünf wichtigsten politischen Institutionen der EU sind der Europäische Rat, der Ministerrat, die Kommission, das Europäische Parlament und der Europäische Gerichtshof. Die Kommission sollte dabei nach dem Willen der Gründer der Gemeinschaft der Motor des Einigungsprozesses sein, als überstaatliches Organ allein die Interessen der Gemeinschaft im Auge haben. Die 17 Kommissare werden zwar von den Regierungen der Mitgliedsstaaten für vier Jahre ernannt, sind aber dann unabhängig und an nationale Weisungen nicht gebunden. Die Kommission entscheidet in vielen Einzelfragen selbständig, erläßt z. B. für alle Mitgliedsländer verbindliche Verordnungen über Sicherheits- und Produktnormen, Etikettierungen etc., setzt Grenzabgaben fest oder verbietet den Zusammenschluß marktbeherrschender Unternehmen (Kartellverbot). Wichtige politische Entscheidungen, die dann durch den Ministerrat getroffen werden, bereitet die Kommission mit Hilfe der fast 15000 EU-Beamten vor und führt sie durch. Hier zeigt sich, daß in wesentlichen Fragen sich der Ministerrat als das politische Entscheidungszentrum gegen die Kommission behauptet hat.

Ministerrat

Der Ministerrat, der je nach anstehendem Thema als Rat der Außen-, Agrar-, Wirtschafts-, Umweltminister etc. tagt, ist daher der eigentliche Gesetzgeber der EU, zumindestens in politisch bedeutsamen Fragen. Seine Verordnungen gelten in den Partnerstaaten wie Gesetze. Deshalb wird bei strittigen Fragen in der Regel so lange verhandelt, bis Einstimmigkeit hergestellt ist. Der (stillschweigende) Verzicht auf Mehrheitsentscheidungen im Ministerrat hat sich dabei häufig als Hindernis einer raschen Weiterentwicklung der europäischen Einigung erwiesen. Das hat sich mit dem Inkrafttreten der „Einheitlichen Europäischen Akte" (1987) geändert, in der die Weichen für Mehrheitsentscheidungen im Ministerrat gestellt worden sind. Bei Mehrheitsentscheidungen, die mindestens 54 von 76 Stimmen erfordern, haben die vier großen Staaten je 10 Stimmen, Spanien 8, die Niederlande, Belgien, Griechenland, Portugal und Dänemark je 5, Irland 3 und Luxemburg 2 Stimmen.

Europäischer Rat

Die „Einheitliche Europäische Akte" ist ein Werk des Europäischen Rates, des „Gipfeltreffens" der Staats- und Regierungschefs der EU-Staaten und des Präsidenten der EU-Kommission. Der Europäische Rat tritt seit 1975 mindestens zweimal im Jahr zusammen, um Grundsatzfragen der europäischen Politik zu erörtern und Leitlinien für das europäische Einigungswerk zu erlassen.

Europäisches Parlament

Das Europäische Parlament, das im Gegensatz zum Bundestag keine umfassende Gesetzgebungskompetenz besitzt, hat bisher im wesentlichen vor allem eine beratende und kontrollierende Funktion. Mit der seit 1979 alle fünf Jahre stattfindenden Direktwahl der Europa-Parlamentarier ist jedoch die Entschlossenheit vieler Parlamentarier gestiegen, ihren politischen Handlungsspielraum auszuweiten. So hat das Parlament z. B. Mitwirkungsrechte bei Gesetzesvorhaben zur Herstellung des Binnenmarktes erhalten; zu allen anderen Gesetzesvorschlägen der Kommission ist seine Stellungnahme erforderlich. In der wichtigen Finanz- und Haushaltspolitik hat es sich noch weitergehende Mitspracherechte erstritten. Das Parlament besitzt damit zwar ein Machtmittel, auf Sachentscheidungen des Ministerrates einzuwirken, doch ein weiterreichendes Kontrollrecht gegenüber den Mitgliedern des Ministerrates hat es nicht; diese sind nur ihren nationalen Parlamenten verantwortlich, nicht aber dem Europäischen Parlament.

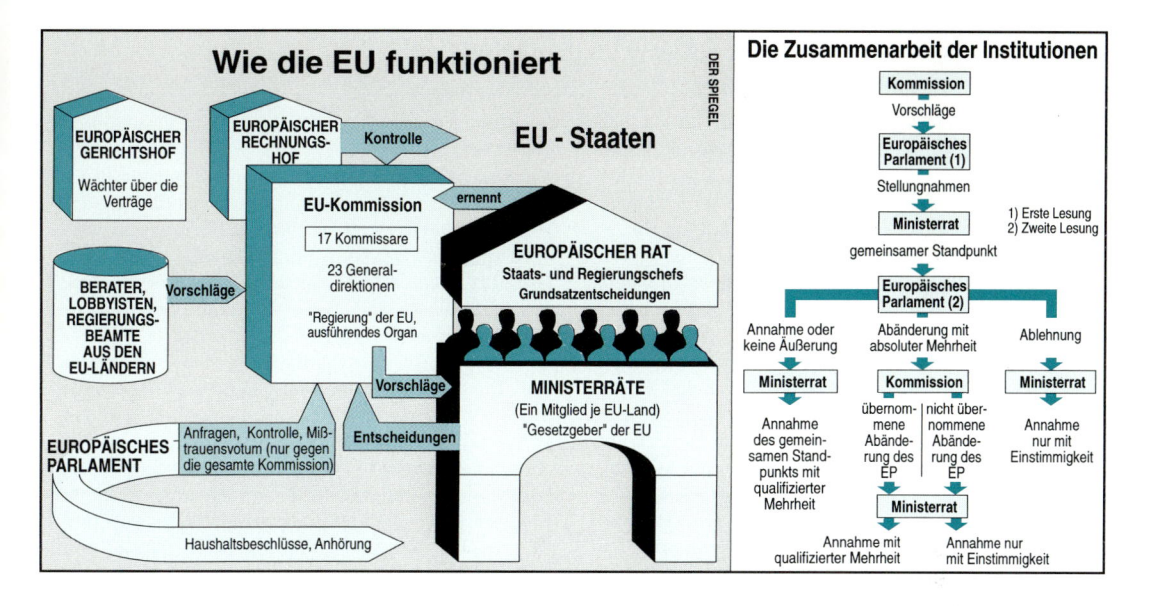

Der Europäische Gerichtshof ist ein überstaatliches Gericht, dessen Entscheidungen für Organe und Mitgliedsstaaten der EU verbindlich sind. Er setzt sich aus 13 Richtern zusammen, die von den nationalen Regierungen im gegenseitigen Einvernehmen auf sechs Jahre ernannt werden. Sie können aber nach Ablauf dieser Zeit erneut berufen werden. Der Europäische Gerichtshof kontrolliert und korrigiert gegenbenenfalls die politischen Organe der Gemeinschaft und der Mitgliedsländer, entscheidet über Streitigkeiten zwischen EU-Organen und gewährt den EU-Bürgern Rechtsschutz. Es ist eine Art europäisches Verfassungsgericht und zugleich in allen übrigen Sparten der Gerichtsbarkeit als Rechtsprechungsorgan tätig, z. B. im Arbeits-, Sozial- oder Wettbewerbsrecht. Juristen vergleichen etwas abschätzig das europäische Recht mit einer Krake, die sich auf allen Rechtsgebieten festsauge. Der Europäische Gerichtshof ist eine europäische Macht, die im Verborgenen wirkt und im öffentlichen Bewußtsein kaum eine Rolle spielt. Allenfalls wenn er ein nationales Reinheitsgebot für italienische Spaghetti oder deutsches Bier vom Tische wischt, indem er es den Konsumenten überläßt, sich für eine bestimmte Sorte Bier oder Spaghetti zu entscheiden, taucht sein Name in den Medien auf. Dabei ist die Entscheidung des Europäischen Gerichtshofes, daß alles, was in einem der EU-Mitgliedsländer zugelassen sei, auch in allen anderen EU-Staaten angeboten werden könne, nur eine von vielen Grundsatzentscheidungen.

Europäischer Gerichtshof

MATERIAL 9 Politisches Spiel mit dem kleinen Kamel

Das kleine Kamel schaut so niedlich drein wie jene jungen Seehunde, für die Brigitte Bardot seit Jahren kämpft, und es ist auch mindestens genauso bedroht. Denn das kleine Kamel steht unter einem bösen Verdacht. Es gilt als Hauptverdächtiger in einem Fall schwerster Kindesverführung mit Todesfolge und soll deshalb verbannt werden. Nach einem Vorschlag der Kommission der Europäischen Gemeinschaft soll das Kamel aus der *Camel*-Zigarettenwerbung zum 1. Januar 1993 aus der Öffentlichkeit verschwinden. Nicht nur das Kamel müßte gehen: Nach dem Vorschlag der EG-Kommission für eine *Richtlinie des Rates betreffend die Werbung für Tabakerzeugnisse* soll die Reklame verbannt werden. Das Europäische Parlament hat diesem Vorschlag bereits zugestimmt, jetzt liegt er dem Rat der zwölf Minister der EG-Staaten zur Entscheidung vor.

Das Verbot gehört eigentlich zu einem Paket von Richtlinien, die den freien Warenverkehr im bevorstehenden Europäischen Binnenmarkt erst möglich machen sollen. Es geht um die Freiheit von Zeitschriften und anderen Werbeträgern. Bisher bestehen in den Mitgliedsländern der Gemeinschaft extrem unterschiedliche Vorschriften für die Tabakwerbung, worin die Europäische Kommission eine Gefahr erkannte: Schließlich verböten Zigarettenanzeigen in einem Modemagazin aus Deutschland den Verkauf des Hefts am Hauptbahnhof in Rom – in Italien ist Werbung für Tabakprodukte strikt verboten, ohne daß allerdings bisher Zeitschriften wirklich konfisziert würden.

Dieses Handelshemmnis sollte ausgeräumt werden, und so geriet die Tabakwerbung in den Gesetzgebungsprozeß für den Europäischen Binnenmarkt. Am Streit um die Harmonisierung der Tabakwerbung beteiligt sich unter dem Einsatz enormer Geldsummen und Bergen von Akten und Statistiken eine endlose Reihe von Gremien und Organisationen: Die EG-Kommission, das Parlament und auch der Ministerrat sind von Amts wegen dazu verpflichtet. Die europäische Tabaklobby und die Verbände der Werbeträger versuchen, die Gesetzgebung genauso in ihrem Sinne zu beeinflussen wie auf der anderen Seite Gesundheitsverbände. Dabei wird der Kampf an vielen Fronten ausgefochten: einmal in Brüssel, und zwölfmal in den Mitgliedsländern, denn in jedem einzelnen Land muß sich die Regierung eine Meinung über den Richtlinienentwurf bilden, bevor im Ministerrat – dem entscheidenden Gremium – abgestimmt wird.

Der Kampf um das Tabakwerbeverbot gilt als Paradebeispiel für die zunehmende Tendenz, die Binnenmarkt-Harmonisierung (eigentlich ja nur eine Angleichung) auszunutzen, um vollkommen neue Tatbestände zu setzen. Daran läßt sich auch ablesen, wie langwierig und unübersichtlich die Binnenmarkt-Harmonisierung sein kann.

Das Hin und Her läßt Reinhard Büscher im Kabinett von Binnenmarkt-Kommissar Martin Bangemann an ein unübersichtliches Ping-Pong-Spiel denken: „Man weiß nie, wo der Ball gerade ist." ... Gespielt wird unter Ausschluß der Öffentlichkeit: Außenstehende können nur mit Mühe verfolgen, in welchem Stadium sich eine Richtlinie gerade befindet – und die Medien halten von einer Berichterstattung außerhalb des Wirtschaftsteils schon deshalb Abstand, weil vielen Journalisten der Gesetzgebungsprozeß ein Brief mit sieben Siegeln bleibt.

Die erste Runde im europäischen Ping-Pong in Sachen Tabakwerbung wurde weniger in Brüssel als in Europas Krankenhäusern und auf seinen Friedhöfen ausgetragen. Als immer mehr Menschen an Lungenkrebs erkrankten und starben, und die Verbindung zwischen Tabakkonsum und Karzinomen immer deutlicher wurde, beschlossen die Regierungschefs im Juni 1985 in Mailand, daß etwas gegen das Rauchen unternommen werden solle. Im Rahmen des Aktionsprogrammes „Europa gegen den Krebs" wurden auch Einschränkungen für die Tabakwerbung erwogen. ... Da in den einzelnen Mitgliedsländern der Gemeinschaft sehr unterschiedliche Regelungen gelten, vom generellen Werbeverbot wie in Italien bis hin zu einfachen Beschränkungen wie in Deutschland, mußte die EG-Kommission tätig werden. Im Mai 1989 legte sie dem Straßburger Parlament einen Entwurf vor, der nur noch die Werbung über das Produkt selbst gestatten sollte. Die Imagewerbung für Zigaretten wollten die EG-Beamten vollends ausschließen: Wenn junge, schicke und moderne Frauen und Männer im 30-Sekunden-Spot einen cabriolet-sonnigen Lebensstil vorspielen und nur am Rande die Zigarettenmarke eingeblendet wird, ist das nach Auffassung von Gesundheitspolitikern besonders gefährlich. Generell zielt die Werbung nach ihrer Einschätzung immer mehr darauf ab, Jugendliche zum Rauchen zu animieren. Über 80 Prozent aller Raucher

---

EXTRA

Die EG-Gesundheitsminister:

RAUCHEN GEFÄHRDET DIE GESUNDHEIT

entwickelten ihre Rauchgewohnheiten und eine gewisse Markentreue bereits vor dem 18. Geburtstag; ein Verbot der Imagewerbung sollte zu einem Rückgang der Erstraucher führen. In ihrer Werbung hätten die Tabakkonzerne nur noch das Produkt selbst, bestenfalls auch noch die Packung zeigen dürfen.

Als der Entwurf der Kommission veröffentlicht wurde, stellten einige Produzenten ihre Werbung um. ... Sie spielte mit Zigarettenpackungen oder deren Symbolen, eine Imagewerbung lag kaum noch vor. Der Abenteurer, der Hedonist oder die extrem selbstbewußte Frau (allesamt natürlich Raucher) hatten abgedankt; die Komik und Originalität der neuen Werbung ließ nur noch einen Schluß zu: Raucher sind neuerdings Witzbolde.

Doch die Umstellung der Werbung half wenig, das europäische Parlament wies den Kommissionsvorschlag zurück: Er ging den Europäischen Parlamentariern nicht weit genug. Die Kommission reagierte mit einem drastisch verschärften neuen Entwurf, der bis heute aktuell ist. Grundsätzlich soll jegliche Tabakwerbung außerhalb von Verkaufsstellen verboten werden, auch indirekte Werbung. So soll unter Umständen auch nicht mehr für Produkte geworben werden dürfen, die nur den gleichen Namen tragen wie bestimmte Zigarettenmarken. Im konkreten Fall hieße dies: Nicht nur das kleine Kamel müßte abdanken, auch die Camel-Boots hätten zu verschwinden. Diese strikte Harmonisierung begründete die Kommission damit, daß laut Artikel 100a des EWG-Vertrags ein hohes Schutzniveau erforderlich ist, wenn etwa Fragen der Gesundheit betroffen sind. Kritiker des Entwurfs ... zweifeln ... an der Rechtmäßigkeit des Verfahrens: Weil die EG für die Gesundheitspolitik keine Kompetenzen besitzt, begründet sie die Richtlinie damit, daß die unterschiedlichen Regelungen innerhalb der EG ein Handelshemmnis bedeuten, obwohl das Ergebnis der Wirtschaft eher schaden dürfte.

Die folgende Abstimmung im Europäischen Parlament über diesen Entwurf geriet in diesem April fast zu einem Eklat – allerdings fast unter Ausschluß der Öffentlichkeit. Da warnten die Lobbyisten der Tabakkonzerne vor der Rückkehr des Sozialismus über die EG, der alles, was Spaß mache, verbieten wolle, Verbots-Befürworter agierten mit gesundheitspolitischem Eifer, Beschlüsse wurden etwa mit dem Satz „Wir verabschieden diese Resolution unseren Kindern zuliebe" beendet. Öffentlich beschweren sich die Parlamentarier über einen massiven Lobbyismus der Tabakkonzerne. „Ich habe Dutzende von teuren Hochglanzbroschüren erhalten und bin zu einer endlosen Zahl von teuren Mittagessen eingeladen worden. Stets wollten die Lobbyisten mich überzeugen, daß es nicht um die Tabakwerbung, sondern viel genereller um das Recht der freien Meinungsäußerung gehe", schilderte ein britischer Abgeordneter die Tage vor der Abstimmung. „Ich denke, sie haben sich damit mehr Feinde als Freunde gemacht." ... Mit 150 zu 123 Stimmen nahm das Parlament den Entwurf an. Kritiker, wie Reinhard Büscher ... sehen darin einen Versuch der Parteipolitiker im Parlament, auf europäischer Ebene eine strenge Gesundheitspolitik durchzusetzen, die sie auf nationaler Ebene nie erreichen könnten. „Nicht immer sind es die Politiker; ähnlich häufig versuchen auch Industrieverbände, die Harmonisierung zu instrumentalisieren", sagt Büscher. Nach seiner Meinung hätte man die ungleichen Regelungen in den einzelnen EG-Ländern im Prinzip weiter tolerieren können.

Das EG-Parlament hat zwar in Europa heute weitaus mehr Macht, als viele immer noch glauben wollen, die endgültige Entscheidung obliegt aber weiter dem Gremium der zwölf Regierungen, dem Ministerrat. Einige Entscheidungen dort müssen einstimmig gefällt werden, die große Zahl aber mit qualifizierter Mehrheit: Dabei haben die einzelnen Mitgliedsstaaten ihrer Größe entsprechend unterschiedlich viele Stimmen, bei Uneinigkeit ist es beispielsweise möglich, einen Beschluß gegen maximal zwei größere oder auch mehrere kleine Länder durchzusetzen. Bisher aber sprechen sich zwei große Länder, Großbritannien und Deutschland, und die Niederlande gegen das Werbeverbot aus; bleibt es dabei, hat der Vorschlag keine Chance.

(aus: Süddeutsche Zeitung Nr. 190/1992, Autor: Jens Schneider)

1. Warum sollen die Richtlinien für die Werbung von Tabakprodukten „harmonisiert" werden? Wer sind die politischen Akteure, welche Interessen vertreten sie? Welche Probleme ergeben sich?
2. Wie würden Sie in dieser Frage entscheiden?
3. Warum hat sich das Europäische Parlament mit seine Vorstellungen nicht durchsetzen können? Ziehen Sie dazu die Schaubilder auf Seite 179 zu Rate. Welche „Konstruktionsmängel" weist die EU in diesem Fall auf?

MATERIAL 10   Die EG und das „Demokratie-Defizit"

Der Verlust der nationalen Souveränität, den etwa die britischen Konservativen als Folge der in Maastricht vereinbarten Währungsunion fürchten, hat längst stattgefunden, im Juli 1987. Damals setzten die Parlamente der EG-Länder die „Einheitliche Europäische Akte" in Kraft und verschafften ihren Regierungen die Möglichkeit, die Binnenmarktgesetze nach Gutdünken unter sich auszuhandeln.

Schon damals lieferten die Euro-Strategen von Athen bis Dublin ihre Länder damit einer Gesetzgebungsmaschinerie aus, die auf breiter Front die demokratischen Verfassungen aushebelt und kaum Spielräume für die politische Gestaltung läßt. Unvorstellbar wäre im Deutschland der Nachkriegszeit, daß
- alle Gesetze nur von den Abgesandten der Länderregierungen unter Ausschluß der Öffentlichkeit verabschiedet werden;
- die Minister nicht gewählt, sondern von den Landesregierungen nach Proporz ernannt werden;
- diese Minister und ihr Apparat das alleinige Recht haben, Gesetzesvorschläge zu machen, und das Parlament sie dabei nur berät.

Eine solche Verwaltungsdiktatur wäre undemokratisch und sicher nur per Staatsstreich durchzusetzen. Und doch wird ein erheblicher Teil der deutschen Gesetzgebung seit Jahren nach eben diesem Prinzip geformt – in Brüssel. Dort, in einem schmucklosen Hochhaus an der Rue de la Loi, versammeln sich beinahe täglich Vertreter der zwölf Regierungen, häufig tagen 10 bis 20 Ausschüsse gleichzeitig. Hinter der Glastür und den Eingangskontrollen beginnt eine phantastische Welt, die für die meisten EG-Bürger so fremd ist wie einst die Vorgänge hinter den Kreml-Mauern. Sobald Minister, Staatssekretäre, Botschafter oder ihre Vertreter das Gebäude betreten, erhalten sie verfassungsrechtlich eine zweite Identität: Aus den Mitgliedern einer nationalen Verwaltung werden die Mandatsträger des einflußreichsten Gesetzgebungsorgans in Europa, des Ministerrats. Sie verabschieden die Vorschläge der Zentralbehörde („Kommission der EG") als EG-Richtlinien oder Verordnungen, schaffen also geltendes Recht in allen EG-Ländern. ...

Kein europäischer Staat, der so verfaßt wäre wie die EG, könnte deren Mitglied werden. ... Die faktische Aufhebung der Gewaltenteilung zugunsten der Brüsseler Räteherrschaft trägt jedoch erheblich dazu bei, die (west)europäischen Demokratien bei den Bürgern in Mißkredit zu bringen. Schon die Wahlen zum sogenannten Parlament in Straßburg sind eine wiederkehrende massive Mißachtung der Wähler. Egal für welche Parteien sie votieren, keiner der Mächtigen auf dem Brüsseler Parkett muß hernach seinen Sessel räumen.

Ganze gesellschaftliche Interessengruppen bleiben systematisch von der Entscheidungsfindung auf EG-Ebene ausgeschlossen. Gegen die international organisierte Industrie mit ihren rund 5000 bezahlten Lobbyisten in Brüssel können Gewerkschaften, Umwelt- und Verbraucherschützer nicht einmal auf die Öffentlichkeit hoffen, eine kritische Presse ist für die Eurokraten allenfalls so unangenehm wie schlechtes Wetter. Zugleich verzichten die wenigen namhaft zu machenden Verantwortlichen – die Minister – immer häufiger auf die eigene Glaubwürdigkeit, indem sie sich selbst für inkompetent erklären und auf die Zuständigkeit des anonymen transnationalen EG-Apparats verweisen. ... Im Niemandsland geschlossener Brüsseler Gremien geht daher schleichend einer der wichtigsten Bestandteile funktionierender Demokratien verloren: die einklagbare politische Verantwortung.

Weil alle Regierungen gemeinsam entscheiden, ist für die verschleuderten EG-Milliarden, die chaotisch organisierte Kommissionsverwaltung oder schlecht formulierte Gesetze am Ende niemand verantwortlich.

(aus: Der Spiegel Nr. 11/1993. S. 143f.)

Von der EG zur Europäischen Union

MATERIAL 11   **Montesquieu kam nicht bis Brüssel**

Wenn irgend jemand die 320 Millionen Bürger der Europäischen Gemeinschaft regieren kann, dann ist es der Europäische Rat. Wenn der Ministerrat sich in Detailfragen zu verheddern droht und sich bei notwendigen Entscheidungen nicht einigt, kann die „letzte Reserve der EG", der Europäische Rat, mobilisiert werden. Er kann die EG jederzeit regieren. Der Europäische Rat hat das Gefüge der Gemeinschaft um eine sehr wichtige Instanz ergänzt. Das Schiff bekam einen Kapitän.

Doch zu welchem Preis? Um den Preis der verfassungsrechtlichen Unklarheit. Der Europäische Rat begreift sich als letztverantwortliche Instanz der Gemeinschaft, ist aber keinem anderen EG-Verfassungsorgan gegenüber politisch verantwortlich. Ja selbst seine Handlungsgrenzen sind in den EG-Verträgen nicht festgelegt. Der Europäische Rat besteht aus nationalen Regierungschefs, die – jeder für sich – nur ihren nationalen Parlamenten und Wählern gegenüber sich zu verantworten haben. Wir müssen uns damit abfinden, daß der Europäische Rat in kein Schema der geläufigen Verfassungen paßt. Er besitzt Richtlinienkompetenz wie eine Regierung, kann aber auch als Gesetzgeber tätig werden, wobei er allerdings die in den EG-Verträgen vorgesehenen Verfahren einhalten müßte.

Nein, Montesquieu kam nicht bis Brüssel, denn seine Lehre ist mit der Idee des Staates verknüpft, aber die Gemeinschaft ist kein Staat im Werden. Die Souveränität der Völker wird nämlich nicht auf die EG übertragen, sondern sie wird im Europäischen Rat „zusammengefaßt". Eine zentrale Staatsgewalt auf europäischer Ebene würde bei der Vielvölkergemeinschaft der EG mehr Schrecken als Zustimmung auslösen. Deshalb entsteht etwas bisher Unbekanntes.

(nach: M. von Donat, Das ist der Gipfel, Baden-Baden 1987, S. 155f.)

MATERIAL 12   **Jacques Delors, der Präsident der EU-Kommission, zur europäischen Regierung**

Wird es eines Tages eine europäische Regierung geben?
– Wahrscheinlich. Aber nicht diese Frage ist wichtig, sondern die Frage nach der Aufteilung der Kompetenzen und Verantwortungen zwischen Europa, den Nationalstaaten und den Regionen. Europa kann nicht von oben regiert werden. Es geht nicht darum, daß die Menschen vergessen, daß sie Deutsche oder Franzosen sind. Ich bin da sehr für den Föderalismus. Denn er kann klar und deutlich festlegen: Wer macht was? Auf jeder Stufe. Der Föderalismus macht es auch möglich, den Stolz auf sein Vaterland mit dem Stolz, zu einer europäischen Gemeinschaft zu gehören, zu versöhnen. Nur als Europäer haben wir in der Welt noch etwas zu sagen. Und gleichzeitig verkörpern wir als Europäer die großen Ideale der Demokratie: Freiheit, Solidarität, Frieden.

(aus: F.A.Z.-Magazin vom 10. 3. 1989)

1. Welche Ursachen werden in Material 10 für das „Demokratie-Defizit" angeführt?
2. Erläutern Sie, warum Montesquieu nicht bis Brüssel kam (Mat. 11 und 12). Diskutieren Sie die Stellung des Europäischen Rates im Geflecht der EU-Institutionen. Kann man hier von einer demokratischen Legitimation sprechen oder nicht?
3. Entwerfen Sie ein Verfassungsschema für die EU, welches das „demokratische Defizit" beseitigt.

2.2 Der Binnenmarkt '93 – Das grenzenlose Abenteuer?

Die Gründerväter des Gemeinsamen Marktes träumten von einem Europa ohne Grenzen mit freiem und ungehindertem Waren-, Personen-, Dienstleistungs- und Kapitalverkehr („Die vier großen Freiheiten"). Doch trotz großer Fortschritte blieb dieses Ziel jahrzehntelang nur ein Traum, der an den Realitäten der nationalen Interessen scheiterte. Erst als andauernde Arbeitslosigkeit und wachsender Konkurrenzdruck aus Ostasien und Nordamerika in den 80er Jahren eine dringende Antwort erforderten, rückte die Idee vom großen europäischen Markt ohne Grenzen wieder in den Mittelpunkt der Europa-Politik. Ein wichtiger Schritt zur europäischen Einigung war die Verabschiedung der Einheitlichen Europäischen Akte (EEA), die am 1. Juli 1987 in Kraft trat. Sie legte fest, daß bis Ende 1992 ein einheitlicher europäischer Binnenmarkt geschaffen werden solle. Industrie und Dienstleistungsunternehmen (z. B. Versicherungen, Transportunternehmen) müssen sich nicht mehr mit unterschiedlichen nationalen Steuern und Vorschriften herumschlagen, sondern können kostengünstig in hohen Stückzahlen für einen einzigen großen Markt ohne innere Grenzen produzieren und dürfen sich frei bewegen, ohne im anderen Mitgliedsstaat gegenüber der heimischen Konkurrenz benachteiligt zu sein. Die Freizügigkeit der Personen umfaßt z. B. das Recht, ohne Aufenthaltserlaubnis überall in der Gemeinschaft den Beruf ausüben zu können.

Einheitliche Europäische Akte

Damit im Binnenmarkt keine zu großen Wettbewerbsverzerrungen entstehen, sind zwei Bündel von Maßnahmen durchzuführen:
- Die Mindestanforderungen für Sicherheit und Gesundheit der Arbeitnehmer sowie für den Verbraucher- und Umweltschutz sind mit Hilfe von knapp 300 Verordnungen aus Brüssel festgelegt worden. Ansonsten soll jedes Produkt, das in einem Mitgliedsstaat hergestellt und verkauft wird, auch in den anderen Ländern zum Verkauf angeboten werden können.
- Die Mehrwertsteuersätze und die Verbrauchssteuern (z. B. auf Alkohol, Tabak und Benzin) sollen so weit wie möglich einander angeglichen werden. Eine völlige Übereinstimmung der indirekten Steuern ist aber für das Funktionieren des Binnenmarktes nicht notwendig, wie das Beispiel der USA zeigt, in denen es regional unterschiedliche Steuerbelastungen gibt.

Wettbewerbsverzerrungen

Kritiker des Binnenmarktes sprechen von einem Markt, der den Bedürfnissen großer Konzerne nach hohen Stückzahlen entspreche, kleine und mittlere Unternehmen aber überfordere. Sie befürchten zudem, daß infolge des sich verschärfenden Wettbewerbs z. B. der hohe Stand der sozialen Sicherheit und das Lohnniveau in der Bundesrepublik Deutschland sich nicht halten lassen. Die Kosten für den Binnenmarkt zahle deshalb vor allem der Arbeitnehmer. In der Umweltpolitik bestehe die Gefahr der Nivellierung auf dem kleinsten gemeinsamen Nenner, da z. B. Frankreich sich in Fragen des Umweltschutzes häufig nicht sehr aufgeschlossen gezeigt habe. Schließlich würden die wirtschaftlich unterentwickelten Staaten der EU durch den sich verschärfenden Konkurrenzkampf noch mehr ins wirtschaftliche Abseits geraten.

Kritik am Binnenmarkt

Die Befürworter verweisen demgegenüber auf die Vorteile eines Marktes von fast 350 Millionen Verbrauchern. Er erlaube wegen seiner Größe eine kosten-

Vorteile des Binnenmarktes

günstigere Produktion. Andererseits erzwinge er durch den schärferen Wettbewerb, daß Kostenvorteile, die durch den Wegfall von Zollformalitäten und sonstiger Handelshemmnisse entstehen, auch an die Verbraucher weitergegeben werden. Nutznießer des Binnenmarktes sei daher letztlich der Verbraucher. Darüber hinaus werde die weltweite Konkurrenzfähigkeit der EU gestärkt, so daß der erreichte Wohlstand noch erhöht und die Zahl der Arbeitsplätze in der EU noch beträchtlich zunehmen werde. Ein „Sozial- oder Lohndumping" werde es daher nicht geben. Dies sei auch deshalb unwahrscheinlich, da für die Standortwahl der Unternehmen neben Lohnhöhe und Sozialkosten auch noch andere Faktoren, wie z. B. die Qualität der Infrastruktur oder das Ausbildungsniveau der Arbeitskräfte, eine entscheidende Rolle spielten. Im Umweltschutz sei ein mittleres Niveau im europäischen Rahmen einer isolierten nationalen Umweltpolitik mit optimalen Grenzwerten auf jeden Fall vorzuziehen.

Konkurrenzfähigkeit der EG
Sozial- oder Lohndumping

Und schließlich: Die EU verfolge seit 1975 eine Regionalpolitik, die den wirtschaftsschwachen Regionen den Anschluß an die wirtschaftstärkeren Gebiete erleichtern soll. Der finanzielle Umfang dieser Wirtschaftshilfe sei in den letzten Jahren stark gewachsen und solle durch die Begrenzung der Agrarausgaben einen noch größeren Anteil am Gesamthaushalt der EU einnehmen.

Regionalpolitik

MATERIAL 13   **Der Binnenmarkt '93 – ein Paradies auf Erden?**

Das Szenario liest sich stellenweise wie der Aufbruch der Menschheit ins Paradies: Wenn ... tatsächlich alle Schlagbäume zwischen den Mitgliedsländern der Europäischen Gemeinschaft fallen, bedeutet das für die EG rund 420 Milliarden Mark weniger Ausgaben. Das hat folgende Gründe: Hemmnisse für den Handel, wie z. B. technische Normen, werden vereinheitlicht oder abgeschafft; es gibt nach dem Wegfall der Binnengrenzen keine Zollformalitäten mehr; der größere Markt erlaubt eine kostengünstigere Produktion; und schließlich nimmt der Wettbewerb zu, d. h. die Unternehmen müssen schärfer kalkulieren. Dazu kommen ein Wirtschaftswachstum von 4,5 Prozent und zwei Millionen neue Arbeitsplätze. Sollten sich Politiker und Industriemanager gar besonders ins Zeug legen, könnten diese Zahlen noch erheblich günstiger ausfallen: bis zu sieben Prozent Wachstum und fünf Millionen zusätzliche Arbeitsplätze. So steht es in dem Bericht, der unter der Leitung des Italieners Paolo Cecchini von der EG-Kommission bestellt wurde.

Die Ergebnisse stimmen Politiker und Beamte in Brüssel euphorisch ... Das hochgesteckte Ziel der „Väter eines vereinten Euopas", wie es 1957 in den Römischen Verträgen manifestiert worden ist, steht kurz vor seiner Verwirklichung. Jeder EG-Bürger kann dann frei wählen, wo er leben und arbeiten will. Geld und Kapital kann ungehindert durch die zwölf Mitgliedsländer fließen, und Waren und Dienstleistungen können ohne einzelstaatlich-egoistische Hemmnisse in Qualität und Preis miteinander konkurrieren.

Doch es wird auch Verlierer geben in diesem Spiel. Weniger optimistische Fachleute deuten auf drohende Gefahren hin. In einer besonders kritischen Situation befinden sich die eher schwach entwickelten Regionen am Rand der Gemeinschaft: Irland, Portugal, Spanien, Süditalien und Griechenland. Diese Länder fürchten zunehmend um die Zukunft ihrer ohnehin schwachbrüstigen Industrie, die oft die einzige Chance darstellt, aus der Abhängigkeit der problembeladenen Landwirtschaft zu entkommen. 99 Prozent der Betriebe haben weniger als fünfzig Beschäftigte. Der wirtschaftlichen Potenz europäischer Großunternehmen haben diese Zwerge nichts entgegenzusetzen. Alte Maschinen, geringe Stückzahlen und hohe Produktionskosten, aber auch fehlende Exporterfahrung und der Mangel an qualifizierten Arbeitskräften sind charakteristisch für eine Industrielandschaft, die gegenüber der mächtigen Konkurrenz aus den wirtschaftlich starken Ländern der Gemeinschaft kaum eine Überlebenschance hätte, wenn innerhalb des Binnenmarktes erst einmal alle staatlichen Schutzmaßnahmen geächtet sind ...

„Unsere Maschinen sind über zwanzig Jahre alt", gesteht Demenegas Mikoniatis ein. Sein Unternehmen am Stadtrand von Athen ist typisch für den Zustand eines großen Teils der griechischen Industriebetriebe. Rund fünfzig Arbeiter sind hier damit beschäftigt, Waschmaschinen, Kühlschränke und Öfen herzustellen. Manche Ecken der kleinen Werkshalle taugen gut für einen Ehrenplatz im Technikmuseum: alte, rost- und ölverschmierte Apparaturen, an denen nicht minder ölverschmierte Handwerker große Blechteile in Form bringen. Vieles ist Handarbeit. So werden jährlich etwa 10 000 Kühlschränke gefertigt. „Das Geschäft läuft nicht schlecht bisher", sagt der Chef, „ich bin jedenfalls zufrieden. Wir haben etwa tausend Stammkunden hier in Griechenland." Europa steht nicht auf den Lieferlisten ...

Es wird ausländische Firmen geben, so vermuten Wirtschaftswissenschaftler, die sich vielleicht besser auf die Wünsche der Kunden einstellen, die neue Technik einsetzen und damit besser, billiger und schneller herstellen – oder die aus dem Ausland den griechischen Markt mit ihren Produkten überschwemmen. Die möglichen Folgen: Kleinere Betriebe auf dem Land, oft die einzigen Arbeitgeber außerhalb der Landwirtschaft, würden verschwinden, die Menschen in die Städte abwandern und die Provinz veröden. Doch nicht nur die Schwächen der Industrie geben Anlaß zur Sorge ... Für einen griechischen Unternehmer fangen die Probleme nämlich erst richtig an, wenn seine Produkte das Fabrikgelände verlassen: Das einzige EG-Land, das keine gemeinsame Grenze mit einem anderen Partner der Gemeinschaft hat, leidet unter akutem Mangel an Verkehrsverbindungen. Es gibt weder schnelle Durchgangsstraßen noch ein ausgebautes Schienennetz.

Daß hier ein wirtschaftspolitisches Problem heranreift, ... haben inzwischen auch die verantwortlichen Politiker erkennen müssen ... Die Entscheidung der Staats- und Regierungschefs, die Strukturfonds der Gemeinschaft bis 1993 auf rund 28 Milliarden Mark im Jahr zu verdoppeln, gilt als Signal der Solidarität mit den benachteiligten Gebieten der Gemeinschaft, ihnen verstärkt bei der Lösung ihrer Probleme zu helfen.

(aus: Die Zeit vom 24. 2. 1989, Autor, Harald Goerg)

MATERIAL 14 **Die Ziele des Binnenmarktes '93?**

1. Welche Aussage macht die Karikatur zum Binnenmarkt?
2. Überprüfen Sie, inwieweit die Befürchtungen des griechischen Unternehmers berechtigt sind. Ziehen Sie dazu Material 7 und 15 zu Rate.
3. Erörtern Sie mögliche Vor- und Nachteile des EU-Binnenmarktes aus der Sicht Spaniens, Frankreichs und der Bundesrepublik Deutschland.

Von der EG zur Europäischen Union

MATERIAL 15 „Sozialdumping" im Binnenmarkt

In Spanien zahlt ein Arbeitgeber auf einen Bruttolohn von 2000 DM ein Drittel an Sozial- und Arbeitslosenversicherung drauf. In der Bundesrepublik betragen die Lohnnebenkosten 80 Prozent des Bruttolohns. Nicht nur die großen Automobilkonzerne disponieren europaweit. Alle Großfirmen rechnen sich in Gegenden, in denen die Arbeitslosigkeit zwischen 25 und 30 Prozent pendelt, gute Chancen auf billige Arbeitskräfte aus. In Spanien, Süditalien, Portugal gibt es arme und ärmste Regionen, die um jede Ansiedlung froh sind. Und wenn schon Automobilwerke vorhanden sind – wie etwa SEAT in Spanien –, ist es dort kein Problem, eine zweite Nachtschicht, Sonntags- und Wochenendarbeit durchzusetzen.

Für Pamplona ein Segen – für Wolfsburg ein Fluch: Betriebsräte sehen sich vor der Situation, sich unter der Drohung, die Produktion auszulagern, Zugeständnisse abtrotzen lassen zu müssen ... Obwohl der EGB (Europäischer Gewerkschaftsbund) den einzigen Ausweg aus der Misere gezeigt hat, nämlich die Vereinbarung von Mindeststandards auf europäischer Ebene, grassiert bei den deutschen Betriebsräten die Furcht ... Doch nicht der Binnenmarkt ist schuld an der Situation. Gerd Walter, Mitglied des Europäischen Parlaments: „Ich warne vor der Fehleinschätzung, der Binnenmarkt sei die Ursache für Sozialdumping." Seit Jahr und Tag „verschwinden deutsche Arbeitsplätze im Bermudadreieck der Weltwirtschaft". Walter sieht – im Gegenteil – im Binnenmarkt eine Chance, „durch eine verbindliche europäische Gesetzgebung den Sozialstaat festzuschreiben und zu entwickeln. Damit hat die Politik die Chance, ihre Gestaltungsfähigkeit gegenüber internationalen Märkten zurückzugewinnen. Die Frage ist nur, ob wir diese Chance nutzen." ... Die EG bietet wenigstens die Chance, daß die Arbeitnehmer, wenn sie sich einig sind, nicht auf Dauer ... gegeneinander ausgespielt werden können.

(aus: PZ, Dezember 1988, S. 21)

MATERIAL 16 „Schengenland" nimmt Gestalt an

Brüssel – Nach einer Anlaufzeit von acht Jahren haben sich sechs Mitgliedsstaaten der EG darauf verständigt, das sogenannte Schengener Abkommen zum 1. Dezember 1993 in Kraft zu setzen und den Personenverkehr an ihren nationalen Binnengrenzen nicht mehr zu kontrollieren. Portugal, Italien und Griechenland wollen zu einem noch ungenannten Zeitpunkt folgen. Großbritannien, Dänemark und Irland bleiben indes abseits, da sie im Gegensatz zu den Partnerstaaten auf dem Standpunkt stehen, der Binnenmarkt verpflichte nicht dazu, die Personenkontrollen abzuschaffen.

Kernpunkt des Abkommens ist die gemeinsame Visapolitik. Die Neun haben sich auf ein gemeinsames Visum für Reisende aus 125 Drittländern verständigt. Bürger aus 25 Drittstaaten benötigen keinen Sichtvermerk in ihrem Paß. Mit den oft peinlichen Prozeduren an den Grenzen wird es damit ein Ende haben. „Schengen" wird auch auf den Flughäfen gelten. Wer in Frankfurt das Flugzeug aus Paris oder Amsterdam verläßt, muß nicht mehr durch die Paßkontrolle. Passagiere aus Amerika und anderen Drittländern werden in getrennten Ankunftshallen abgefertigt. Die Kehrseite des freien Personenverkehrs in „Schengenland" sind verschärfte Personenkontrollen an den Außengrenzen. Allerdings wollen die Grenzbehörden Drittländer wie Österreich und die Schweiz von den strengen Grenzkontrollen ausnehmen. Anders sieht es an den Grenzen zu Osteuropa aus. Deutschland wird zusätzlich 2600 Polizeibeamte und 1700 Verwaltungsangestellte an die Grenze zu Polen sowie der Tschechischen Republik beordern, zumal das neue Bonner Asylrecht es erlaubt, Ausländer, die aus einem „sicheren Drittstaat" unerlaubt einreisen wollen, „ohne vorherige gerichtliche Überprüfung dorthin zurückzuschieben". Das neue Asylrecht und der Schengen-Vertrag sind zwei Seiten derselben Medaille.

Ein zentraler Fahndungscomputer in Straßburg soll in Zukunft garantieren, daß der Wegfall der Kontrollen an den Binnengrenzen der Polizei die Fahndung nicht erschwert. Der Computer gibt Suchmeldungen binnen fünf Minuten an alle polizeilichen Außenposten weiter. In Brüssel ist man davon überzeugt, daß Kriminelle dank dieses Systems künftig leichter gefaßt werden können als in der heutigen EG. ...

(aus: Süddeutsche Zeitung vom 3./4. 7. 1993)

Diskutieren Sie die Folgen, die sich aus der Abschaffung der Personenkontrollen an den Binnengrenzen der EU ergeben.

2.3 Ein „regulierter" Markt – Der Gemeinsame Agrarmarkt

Agrarpolitik

Von den vielen Bereichen der Politik sind als erstes die Agrar- und Fischereipolitik sowie der Außenhandel voll in die Verantwortung der EU-Organe übergegangen. Die Mitgliedsländer verzichten also für diese Bereiche auf ihre souveränen Rechte (z. B. Haushaltsrecht). Der gemeinsamen Agrarpolitik kommt dabei allein aufgrund ihres hohen Anteils am EU-Haushalt eine besondere Bedeutung zu. Alle Agrargüter können – wie die industriellen Erzeugnisse auch – frei von Zöllen in der ganzen EU gehandelt werden. Im Gegensatz zum Markt für Industriegüter, der möglichst ohne Reglementierungen sich frei entfalten soll, legt die Gemeinschaft jedoch für die wichtigsten Agrargüter einen Mindestpreis fest und bietet so den Landwirten Garantien gegen einen extremen Preisverfall. Um diese Preise durchzusetzen, gibt es zwei Instrumente:

Mindestpreis

„Abschöpfungen"

- Einfuhren vom Weltmarkt werden durch „Abschöpfungen" – eine Art Außenzoll – so stark belastet, daß sie normalerweise in der EU etwas teurer sind als die Preise, die den EU-Landwirten garantiert werden. Die allermeisten EU-Agrargüter haben also innerhalb der Gemeinschaft grundsätzlich bessere Absatzchancen. Umgekehrt wird bei EU-Ausfuhren dem Exporteur eine „Ausfuhrerstattung" gezahlt, die den Preisunterschied zwischen (höherem) Gemeinschaftspreis und Weltmarktpreis ausgleicht.

„Ausfuhrerstattung"

Marktordnung

- Für Getreide, Rindfleisch, Milch und Zucker werden darüber hinaus in sog. Marktordnungen gewisse Mindestpreise fest garantiert, so daß auch eine Überproduktion innerhalb der EU nicht zu einem Preisverfall führt. Diese Garantien werden aber mittlerweile auf bestimmte Höchstmengen begrenzt (z. B. Milch, Zucker) oder an bestimmte Voraussetzungen der Marktentwicklung gebunden (z. B. Rindfleisch). Die – wenn auch begrenzte – Preisgarantie wird dadurch eingelöst, daß diese Produkte (bei Milch sind es Butter und Magermilchpulver) zu den festgesetzten Mindestpreisen (Interventionspreisen) von Interventionsstellen aufgekauft werden, wenn der Bauer auf dem freien Markt keinen höheren Preis erzielt. Andere Formen von Preisstützungsmaßnahmen sind z. B. Prämien für die Destillation von Wein zu Alkohol.

Prämien

Die Agrarpolitik der EU hat dazu geführt, daß
- die Nahrungsversorgung ihrer Bevölkerung gesichert ist – was bei der Gründung der Gemeinschaft nicht der Fall war –, wenn auch zu verhältnismäßig hohen Preisen und Kosten;
- die Produktivität der Landwirtschaft erheblich gestiegen ist, allerdings verbunden mit z. T. enormen Überschüssen bei vielen Agrarprodukten sowie dem zunehmenden Einsatz umweltbelastender chemischer Hilfsmittel und „fabrikmäßiger" Produktion tierischer Erzeugnisse;
- die Landwirtschaft an der allgemeinen Einkommensentwicklung teilgenommen hat, aber regionale und strukturelle Unterschiede (z. B. zwischen Großagrariern und Bergbauern) nicht abgebaut werden konnten.

Die Preis- und Absatzgarantie für Grundnahrungsmittel hat vor allem die Großerzeuger begünstigt, die ohne Rücksicht auf die Marktlage die Produktion steigern konnten. Dagegen sind kleine und mittlere Familienbetriebe vor allem in geographisch benachteiligten Regionen nicht in gleichem Maße Nutznießer dieser Agrarpolitik gewesen, obwohl gerade ihre Existenzerhaltung aus sozialen Gründen und zur Landschaftspflege dringend erforderlich wäre. Durch die ständig wachsenden Agrarüberschüsse ist die EU in finanzielle Engpässe geraten. Denn der Überschuß kostet doppelt: Man zahlt für die Lagerung und hat Schwund- und Qualitätsverluste hinzunehmen; am Ende wird man einen großen Teil der Überschüsse nur dadurch los, daß man ihn unter Wert mit beträchtlichen finanziellen Einbußen verkauft. Die EU ist daher gezwungen, ihre Agrar- und Finanzpolitik zu reformieren, d. h. die Landwirtschaft dazu anzuhalten, ihre Produktion dem Marktbedarf anzupassen und nach den Absatzmöglichkeiten auf dem Binnen- wie auf dem Weltmarkt auszurichten.

Agrarüberschüsse

Agrarreform

Erste Schritte zur Lösung dieser Probleme wurden inzwischen eingeleitet:
- Die Preise für einen Teil der Agrarprodukte wurden gesenkt oder nur sehr vorsichtig erhöht, um die Erzeugung nicht weiter anzuregen.
- Im Milchbereich wurde durch die Einführung der Garantiemengenregelung die bis dahin unbegrenzte Preis- und Abnahmegarantie auf eine bestimmte Ablieferungsmenge („Milchquote") eingeschränkt. Für Milchmengen, die der einzelne Landwirt über seine festgelegte Menge hinaus anliefert, muß er eine Abgabe entrichten, die zur Finanzierung der Überschußmenge beiträgt.
- Der Kern der Reform liegt jedoch im Getreidesektor, wo die Preise bis 1996 um ein Drittel gesenkt werden sollen. Die Getreidebauern bekommen den vollen Ausgleich für ihren Einnahmeausfall, wenn sie 15 Prozent ihrer Getreideanbauflächen stillegen. Kleinerzeuger – in Deutschland über 80 Prozent der Getreideanbauer – erhalten den Preisausgleich aber auch ohne Flächenstillegung. Hinzu kommt, daß die Landwirte ihr Einkommen durch extensive, umweltschonende Bewirtschaftungsmethoden, die von der EU finanziell unterstützt werden, deutlich erhöhen können.

Von dieser Agrarmarktreform erhofft sich die EU einen Abbau der Produktionsüberschüsse und damit auch der Lagerkosten. Langfristig könnte man die Steuerzahler entlasten, die als Verbraucher zudem in den Genuß sinkender Lebensmittelpreise kommen würden. Rückläufige Überschüsse würden zugleich die potentiellen Exportmengen verringern und damit der international heftigen Kritik an der EU-Exportsubvention entgegenwirken. Eher als bisher kann ein bestimmtes Einkommen auch ohne massiven Kunstdüngereinsatz erreicht werden, so daß die Umweltbelastung nicht – wie bei der jetzigen Massenproduktion – weiter zunimmt. Positiv ist auch die Tatsache zu werten, daß mit einem Abbau des Überangebots die zu verteilenden Gelder aus dem EU-Haushalt den Landwirten direkt zufließen und nicht wie bislang in hohem Maße bei Lagerhaltung, Zwischenhändlern und Exporteuren versickern. Ergänzend zu den schon erwähnten Reformmaßnahmen auf dem EU-Agrarmarkt soll es Ausgleichszahlungen für die Stillegung ganzer Betriebe im Falle des Vorruhestands geben. Ebenso sollen z. B. staatliche Zuschüsse zu landschaftspflegerischen Tätigkeiten sowie zur Aufforstung bisher landwirtschaftlich genutzter Flächen gegeben werden. Die Folge: die Zahl der Landwirte geht zurück, die Anbaufläche nimmt ab, die Konzentrationstendenz im Agrarsektor wird sich jedoch fortsetzen.

MATERIAL 17 „Ich bin hier zum Weitermachen verdammt" –
Der Härtefall des Bauern Wehrle.

Bauer Wehrle versteht die Welt nicht mehr. „Ich bin dafür bestraft worden, daß ich so tüchtig bin", meint er, und der Mann vom Landwirtschaftsamt, der neben ihm steht, nickt zustimmend. Dabei hat der ihm doch alles Unheil eingebrockt oder zumindest fast alles. Der Beamte zuckt resigniert mit den Schultern. „Was soll ich machen, die Paragraphen ließen keine andere Entscheidung zu." ...

Doch erzählen wir die Geschichte zunächst der Reihe nach. Bauer Wehrle, ein Mittvierziger, bewirtschaftet mit seiner Familie einen 41 Hektar großen Bauernhof mitten im Schwarzwald. Seit vierzehn Generationen ist der Hof im Familienbesitz; zwei Drittel Wiesen- und Weideland, ein Drittel Wald, 20 Kühe. Die Familie hatte mit dem Verkauf von Milch, Vieh und Saatkartoffeln ihr Auskommen, mehr nicht. Landwirtschaft ist im Schwarzwald keine Tätigkeit, die große Einkommen verheißt.

Doch in den siebziger Jahren rutschte der Hof an den Rand der Krise. Das Saatkartoffelgeschäft fiel weg, die Milchproduktion entsprach nicht mehr den Erfordernissen einer modernen Landwirtschaft. Der Stall, so befand Bauer Wehrle, mußte umgebaut und vergrößert werden. Das aber kostete Geld. Woher nehmen? Das zuständige Landwirtschaftsamt winkte zunächst ab. Der Hof, so ergab eine Prüfung, passe in keines der damals gültigen Investitionsprogramme. „Suchen Sie sich einen Job außerhalb der Landwirtschaft", beschied man dem damals Fünfunddreißigjährigen. „Ihr Hof taugt nur für den Nebenerwerb." Doch Wehrle wollte nicht aufgeben.

Ein Jahr später schien sich dann die Wende zum Besseren anzubahnen. Das Land suchte vier Betriebe für eine Modellförderung. Wehrles Hof war einer der vier. 1980/81 konnte er endlich bauen. 32 Kühe, so sah sein mit dem Landwirtschaftsamt vereinbarter Betriebsentwicklungsplan vor, sollten am Ende im Stall stehen, dazu moderne Stalltechnik und ein Futtersilo.

Das Ganze war nicht billig. Bauen im Schwarzwald ist teurer als anderswo. Landschaftspflege und Denkmalschutz haben ihren Preis. Rund ein Drittel muß man hier mehr anlegen als in anderen Teilen der Republik, ein Grund, warum die Ställe meist kleiner sind als anderswo. 80 Prozent der Höfe haben weniger als 20 Kühe.

500 000 Mark ergab der Kostenvoranschlag für diesen Hof, 660 000 waren es schließlich als abgerechnet wurde. 380 000 zinsverbilligte Darlehen, 130 000 verlorener Zuschuß des Landes und 150 000 mußte er selbst aufbringen. Viel Eigenarbeit, Holz aus dem eigenen Wald, aber auch Bares. Gleichwohl, die Investition sollte zu bezahlen sein. Schließlich waren 40 Jahre Zeit dazu, und mehr Kühe und eine erhöhte Milchleistung pro Kuh versprachen zusätzliche Einnahmen.

Am agrarpolitischen Himmel zogen inzwischen schwere Gewitter auf. Der Milchsee schwappte über, da mußte eingedämmt werden, wollte die Gemeinschaft nicht in ihren Überschüssen ertrinken. Wehrle war beunruhigt. „Muß ich Kühe verkaufen", fragte er an, doch wieder winkte das Landwirtschaftsamt ab. „Sie nicht, Sie werden auf jeden Fall ein Härtefall." ... Die Zukunft schien gesichert. Doch 1984 kam die Milchquote, und Wehrle war kein Härtefall. Seine umfangreichen Investitionen waren vor 1978 beantragt worden, und auch die anderen Kriterien trafen auf ihn nicht zu. Von den 1983 abgelieferten 187 000 Kilo Milch wurden ihm 29 000 abgezogen. ...

Aber da waren noch andere Härtefall-Programme. Das Amt machte wieder Hoffnungen. Wehrle stellte Anträge und produzierte weiter. Aber auch diese Paragraphen paßten nicht auf ihn. Und bei der letzten Chance, dem Sonderprogramm des Landes, da war er dann zu alt (er hätte unter 40 sein müssen), und er verdiente zu viel. Am Ende des Milchwirtschaftsjahres 1985/86 wurde sein Arbeitseifer mit 9 000 Mark bestraft. Strafabzug für zu viel gelieferte Milch. Wehrle, was blieb ihm anderes übrig, verkaufte Kühe, um die Milproduktion zu drücken. Mit Verlust. Der Schlachthof zahlte nur die Hälfte der ursprünglichen Kaufsumme. ...

Wehrle ist aber trotz seiner Erfahrungen nicht gegen die Quotenregelung. „Wenn die nicht gekommen wäre, dann hätten wir die Milchproduktion im Schwarzwald bald vergessen können. Gegen die Großbetriebe im Norden und in Holland hätten wir auf einem freien Markt doch nie bestehen können." Was ihn ärgert, ist die einzelbetriebliche Verteilung der Quote. „Da gibt es andere Höfe, die haben weniger investiert, große Eigenleistungen angegeben und als Härtefall eine beträchtliche Quote dazubekommen. Das alles ist sehr ungerecht verteilt." ...

Alternativen zur Milchwirtschaft hat er kaum. Der eigene Wald ist für große Erträge zu klein, die Chance, in den Fremdenverkehr einzusteigen, ist mangels finanzieller Masse blockiert. ... Also doch aufgeben? „Wie auch? Ich bin hier zum Weitermachen verdammt. Die Schulden müssen schließlich abgetragen werden. Und zudem: Einen Hof, der seit dem 16. Jahrhundert im Familienbesitz ist, gibt man nicht so schnell auf." ... Ein bißchen hat Wehrle freilich doch resigniert – politisch. „Bei der nächsten Wahl", so meint er zum Abschluß, „werden sie mich bestimmt an keine Wahlurne bringen." Wehrle ist seit 25 Jahren CDU-Mitglied.

(nach: Badische Zeitung vom 5. 7. 1986, Autor: Thomas Hauser)

Von der EG zur Europäischen Union

MATERIAL 18 Wetterbericht aus Brüssel

"DEMNÄCHST ETWAS NACHLASSENDE NIEDERSCHLÄGE"

MATERIAL 19 Die Folgen der Milchquote

Die EG hat ihre Butter- und Milchpulverberge fast vollständig abgetragen. Das vor vier Jahren eingeführte Milchquotensystem sorgte dafür, daß die Steigerung der Produktivität aufgefangen und die auf der einen Seite (mit über 6 Mrd. DM an EG-Geldern) abgebauten Überschüsse nicht auf der anderen Seite wieder aufgehäuft wurden. Seither ließen die Bauern 2,7 Millionen Kühe zusätzlich abschlachten, damit sie ihre Milchquoten nicht überschritten. Die gesamte Milchproduktion ging um 10 Prozent zurück. Die Produktion geht aber noch immer über den Bedarf hinaus. Außerdem hat die Medaille auch eine Kehrseite: Durch das Abschlachten der Milchkühe stiegen die Rindfleischüberschüsse, und Käufer sind weit und breit nicht in Sicht.

„Die billigste Lösung wäre, das ganze Zeug einfach wegzuwerfen", meint ein Sprecher der EG. (dpa)

(aus: Süddeutsche Zeitung vom 16./17. 7. 1988)

MATERIAL 20 Agrarreform

Konzept der neuen EU-Agrarpolitik (Beispiel: Getreidemarkt-Reform)

Bisher: Einkommensstützung über die Preise

- LANDWIRTE ...verkaufen Getreide zu garantierten Preisen → EU-AGRARMARKT
- ...beziehen ihr Einkommen aus Verkauf
- STAAT stützt Preise durch:
  ● Einlagerung von Überschüssen
  ● Exportsubventionen
  ● Abwehr von Einfuhren
- Preise weit über Weltmarktpreisen

PROBLEM: Zu hohe Preise reizen zur Überproduktion, deren Beseitigung zu teuer wird

Künftig: Einkommensstützung über direkte Hilfen

- LANDWIRTE ...verkaufen zu niedrigeren Preisen → EU-AGRARMARKT
- ...beziehen ihr Einkommen teils vom Staat / teils aus Verkauf
- STAAT zahlt Einkommenshilfen, die auf die Fläche bezogen sind, direkt an Landwirte
- Preise näher an den Weltmarktpreisen

ZIEL: Preissenkung soll Überproduktion verhindern, Landwirte sollen entschädigt werden

---

1. Erläutern Sie die Karikatur.
2. Welche Folgen hatte der „Wetterbericht" für Bauer Wehrle (Material 17/18)?
3. Zeigen Sie den Teufelskreis der EG-Agrarpolitik auf. Gehen Sie dabei zum einen von steigenden, zum anderen von sinkenden EG-Agrarpreisen aus. Zeigen Sie die Auswirkungen auf Steuerzahler und Verbraucher.
4. Diskutieren Sie die Lösungsmöglichkeit der Krise des Agrarmarktes unter der Voraussetzung, daß die Milchwirtschaft völlig dem freien Spiel der Marktkräfte überlassen wird.
5. Erläutern Sie die in Material 20 dargestellte neue Agrarmarktpolitik.
6. Erörtern Sie die Vor- und Nachteile der Reform des Getreidemarktes.

2.4 Die Europäische Union – ein Meilenstein auf dem Weg zu den Vereinigten Staaten von Europa?

Europäische Union

Wohl kaum eine europäische Vereinbarung hat in den vergangen Jahrzehnten soviel Emotionen geweckt und Diskussionen ausgelöst wie der im Dezember 1991 in Maastricht verabschiedete und am 1. 11. 1993 in Kraft getretene „Vertrag über die Europäische Union". (vgl. S. 172, d. Verf.). Der Deutsche Bundestag und der Bundesrat billigen den Vertrag von Maastricht zwar fast einstimmig. Doch so ungeteilt, wie es die überwältigenden Mehrheiten in den beiden Kammern vermuten lassen, war die Zustimmung zu Maastricht auch in der Bundesrepublik nicht. Beim Bundesverfassungsgericht in Karlsruhe gingen mehrere Verfassungsbeschwerden gegen der Vertrag von Maastricht ein – wenn auch aus unterschiedlichen Motiven. Einerseits gab es unter den Beschwerdeführern überzeugte Europäer, die die Demokratie-Defizite der EU anprangerten und z. B. die kümmerliche Rolle des Europaparlaments oder die unkontrollierte Macht der EU-Bürokratie in Brüssel beklagten. Auf der anderen Seite standen die Nationalstaatler und Anti-Europäer, die grundsätzlich die europäische Einigung ablehnten.

Der Vertrag von Maastricht – so behaupten seine Gegner – bringe das Ende der deutschen Souveränität und Staatlichkeit, da er das Grundgesetz als neue, europäische Verfassung ablösen werde. Nach Artikel 79, Absatz 3 GG sei jedoch die Existenz Deutschlands als souveräner und demokratischer Staat auf „ewig" verbürgt und ein Beitritt zu einem anderen Staat verboten – auch wenn dieser Staat Europa heiße. Die Fülle der Staatsgewalt dürfe, solange das Grundgesetz gilt, nicht auf ein anderes Staatsgebilde übertragen werden. Würde das Grundgesetz allerdings von einer neuen Verfassung abgelöst – z. B. einer Europa-Verfassung –, dann gilt auch die Ewigkeitsgarantie des Artikel 79 nicht mehr. Vielmehr schreibt der Artikel 146 in einem solchen Fall vor: Die neue Verfassung muß „vom deutschen Volk in freier Entscheidung beschlossen" werden. Die Schlußfolgerung der Gegner von Maastricht aus diesem Sachverhalt spitzt sich auf die Frage zu: Warum durften die Franzosen oder die Dänen über den Maastrichter Vertrag abstimmen – nicht aber die Deutschen? Die Antwort der Bundesregierung lautet ganz einfach: Weil die Europäische Union kein Staat, sondern nur eine zwischenstaatliche Einrichtung sei. Außerdem verweisen die Befürworter auf das in der Präambel des Grundgesetzes formulierte Ziel, Deutschland zu einem „Glied in einem vereinten Europa" zu machen. Zudem regele der neue Europaartikel 23 des Grundgesetzes die Beziehungen zur Europäischen Union. Außerdem bleibe der Bundesrepublik immer noch eine Fülle an Hoheitsgewalt.

Staatenverbund der Völker Europas

Das Bundesverfassungsgericht hat in seinem Urteil vom Oktober 1993 den Vertrag von Maastricht gebilligt. Dem Urteil des Gerichts zufolge werde kein europäischer Bundesstaat gegründet. Deutschland bleibe demnach ein souveräner Staat im „Staatenverbund der Völker Europas". Der Vertrag beinhalte keine zwangsläufige Währungsunion, so daß Deuschland ausreichend Kontrolle über die Deutsche Mark behalte. Der neue Art. 23 GG sichere die nötige demokratische Mitwirkung an EU-Entscheidungen durch Bundestag und Bundesrat.

Von der EG zur Europäischen Union

Warum kam es Anfang der 90er Jahre zu einem „Integrationsschub" in Europa?
- Nach dem Wegfall der Binnengrenzen und dem Inkrafttreten der „Vier großen Freiheiten" innerhalb der EG muß zwangsläufig ein immer größerer Teil staatlicher Aufgaben im Einvernehmen aller Staaten erledigt werden. Es ist eine Art europäischer Innenpolitik entstanden. Über Wechselkurse, Förderung benachteiligter Regionen, Außenhandel, Umwelt- oder Verkehrspolitik wird entweder gemeinsam in Brüssel entschieden oder gar nicht.
- Die Veränderungen in Mittel- und Osteuropa, die Ereignisse am Golf von Persien sowie die Nationalitätenkonflikte im ehemaligen Jugoslawien hatten deutlich gezeigt, daß die EU den gewachsenen außenpolitischen Erwartungen und Anforderungen mit dem vorhandenen Instrumentarium nur bedingt gerecht werden konnte.
- Schließlich war es das besondere Anliegen der Deutschen, ihren Partnern zu zeigen, daß sie auch nach der deutschen Einigung unbeirrt am Ziel der Europäischen Union festhalten und auf deutsche Sonderwege und nationale Alleingänge verzichten wollen. Die europäische Integration sollte so ausgebaut werden, daß sie nicht mehr rückgängig gemacht werden kann.

Integrationsschub

Was enthält der Vertrag über die Europäische Union in einzelnen?
- Wirtschafts- und Währungsunion (EWWU): Bis 1999 soll in mehreren Stufen der Übergang zu einer Wirtschafts- und Währungsunion mit einer einheitlichen Währung erfolgen – allerdings nur für die Staaten, die bestimmte stabilitätspolitische Kriterien erfüllen.
- Innenpolitische Union: Neben der nationalen Staatsbürgerschaft erhalten alle EU-Bürger eine europäische Unionsbürgerschaft. Damit verbunden ist das Recht von Staatsangehörigen eines EU-Landes, in dem Mitgliedsstaat, in dem sie ihren ständigen Wohnsitz haben, bei Kommunalwahlen das aktive und passive Wahlrecht auszuüben. Daneben ist eine engere Zusammenarbeit bei Justiz und Polizei vorgesehen, um internationale Wirtschaftskriminalität, Drogenschmuggel oder illegale Einwanderung besser bekämpfen zu können. Ferner bekommt die EU neue Zuständigkeiten für Bildung und Kultur, Gesundheit und Umweltschutz sowie grenzüberschreitenden Verkehr und Verbraucherschutz.
- Außen- und Sicherheitspolitische Union: Die Westeuropäische Union (WEU) soll zum verteidigungs- und militärpolitischen Arm der EU werden.
- Soziale Union: Das Soziale Protokoll soll für alle Arbeitnehmer der EU einen Sockel gemeinsamer sozialer Mindestrechte schaffen. Dazu gehören z. B. Mindestvorschriften zum Schutz der Gesundheit und Sicherheit am Arbeitsplatz, zum sozialen Schutz von Arbeitnehmern und zur Mitbestimmung in den Unternehmen. Ausgenommen von der Sozialunion sind die Tarifautonomie sowie das Koalitions- und Streikrecht.
- Demokratische Union: Nach wie vor werden „Gesetze" (Verordnungen und Richtlinien) der EU nicht vom Europäischen Parlament, sondern – auf Vorschlag der Europäischen Kommission – vom Ministerrat beschlossen. Auf einigen Gebieten hat aber nun das Europäische Parlament jetzt das Recht auf Mitentscheidung, so u. a. bei der Einsetzung der EU-Kommission und vielen Binnenmarktfragen. Können sich Parlament und Rat nicht einigen, müssen sie einen Vermittlungsausschuß anrufen. Wird kein Kompromiß gefunden, hat das Parlament ein Vetorecht.

Wirtschafts- und Währungsunion

Innenpolitische Union

Außen- und sicherheitspolitische Union

Soziale Union

Demokratische Union

MATERIAL 21 — Aus der Ratifizierungsdebatte des Maastricht-Vertrages im Deutschen Bundestag (Dezember 1992)

Helmut Kohl (CDU):

Wir vergessen allzu leicht, was es bedeutet, daß wir heute in Westeuropa in der längsten Friedensperiode seit Mitte des 19. Jahrhunderts leben. Nur 21 Jahre nach dem Ende des Ersten begann der Zweite Weltkrieg. 43 Jahre nach der Reichsgründung 1871 brach der Erste Weltkrieg aus. Heute leben wir schon 47 Jahre in Frieden – und mit der Gewißheit, daß dies auch weiterhin so bleibt.

Dies ist nicht zuletzt auch ein Verdienst der Europäischen Gemeinschaft. Sie hat mit dazu beigetragen, alte Feindschaften zu überwinden und nationale Rivalitäten in Freundschaften und immer engere wirtschaftliche und politische Zusammenarbeit zu verwandeln. Ohne die feste Einbettung der Bundesrepublik Deutschland in die europäische Integration wäre auch die friedliche Vereinigung unseres Vaterlandes so schnell und problemlos nicht zu verwirklichen gewesen. Deshalb sind deutsche Einheit und europäische Einigung für uns zwei Seiten ein und derselben Medaille. Europa ist für Deutschland eine Schicksalsfrage. Aufgrund unserer geographischen Lage ist unsere Zukunft mehr als die jedes anderen europäischen Landes mit der Entwicklung unseres ganzen Kontinents verbunden, ja von ihr abhängig.

Die konsequente Fortsetzung der Politik der europäischen Integration ist zugleich eine zukunftsweisende Antwort auf den wachsenden Nationalismus und den Zerfall in anderen Teilen Europas. Es soll niemand glauben, das Gespenst des Nationalismus in Europa sei endgültig tot oder nur noch auf dem Balkan zu Hause.

Maastricht steht nicht für ein zentralistisches Europa – Maastricht steht für ein demokratisches und bürgernahes Europa, das die nationale Identität und Kultur aller Mitgliedstaaten und ihrer Regionen achtet. Wir haben in Maastricht eben nicht den Grundstein zu einem europäischen Überstaat gelegt, der alles einebnet und verwischt. Im vereinten Europa werden wir auch in Zukunft fest in unserer Heimatregion verwurzelt bleiben, wir werden Briten, Deutsche, Belgier und Franzosen bleiben – und zugleich sind wir Europäer.

Heidemarie Wieczorek-Zeul (SPD):

Als am 9. November 1989 junge Leute die Mauer stürmten und statt des Deutschland-Liedes sangen: „So ein Tag, so wunderschön wie heute …", da war ich überzeugt, vor diesen jungen Deutschen brauchte in Europa niemand wieder Angst zu haben. Vielleicht sind es nicht dieselben jungen Deutschen, die heute mit Sieg-Heil-Rufen durch die Straßen marschieren, Ausländer verprügeln und Heime für Asylbewerber in Brand setzen. Aber vielleicht doch? Der Nationalismus, den manche von uns nach der deutschen Einheit befürchteten, hat sich nicht nach außen gewandt. Er wendet sich nach innen. Ich bin mir ziemlich sicher, sollte die europäische Integration zurückfallen oder gar scheitern und Deutschland sich selbst überlassen bleiben, würde der alte Ungeist wieder in großem Umfang gesellschafts- und politikfähig werden. Das ist der Hauptgrund, warum viele in meiner Fraktion, die „Maastricht" durchaus kritisch sehen, dem Vertrag und den notwendigen Verfassungsänderungen dennoch zustimmen. In den siebziger Jahren handelten die EG-Mitgliedstaaten nach der Ölpreiskrise nach dem Prinzip „Rette sich wer kann". Das trieb die Arbeitslosigkeit in nicht gekannte Höhen. Wir dürfen heute den Fehler des Rückfalls in die Desintegration aus politischen, wirtschaftlichen und sozialen Gründen nicht wiederholen.

Wir haben den Artikel 23 im Grundgesetz eingefügt. Er legt fest, daß die künftige Europäische Union demokratischen, rechtsstaatlichen, sozialen und föderativen Grundsätzen entsprechen muß. Gleichzeitig wird festgelegt, daß Hoheitsübertragungen zukünftig nur noch mit einer Zweidrittel-Mehrheit im Bundestag und Bundesrat möglich sein werden. Damit ist der bisherigen undemokratischen Praxis ein Ende gesetzt, mit der nach dem Artikel 24 und mit einfacher Mehrheit zentrale Kompetenzen auf die EG übertragen wurden, ohne daß dort gleichzeitig eine ausreichende parlamentarische Kontrolle und Entscheidung beim Europäischen Parlament vorhanden gewesen wäre. … Für uns ist klar: Wenn die Demokratisierung auf EG-Ebene, d. h. vor allem mehr Rechte für das Europäische Parlament, nicht vorankommt, dann ist auch eine weitere Übertragung von Hoheitsrechten aus der Bundesrepublik auf die EG nicht mehr zu akzeptieren.

(aus: EG-Informationen 8/1992)

| **MATERIAL 22** | **Die Europäische Union – das Ende des Grundgesetzes?** |

Jetzt geht es um mehr. Die D-Mark steht zur Disposition. Nun, da sich Europa auf den Weg zur politischen Gemeinschaft macht, schlägt die Quantität der gerade noch hinnehmbaren Akte in eine Qualität um, die den Staat des Grundgesetzes bis ins Mark umzukrempeln droht. Angesichts der bevorstehenden Veränderungen muß die Frage geprüft werden, ob Deutschlands Verfassung solche Demontage erlaubt. Das Grundgesetz gibt die Antwort nein.

Die Geburtshelfer der Bundesrepublik mit ihren Erfahrungen aus Weimar hatten 1949 vorrangig eines im Sinn: die Selbstzerstörung der neuen Verfassung – also den Staats-Suizid, den sie aus eigener Erfahrung kannten – um jeden Preis zu verhindern. Deshalb schufen sie eine Sperrklausel. Artikel 79 Absatz 3 – in der Fachsprache „Ewigkeitsgarantie" genannt – bestimmt ohne Wenn und Aber: „Eine Änderung dieses Grundgesetzes, durch welche die Gliederung des Bundes in Länder, die grundsätzliche Mitwirkung der Länder bei der Gesetzgebung oder die in den Artikel 1 und 20 niedergelegten Grundsätze berührt werden, ist unzulässig." Evident ist, daß die Abgabe von Rechtsetzungsbefugnissen an „Rat" und „Kommission" in Brüssel die in Artikel 20 niedergelegten Grundsätze berührt.

In Brüssel gibt es keine parlamentarischen Beratungen, die den Bundestagsdebatten vergleichbar wären, keine Hearings, keine vom Fernsehen übertragenen Abstimmungen, keine Medienöffentlichkeit. Die Bundesbürger müssen Normen akzeptieren, die auf andere Weise zustande kommen, als ihnen in Artikel 20 GG garantiert wird. Die EG-Abgeordneten können nicht als Ersatz gelten, sie haben nichts zu bestellen. Damit hat sich Bundeskanzler Helmut Kohl in Maastricht für die nächste Zeit abgefunden. Solange sich die Mitwirkungsrechte des Europaparlaments an der Nullgrenze bewegen, ist die EG eine Rätediktatur, deren einzige Legitimation aus deutscher Sicht darin gesehen werden kann, daß der Bonner Vertreter im Rat einem Kabinett entstammt, das aus demokratischen Wahlen hervorgegangen ist.

(aus: Der Spiegel, Nr. 13/1992, S. 76)

1. Erläutern Sie die Karikatur.
2. Wodurch ist das Grundgesetz bedroht?
3. Mit welchen Argumenten werben H. Kohl und H. Wieczorek-Zeul für die Annahme des Maastrichter Vertrages? Wo legen beide Sprecher ihre Schwerpunkte?
4. Überprüfen Sie, inwieweit der neue Artikel 23 GG die „Ewigkeitsgarantie" des Art. 79 GG stützt und als Rettungsanker für das von vielen empfundene „Demokratie-Defizit" der EU bezeichnet werden kann.

3. Die Entwicklung der Europäischen Union bis zum Jahr 2000

3.1 Die Europäische Wirtschafts- und Währungsunion – Kernstück oder Spaltpilz der Europäischen Union?

Die Bank für Internationalen Zahlungsausgleich (BIZ) in Basel hat im April 1992 gemeinsam mit 26 nationalen Notenbanken das Geschehen auf den internationalen Devisenmärkten verfolgt und kam zu dem Ergebnis, daß täglich Gelder in der Größenordnung von rund tausend Milliarden Dollar in andere Währungen getauscht werden. Gegenüber 1980 ist das vermutlich – genaue Zahlen für diesen Zeitraum hat man nicht – eine Verzehnfachung der Umsätze.

Devisenhandel

Der Großteil des internationalen Devisenhandels spielt sich am Telefonhörer zwischen großen Banken und spezialisierten Devisenhändlern ab, wobei der Wechselkurs zwischen den Partnern frei und für jedes Geschäft neu ausgehandelt wird. Nur ein geringer Teil wird über die amtlichen Devisenbörsen abgewickelt, an denen der offizielle Wechselkurs für den Devisen-Einzelhandel festgestellt wird, also der Kurs, der gilt, wenn man als Urlauber fremde Währungen, d. h. Banknoten und Münzen (Sorten) erwirbt. Offensichtlich schieben die berufsmäßigen Anleger immer häufiger immer größere Vermögenswerte zwischen einzelnen Währungen hin und her. Die Gründe dafür sind:

- Computergestützte Informationssysteme haben den Devisenhandel von der technischen Seite her wesentlich erleichtert.
- Der zunehmende internationale Handel steigert den Bedarf an fremden Währungen.
- Die Freiheit des Kapitalverkehrs ermöglicht Spekulationsgeschäfte.
- Die Anlagemöglichkeiten sind durch das Wachstum supranationaler Kapitalmärkte (z. B. in Luxemburg) und neue Anlageformen stark erweitert worden.

Europäisches Währungssystem

Angesichts dieser Situation suchten die Europa-Politiker nach Wegen, die Entwicklung an den Devisenmärkten wieder besser unter Kontrolle zu bringen – und das hieß vor allem Eindämmung der Spekulationsgewinne bei der Auf- und Abwertung von Wechselkursen. Dies erschien um so dringlicher, da auch das damalige Europäische Währungssystem (EWS) seinen engen Wechselkursverbund von nur 2,25 Prozent nach oben und unten gegen die Kräfte des Devisenmarktes nicht halten konnte. Zudem mußten Großbritannien und Italien vorübergehend aus dem EWS-Verbund ausscheiden. Die Staats- und Regierungschefs des Europäischen Rates faßten den Beschluß, in einem „großen Sprung nach vorn" eine einheitliche europäische Währung bis spätestens 1999 einzuführen. Wesentliche Voraussetzungen für eine gemeinsame Währung ist die Übereinstimmung der Beteiligten in den wirtschaftspolitischen Zielen.

Die EU-Staaten müssen deshalb vier stabilitätspolitische Bedingungen, die sog. Konvergenzkriterien, erfüllen, damit sie an der Endstufe der Europäischen Wirtschafts- und Währungsunion teilnehmen können. Oberste Richtschnur ist die Sicherung der Geldwertstabilität:

Konvergenzkriterien

- Preisniveaustabilität: Die inländische Inflationsrate darf maximal 1,5 Prozentpunkte über derjenigen der drei preisstabilsten Länder liegen.
- Zinsniveau: Der Zinssatz für langfristige Kredite darf das Niveau in den drei preisstabilsten Ländern höchstens um zwei Prozentpunkte übertreffen.
- Wechselkurs: Zwei Jahre vor Eintritt in die Endstufe der EWWU darf die inländische Währung nicht mehr abgewertet worden sein.
- Öffentliche Finanzen: Das gesamte öffentliche Haushaltsdefizit in einem Jahr darf nicht mehr als drei Prozent des Sozialprodukts betragen, die Gesamtschuld des Staates 60 Prozent des Sozialprodukts nicht übersteigen.

Zum Zeitpunkt des Vertragsabschlusses erfüllten nur Frankreich und Luxemburg die Bedingungen des Beitritts zur EWWU vollständig. Schon diese Tatsache zeigt, daß in Maastricht die stabilitätspolitische Meßlatte sehr hoch gelegt wurde. Wie sieht nun der „Fahrplan" zur Errichtung der Wirtschafts- und Währungsunion aus?

1994: Das Europäische Währungsinstitut (EWI) wird in Frankfurt errichtet. Es soll die währungspolitische Entwicklung in den Mitgliedsstaaten überwachen und koordinieren, insbesonders die Bandbreiten für Wechselkursschwankungen verringern.

Europäisches Währungsinstitut

Ende 1996: Der Europäische Rat überprüft, ob die beitrittswilligen Länder die vier Konvergenzkriterien erfüllen. Mindestens sieben Länder müßten es sein, damit die Währungsunion in Kraft treten kann. Ist dies 1996 nicht der Fall, wird zwei Jahre später erneut geprüft, welche EU-Mitglieder ECU-tauglich sind.

1999: Auch wenn nur zwei Staaten den Konvergenz-Test bestehen, kann die Währungsunion anlaufen. Dann soll eine unabhängige Europäische Zentralbank (EZB) die Geldmenge der Europawährung ECU steuern und – neben der staatlichen Finanzpolitik – für die Stabilität der Währung verantwortlich sein. Die Europäische Zentralbank ist weitgehend nach dem Vorbild der Deutschen Bundesbank konzipiert.

Europäische Zentralbank

In der Frage des richtigen Zeitpunktes der Einführung der gemeinsamen europäischen Währung stehen sich zwei „Denkschulen" gegenüber. Die Verfechter der „Motortheorie" fordern die möglichst schnelle Realisierung der Währungsunion, auch wenn noch beträchtliche Entwicklungsunterschiede z. B. hinsichtlich des Industrialisierungsgrades, des Produktivitätsstandards oder der Inflationsrate zwischen den Teilnehmerländern bestehen. Nach Auffassung dieser „Monetaristen" wirkt eine gemeinsame Währung als enorme Schubkraft im wirtschaftspolitischen Angleichungsprozeß. Demgegenüber vertreten die „Ökonomisten" die „Krönungstheorie". Zunächst müssen die wirtschaftlichen und sozialen Voraussetzungen (z. B. die Arbeitslosenquote und der soziale Standard) und die stabilitätspolitischen Zielsetzungen harmonisiert werden, bevor dann als krönender Abschluß eine gemeinsame Euro-Währung eingeführt werden kann.

„Motortheorie"

„Krönungstheorie"

MATERIAL 23 Europa bleibt Europa – eine Fabel von Cees Nooteboom

In einem großen, eleganten, aber ein wenig heruntergekommenen Klub, wie man sie in London findet, saßen die europäischen Währungen beisammen. Jeden Tag wird in einem Nebenzimmer des Klubs ihre Temperatur gemessen und das Ergebnis draußen angezeigt, für Börsen, Banken und Spekulanten. Es dürfte Sie kaum wundern, daß es sich ungeachtet des grammatischen Geschlechts ausnahmslos um Männer handelte. Ich weiß nicht, ob Sie sich jemals eine bildliche Vorstellung von der Mark oder dem Gulden gemacht haben, aber im Vergleich zur Drachme und zum Escudo, vom Dinar, Leu und Zloty ganz zu schweigen, wirken die beiden blühend, ja geradezu unverschämt gesund.

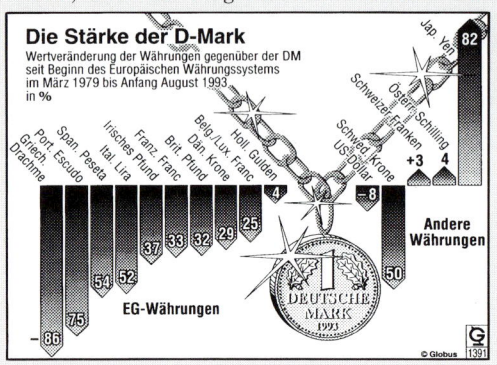

„Aber im Grunde sind sie doch Angeber", sagte das Pfund zum Französischen Franc, der bereits die ganze Zeit versuchte, die Mark auf sich aufmerksam zu machen. Der Franc erwiderte nichts und stand auf, weil er den Rubel auf sich zukommen sah. „Ich hab' ja schon immer gesagt, daß nichts dabei herauskommen würde", murmelte das Pfund, aber der Gulden, der das gehört hatte, sagte: „Dazu hast du ja auch nach Kräften beigetragen." Auch die Peseta war nicht glücklich. „Zuerst hieß es, wir dürften auch mitmachen", sagte sie zur Lira, „und plötzlich waren wir nicht mehr gut genug. Jahrelang tut man sein Bestes, man glaubt alles, was sie sagen, und auf einmal erzählen sie einem, man hätte nicht genug gespart, man würde nicht genug verdienen, und man dürfe vielleicht, wenn man sich gut beträgt, in ein paar Jahren nochmal anfragen."

„Das Boot neigt sich auf die Seite des Schwersten", sagte die Lira zerstreut, während sie versuchte, sich den albanischen Lek vom Leibe zu halten und sich gleichzeitig etwas Intelligentes einfallen zu lassen, was sie zur Mark sagen könnte. In diesem Augenblick wurde die Tür aufgerissen, und ein junger Mann im Jogginganzug stürmte herein. „Mein Gott, auch das noch", sagte das Pfund seufzend zum Schweizer Franken, „allein schon der Gedanke, sich mit diesem Parvenü gemein machen zu müssen!"

Der ECU, denn um niemand anderen handelte es sich, schien diese Bemerkung überhört zu haben. Er schlug dem Pfund auf die Schulter, daß es dröhnte, und rief: „Na, alter Knabe, wie geht's? Schon ein bißchen besser? Mrs. Thatcher wohlauf?" und ging schnurstracks weiter zu Mark und Gulden, die ein wenig darauf gewartet hatten. „Kann ich euch mal kurz unter vier Augen sprechen", sagte er, „ich habe gerade den Dollar und den Yen bei MacDonald's getroffen und die meinten ..."

Der Rest war für die übrige Gesellschaft nicht zu hören, denn in diesem Augenblick hatte der Forint seinen ganzen Mut zusammengenommen und war auf den ECU zugegangen. „Hätten Sie wohl einen Augenblick Zeit für mich?" fragte er. Der ECU sah die Mark an, blickte auf seine Armbanduhr und sagte: „Tut mir leid, mein Guter, jetzt geht's wirklich nicht, aber Sie können gern eine Nachricht bei meiner Sekretärin hinterlassen."

(aus: Süddeutsche Zeitung vom 18. 10. 1993)

Die Stärke der D-Mark
Wertveränderung der Währungen gegenüber der DM seit Beginn des Europäischen Währungssystems im März 1979 bis Anfang August 1993 in %

EG-Währungen: Griech. Drachme –86, Port. Escudo –75, Span. Peseta –54, Ital. Lira –52, Irisches Pfund –37, Franz. Franc –33, Belg./Lux. Franc –32, Dän. Krone –29, Holl. Gulden –25, –4
Andere Währungen: Schwed. Krone –8, US-Dollar –50, Österr. Schilling +3, Schweizer Franken 4, Jap. Yen 82

---

1. Erläutern Sie mit Hilfe des Autorentextes (S. 196 f.) und Material 23, worin sich der „Wert" einer Währung ausdrückt.
2. Warum ist es so schwierig, eine gemeinsame europäische Währung zu schaffen?

MATERIAL 24 Die gemeinsame Europa-Währung im Widerstreit der Meinungen

PRO	CONTRA
Zuverlässigere Kalkulation von Im- und Exportgeschäften: Keine Verzerrung von Preisen, Kosten und Gewinnen im Ausland durch schwankende Wechselkurse; leichterer Preisvergleich für Touristen.	Kein Ausgleich von Produktivitätsunterschieden durch Ab- oder Aufwertung; Zur Vermeidung sozialer Spannungen Erhöhung der Zuschüsse der reichen Mitglieder: erhöhte Inflationsgefahr durch Verschuldung
Vereinfachung des Zahlungsverkehrs durch Wegfall der Kosten für Währungsumtausch	Zunahme der Inflationsgefahr durch defizitäre Haushaltspolitik der ärmeren Länder
Voraussetzung für Teilnahme an der Währungsunion: Konsequente Stabilitätspolitik	Aufweichung der Konvergenzkriterien aus politischen Gründen
Deutschland nicht mehr Spitzenreiter der Preisniveaustabilität, sondern Mittelfeld: Import von Stabilität und nicht von Inflation	Fehlen eines „politischen Daches" zur Vermeidung einer „Inflationsgemeinschaft"
Symbolwirkung der gemeinsamen Währung: Förderung des Zusammenwachsens der europäischen Staaten („europäische Identität")	Wegfall des Symbolwerts der nationalen Währung: emotionale Ablehnung der Europawährung und „Europa-Verdrossenheit"
Höherer Grad an Unabhängigkeit für die Europäische Zentralbank als für die Deutsche Bundesbank: z. B. keine Kredite an öffentliche Haushalte durch Europäische Zentralbank	Aufteilung der Verantwortlichkeit für Währung an europäische Notenbank und für Fiskalpolitik an nationale Regierungen: im Falle von Stabilitätsproblemen Schuldzuweisung an Europäische Zentralbank

„Sowohl die Gegner als auch die Befürworter von Maastricht sind sich darüber einig, daß wir die Freizügigkeit des Geld- und Kapitalverkehrs in Europa wollen, und wir haben sie seit dem 1. Januar 1993. Und wenn wir dazu die festen Wechselkurse im europäischen Währungssystem wollen, dann gibt es eigentlich keine nationale Geldpolitik mehr und dann muß an deren Stelle etwas anderes treten, nämlich eine euopäische Zentralbank. Maastricht ist ein optimaler Kompromiß. Wir haben flankierende Maßnahmen in der europäischen Wettbewerbspolitik vom Kartellverbot bis zur Fusionskontrolle; wir haben eine europäische Sozialpolitik; wir haben eine europäische Strukturpolitik, die in Richtung Finanzausgleich zielt. Und wir haben Rahmenbedingungen für die Finanzpolitik, die eine europäische Geldpolitik möglich machen: die Konvergenzkriterien." (Dr. Claus Köhler, Präsident des deutschen Sparkassen- und Giroverbandes, ehemaliges Mitglied des Direktoriums der Deutschen Bundesbank)

Erörtern Sie im Stile einer Debatte die möglichen Vor- und Nachteile einer einheitlichen europäischen Währung. Wählen Sie zu diesem Zweck einen Präsidenten (Diskussionsleiter) und bilden Sie zwei Gruppen aus 2–3 Schülern, die dann durch Los bzw. Absprache entscheiden, welche Position sie einnehmen. Beachten Sie, daß der erste Sprecher jeweils den allgemeinen Standpunkt der Gruppe erläutern, der zweite und dritte Sprecher spezielle Aspekte und Probleme aufzeigen sollte. Berücksichtigen Sie beim Für und Wider die Argumente des Vorredners und die Stichworte in Material 24. Der Präsident achtet auf die begrenzte Redezeit (max. 5 Min.), eröffnet nach Abschluß der Debatte die allgemeine Aussprache und leitet die Abstimmung des Plenums über die gemeinsame Europa-Währung.

3.2 Die Festung Europa?

Die Entwicklung des EU-Binnenmarktes gilt unter Ökonomen als wahre Erfolgsgeschichte. Alle Mitglieder verzeichneten eine kräftige Steigerung des Wohlstands in den vergangenen Jahrzehnten. So erhöhten sich z. B. die deutschen Exporte je Einwohner seit dem Jahr 1965 bis Ende 1992 von 1122 DM auf 10 270 DM. Der EU-Zusammenschluß hat den Handel der Mitgliedsländer untereinander stark gefördert. Bei der Gründung der Gemeinschaft gingen 39,5 Prozent des deutschen Exports in die elf Länder der heutigen EU – derzeit sind es 55 Prozent. Noch deutlichere Integrationseffekte verzeichneten die beiden anderen großen Mitglieder der Kerngemeinschaft. So stieg Italiens Export in die EU von 36,3 auf 57,8 Prozent. In Frankreich kletterte diese Quote von 34,6 auf 62,7 Prozent. Spanien und Portugal erlebten dank kräftig gewachsener Exporte in die EU-Partnerländer einen enormen Wohlstandsschub.

Integrationseffekte

Die äußerst positiven Erfahrungen mit dem regionalen Binnenmarkt führten in der übrigen Welt zu zwei ganz unterschiedlichen Reaktionen: Für die einen wirkt die Wohlstandsmehrung der EU wie ein Magnet; viele europäische Länder wollen der Gemeinschaft beitreten. Für andere ist die EU zum Integrationsvorbild geworden. In einigen Teilen der Welt entstehen ebenfalls regionale Wirtschaftgemeinschaften, so z. B. die „North American Free Trade Association" (NAFTA), der die USA, Kanada und Mexiko angehören. Das Allgemeine Zoll- und Handelsabkommen, das GATT, hat trotz einiger Fortschritte beim Abbau von Zöllen noch nicht den großen Durchbruch erzielt. Noch immer behindern Subventionen und Einfuhrbeschränkungen den weltweiten Handel mit Agrar- und Industrieprodukten.

NAFTA
GATT

Auch in der EU gibt es Bestrebungen, die Gemeinschaft nach außen durch Zölle und sonstige Einfuhrhemmnisse und -beschränkungen abzuschotten. Wortführer dieser protektionistischen Politik ist Frankreich, in dessen merkantilistischer Tradition der Protektionismus immer Priorität genoß. Begründet wird die Abschottungsstrategie mit dem Vorwurf des „sozialen Dumpings" an die Adresse vieler Länder außerhalb der EU. Deshalb sei der Schutz der eigenen Industrie (z. B. vor japanischen Autos) und Landwirtschaft (z. B. vor amerikanischem Weizen oder mittelamerikanischen „Dollarbananen") erforderlich. Dabei wird jedoch zu leicht übersehen, daß die meisten EU-Mitglieder einen erheblichen Teil ihres Außenhandels mit „Drittländern" abwickeln. Zu bedenken ist auch die Verantwortung der Europäischen Union für die wirtschaftliche Entwicklung der Dritten Welt und der Staaten in Osteuropa. Unerläßliche Voraussetzung für die wirtschaftliche und politische Stabilisierung der „armen" Länder ist aber der möglichst uneingeschränkte Zugang zu den Absatzmärkten der „reichen" Länder. In einem „Weißbuch" vom Dezember 1993 erteilt die EU dem Protektionismus zwar eine Absage und fordert eine konsequente Liberalisierung der Märkte und die Beseitigung bürokratischer Hemmnisse zugunsten neuer Märkte. Gleichzeitig beharrt sie aber auf einer neuen „Welthandelsorganisation", die über fairen Wettbewerb wacht und in ihrem Urteil berücksichtigen soll, ob die Handelspartner auch Ausgaben für den „sozialen Fortschritt" sowie den Umweltschutz in ihre Exportpreise einkalkulieren und darauf verzichten, aggressiv abzuwerten.

Protektionismus

Liberalisierung der Märkte

Die Entwicklung der Europäischen Gemeinschaft bis zum Jahr 2000

MATERIAL 25 Weltweite Handelsströme

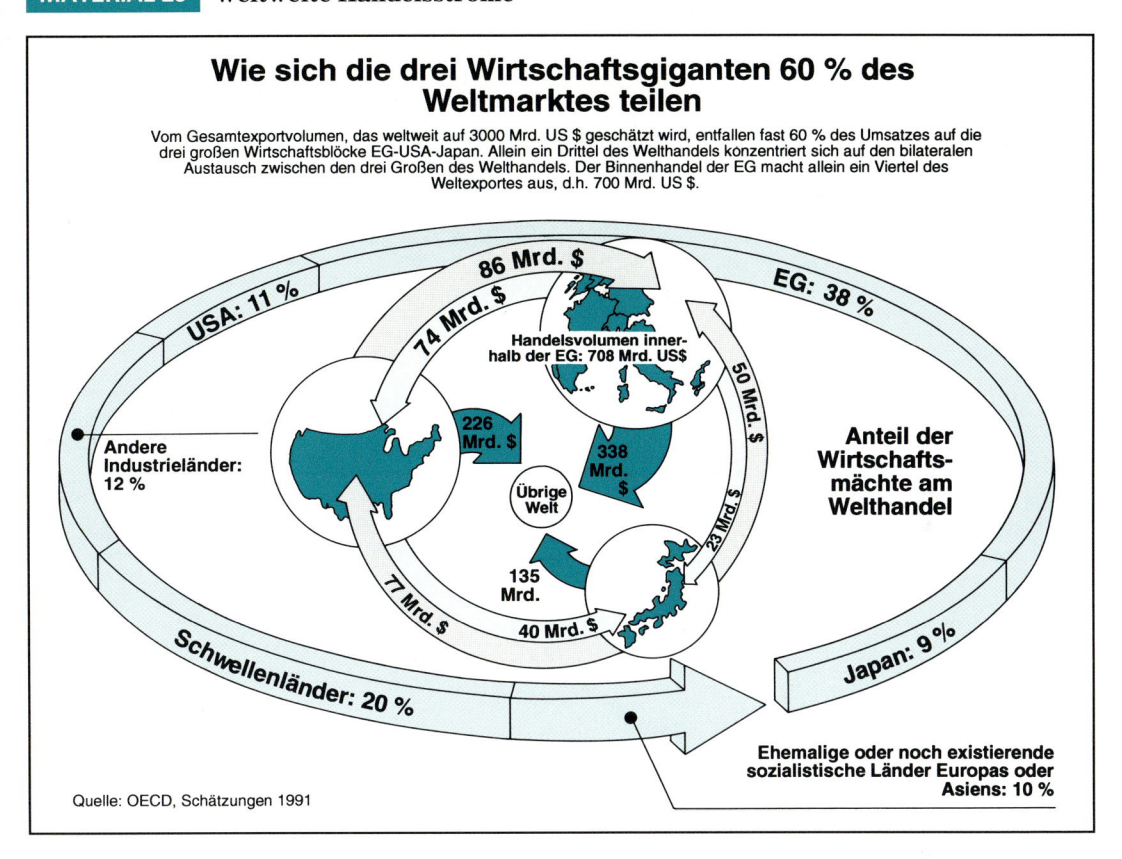

Wie sich die drei Wirtschaftsgiganten 60 % des Weltmarktes teilen

Vom Gesamtexportvolumen, das weltweit auf 3000 Mrd. US $ geschätzt wird, entfallen fast 60 % des Umsatzes auf die drei großen Wirtschaftsblöcke EG-USA-Japan. Allein ein Drittel des Welthandels konzentriert sich auf den bilateralen Austausch zwischen den drei Großen des Welthandels. Der Binnenhandel der EG macht allein ein Viertel des Weltexportes aus, d.h. 700 Mrd. US $.

- USA: 11 %
- 86 Mrd. $
- 74 Mrd. $
- EG: 38 %
- Handelsvolumen innerhalb der EG: 708 Mrd. US$
- Andere Industrieländer: 12 %
- 226 Mrd. $
- 338 Mrd. $
- 50 Mrd. $
- Übrige Welt
- Anteil der Wirtschaftsmächte am Welthandel
- 77 Mrd. $
- 135 Mrd.
- 23 Mrd. $
- 40 Mrd. $
- Schwellenländer: 20 %
- Japan: 9 %
- Ehemalige oder noch existierende sozialistische Länder Europas oder Asiens: 10 %

Quelle: OECD, Schätzungen 1991

MATERIAL 26 Festung Europa?

INDUSTRIE	WACHSTUM	WIRTSCHAFTSKRAFT	FORSCHUNG	BESCHÄFTIGUNG
Weltproduktion Industrie einschl. Bergbau	Durchschnittl. jährliches Wachstum des BIP zwischen 1981 u. 1991	Brutto-Inlandsprodukt pro Kopf 1990 (zu heutigen Preisen auf Basis der Wechselkurse 1985 in US $)	Anteil des BIP, der 1990 für zivile Forschung ausgegeben wurde	Arbeitslosenrate 1991
Übrige Welt 44 %, Japan 12 %, EG 23 %, USA 21 %	Japan +4 %, USA +2,4 %, EG +2 %	USA 21 450, Japan 14 460, EG 11 350	Japan 2,9 %, USA 1,8 %, EG 1 %	Japan 2,2 %, USA 7,5 %, EG 9,5 %

1. Warum hat die Bundesrepublik Deutschland über den Handel im europäischen Binnenmarkt hinaus ein großes Interesse am freien Welthandel?
2. Ist die Furcht Japans, der USA, der osteuropäischen und der Entwicklungsländer vor einer „Festung Europa" berechtigt? Berücksichtigen Sie die Karikatur (S. 202) und Material 25–27.

MATERIAL 27   Ein Gespräch mit Jaques Calvet, Peugeot-Chef

Die Automobilindustrie durchlebt derzeit ihre größte Krise seit langem. Wie wird sich der Markt entwickeln?
Calvet: Der europäische Automobilmarkt wird in diesem Jahr stärker schrumpfen als nach dem ersten Ölschock. In Westeuropa – das heißt in der EG, Skandinavien, Österreich und der Schweiz – wurden in den vergangen drei Jahren jeweils zwischen 13,4 und 13,5 Millionen Autos zugelassen. 1993 werden es mindestens zwei Millionen weniger sein – etwa die Jahresproduktion von Peugeot-Citroën, Renault oder Fiat! ...
Ist der große Autoboom damit endgültig vorbei?
Calvet: Sicher steckt dahinter ein Strukturphänomen, das aber durch die Konjunktur extrem verstärkt wird. Deswegen dürfte der Markt den Rückschlag in den nächsten Jahren wieder etwas aufholen. Aber langfristig gehen wir davon aus, daß die Haushalte weniger für ihr Auto ausgeben werden, als ursprünglich angenommen. Die Gründe dafür sind vielfältig: Die Wagen halten etwas länger. Und die Verbraucher müssen Geld für ihre Altersversorgung auf die Seite legen.
Der Markt in Europa wird also enger?
Calvet: Genau. Und da stellt sich die Frage nach dem Marktanteil der europäischen Produzenten. Denn wenn das Abkommen mit den Japanern über deren Autoimporte nach Europa vom Juli 1991 nicht neu verhandelt wird, dann müssen sich die Europäer ein Nullwachstum teilen. Und das bedeutet: Sie müssen ihre Produktivität noch mehr steigern – und noch mehr Mitarbeiter entlassen, auch in Deutschland.
Sie haben also Ihre Meinung über dieses Abkommen nicht geändert, mit dem der EG-Markt für japanische Autos schrittweise bis 1998 geöffnet werden soll. ...
Calvet: ... weil es in Europa und in Japan völlig unterschiedlich interpretiert wird. Brüssel ging beispielsweise davon aus, daß die Produktion der japanischen Autofabriken in Großbritannien bei den Importen berücksichtigt wird. Das bedeutet natürlich, daß diese Importe zurückgehen müssen, wenn die „Transplants" mehr Fahrzeuge herstellen. Tokio sagt dagegen: Nein, nein – das stimmt überhaupt nicht.
Was halten sie denn vom Ergebnis der jüngsten Verhandlungen in Tokio, wonach die Japaner ihre Autoimporte 1993 um 18,5 Prozent auf maximal 980 000 senken sollen? Gegen die ersten Verhandlungsergebnisse vom April, mit denen das Abkommen an die Marktentwicklung angepaßt werden sollte, sind Sie ja Sturm gelaufen.
Calvet: ... Was die neuen Verhandlungsergebnisse angeht: Die sind weniger schlecht als die im April, aber eben immer noch schlecht. Die Frage der „Transplants" etwa wird nicht geklärt. Außerdem führen die Absprachen dazu, daß der Marktanteil der Japaner 1993 um 1,5 Prozent steigt, während der Markt insgesamt ... um zwei Millionen Fahrzeuge schrumpft. Das kann ich doch nicht als ein gutes Ergebnis bezeichnen.
Die einzig stimmige Lösung wäre, den Marktanteil der Japaner auf dem Stand von 1992 einzufrieren und damit das Abkommen, das ab 1993 angewendet werden sollte, um ein oder zwei Jahre zu verschieben. Denn sonst dürften die Japaner nach der europäischen Interpretation der Abmachung überhaupt kein Auto nach Europa einführen. Aber das beste wäre, das Arrangement völlig neu zu verhandeln. ... Allerdings müssen sich die Japaner darin verpflichten, endlich auch ihren Markt zu öffnen. Und sie müssen garantieren, ihr Sozialniveau unserem schrittweise anzupassen.
Moment mal. Die Japaner sollen also unterschreiben, daß ihre Arbeiter künftig genauso behandelt werden wie etwa die Beschäftigten von Peugeot, damit sie einen Kostenvorteil verlieren? Eine solche Einmischung werden sie sich wohl verbitten
Calvet: Das ist keine Einmischung: Dem Land steht es doch vollkommen frei, sich darauf einzulassen oder auch nicht. Wenn nicht, dann müssen wir die Einfuhren japanischer Autos auf dem Niveau einfrieren, auf dem sie jetzt sind. Wir sagen ihnen doch nur: Wenn ihr euer Sozialniveau nicht verbessert, öffnen wir unsere Märkte nicht weiter.

„Moment mal, wer hat denn hier Vorfahrt?"

(aus: Die Zeit vom 10. 9. 1993)

1. Erläutern Sie die Karikatur.
2. Erörtern Sie die Perspektiven der europäischen Automobilindustrie vor dem Hintergrund der Argumente von Jaques Calvet.

MATERIAL 28 **Das grüne Gold ist nichts mehr wert**

Im tropischen Küstenland Ecuadors, wo die Sonne mittags senkrecht am Himmel steht und so ziemlich alles gedeiht, was man nur anpflanzt, läßt sich Gold von den Bäumen ernten: *oro verde* – grünes Gold. Auf Dampfern wird es nach Europa verfrachtet und dort, unterdessen makellos gelb geworden, in Supermärkten und Gemüseläden verkauft. Bananen waren ein tolles Geschäft.

Doch nun wird alles anders werden. Ein Exporteur wie Juan José Pons wird zwar, auch wenn er sich umstellen muß, weiter seine Geschäfte machen. Aber die Campesinos auf Señor Zeas Hacienda werden weniger verdienen, noch weniger als bisher. Und die Bäuerin López wird aus ihrem Paradies vertrieben werden. Doch der Reihe nach.

Mächtig hat Ecuador an den Bananen verdient. Das Land im Norden Südamerikas ist der größte Bananenproduzent der Welt; ein Viertel seiner Einkünfte kommt aus den Früchten. Allein 860 000 Tonnen – 40 Prozent der Ausfuhren – gingen 1992 auf Kühlschiffen in die EG. Eine Bananenrepublik allerdings wie die Nachbarn in Mittelamerika war Ecuador nie, es wurde nie von amerikanischen Konzernen wie Standard Fruit, Dole oder Delmonte dirigiert. Nicht diesen *Transnationals* gehören die Bananenfelder des Landes, sondern vielen kleinen Farmern wie der Señora López oder wohlhabenderen Bananeros wie Norman Zea. Nur 20 Prozent des Bananenanbaus werden von Großunternehmen betrieben. Die restlichen 80 Prozent teilen sich 30 000 Farmer.

Doch eine Verordnung der Europäischen Gemeinschaft vom Februar 1992, die sogenannte Bananenquote, wird das Bild verändern: Die Einfuhr der Dollar-Bananen, also der Früchte aus den Ländern Lateinamerikas, die in Dollar bezahlt werden, soll vom 1. Juli an nach dem Willen der EG-Kommission um ein Fünftel reduziert werden, wovon zunächst einmal Bananenproduzenten in den überseeischen Dependancen der EG profitieren werden – zum Beispiel auf den Kanarischen Inseln oder in den französischen Karibik-Départments Guadeloupe und Martinique. ... Einen guten Schnitt werden auch die französischen und britischen Fruchtimporteure machen, die bald mehr Bananen in der EG absetzen können.

Nun gut, des einen Freud, mag man sagen, ist des anderen Leid. In Ecuador dürfte das Leid für manche unerträglich werden. Wer soll das besser beurteilen können als Juan José Pons, der frühere Handelsminister Ecuadors? Heute sitzt er in einem Büro mit Blick auf den Guayas, den Fluß, von dem die Millionenstadt Guayaquil ihren Namen hat, und dirigiert von dort aus das Bananengeschäft des größten Exporteurs des Landes, Bananera Noboa. 500 000 Tonnen Bananen weniger wird Ecuador 1993 wegen der Quote exportieren. „Und Bananen verkauft man nur frisch", stellt Pons in einem knappen Tonfall fest, der spüren läßt, daß er Widerspruch nicht gewohnt ist. ... Bananen richten sich nun mal nicht nach den Quoten, die sich Euro-Beamte ausdenken, sondern wachsen einfach weiter. Und der Überschuß, der nicht mehr in der EG absetzbar ist? „Die vergammeln eben an den Bäumen", sagt Pons. „Man kann den Verlust in Dollar messen, in Bananenkisten, aber am Ende wird er in Jobs gemessen." An Dollars werden wegen der Quote wohl 125 Millionen weniger ins Land kommen, 30 Millionen Bananenkisten werden nicht verkauft, 60 000 Menschen werden ihre Arbeit verlieren. ...

Norman Zea bemüht sich, im Geschäft zu bleiben. Seit 30 Jahren ist er Bananenbauer, seit 20 Jahren besitzt er die Hacienda Alba Helena, 400 Hektar, ausschließlich Bananenfelder.

Doch schon jetzt, ehe die EG-Quoten überhaupt gelten, muß er sich anstrengen, die Felder zu erhalten. Denn nicht allein die Eurokraten sind schuld an der Misere. Im Gegenteil: in den letzten fünf Jahren, so scheint es, war die ganze Küstenregion dem Rausch des grünen Goldes erlegen. „Jeder wollte an der Bananen-Bonanza verdienen", sagt der alte Zea. Keiner hat auf Mahnungen, der Boom könne nicht lange andauern, auch nur einen Sucre gegeben, wie die Landeswährung heißt. Innerhalb von fünf Jahren hat sich die Anbaufläche für Bananen in Ecuador verdoppelt: Jeder wollte im Geschäft sein, den Hunger der Menschen in Osteuropa auf die Wohlstandsfrucht zu stillen.

Der Rausch ist vorbei, der Kater ist da: Im Osten haben sie keine Dollars für die Bananen, und bei 25 Kilo pro Kopf ist in Ostdeutschland zwar ein neuer Weltrekord erreicht, aber der Markt nachhaltig gesättigt. Bereits 1992 ging der Bananenexport Ecuadors zurück, drückten die Importeure in Europa und den USA die Preise und zwangen die Produzenten, nur noch erstklassige Ware anzubieten. Auf Alba Helena heißt das: Früher füllte eine Staude eine Kiste mit Bananen. Heute braucht Norman Zea drei Stauden. Der Rest ist Ausschuß, Viehfutter. Nicht, daß es Señor Zea deswegen schlecht ginge. Aber weil sein Verdienst geringer wird, zahlt er seinen 200 Arbeitern weniger, statt 50 000 Sucres nur noch 30 000 die Woche, etwa 30 Mark, soviel wie anderthalb Kartons Bananen im Großmarkt in Deutschland kosten.

Jeder Hieb der Machete muß sitzen, mit der die Arbeiter die Staude in drei, vier Metern Höhe vom Baum hacken. Nirgendwo dürfen die empfindlichen Früchte auf dem Weg zur Packstation anecken.

Corinna López ist eine kleine, sanfte Frau von 43 Jahren. Ihren rauhen Händen sieht man an, daß sie ihr Leben lang hart hat arbeiten müssen. Ein paar Kilometer auf holperigem Feldweg von Señor Zeas Hacienda entfernt liegt im Flecken Barraganetal ihre Finca, ihre kleine Hofstelle. Zehn Hektar nennt sie ihr eigen. Fünf Kinder konnte sie bisher vom Ertrag der Felder ernähren, die sie seit 1976 bewirtschaftet. Damals zog sie aus dem kargen Hochland in die fruchtbare Küstenregion. Vor drei Jahren hat sie alle Felder bis auf einen kleinen Ananas-Acker umgepflügt und Bananenbäume gepflanzt. Die Bank hat mit einem Kredit geholfen. Heute vertrocknen die überreifen Früchte am Stamm. Sie hat kein Geld mehr für Dünger, und der Erlös für die kleinen Bananen, die ihr Acker noch hervorbringt, lohnt die Ernte nicht. Und der Kredit ist nicht abgezahlt. Vielleicht, meint sie, ziehen die Preise für Bananen wieder an. „Ich weiß nicht, vielleicht kauft mir ja auch ein anderer Exporteur wieder Bananen ab", sagt sie und zieht die Schultern hoch. Vielleicht. Am Tor zur Finca ihres Nachbarn hängt ein Schild, „se vende" steht darauf, „zu verkaufen". Der Nachbar ist in den Guasmo, den Slum von Guayaquil, gezogen – in der Hoffnung, dort Arbeit zu finden. Leute wie Patricio Izurieta kann es fürchterlich aufregen, daß in Zeiten, in denen es den kleinen Bauern und Arbeitern auf den Bananenplantagen schon schlecht geht, die EG auch noch ihre Quoten einführt. Das sei genau das Gegenteil von freiem Handel – der Parole, die die Europäer immer auf den Lippen führten. Nein, es gehe ihnen nicht darum, die amerikanischen Multis zu zügeln zugunsten der vielen Kleinbauern, die in den Entwicklungsländern Bananen anbauen. Das seien Schutzbehauptungen. In Wahrheit geht es um Marktanteile. Die Quote sei Resultat der Lobbyarbeit französischer und englischer Großimporteure, deren Aktienkurse ja auch deutlich gestiegen seien. Der Mann, der dies mit verächtlichem Unterton sagt, ist stellvertretender Außenminister Ecuadors.

Die Verbitterung über die sozialen Folgen der Quote ist groß. Egal, ob nun 60 000 ihren Job verlieren, wie Juan José Pons kalkuliert, oder 600 000 bis 700 000, wie Patricio Izurieta prophezeit. 14 Prozent der Ecuadorianer sind schon arbeitslos, die Hälfte der Bevölkerung schlägt sich mit Gelegenheitsjobs und Tauschgeschäften durch. Da wird es eng. Und ziemlich unwichtig dürfte sein, ob die EG-Kommission sich vielleicht erweichen läßt und die Quote für die Dollar-Bananen erhöht. Oder gar Ausgleichszahlungen an Bauern leistet, die übermäßig hart von der Quote betroffen werden, wie es der EG-Botschafter für Ecuador, Kolumbien und Venezuela vorgeschlagen hat. Der Schaden ist da, wenn nur einmal die Bananen an den Bäumen bleiben müssen. Und er läßt sich kaum mehr beheben. Patricio Izurieta meint noch: „Die Euopäer sollten wissen, daß Menschenrechte nicht nur von Diktatoren verletzt werden. Es ist doch ebenso eine Menschenrechtsverletzung, wenn die Leute zur Armut verurteilt, ins Elend geschickt werden."

Unterwegs zum Bananenmarkt

(aus: Süddeutsche Zeitung vom 29. 6. 1993, Autor: Reymer Klüver. Gegen die Verordnung der EG-Kommission ist eine Klage vor dem Europäischen Gerichtshof anhängig.)

---

1. Zeigen Sie die politischen, wirtschaftlichen, sozialen und psychologischen Folgen der EU-Bananenquote innerhalb und außerhalb des europäischen Binnenmarktes auf.
2. Diskutieren Sie die möglichen politischen Folgen.

3.3 Die Zukunft Europas – Vertiefung oder Erweiterung der EU? Klein- oder Groß-Europa?

Mit dem Zusammenbruch des Ostblocks ist der Kreis der Anwärter auf eine EU-Mitgliedschaft gewachsen. Mitteleuropäische Länder wie Polen, Ungarn, die Tschechische oder Slowakische Republik, die sich von jeher stark mit dem Westen Europas verbunden fühlen, suchen die Unterstützung Brüssels in ihrem Kampf zur Sicherung ihrer neugewonnenen Freiheit und zur Sanierung ihrer darniederliegenden Industrie. Die Europäische Union schloß Assoziierungsabkommen mit diesen Staaten, war aber nicht zu weiter gehenden Schritten bereit. Die Verweigerung von ausreichender Unterstützung und ein kurzsichtiger Protektionsmus der EU könnten die vier Reformländer – und andere Staaten des ehemaligen Ostblocks – in einen Teufelskreis aus Verarmung und politischer Instabilität führen, wenn nicht gar die Demokratie zum Scheitern bringen.

Doch die Europäische Gemeinschaft steckt in einem Dilemma: Je attraktiver sie für Dritte wird, je mehr neue Mitglieder sie aufnimmt, desto schwieriger wird der Weg zu einer politischen Union. Denn nur wenige der Beitrittskandidaten sind zur politischen Union bereit und fähig. Angesichts der wirtschaftlichen Misere in Osteuropa und im Hinblick auf das ehrgeizige Ziel einer Währungsunion benötigt die EU jedoch besonders dringend eine nach innen und außen voll handlungsfähige Entscheidungsinstanz. Was ist zu tun in dieser Situation? Drei Modelle zur Weiterentwicklung des europäischen Einigungsprozesses stehen im Mittelpunkt der Diskussionen:

Drei Modelle zur Weiterentwicklung

- Die Europäische Union zeigt sich offen für jeden Beitrittswilligen, wenn es um die Zollunion und den Binnenmarkt geht. Vorbild könnte der Zusammenschluß der EU mit den ehemaligen EFTA-Staaten zum Europäischen Wirtschaftsraum (EWR) sein. Auf diese Weise würde so etwas wie eine gesamteuropäische Freihandelszone ansonsten souveräner Nationalstaaten entstehen. Dieses Modell schließt eine einheitliche europäische Währung aus; auch wird die politische Handlungsfähigkeit nicht verbessert.
- Die Zulassung zu einer wesentlich weiter gehenden wirtschaftlichen und politischen Union steht nur solchen Ländern offen, die bestimmte ökonomische Bedingungen erfüllen und bereit sind, Kompetenzen an europäische Institutionen abzugeben. Vorbild wäre die Europäische Union.
- Das dritte Modell enthält die weitestgehende wirtschaftliche und politische Integration: Es ist ein Europäischer Bundesstaat mit einer dem Europäischen Parlament verantwortlichen Regierung und Ressortverantwortung der Minister. Das Parlament ist zusammen mit dem Ministerrat, der als Zweite Kammer – also als eine Art Bundesrat – fungiert, für die Gesetzgebung der europäischen Angelegenheiten zuständig. Die ehemaligen Nationalstaaten, die Länder und Regionen behalten jeweils bestimmte nationale oder regionale Zuständigkeiten, für die sie voll verantwortlich sind.

Gesamteuropäische Freihandelszone

Wirtschaftliche und politische Union

Europäischer Bundesstaat

Das zuletzt genannte Modell wird am ehesten dem vor allem in Deutschland geforderten „Demokratie-Gebot" für die Gemeinschaft gerecht, da es Volkssouveränität, klare Kompetenzverteilung, Verantwortlichkeit der Politiker und

Transparenz der Entscheidungen garantiert. Wie aber sieht es mit der Realisierbarkeit solcher Vorstellungen aus? Außer Deutschland und vielleicht noch den Beneluxländern beispielsweise will niemand den Europa-Abgeordneten mehr Macht geben – was sich auch aus den nationalen Traditionen und Verfassungen erklärt. Im präsidialen System Frankreichs etwa hat die Nationalversammlung relativ wenig Rechte; warum sollte das Parlament in Straßburg stärker sein? In Großbritannien, wo das Unterhaus hartnäckig auf seinen nationalen Rechten besteht, denken die Volksvertreter nicht daran, auch nur ein Minimum ihrer Kompetenzen – zumindest offiziell – abzutreten. Die Dänen (und ebenso die anderen kleinen Nationen) haben Einfluß im Ministerrat, befürchten aber, im Parlament von den großen überstimmt zu werden. Noch scheint es generell unvorstellbar, daß sich Deutsche, Franzosen oder Briten auch nur teilweise von jemandem regieren lassen, der nicht ihre Sprache spricht.

Nationale Traditionen und Verfassungen

Und dennoch sieht die Wirklichkeit anders aus: Schon heute haben die Nationalstaaten einen Teil ihrer Zuständigkeiten freiwillig an Brüssel, Straßburg und Luxemburg abgegeben, gibt es Ansätze für eine gemeinsame politische Öffentlichkeit in Europa und geht die wirtschaftliche Verflechtung im Binnenmarkt genauso wie die Zunahme des Handels in einem solchen Ausmaß voran, daß ein Auseinanderbrechen der Europäischen Gemeinschaft, eine Re-Nationalisierung Westeuropas fast unmöglich erscheint – es sei denn, man wolle ein wirtschaftliches und soziales Chaos riskieren. Und das kann eigentlich niemand wollen, der bisher schon für die europäische Einigung gekämpft und ihre ungeheuren Vorteile miterlebt hat. Welches Modell von Europa sich letztlich durchsetzt, muß offen bleiben.

Gemeinsame politische Öffentlichkeit

Vielleicht wird es ein Europa sein, das Elemente aller drei Modelle enthält, vielleicht ist es auch etwas völlig Neues, was am Ende dieses Prozesses der europäischen Einigung steht. Der amerikanische Wirtschaftsprofessor Lester Thurow jedenfalls geht von einer Überwindung der Spannungen zwischen den verschiedenen Nationen Europas und dem großen wirtschaftlichen Brückenschlag zwischen Ost- und Westeuropa aus und konstatiert: 380 Millionen im Durchschnitt gut ausgebildete Bürger in Westeuropa, ökonomisch verknüpft mit 300 Millionen Osteuropäern, die gleichfalls auf hohem Niveau ausgebildet sind – ein solches Potential für die wirtschaftliche Entwicklung des Kontinents habe es seit dem Zusammenbruch des Römischen Reiches nicht mehr gegeben. Und er fährt fort, Großbritannien habe das 19., die USA das 20. Jahrhundert geprägt. Zukünftige Historiker aber würden feststellen, daß das 21. Jahrhundert dem Europäischen Haus gehört hat.

MATERIAL 29 Europa und die Zukunft

Verglichen mit den Problemen, denen die Länder Zentralasiens und Nordafrikas gegenüberstehen, müssen die Nationen der Europäischen Gemeinschaft als weit besser gerüstet erscheinen, auf die globalen Trends zu reagieren. Reich an Kapital, Infrastruktur und ausgebildeten Fachkräften sowie im Genuß eines hohen Lebensstandards, haben die Europäer unzählige Vorteile gegenüber den mit ihren Schwierigkeiten kämpfenden Völkern des Ostens und des Südens. Zusammen mit Japan und Nordamerika hat sich die EG als eines der drei großen Zentren ökonomischer, technologischer und politischer Macht in einer sonst zersplitterten Welt herausgebildet. Ohne Zweifel steht Europa Problemen gegenüber, zum

Beispiel auf dem Gebiet der Außenpolitik, in der Definition seiner Verteidigungspolitik in einer Welt nach dem Kalten Krieg. Auch muß der Kontinent Wege finden, seine Vereinigung voranzutreiben. All dies ist schwierig, aber, so scheint es, durchaus zu bewältigen.

Viel weniger gewiß indessen erscheint die Frage, ob die Europäer in der Lage sein werden, ihren komfortablen Lebensstil zu genießen, ohne von den globalen Entwicklungen betroffen zu werden. Können Europas relativ reiche Gesellschaften sich von dem demographischen Druck isolieren, der sich anderswo aufbaut, oder auch von einschneidenden Klimaveränderungen? Kann die EG mit der Globalisierung fertig werden, während sie gleichzeitig um weitere Integration kämpft? Kann es die zentrifugalen politischen Tendenzen bewältigen, die wachsenden Ressentiments gegen ethnische Nachbarn und neue Einwanderer? In einigen Teilen der Welt ... bauen Roboter Luxuswagen zusammen. In anderen Teilen (zum Beispiel in Sarajevo) sterben Kinder im Artilleriefeuer, weil sie einer anderen Kultur und Religion angehören. Sowohl technologische Veränderungen als auch historische Antagonismen haben Wirkungen, welche die nationalen Grenzen überschreiten, sie sind auch noch in einiger Entfernung spürbar; und dasselbe trifft auf andere transnationale Kräfte zu. Wenn es schon unwahrscheinlich ist, daß selbst Japan eine privilegierte Enklave inmitten der Probleme der Welt bleiben kann, wie könnte dann Europa – das den Unruheregionen so viel näher ist, das in sich viel gespaltener ist – erwarten, davon nicht berührt zu werden? Und werden die politischen Führer des Kontinents in der Lage sein, „alte" Tagesordnungspunkte (die Zukunft der NATO, die Gemeinsame Landwirtschaftspolitik) in Ordnung zu bringen, noch während sie sich neueren, weniger vertrauten Problemen zuwenden müssen?

All dies ist so schwer zu beantworten, weil Europa im Gegensatz zu seit langem integrierten Ländern wie Japan und den Vereinigten Staaten oder Australien im Moment versucht, eine neue konstitutionelle Form zu schmieden, ein Prozeß, der einen Großteil seiner politischen Energien schluckt. Zumindestens in dieser Hinsicht haben EG-Politiker und die der früheren UdSSR etwas gemeinsam. Während die eine Region auf die Integration zustrebt, kämpft die andere darum, den Prozeß der Desintegration in den Griff zu bekommen. ... Im Denken der Planer in Brüssel und vielleicht auch in den zwölf Mitgliedsstaaten, die im Augenblick die EG ausmachen, hat die Dabatte über die Zukunft Europas Vorrang vor solchen Dingen wie dem globalen Bevölkerungswachstum, der Robotik[1] und dem Treibhauseffekt. Aber wenn auch die Politik der europäischen Integration die Auseinandersetzung mit globalen Trends überschattet, können die letzteren nicht einfach ignoriert werden. Die Regierung und die Völker Europas sehen sich der doppelten Herausforderung gegenüber, die zukünftige Gestalt des Kontinents zu formen und zur selben Zeit auf die Kräfte des globalen Wandels zu reagieren. ...

Welche Organisationsform wird Europa auf seinem Weg ins 21. Jahrhundert annehmen? In welcher Form auch immer, wie wird es der Region in ihrem Kampf mit den transnationalen Veränderungen ... ergehen?
Das sind zwei verschiedene Fragen, aber sie greifen natürlich ineinander. Wenn die Europäer sich vereinigen, erhöht sich die Chance, eine gemeinsame Politik zur globalen Erwärmung, zur Immigrationsfrage, zu den Nord-Süd-Beziehungen und zur Sicherheit zu formulieren. ... Wenn Europa die relative Bedeutung in der Welt, welche es um 1900 besaß, zurückerobern soll, muß es Krieg zwischen seinen Mitgliedsstaaten verhindern, die ökonomischen Regeln harmonisieren und gemeinsame politische Grundlagen entwickeln, einschließlich der Außen- und Verteidigungspolitik. Sosehr sie darum gekämpft haben, individuelle europäische Nationen sind nicht in der Lage gewesen, ihre frühere nationale Position zurückzugewinnen. Nur indem sie sich zusammenschließen, können sie einen Block europäischer Völker bilden, der wohlhabender und vielleicht sogar mächtiger wäre als jeder andere Staat der Welt.

[1] *Robotik:* Kennedy spricht damit den Trend der „Computerisierung" aller industriellen und Dienstleistungsprozesse an und verweist dabei auf das tschechische Wort für Leibeigener („Robotnik").

(aus: Paul Kennedy, In Vorbereitung auf das 21. Jahrhundert. Frankfurt, S. Fischer, 1992, S. 328–330)

1. Fassen Sie die Analyse und die Prognosen Kennedys in Thesen zusammen.
2. Erörtern Sie die Thesen vor dem Hintergrund der europäischen Visionen auf S. 169f.

Register

Abwertung 99f.
Agrarmarkt, gemeinsamer 175, 188ff., 207
Analogieverbot 148
Angebot und Nachfrage 72, 76, 89, 106
„Anspruchsspirale" 40
Arbeit 25f., 33, 56, 61, 92ff.
Arbeiterklasse 68
Arbeitsgesellschaft 61
Arbeitsteilung 86
Arbeitszeit 41, 177
Arbeitslosenquote 92, 98
Arbeitslosenhilfe 33, 40
Arbeitslosenversicherung 36
Arbeitslosigkeit 17, 22, 33, 40, 45, 79, 81, 92ff., 103
Armut 12, 16f., 26, 32, 34f.
Ausländer 20ff., 34, 41, 55ff., 95

Bedürftigkeit 28
Berufung 158
Beruf 6, 9
Bildung 6, 8, 12, 17
Binnenmarkt, gemeinsamer 180, 184ff., 200, 205f.
Boom 89
Bruttosozialprodukt (BSP) 85f.
Bruttoinlandsprodukt 85, 89, 97, 99, 177
Bundesbank, Deutsche 109ff.
Bundesgerichte 161
Bundeskartellamt 76ff.
Bundesstaat 174, 192, 205
Bundesverfassungsgericht 161ff., 171, 192
Bürgerrechte 12

Daseinssicherung 36
Deflationspolitik 91
Deindustrialisierung 118f.
Demographische Entwicklung 41
Demokratie 45, 65, 72, 139, 174, 182, 192, 205
Depression 89ff.
Dienstleistungssektor 13
Diktatur des Proletariats 68
Diskontsatz 110

Eigentum 12, 25, 64, 68, 72, 142, 163
Einbürgerung 55ff.
Einheitliche Europäische Akte (EEA) 178, 182ff.
Einheitlichkeit der Lebensverhältnisse 114
Einkommen 6, 17, 31, 91
Eliten 11
Erwerbspersonenpotential 92
Europarat 171
Europa der Regionen 169f., 183
European Currency Unit (ECU) 197f.
European Free Trade Association (EFTA) 172, 175, 205
Europäische
 Gemeinschaft (EG) 171ff.
 Kommission 178, 180ff., 193f., 203f.
 Union (EU) 170ff., 192ff.
 Wirtschafts- und Währungsunion (EWWU) 193, 196ff.
 Zentralbank (EZB) 197
Europäischer
 Gerichtshof 171, 178f.
 Gewerkschaftsbund (EGB) 187
 Wirtschaftsraum (EWR) 172, 175, 205
 Rat 178, 180f., 182f., 193
Europäisches
 Parlament 178, 192ff., 205
 Währungssystem (EWS) 100, 111, 196
Exportquote 99

"Fahrstuhleffekt" 16f.
Fiskalpolitik 90, 109
Fiskus 89
Föderalismus 183
Freihandel 99f., 103f., 126, 205
Freiheit 25, 27, 66, 70
Friedensbewegung 143
Fürsorgeprinzip 37
Fundamentalnorm 150
Fusionskontrolle 76ff.

Geldmenge 109, 112
General Agreement on Tariffs and Trade (GATT) 103, 126

Konjunktur 79ff., 92, 97, 117
 -krise 81, 89, 92
 -programm 90
Konvertibilität 140

Legislative 140, 142
Leistungsbilanz 99
Leistungsgerechtigkeit 28
Leviathan 136f.
Liberalismus 75
Liquiditätspolitik 110, 121
Lombardsatz 110

Magisches Viereck 82
Marktwirtschaft 64ff., 89, 115
 Soziale 61, 70ff., 79ff., 119
Mehrheitsprinzip 140
Menschenrechte 148, 150, 171, 204
Milieus, soziale 17f.
Ministerrat der EU 178ff., 193
Mobilität 11, 13, 20
Monetarismus 109
Moral 132

Nationalismus 194
Nationalstaat 173, 205
Naturgesetz 136f.
Naturrecht 136, 147
Naturzustand 136, 140
Normenkontrolle 111
Notwehr 133

Offenmarktpolitik 110
Öffentliches Recht 154
Ökologie 87
Ökosozialprodukt 87
Ordnungswidrigkeit 144
Organstreitigkeit 161

Pflegeversicherung 43, 46ff.
Planwirtschaft 72, 80, 119, 123
Preis 86, 88, 105
 -niveaustabilität 82, 106
Prestige 12, 16
Privatautonomie 154
Privateigentum 24, 26, 31, 64
Privatisierung 122, 124f.
Privatrecht 154
Produktionsmittel 9, 24, 27, 31, 68
Produktionspotential 84, 87, 89, 106, 109f.
Produktivität 84, 97. 115ff., 129, 202
Protektionismus 97, 101, 103, 200, 205

"Rationalisierungsfalle" 61
Recht 26, 131ff., 147ff.
Rechtsfrieden 132

Rechtsmittel 158
Rechtsordnung 131ff.
Rechtspositivismus 147
Rechtswidrigkeit 144
Rediskontpolitik 110
Rente 41, 44f.
Reserve, Stille 92
Revision 158
Rezession 89, 117

Schicht, soziale 6ff., 12ff.
Schuld 145
Sicherheit, soziale 19, 70, 184
Sitte 132, 159f.
Sozialhilfe 33ff., 46, 52ff., 93, 115
Solidarität 60ff.
Soziale Frage 36, 40
Sozialismus 68, 72, 81, 181
Soziallehre, christliche 70
Sozialpolitik 36, 40
Sozialprodukt 22
Sozialstaat 32ff., 45, 60ff., 70, 81
Sozialstaatpostulat 36, 151
Staatsbürgerschaft 193
Staatsverschuldung 79ff., 108
Stabilitätsgesetz 82, 87, 89ff., 99
Stand, sozialer 9
Strukturwandel 13, 113ff.
Subsidiaritätsprinzip 37, 40, 47, 60
Subventionen 117ff., 128

Tatbestandsmäßigkeit 144
Treuhand 121ff.

Umweltschutz 86ff.
Ungleichheit 12, 16ff.
Unterwerfungsvertrag 136, 138

Vereinigungsvertrag 136, 141
Verfassung 31
Verfassungsbeschwerde 162
Verfassungskern 150
Vergehen 144
Verhältnismäßigkeit 18, 148
Versicherungsprinzip 37
Versorgungsprinzip 37
Vollbeschäftigung 11
Volkssouveränität 205

Wachstum, wirtschaftliches 84ff., 97
Wechselkurs 99, 101, 193
Welttextilabkommen 126
Wertesystem 23
Wertvorstellung 165
Wesensgehaltsgarantie 151
Wettbewerb 75ff., 117
Widerstandsrecht 136, 140, 142
Wirtschafts-, Währungs- und Sozialunion 121
Wirtschaftsordnung 64f., 74
Wirtschaftssektoren 13f.
Wohlfahrtsstaat 38, 173

Zahlungsbilanz 99
Zentralverwaltungswirtschaft 64, 70
Zinspolitik 110
Zweiter Arbeitsmarkt 96
Zwei-Drittel-Gesellschaft 16